私法研究

PRIVATE LAW REVIEW VOL.25

第25卷

主编 麻昌华
Editor-in-Chief : Ma Changhua

副主编 李俊 陈晓敏
Vice Editor-in-Chief :Li Jun Chen Xiaomin

中文社会科学引文索引(CSSCI)来源集刊

法律出版社
LAW PRESS · CHINA

卷首语

私法研究 25 第二十五卷

爱默生有言："读书时，我愿在每一个美好思想的面前停留，就像在每一条真理面前停留一样"。阅读文献佳作，如同和每一个作者进行思想的交流，在获得深入理解的基础上获取更多的创作灵感。本卷《私法研究》由民事法论、商事法论、罗马法与欧盟法专题、立法资料专论共四个栏目组成，为读者奉上19篇佳作。

一、民事法论

本专题共收录三篇佳作。第一篇是杨巍副教授的《最高额抵押权行使期间的确定与计算》一文。最高额抵押权行使期间是被确定的主债权诉讼时效期间，而不是所有主债权诉讼时效期间的总和，现行法亦不承认约定行使期间的效力。最高额抵押权行使期间起算应同时具备两个条件：一是最高额抵押权所担保的债权确定；二是债务人不履行到期债务或者发生当事人约定的实现抵押权的情形。主债权诉讼时效中断、中止发生于债权确定前，对最高额抵押权行使期间不产生影响；发生于债权确定后，对最高额抵押权行使期间产生影响。

第二篇是景光强博士的《债务清偿期届满后以物抵债案件的裁判路径与改进方向》一文。我国司法实务关于以物抵债案件的裁判标准不统一。代物清偿、买卖合同和新债清偿代表了以物抵债案件的三种主流裁判思路，但这三种裁判路径在当事人意思表示解释方面均存在不同程度的偏差，在裁判方法上也均有值得商榷之处。在裁判方法上，应脱离传统民法上代物清偿、新债清偿等理论束缚，明确承认以物抵债协议的诺成性，并根据我国实在法的具体规则作出裁判，防止向法理和学说的“逃逸”。在意思表示解释上，以物抵债协议构成债的变更，但并不是由原定给付到新给付的简单变更，而是由单一的原定给付到新给付与原定给付衔接配合的复杂构成，债权人应首先从新给付寻求受偿，在新给付不履行、瑕疵履行的情况下，债权人可以基于基础债权债务关系寻求债务不履行之救济；在新给付不履行或不适当履行致使以物抵债目的不能实现时，债权人仍可请求原定给付。对于“名为买卖、实为抵债”的以物抵债案件，应刺破买卖合同面纱，还原以物抵债真实面目，实现以物抵债案件裁判路径的实质统一。

第三篇是徐银波副教授的《论城乡统一的人身损害赔偿计算规则之构建》一文。当前城乡二元的人身损害赔偿计算规则显不合理，亟待修改。就中共中央、国务院《关于建立健全城乡融合发展体制机制和政策体系的意见》提出的“统一城乡居民赔偿标准”，存在采定额化计算规则、个别化计算规则及改良类型化计算规则三种可能方案。定额化赔偿背离矫正正义，个别化计算规则有违伦理正义，皆不可取。多数法院试点推行的统一以城镇居民人均可支配收入为计算基数的改良方案，缺乏正当性基础，且并未实现赔偿标准的实质统一，可能令侵权人承担不合理的赔偿责任。建议以城乡统一的居民人均可支配收入为计算基数，同时规定在赔偿权利人证明被侵权人的收入高于统一标准时，依证明的数额为计算基数，但最高不超过统一标准的两倍。如此既实现了城乡居民赔偿标准的实质统一，又在一定限额内个别化填补被侵权人的损失，并避免因赔偿额差异过大而引发民众的质疑。

二、商事法论

本专题共收录三篇佳作。第一篇是温长庆博士、彭真明教授的《股权高度分散型上市公司内部治理信仰之变革：以控制权市场为治理的主导》一文。股权高度分散型上市公司有较强的特殊性，其股东的角色和作用、董事经理层的治理功能都与公司法所创设的组织治理模型有较大的不同。这使此类公司难以有效地运用现行主导的公司内部治理理论和公司法文本提供的治理机制。内部治理失效有实践反馈和充分的理论成因。无论从微观经济学视角去分析，还是对我国上市公司治理现状的实证经验去解读，抛弃内部治理为主导的信仰均有充分的依据。用外部市场治理机制应对内部治理机制无法解决的控制代理问题是应然的选择。公司外部治理机制起治理的主导作用有赖于公司控制权市场的建构和完善。控制权市场规则的构建和完善要充分贯彻“强所有者，弱管理者”理念，兼顾引导和繁荣代理投票权争夺市场和收购市场，重点完善收购市场。立法要从多方主体利益衡量出发，在监管和自由的各维度全面完善各类收购方式相关行为规范，重点构建和完善反收购相关规则，正确引导收购市场朝着健康、优益的方向发展。

第二篇是曹宇副教授的《矿股转让解制及其体系效应——兼评〈矿产资源法（修订草案）〉（征求意见稿）第29条第2款》一文。矿业权转让与矿股转让之间的关系是一直以来困扰理论与实务的剪不断，理还乱的难题，表现为围绕规制抑或解制展开的激烈争论。最高人民法院确立了区别调整矿股转让与矿业权转让的解制规则，《矿产资源法（修订草案）》（征求意见稿）第29条则选择了特定条件下将矿股转让视为矿业权转让的规制路径。解制规则更符合矿业权市场化改革的基本经验，具有促动矿业权转让制度完善，矿政管理体制改革的积极体系效应。规制规则则存在法理证成上的逻辑困境与规范适用上的实践难题，其预设的价值目标亦因为实践操作的复杂性而难以实现。《矿产资源法》修订应当重新审视矿产资源司法实践形成的矿股转让解制规则，坚持矿股转让与矿业权转让并非同一法律关系的应对方案，删除《矿产资源法（修订草案）》（征求意见稿）第29条第2款。

第三篇是曹相见副教授的《我国商事侵权制度的现状与未来——以连带责任为中心的考察》一文。商事侵权概念不具有独立性，因为商法中也存在大量民事侵权，其意义在于从变换角度观察商事领域的侵权行为。商事侵权行为破坏了市场交易信用，存在基于主体信用和基于行为信用两大类型。对商事侵权的类型分析可以发现，商事侵权是具有团体构造的组织体、交易行为与机关成员、协作人的对外责任，其作为一种违反保护性法律的纵向民事责任，在构成要件具有特殊性。商事侵权的特性不支持我国制定“商法通则”，其作为特殊侵权连带责任的独立类型，应区分为真正连带责任和补充连带责任。

三、罗马法与欧盟法专题

本专题共收录四篇佳作。第一篇是王培君博士、陈帮锋博士的《罗马法中的胎儿》一文。通说将罗马法对胎儿利益的保护纳入概括主义立法例，即凡涉及利益保护时视胎儿为既已出生。这个判断不尽妥当。“在涉及其利益时胎儿被视为已出生”的法谚是中世纪法学家在基督教思想的影响下所做的以偏概全的表述。其实，在精神趋向上，罗马法对胎儿的保护是国家主义的，而不是个人主义的。为了胎儿的顺利出生，以解决人口萎缩问题，罗马法慷他人之慨，不惜牺牲其他遗产继承人的利益，尽量放宽为胎儿遗产占有（*bonorum possessio ventris nomine*）的适用条件。对我国《民法总则》第16条的解释应以人的尊严为基础，同时也应保持好潜在人的与现实的人之间的利益平衡。

第二篇是谢蔚博士、陈思豆的《古罗马嫁资制度的演进及启示》一文。嫁资制度是古罗马夫妻财产制度的重要组成部分，其演进过程体现了罗马婚姻家庭结构的变化。通过为待嫁女性设置一定财产，补偿女性因缔结婚姻而丧失原家庭的继承权，并以此保障其脱离"原家庭"后的生活。该制度以婚姻制度为基础，以结婚赠与制度为其补充，而通过嫁资返还制度作为其保障。嫁资制度扎根于古罗马的法律及社会风俗习惯之中，其规范目的随其历史发展阶段的不同而有所变化。近现代社会价值观念的发展导致了原嫁资制度的功能弱化并逐渐解体，直至被现代夫妻财产制度所吸收。古罗马嫁资制度及其演变径路体现的公平正义及保护弱者的理念可为我国现存彩礼返还纠纷提供借鉴。

第三篇是周平奇博士的《论优士丁尼法对女性财产权益的保护——以立遗嘱权、遗嘱继承权、无遗嘱继承权为例》一文。该文从罗马法原始文献出发，以立遗嘱权、遗嘱继承权、无遗嘱继承权为例，系统梳理了女性在继承领域中相关权利的确立以及制度的发展流变过程，并深入分析了其背后的社会基础与实践因素，对于全面认识罗马法对女性财产权益的保护，以及我国民法典编纂中相关立法都有启发意义。

第四篇是刘洪华副教授的《欧盟被遗忘权：源流、内涵和立法价值》一文。被遗忘权是因应大数据时代个人信息保护失控问题而产生的强化个人数据保护的新制度，其渊源可以追溯至欧洲法上的遗忘权制度。在大数据时代，被遗忘权通过赋予个人删除网络数据的权利对信息传播加以一定限制，维护个人在人格发展上的自主权。被遗忘权是以个人信息控制为核心的个人信息权的内容。它传承了遗忘权制度之人格保护的内涵，在"网络无所不能记住"的时代，以数据删除为手段，恢复人类被信息科技破坏的遗忘属性，维护受新的信息技术冲击的个人信息权的圆满。被遗忘权是对人是目的的哲学命题的再认识。

四、立法资料专论

本专题一共收录九篇佳作。民法典编纂是我国一项重要的立法工程，立法草案的预备、条文说明、讨论的记录、留存、公开，均系国人集体智慧的汇聚、凝练和展现。《民法典》正式颁行之后，其目的之实现有赖于合乎立法意旨的法律适用，探究立法原意自然将成为《民法典》出台之后相当一段时期内法律解释的重中之重。依当前的习惯做法判断，全国人大法工委以及参与立法的人员会编写法典条文释义，然而此种释义有何等作用，多种释义冲突之时以何种为准，全国人大代表或者专家学者的个人回忆，参考价值几何，均不甚明确，能否信赖亦非无疑问。准确理解法律、正确适用法律,塑造所期许的法律生活,似唯有借重如实记录立法进程的各种立法资料。于岁月变迁、年代久远之时,沟通过去、现在与未来更是舍此别无它途。然而,立法资料能否于法律适用中发挥应有的作用,端赖于对其形式、作用、价值位阶等问题进行正确评估。就此问题,国内研究尚付阙如。将大陆法系国家的相关研究成果译介于国内,不仅极其必要,而且恰逢其时。为此,本卷特选译德国马克斯—普朗克外国私法与国际私法研究所分别于 2012 年、2013 年组织的两次研讨会的相关论文。这些论文集中讨论比较法视角下的立法与立法资料。研讨会并非要列举法律在议会经历的每一个具体阶段,亦非分析国家组织法上的框架性条件。其关注焦点更多是立法资料:在欧美各法秩序中,立法资料所指者为何,其有何类型?其如何产生,由谁起草,其对法律适用有何意义?此外,尚需讨论,其中影响法律的主要参与者是谁:各部官员、学者、委员会还是政客,其作用为何?

第一篇收录的是《文本与语境——"比较法视角下的立法"研讨会导论》一文,首先阐述了德国马克斯—普朗克外国私法与国际私法研究所每年组织讨论法律发展和法学方法论基础问题的传统,及其当年对于立法的关切,推进拓展之前关于立法资料的比较法研究,更将目光投放到法国、斯堪的纳维亚地区以及瑞士和欧盟,以获得更为一般性的认知。该文随后围绕德国展开:首先论及程序、立法材料、参与者,在德国影响法律的主要参与者为草案的起草专家;其次探讨学界的作用,学者或直接参与,或以著作间接影响立法,影响力尤其巨大的是德国法学家大会的鉴定意见、报告、讨论和决议;最后着墨于理解文本,尤其强调法律适用时应以立法资料为起点探究规范制定之时之意义,在此基础上再对规范从今天之视角进行批判性反思。

第二篇收录的是《比较法视角下的立法资料》一文,聚焦于立法资料在德国、英格兰、美国的司法实践中的援引状况和学界的讨论,所形成的比较法上的共识是,在今天几乎到处都准许诉诸立法资料,不过德国、英格兰和美国立法程序的结构差异,不可避免地对法律材料的评估产生影响。文末提出一系列未来尚需讨论的开放问题,诸如迄今并不存在针对立法资料的普遍解释规则,对于法学而言,探索不同立法资料的区分层级的重要性和界限是一项很有意义的任务;能否将立法者对法院重要判决的持续性沉默理解为默示的认可;是否赋予立法资料在不同的学科如在劳动法、税法或者刑法中以不同的功能;指向立法者的问题是,因为基于当前的解释现实,立法资料不再能被忽略而不加考虑,所以我们应当更加深入地反思其功能、目标和详细程度。

第三篇收录的是《立法实践中的"立法资料"》一文,则从德国联邦司法部长期从事立法起草工作的负责人之角度，阐释立法实践中立法资料的说理功能、立法资料在立法程序中以及法律颁布后对于法律解释的重要意义、说理与教义学体系的形成、说理与漏洞填补以及法律续造之关系等。

第四篇收录的是《法律说理的构造——给立法者的一张许愿条》一文，着重阐明以下问题：充分的说理深度之意义，在局部修订时关于规范调整范围的说理及其功用，在法官法法典化、法官法废止或者借鉴其他规则时说理的构造，在新引入之规定以比较法为主要参考时应进行何种说理。

第五篇收录的是《法律的制定过程作为比较法的研究领域》一文，对2013年德国马克斯—普朗克外国私法与国际私法研究所所举办的“比较法视野中的立法”主题研讨进行了概括，以德国、英格兰、法国、瑞士和斯堪的纳维亚国家的法律制定过程为例进行总结、说明。该文考虑了立法过程中的六个方面：立法过程中国家参与人的作用、利益团体与私人经济参与人的作用、法律的语言、立法材料的概念和意义、学术的作用以及比较法研究的重要意义。

第六篇收录的是《宪法视角下的立法材料》一文，提供的则是关于宪法约束框架下的立法资料问题的思考。尽管《德国基本法》里（几乎）没有关于法律论证和立法材料的明确规定，但议会立法程序会依情况要求就立法草案进行特定的最低限度论证。此外，联邦宪法法院也曾在特殊情形中明确了一定的实质性论证义务。民主立宪国对法律功能存有宪法“期待”：宪政的实现依赖于法律的适用、实施，围绕法律适用而展开的法教义学和法学方法论具有作为宪政化补充的宪法内涵。在法律适用时，立法材料是探寻立法目的的重要途径之一。法律解释为法律适用提供了相应的法律回应，立法材料则为法律解释提供了一定的事实补充。在宪法视角下，立法材料的意义不能笼统地、抽象地加以定义，而应根据法律类型和具体的材料类型的不同有所区分地加以确定。

第七篇收录的是《法国视角下的立法准备与起草：探寻法律的本意》一文，聚焦于法国的立法资料的形成与司法意义探讨。依据法国宪法法院之理解和欧洲人权法院之规定，法律需易于获知，易于理解，易于为本国公民所接受。立法者需遵循法律须明确、完整的原则。然而，当法律的文本模糊、模棱两可或者不完整之时，法官需寻找立法理由以辅助裁判之发现。而立法理由存在于立法背景资料里，从非正式部门起草阶段到正式的上下两院讨论所形成之资料里。尽管对立法资料的综合分析可能较为费时，但是立法资料在理解法律的精神时具有重要作用，在合宪性审查时立法资料的分析亦价值重大。

第八篇收录的是《立法资料：奥地利的理论和实践》一文，开篇提出了奥地利的独特立法状况,《奥地利民法典》第6条写明立法者意图为解释之标准;随后探讨立法资料作为解释工具在历史和当下的重要性及其在当前解释工具箱中的位序;最后讨论了立法时立法资料应如何构造,以便利认识法律、立法者之真意。

第九篇收录的是《瑞士的法律制定过程》一文,开篇阐明了瑞士法中立法资料的概念、种类,尤其是联邦委员会的联邦报告;随后聚焦于立法的重要参与人员及其作用、立法资料在法律解释和续造时的重要意义以及方法论上的争议点。

综合而言,前述文章比较法的目光,除关注英美外,还及于法国、奥地利以及瑞士等国,并就德国提供了关于立法资料的多种视角的观察、审视、比较、反思,此种比较法上的认识或可为我国立法与法律适用提供有益的启迪。

目　录

民事法论

商事法论

罗马法与欧盟法专题

立法资料专论

Contents

Civil Law Theory

Commercial Law

Roman Law and EU Law

Monograph on Legislative Data

民事法论

最高额抵押权行使期间的确定与计算

杨　巍*

目　次

一、问题的提出

最高额抵押权，是债权人对债务人一定范围内的不特定债权预定一个最高限额，由债务人或第三人提供财产作为债务履行担保而设立的抵押权。〔1〕《物权法》和《担保法》均规定了最高额抵押权，其立法目的是“提高担保效率、降低担保成本”“加速资金的融通、促进经济的发展”等。〔2〕 最高额抵押权行使条件具备后，权利人须在一定期间内行使抵押权才能受到法律保护。该期间即为最高额抵押权行使期间，因现行法对该期间未作特别规定，故其仍应适用《物权法》第202条关于普通抵

* 杨巍，武汉大学法学院副教授、硕士生导师，法学博士。

〔1〕 参见谢在全：《民法物权论》（中册），中国政法大学出版社2011年版，第821页。

〔2〕 参见全国人大常委会法制工作委员会民法室编：《中华人民共和国物权法条文说明、立法理由及相关规定》，北京大学出版社2007年版，第368～369页。

押权行使期间之规定。[3] 但是,由于最高额抵押权的从属性不同于普通抵押权与主债权之"一对一"关系,导致最高额抵押权行使期间在以下几方面存在疑问:(1)因最高额抵押权担保多个而非一个债权,故无法如普通抵押权那样直接以某一主债权诉讼时效期间确定为抵押权行使期间。那么,如何将《物权法》第202条适用于最高额抵押权行使期间?(2)最高额抵押权行使期间的起算规则如何?(3)主债权诉讼时效中断、中止对最高额抵押权行使期间计算产生何种影响?(4)在前述问题中,主债权履行期限、债权确定期间(决算期)、确定请求权的行使期间、抵押权行使期间等多种期间的相互关系如何处理?对这些问题,学理研究尚未充分展开,而司法实务上多有因此类问题而引发争议的实例。[4] 本文拟从参酌域外经验、现有规范的解释论路径、最高额抵押权行使期间与相关制度的衔接及兼容等角度对上述问题加以阐释。

二、最高额抵押权行使期间的确定

域外法通常将普通抵押权行使期间之规定适用于最高额抵押权,但因各国及地区抵押权制度存在较大差异,其抵押权行使期间规则亦存在较大区别。大致包括以下几种模式:(1)行使抵押权原则上不受预定期间限制,区分流通性抵押权和担保性抵押权的德国、瑞士采取该模式。[5] 流通性抵押权不因主债权时效届满而消灭,因为债权人受到清偿不导致抵押权消灭,而是导致抵押权移转。[6] 担保性抵押权虽具有严格的从属性,但在主债权时效届满时仍可行使该抵押权,构成突破严格从属性的例外。[7] (2)主债权诉讼时效即为抵押权行使期间,坚持抵押权附随性(从属性)的法国、日本采取该模式。[8] 在主债权因时效届满而消灭时,具有从权利性质的抵押权也随之消灭。[9] 因有权援引时效抗辩的主体是"因时效而直接受益之人",因此"抵押权消灭"须以抵押人援引时效抗辩为前提条件。[10]

---

[3] 《民法典·物权编(草案)》(二审稿)第210条继承了《物权法》作法,这似乎表明立法机关对该问题的态度未发生变化。

[4] 参见山东省烟台市中级人民法院(2014)烟商初字第138号民事判决书;四川省乐山市中级人民法院(2015)乐民初字第112号民事判决书;江苏省常州市中级人民法院(2015)常商终字第0404号民事判决书。

[5] 参见《德国民法典》第216条;《瑞士民法典》第807条。

[6] 参见[德]鲍尔/施蒂尔纳:《德国物权法》(下册),申卫星等译,法律出版社2006年版,第190页。

[7] 参见[德]曼弗雷德·沃尔夫:《物权法》,吴越等译,法律出版社2002年版,第460页。

[8] 参见《法国民法典》第2488条;《日本民法典》第145条。

[9] 参见[日]三潴信三:《物权法提要》,孙芳译,中国政法大学出版社2005年版,第359页。

[10] 参见[日]金山直樹:《時効における理論と解釈》,有斐閣2009年版,第481页。

(3)"主债权诉讼时效届满后×年"为抵押权行使期间,我国台湾地区采取该模式。[11] 其立法理由在于,一方面因抵押权为物权,故不因时效而消灭;另一方面基于"不能使权利状态永不确定""保持社会秩序"等原因,而于主债权时效届满后设置除斥期间,以限制抵押权的行使。[12] (4)以抵押权登记期间作为抵押权行使期间,意大利、葡萄牙、我国澳门特别行政区采取该模式。[13] 该模式对时效届满的后果虽亦采"抗辩权发生主义",[14]但其更加关注当事人意思对行使抵押权的影响,故采此规定。

我国对抵押权行使期间的法律态度经历了一个变化过程。《担保法》未规定抵押权行使期间,也未规定某种期间届满是抵押权消灭事由。立法机关的解释是:"抵押权、质权属于物权,只要债权存在,抵押权、质权也应同时存在,不应当规定抵押期限和质押期限。"[15]最高人民法院《关于适用〈中华人民共和国担保法〉若干问题的解释》(法释[2000]44 号,以下简称《担保法解释》)第 12 条第 2 款规定,主债权诉讼时效届满的,担保物权人有权在诉讼时效届满后的二年内行使担保物权。该规定与台湾地区模式类似,且将该条适用范围由抵押权扩展至所有担保物权。但其后《物权法》第 202 条又改变了态度,要求抵押权人应当在主债权诉讼时效期间行使抵押权,否则人民法院不予保护。该条未采《担保法解释》第 12 条的原因,是立法机关对抵押人追偿权与主债务人时效抗辩权能否兼容存有疑虑。[16]我国学界对抵押权行使期间的立法选择和解释适用都存在极大争议,[17]因该问题并非本文重点,故此处不作展开。以下仅在现行法框架下,对最高额抵押权行使期间的确定从以下几方面予以阐释:

---

〔11〕 参见我国台湾地区"民法"第 880 条。

〔12〕 参见蔡墩铭主编:《民法立法理由、判解决议、令函释示、实务问题汇编》,五南图书出版公司 1986 年版,第 920 页。

〔13〕 参见《意大利民法典》第 2847 条;《葡萄牙民法典》第 730 条;《澳门民法典》第 725 条。

〔14〕 参见[葡]Carlos Alberto da Mota Pinto:《民法》,澳门翻译公司等译,澳门地区法务局、澳门大学法学院 2009 年版,第 207 页。

〔15〕 参见 1995 年 6 月 23 日在第八届全国人民代表大会常务委员会第十四次会议上全国人大法律委员会副主任委员项淳一:《全国人大法律委员会关于〈中华人民共和国担保法(草案)〉审议结果的报告》。

〔16〕 参见全国人大常委会法工委民法室编:《中华人民共和国物权法条文说明、立法理由及相关规定》,北京大学出版社 2007 年版,第 366~367 条。

〔17〕 相关学理意见参见邹海林:《抵押权时效问题的民法表达》,载《法学研究》2018 年第 1 期;徐洁:《担保物权与时效的关联性研究》,载《法学研究》2012 年第 5 期;程啸:《论担保物权之存续期限》,载《财经法学》2015 年第 1 期;戴永盛:《论债权之罹于时效与担保物权之存续》,载《法律科学》2014 年第 3 期;孙鹏:《论担保物权的实行期间》,载《现代法学》2007 年第 6 期。

1. 最高额抵押权行使期间仅指法定期间,不包括约定期间。对于约定行使期间是否有效,学界存在争议。肯定说侧重于"意思自治""效率和公平""司法解释规定缺乏立法依据"等理由;[18] 否定说则更多关注于"物权法定""抵押权从属性""保证期间与抵押权行使期间的差异"等因素。[19] 笔者赞同否定说,除既有理由外,以下事实值得特别关注:《企业动产抵押物登记管理办法》(1995年)第7条和《城市房地产抵押管理办法》(1997年)第26条曾经规定,"抵押期间"是抵押合同应记载事项及登记机关应审查的内容。该规定造成的弊病是,在抵押实践中登记机关依此规定强制性要求当事人将抵押期间登记为1年(或6个月等),且须通过定期续展来维持抵押权的效力。这种做法极大地提高了设定抵押权的成本并不合理地增加了抵押登记的非便利性,使该规定备受诟病。[20] 因此,上述规定均已被删除或修改,恰可反映立法者对该问题的最终选择。现行法未对最高额抵押权的约定行使期间设置有效的通道,体现为:其一,《担保法解释》第12条第1款关于约定或登记担保期间不具有法律约束力的规定,亦适用于最高额抵押权。司法实务主流意见亦采此观点。[21] 其二,《担保法解释》第82条规定,当事人对最高额抵押期间进行变更,该变更不具有对抗顺序在后的抵押权人的效力。虽然该条使用了"最高额抵押期间"概念,但依据最高法院的解释,该"最高额抵押期间"是指最高额抵押权的决算期而非约定行使期间。[22] 《物权法》第205条采用"债权确定的期间"概念,其态度与司法解释相同。其三,《不动产登记暂行条例实施细则》第71条和第72条规定的最高额抵押权设立登记和变更登记事项中,并不包括约定行使期间。

2. 最高额抵押权行使期间不是所有主债权诉讼时效期间的总和。由于《物权法》第202条将抵押权行使期间与主债权诉讼时效期间予以捆绑,而最高额抵押权担保的主债权为多个,故较易将《物权法》第202条从表面文义解释为最高额抵押

---

〔18〕 参见王利明:《物权法研究》(下卷),中国人民大学出版社2016年版,第1212页;程啸:《民法典物权编担保物权制度的完善》,载《比较法研究》2018年第2期;孙鹏:《担保物权的实行期间》,载《现代法学》2007年第6期。

〔19〕 参见高圣平:《担保物权的行使期间研究——以〈物权法〉第202条为分析对象》,载《华东政法大学学报》2009年第1期;张驰:《论抵押权的存续期间——兼评我国〈物权法〉第202条》,载《法学》2010年第4期;曹士兵:《中国担保制度与担保方法》,中国法制出版社2017年版,第304页。

〔20〕 参见翟云岭:《论抵押期限》,载《政法论坛》1999年第2期;张清河、何志:《论抵押期间》,载《法律适用》1999年第10期。

〔21〕 参见最高人民法院(2007)民二终字第222号民事判决书。

〔22〕 参见李国光等:《最高人民法院〈关于适用中华人民共和国担保法若干问题的解释〉理解与适用》,吉林人民出版社2000年版,第303页。

权行使期间是所有主债权诉讼时效期间相加之和。这种解释有误,理由如下:其一,最高额抵押权在从属性问题上具有特殊性。由于最高额抵押权的担保对象不是一项特定债权,而且其主债权在成立、转让等各方面均不同于普通抵押权担保的债权,这就导致最高额抵押权没有体现出普通抵押权从属性的各项特征。我妻荣教授指出,最高额抵押权已经失去了普通抵押权从属性中的成立从属性、存续从属性、消灭从属性等三个属性,只留有优先清偿的从属性。即使最高额抵押权担保的债权消灭,最高额抵押权也不会消灭,而且其限额也不会减少,依然保持其效力。这是最高额抵押权最根本的特征。〔23〕 我国学界也认为,最高额抵押权具有较为特殊的从属性。最高额抵押权并不因抵押存续期间内的某一具体债权的消灭而消灭。就具体的各个债权而言,最高额抵押权没有消灭上的从属性。某一具体债权的消灭,并不意味着最高额抵押权所担保债权的全部消灭,因为此后还有发生其他债权的可能。〔24〕《物权法》第202条将抵押权行使期间与主债权诉讼时效期间予以捆绑,系建立在"一对一"的主债权和抵押权关系(且二者构成严格主从关系)基础之上,而最高额抵押权恰恰欠缺这种基础,因此直接依据该条将最高额抵押权行使期间认定为各主债权诉讼时效期间的总和显非妥当。其二,在最高额抵押权所担保的债权确定之前,各主债权诉讼时效期间对抵押权行使没有意义。最高额抵押权所担保的债权确定,是指最高额抵押权所担保的一定范围内的不特定债权,因一定事由的发生而归于具体特定。〔25〕 在债权确定之前,由于该最高额抵押权最终实际用以优先清偿的债权范围尚未被特定化,因此即使某些主债权已经起算诉讼时效,最高额抵押权人此时也不能行使抵押权。只有在债权确定后,最高额抵押权转变为普通抵押权,抵押权人才能行使抵押权。换言之,债权确定之前各债权诉讼时效无论处于何种状态(未起算、已起算、已届满等),对抵押权行使均无意义。

3. 最高额抵押权行使期间是被确定的主债权诉讼时效期间。在最高额抵押的场合下,《物权法》第202条规定的"主债权诉讼时效期间"应当解释为被确定的受担保债权诉讼时效期间。因为债权确定后,最高额抵押权所担保的债权被特定化,依据《物权法》第202条规定的从随主规则,抵押权人应当在被确定的主债权诉讼时效期间内行使抵押权。一个值得讨论的问题是,如果被确定的多个主债权诉讼时效期间并不一致(如有的为3年、有的为4年),如何确定最高额抵押权行使期

〔23〕 参见[日]我妻荣:《我妻荣民法讲义Ⅲ新订担保物权法》,申政武等译,中国法制出版社2008年版,第423~424页、第427页。

〔24〕 参见程啸:《担保物权研究》,中国人民大学出版社2017年版,第450~451页。

〔25〕 参见郑冠宇:《民法物权》,新学林出版股份有限公司2013年版,第565页。

间？回答该问题须解决一个前提问题:最高额抵押权担保的各主债权种类是否相同,或者说最高额抵押权担保的各主债权是否必须基于同一类型的基础法律关系。依《物权法》第203条规定,对于最高额抵押权所担保的债权,仅要求“一定期间内将要连续发生”,而对是否必须基于同一类型的基础法律关系未作规定。学理上对该问题存在争议。[26] 笔者认为,最高额抵押权担保的各主债权应当解释为基于同一类型基础法律关系而产生。理由如下:其一,依《担保法》第60条规定,最高额抵押权适用于借款合同和“就某项商品在一定期间内连续发生交易而签订的合同”。依此规定,最高额抵押权所担保的债权应当是基于同一类型基础法律关系而产生。虽然《物权法》对此未作直接规定,但依据立法机关的解释,最高额抵押权除适用于《担保法》规定的交易关系外,还可适用于票据关系、商业服务关系等。此类法律关系亦属于同一类型基础法律关系。而且,由于《物权法》相关法条采取“最高债权额”“最高债权额限度”等表述,故应解释为与《担保法》态度一致为妥,因为如果各债权不属于同一类型基础法律关系,其债权额无法按相同标准予以衡量。其二,我国现行法框架下的最高额抵押权不包括“概括最高额抵押权”。所谓概括最高额抵押权,是指抵押权人对债务人的一切债权(包括基于交易关系产生的债权、基于侵权行为产生的债权、不当得利返还债权等),在最高额限度内均予以担保的最高额抵押权。例如,日本实务界有承认概括最高额抵押权的判例。[27] 在概括最高额抵押权的场合下,由于各主债权种类不同且诉讼时效期间亦可能不同,确会产生概括最高额抵押权行使期间如何确定的问题。但从我国《物权法》和《担保法》的规定来看,在最高额抵押权的制度设计中,并未承认概括最高额抵押权。[28] 其三,在实践中,适用最高额抵押权最常见的场合是金融机构借款合同。[29] 在其他场合下,即使当事人就货物买卖合同、提供劳务或服务合同等适用最高额抵押权担保,在确定债权时也须将未依约交付的货物、提供的劳务或服务等转化为金钱债务,才能够将其与最高额抵押权中约定的最高债权额加以比较。综上所述,由于最高额抵押权担保的各主债权是基于同一类型基础法律关系而产生,因此不存在多个主债权诉讼时效期间不一致导致最高额抵押权行使期间难

---

[26] 肯定说参见程啸:《担保物权研究》,中国人民大学出版社2017年版,第452页;否定说参见高圣平:《担保法论》,法律出版社2009年版,第420页。

[27] 参见东京高判昭和32(1957)年7月17日判决,载《高民集》第10卷第5号第292页。

[28] 相关学理意见参见王利明:《物权法研究》(下卷),中国人民大学出版社2016年版,第1289页;崔建远:《最高额抵押权的争议问题及其解决》,载《国家检察官学院学报》2017年第4期。

[29] 参见魏星等:《最高额抵押担保中“最高额”的司法认定——基于136份案例的实证分析》,载《天津法学》2018年第3期。

以确定的问题。

三、最高额抵押权行使期间的起算

《担保法解释》第 83 条第 1 款规定:“最高额抵押权所担保的不特定债权,在特定后,债权已届清偿期的,最高额抵押权人可以根据普通抵押权的规定行使其抵押权。”依此规定,对于最高额抵押权行使期间的起算可得出三点推论:其一,最高额抵押权行使期间的起算点一定是在最高额抵押权所担保的债权确定之后。由于《担保法解释》的颁布先于《物权法》,该司法解释采用了“特定后”的表述。其二,最高额抵押权所担保债权确定的时间点,并非必然是最高额抵押权行使期间的起算点。债权确定时,如果被确定债权已届清偿期而债务人未履行债务,最高额抵押权行使期间此时起算,即最高额抵押权人自此时起可以行使抵押权;如果债权确定时被确定债权未届清偿期,最高额抵押权行使期间此时不能起算。其三,《物权法》第 203 条第 1 款规定,最高额抵押权的行使条件是“债务人不履行到期债务或者发生当事人约定的实现抵押权的情形”。由于在债权确定前最高额抵押权人尚不能行使抵押权,故该款规定的行使条件应解释为必要条件而非充分条件。换言之,在最高额抵押权所担保债权确定前,即使债务人不履行到期债务,最高额抵押权行使期间也还不能起算。基于以上分析,最高额抵押权行使期间的起算应当具备以下两方面条件。

(一)起算条件之一:最高额抵押权所担保的债权确定

“债权确定规则”是将最高额抵押权所担保的债权由不特定状态转化为特定状态的规则,即依据一定事由将最高额抵押权所担保的债权予以固定。[30] 设置债权确定规则的理由在于:其一,优先受偿的债权及其金额确定的必要性。最高额抵押权仍属担保物权,其终究是为担保债权之优先受偿而存在,故行使抵押权时必须确定优先受偿债权的范围,方能实现最高额抵押权的担保功能。其二,保护利害关系人利益的需要。如果最高额抵押权设立后对其所担保债权长期不予确定,该最高额抵押权实际用以优先清偿的价值范围就无法得到界定,这对于抵押物所有人、后顺序抵押权人和其他普通债权人甚为不利。[31] 适用债权确定规则的后果是:一方面,被担保债权得以确定;另一方面,最高额抵押权转化为普通抵押权,其从属性

---

〔30〕 参见全国人大常委会法制工作委员会民法室编:《中华人民共和国物权法条文说明、立法理由及相关规定》,北京大学出版社 2007 年版,第 375 页。

〔31〕 参见谢在全:《民法物权论》(中册),中国政法大学出版社 2011 年版,第 879~880 页。

特征得以恢复。[32]《物权法》第206条规定,最高额抵押权所担保债权确定的事由有6项,分述如下:

1. 约定的债权确定期间届满。抵押权人与抵押人约定的债权确定期间,也称为决算期,是指当事人将最高额抵押权所担保债权予以特定化的时间标准。对于当事人约定决算期有无限制,域外法态度不一。《日本民法典》第398条之6规定,当事人约定决算期不得超过5年,其目的在于避免抵押人受到过长的时间限制。[33] 我国台湾地区"民法"第881条之4规定,约定决算期不得超过30年,且当事人可更新该期间。该条系基于实务现实需要所作规定。[34] 还有国家(如法、德)未对决算期作限制性规定,而完全交由当事人意思决定,我国《物权法》亦属该类型。对于现行法未对约定决算期予以限制,有学者提出质疑,认为:(1)这有可能导致最高额抵押权人滥用其优势地位、违反物尽其用;[35](2)会因约定过长的决算期未届满前某些受担保债权已罹于时效而造成解释上的困境;[36](3)由于法律规定自营贷款期限最长不得超过10年、票据贴现期限最长不得超过6个月,故约定决算期实际上是受到限制的。[37] 笔者认为,这些质疑意见似是而非、不能成立。其一,因交易情境的复杂性和当事人需求的多样性,由法律规定一个统一适用的决算期上限(尤其是较短上限)是不妥当的。正因如此,我国台湾地区"民法"虽有上限规定,但将该上限设置为30年且可约定更新,这实际上与无上限效果类似,以避免对当事人意思的不当干预。其二,日本法之所以规定较短的决算期上限(5年),与其承认概括最高额抵押权的立法模式有关。因为在此模式下,决算期内的各类债权(合同、侵权、不当得利等)均属受担保债权,过长的决算期确会导致抵押人承受难以预见的风险。我国现行法并不承认概括最高额抵押权,故不存在设置该规则的基础。其三,由于约定决算期以当事人合意为必要,故在当事人预估风险并由此作出真实意思的前提下,缺乏否认该约定的合理理由。即使出现质疑一所指滥用优势地位的情形,也应借助意思表示撤销、无效等规则予以解决,而不应一律否认较长决算期的效力。而且,抵押人依自身意思约定较长决算期,通常可相应

---

[32] 参见[日]近江幸治:《担保物权法》,祝娅等译,法律出版社2000年版,第204页。

[33] 参见[日]我妻荣:《我妻荣民法讲义Ⅲ新订担保物权法》,申政武等译,中国法制出版社2008年版,第435页。

[34] 据统计,在我国台湾地区最高额抵押权登记的决算期最多者为30~50年(26万余件),其次为20~30年(12万余件)。参见邱玟惠:《民法物权逐条释义》,元照出版有限公司2015年版,第270页。

[35] 参见周友军:《最高额抵押权制度的若干疑难问题探析》,载《南都学刊》2008年第6期。

[36] 参见杨文辉:《最高额抵押权决算期之研究》,载《法学》2009年第3期。

[37] 参见程啸:《担保物权研究》,中国人民大学出版社2017年版,第468页。

获得更大数额的融资,这恰是物尽其用的体现,而非相反。其四,质疑二实际上指出了决算期届满前时效已届满的债权是否仍受抵押担保的问题,但这并不能得出应当设置决算期上限的结论。因为无论法律是否规定决算期上限,均有可能出现决算期尚未届满而某一主债权时效已届满的情形。[38] 对于该债权于决算期届满后是否仍属受担保债权,为另一问题,该问题详见后文分析。其五,质疑三混淆了决算期与主债务履行期限的意义。决算期有无上限与主债务履行期限的长短并无必然联系,因为决算期届满时主债务履行期限无论届满与否均属常见,现行法也已设置相关规则解决不同情形下如何行使抵押权的问题。[39]

2. 没有约定债权确定期间或者约定不明确,抵押权人或者抵押人自最高额抵押权设立之日起满 2 年后请求确定债权。在当事人未约定决算期或约定不明的场合下,通过抵押权人或者抵押人行使确定请求权以确定受担保债权。对于当事人何时可行使确定请求权,有两种立法模式:一是规定当事人在最高额抵押权设立后可随时行使确定请求权,如我国台湾地区"民法"第 881 条之 5 第 1 款;二是规定当事人在最高额抵押权设立后的法定期间(如 3 年)经过后才能行使确定请求权,如《日本民法典》第 398 条之 19。我国《物权法》系采第二种模式,唯将日本法规定的 3 年改为 2 年。对于《物权法》之该规定,以下几方面有必要予以说明:其一,该"2 年"为不变期间,不适用中止、中断、延长等规则。依据立法机关的解释,该"2 年"的性质是除斥期间,[40] 该解释不妥。因为并非抵押权人须在该"2 年"内行使确定请求权,如不行使则确定请求权消灭,而是该"2 年"届满后当事人方可行使确定请求权。因此,该"2 年"不是除斥期间,而是排除当事人行使确定请求权的法定期间。其二,该"2 年"的起算点是"最高额抵押权设立之日"。区分抵押财产适用登记生效主义还是登记对抗主义,该时间点有所不同。以不动产或不动产物权为标的设立最高额抵押权的,"最高额抵押权设立之日"是指最高额抵押权登记之日;以动产为标的设立最高额抵押权的,"最高额抵押权设立之日"是指抵押合同生效之日。其三,对于该"2 年"届满后当事人行使确定请求权有无时间限制,现行法未作规定。依《日本民法典》第 398 条之 19 第 1 项规定,自当事人行使确定请求权时起 2 周,最高额抵押权所担保债权得以确定。其理由在于,让最高额抵押权人做好

---

[38] 在现行普通诉讼时效期间(3 年)偏短的背景下,更加大了该情形发生的可能性。

[39] 参见《担保法解释》第 83 条第 1 款。

[40] 参见全国人大常委会法制工作委员会民法室编:《中华人民共和国物权法条文说明、立法理由及相关规定》,北京大学出版社 2007 年版,第 373 页。

心理准备，给他们充足的时间来采取必要的措施。[41] 我国《物权法》仅规定最高额抵押权设立之日起满2年后当事人有权请求确定债权，但对确定请求权的行使期间及法律后果则未设规定，构成法律漏洞，将来修法时应予以规定。

3. 新的债权不可能发生。[42] 在决算期届满之前，如果发生某种客观事由导致不可能再有新的债权产生，则该事由亦可导致债权确定。因为该事由导致最高额抵押权所担保债权丧失了变动的可能，故无须待决算期届满，主债权即被确定。依据立法机关的解释，该事由主要包括两种情形：一是连续交易的终止；二是最高额抵押关系的基础法律关系消灭，例如，借款人严重违约导致借款合同被解除，以致新的借款行为不可能再发生。[43] 有疑问的是，该事由应采主观标准还是客观标准予以判断？在日本司法实务中，"交易的终了"构成债权确定的事由，且原则上采主观标准加以判断。例如债务人的经营状态恶化，长期没有发生债权的状况持续，但债务人有使交易合同继续存在的愿望（最高额抵押权人也希望如此）时，应依据当事人的意思判断是否构成"交易的终了"。但在债务人失踪导致债权不能再被期待发生时，则构成"交易的终了"。[44] 但我国有学者认为应采客观标准判断是否构成"新的债权不可能发生"。[45] 笔者认为，对于是否构成"新的债权不可能发生"，原则上应采主观标准予以判断。理由如下：其一，在债务人经营状况恶化、履行能力降低等场合下，必须有债权人解除合同等行为才能构成"新的债权不可能发生"。如果债权人和债务人此时尚无终结交易的意思，法院却依职权径行作出认定，有违民事诉讼之处分原则。其二，在债务人失踪、转产等情形下，债权人以此主张构成"新的债权不可能发生"，这不过是债权人所依据的证据具有较强证明力而已，也仍然属于适用主观标准而非采取客观标准予以判断。其三，立法机关释义书所举事例（借款人严重违约导致借款合同被解除）系采取主观标准，实务中亦不乏采此意见的实例。[46]

4. 抵押财产被查封、扣押。在决算期届满之前，如果抵押财产被查封、扣押，则

---

〔41〕 参见［日］我妻荣：《我妻荣民法讲义Ⅲ新订担保物权法》，申政武等译，中国法制出版社2008年版，第484页。

〔42〕 亦有学者认为，该事由作为一项独立的债权确定事由是"不必要和不科学的"，因为该事由的判断标准不明，且易与其他法定事由发生重合。参见孙鹏、王勤劳：《最高额抵押法律适用问题研究》，载《甘肃政法学院学报》2009年第5期。

〔43〕 参见全国人大常委会法制工作委员会民法室编：《中华人民共和国物权法条文说明、立法理由及相关规定》，北京大学出版社2007年版，第373页。

〔44〕 参见［日］近江幸治：《担保物权法》，祝娅等译，法律出版社2000年版，第206~207页。

〔45〕 参见王利明：《物权法研究》（下卷），中国人民大学出版社2016年版，第1293页。

〔46〕 参见江西省高级人民法院（2017）赣民初7号民事判决书。

导致债权确定。因为抵押财产被查封、扣押表明已有其他债权人启动了法律程序就抵押财产主张权利，为保障最高额抵押权人的优先受偿权，此时就应当使债权确定并在此前提下认可最高额抵押权人可针对被查封、扣押的抵押财产行使抵押权，而无须待决算期届满。依据《担保法解释》第55条，虽然其他普通债权人对抵押财产申请查封、扣押的时间在先，但并不妨碍抵押权人对该抵押财产的优先受偿权。另依据最高人民法院《关于适用〈中华人民共和国民事诉讼法〉的解释》（法释[2015]5号）第508条第2款和第510条规定，抵押权人（包括最高额抵押权人）可通过参与分配规则在执行程序中主张优先受偿权。实务中一个争议较大的问题是：查封、扣押抵押财产的，最高额抵押权所担保债权数额确定的时间点如何认定？最高人民法院《关于人民法院民事执行中查封、扣押、冻结财产的规定》（法释[2004]15号）第27条规定："人民法院查封、扣押被执行人设定最高额抵押权的抵押物的，应当通知抵押权人。抵押权人受抵押担保的债权数额自收到人民法院通知时起不再增加。人民法院虽然没有通知抵押权人，但有证据证明抵押权人知道查封、扣押事实的，受抵押担保的债权数额从其知道该事实时起不再增加。"对于该条的理解，学界及实务界存在分歧。第一种观点"查封说"认为，债权数额自法院查封时确定。第二种观点"通知说"认为，债权数额自法院向债权人作出的通知生效时确定。〔47〕笔者认为，无论是从执行程序中通知的强制性效力，还是从保护抵押权人利益的角度来看，均应采"通知说"为妥，即法院将抵押财产被查封、扣押的事实向债权人作出的通知生效时债权数额确定。而对于通知送达障碍、抵押权人可能的投机行为等问题，应当通过完善通知规则予以解决。〔48〕

5. 债务人、抵押人被宣告破产或者被撤销。在决算期届满之前，如果债务人、抵押人因宣告破产等原因而致主体资格即将丧失，其债权债务关系须通过清算程序予以了结，故此时最高额抵押权所担保债权应予确定，以便抵押权人能够在破产等法律程序中行使权利。在破产清算的场合下，最高额抵押权所担保债权确定后，最高额抵押权人通过行使别除权就抵押财产优先受偿，〔49〕对此不存疑义。在非破产清算的场合下应注意的一个问题是：该事由中的"被撤销"应扩张解释为"解

〔47〕 两种观点的具体理由参见李志刚等：《抵押财产查封与最高额抵押所担保的债权确定时点》，载《人民司法·应用》2018年第7期。

〔48〕 相关学理意见参见崔建远：《最高额抵押权的争议问题及其解决》，载《国家检察官学院学报》2017年第4期；魏星等：《最高额抵押担保中"最高额"的司法认定——基于136份案例的实证分析》，载《天津法学》2018年第3期；王雄飞：《查封后最高额抵押债权数额确定的问题探究》，载《人民法院报》2017年8月23日。

〔49〕 参见《企业破产法》第109条。

散”。因为在现行法框架下,民事主体(法人或非法人组织)被撤销只是其解散的事由之一,因其他事由导致民事主体解散同样产生清算义务。[50] 依《民法总则》第69条和第106条规定,法人和非法人组织的解散事由包括:章程规定的存续期间届满或者章程规定的其他解散事由出现;权力机构或出资人、设立人决议解散;因合并或者分立需要解散;被吊销营业执照、登记证书,被责令关闭或者被撤销;法律规定的其他情形。因此,债务人、抵押人因上述事由解散的,均应导致最高额抵押权所担保债权确定的后果,最高额抵押权人在清算程序中就抵押财产优先受偿。

6. 法律规定债权确定的其他情形。依据立法机关的解释,根据《物权法》第203条发生当事人约定的实现最高额抵押权的事由,即属于该兜底事项之情形。[51] 有疑问的是,如果当事人约定排除确定债权的法定事由,该约定是否有效?例如当事人约定即使发生《物权法》第206条规定的某一事由或某几个事由,也不产生债权确定的后果,而必须依据当事人约定的事由才能产生债权确定的后果。对于该约定是否违反物权法定主义,我国台湾地区学界存在争议。[52] 笔者认为该约定无效,除物权法定主义的理由外,从文义解释的角度而言,《物权法》第206条第6项之兜底条款表述为“法律规定”的其他情形,而并没有“当事人另有约定除外”之表述。

(二)起算条件之二:债务人不履行到期债务或者发生当事人约定的实现抵押权的情形

依《担保法解释》第83条第1款规定,最高额抵押权所担保债权确定后,债权是否已到期(履行期限届满)影响行使抵押权规则的适用。以下区分各债权是否到期的不同情形予以分析:

1. 债权确定时,各债权都已经到期且债务人不履行债务的,最高额抵押权行使期间于债权确定时起算。该情形意味着债权确定之前债务人就已经实施违约行为,且违约状态持续至债权确定之时。在普通抵押权的场合下,债务履行期限届满时债务人未履行的,此时同时满足主债权诉讼时效期间起算和抵押权行使期间起算的条件,故二者同时起算。但在最高额抵押权的场合下,行使抵押权须满足“债权确定”和“债务人不履行到期债务”这两个条件,因此在已发生“债务人不履行到期债务”但“债权确定”尚未发生的时间段内,主债权诉讼时效已经起算,而最高额

[50] 参见《民法总则》第70条、第107条。

[51] 参见全国人大常委会法制工作委员会民法室编:《中华人民共和国物权法条文说明、立法理由及相关规定》,北京大学出版社2007年版,第374页。

[52] 参见谢在全:《民法物权论》(中册),中国政法大学出版社2011年版,第890页。

抵押权行使期间尚未起算。换言之,在该时间段内债权人有权向债务人请求履行债务或主张违约责任,但还不能行使最高额抵押权。当“债务人不履行到期债务”的状态持续至“债权确定”时,则行使最高额抵押权的两项条件均已具备,最高额抵押权行使期间于此时起算,即于此时起最高额抵押权人可依普通抵押权的行使规则行使权利。

在此情形下,有两个值得探讨的问题。(1)由于最高额抵押权担保的债权通常为多个,而各债权履行期限未必相同,这导致各债权诉讼时效起算点并不一致,那么在债权确定时,是将各主债权诉讼时效期间的剩余期间分别认定为各自的抵押权行使期间,还是统一将一个期间认定为抵押权行使期间?例如A、B、C三项债权分别于2018年5月1日、6月1日、7月1日到期,2019年5月1日决算期届满致债权确定,则《物权法》第202条所称“主债权诉讼时效期间”如何计算?笔者认为,最高额抵押权行使期间应当起算一个完整的主债权诉讼时效期间,即自2019年5月2日起算3年。虽然在债权确定之前各主债权诉讼时效起算点不一致,导致债权确定时各主债权诉讼时效期间的计算情形不一,但债权人主张“债权确定”的行为性质属于债权人“提出履行请求”,〔53〕故该行为导致各主债权诉讼时效此时均发生中断,各主债权诉讼时效期间自债权确定时重新计算一个完整的诉讼时效期间。由于最高额抵押权是以一项抵押权担保多个主债权的担保方式,最高额抵押权人通过一次行使抵押权的行为使各主债权一并受偿,而非针对多个主债权多次行使抵押权,所以也不存在将各主债权诉讼时效期间分别认定为各自的抵押权行使期间的问题。(2)在债权确定之前,如果某一项主债权诉讼时效期间届满,在最高额抵押权行使期间起算后该项债权是否还属于最高额抵押权的担保范围?对于该问题的回答,取决于对主债权诉讼时效与抵押权行使期间的关系采何种立法态度。德国法将主债权诉讼时效与抵押权行使期间完全分离,《德国民法典》第216条规定,主债权诉讼时效届满不妨碍担保物权的行使。据此,最高额抵押权所担保债权确定前主债权诉讼时效届满虽导致债权人行使请求权存在障碍,但在债权确定时债权人仍可行使抵押权。〔54〕但我国台湾地区和日本对该问题则采取另一态度。依据我国台湾地区“民法”第881条之15规定,在债权确定之前主债权诉讼时效届满而抵押权人在法定期间内未行使抵押权的,即使该债权在债权确定时仍然存在,也不再属于该最高额抵押权的担保范围。〔55〕其理由主要为实现最高额

---

〔53〕 参见[日]金山直樹:《時効における理論と解釈》,有斐閣2009年版,第481页。

〔54〕 Heinz-Peter Mansel: Die Neuregelung des Verjährungsrechts, NJW 2002, 89.

〔55〕 参见郑冠宇:《民法物权》,新学林出版股份有限公司2013年版,第570页。

抵押权对多个不特定债权的担保作用。[56] 日本民法就该问题未作专门规定,但由于《日本民法典》第396条关于抵押权时效从属于主债权时效的规定亦适用于最高额抵押权,[57]故对该问题的处理与我国台湾地区类似。由于我国《物权法》第202条对主债权诉讼时效与抵押权行使期间关系的规定与日本民法类似,因此对该问题的处理应采与日本法类似的态度为宜。另需注意的是,《不动产登记暂行条例实施细则》第73条规定,当发生最高额抵押权所担保债权被确定的事由时,当事人应当依法办理确定最高额抵押权的登记。该登记的作用在于将最高额抵押权变更为一般抵押权。[58] 如果在办理该登记时抵押人并未就时效已届满债权被登记于最高额抵押权担保范围之内提出异议,表明抵押人放弃时效利益,最高额抵押权人有权就被登记的该债权以抵押财产价值优先受偿。

2. 债权确定时,各债权均未到期的,最高额抵押权行使期间于最先到期的债权到期且债务人不履行该债务时起算。例如,2018年12月1日决算期届满致债权确定,而A、B、C三项债权分别于2019年5月1日、6月1日、7月1日到期,最高额抵押权行使期间自2019年5月2日起算。对于该场合下最高额抵押权行使期间何时起算,学界存在争议。第一种观点认为,被确定的任一债权已到期而未受清偿,最高额抵押权的行使条件即被满足,即最高额抵押权行使期间的起算点是最先到期的被确认债权未受清偿时。[59] 理由主要是为了方便最高额抵押权人行使权利等。[60] 第二种观点认为,债权确定后,各债权分别适用各自的抵押权行使期间,因为此时最高额抵押权已转化为普通抵押权,担保各自相互独立的债权。[61] 依此观点,各债权到期未受清偿时,分别导致各自的抵押权行使期间起算。笔者赞同第一种观点,理由如下:其一,《担保法解释》第78条规定,同一财产向两个以上债权人抵押的,顺序在先的抵押权所担保的债权先到期的,抵押权实现后的剩余价款应予提存,留待清偿顺序在后的抵押担保债权。依据该条精神,同一抵押财产上存在数个抵押权担保数个主债权的,先到期的债权人可以行使抵押权,而无须待所有主债权均到期。先到期的债权人行使抵押权受偿后,抵押财产的剩余变价款应予提存,

---

〔56〕 参见邱玟惠:《民法物权逐条释义》,元照出版有限公司2015年版,第281~282页。

〔57〕 参见[日]近江幸治:《担保物权法》,祝娅等译,法律出版社2000年版,第209页。

〔58〕 参见国土资源部不动产登记中心编:《不动产登记暂行条例实施细则释义》,北京大学出版社2016年版,第197页。

〔59〕 参见崔建远:《物权法》,法律出版社2017年版,第512页。

〔60〕 参见孙鹏、王勤劳:《最高额抵押法律适用问题研究》,载《甘肃政法学院学报》2009年第5期。

〔61〕 参见杨文辉:《最高额抵押权决算期之研究》,载《法学》2009年第3期。

留待其他主债权到期后在满足行使抵押权条件的前提下以该剩余变价款受偿。[62]因为在此场合下,多个债权人具有不同的利益诉求,故应当保障抵押人和债务人针对未到期债权所享有的期限利益。而在最高额抵押权的场合下,虽然存在多个主债权,但债权人与债务人仍为一对一关系,且最高额抵押权特有的制度价值就是将一个债务人的多个债务以“打包”方式提供限额担保,故不存在多个债权人场合下具有不同利益诉求的问题。因此,最先到期的债权到期时债务人不履行债务的,最高额抵押权行使期间于此时起算,债权人可通过行使最高额抵押权使其所有被确定的债权优先受偿,而无须将未到期债权所对应的抵押财产价值予以提存。其二,《物权法》第 203 条第 1 款规定,行使最高额抵押权的条件之一是“债务人不履行到期债务”。因最高额抵押权担保多个主债权,故“债务人不履行到期债务”有两种可能的解释:一是债务人不履行“任一”到期债务;二是债务人不履行“所有”到期债务。仅从文义解释的角度而言,这两种解释均可成立,但结合最高额抵押权制度的“提高担保交易效率”“强化担保效果”[63]等立法目的,应采第一种解释为妥。其三,前述第二种观点机械地理解“最高额抵押权转化为普通抵押权”,而主张各债权分别适用各自的抵押权行使期间,这既不符合最高额抵押权制度的功能,在实务中也是无法操作的。

3. 债权确定时,既有债权已到期,也有债权未到期的,最高额抵押权行使期间于债权确定时起算。如前所述,债务人不履行任一被确定的到期债务,即导致最高额抵押权行使期间起算。在此情形下,由于在债权确定之前已有债权到期,因此最高额抵押权行使期间于债权确定时起算。

4. 债权确定前,发生当事人约定的实现抵押权的情形,最高额抵押权行使期间于该情形发生时起算。在司法实务中,当事人约定的实现最高额抵押权的常见情形包括:担保人的担保能力明显不足;债务人财务状况发生重大变化;债务人涉及诉讼、仲裁、行政处罚及其他司法行政程序,可能对其履行债务产生不利影响等。[64] 依据立法机关的解释,发生当事人约定的实现抵押权的情形构成“债权确定的其他情形”,[65]因此,在《物权法》第 206 条第 1 项至第 5 项规定的事由导致债权确定以前,如果发生当事人约定的实现抵押权的情形,亦导致最高额抵押权行

---

〔62〕 参见李国光等:《最高人民法院〈关于适用中华人民共和国担保法若干问题的解释〉理解与适用》,吉林人民出版社 2000 年版,第 283 页。

〔63〕 参见程啸:《担保物权研究》,中国人民大学出版社 2017 年版,第 453~454 页。

〔64〕 参见最高人民法院(2013)民提字第 141 号民事判决书。

〔65〕 参见全国人大常委会法制工作委员会民法室编:《中华人民共和国物权法条文说明、立法理由及相关规定》,北京大学出版社 2007 年版,第 374 页。

使期间起算。在此情形下,无论受担保各债权是否已到期,均不影响最高额抵押权行使期间起算,因为此类情形的发生类似于债务人预期违约,故债务人原本享有的部分期限利益不再具有意义。[66] 从《物权法》第203条第1款的立法目的来看,其之所以将“债务人不履行到期债务”和“发生当事人约定的实现抵押权的情形”均规定为行使最高额抵押权的条件,就是为当事人提供在债权到期前依约定行使抵押权的机会,故此类情形发生时无须再考虑主债权是否到期的问题。

四、主债权诉讼时效中断、中止对最高额抵押权行使期间的影响

在不同立法模式下,主债权诉讼时效中断、中止对抵押权行使期间产生不同的影响。我国现行法对该问题的处理与法国、日本模式最为接近,即将主债权诉讼时效期间与抵押权行使期间直接予以捆绑。在该模式下,抵押权行使期间的本质是抵押权从属性的体现,即抵押权人可在主债权诉讼时效期间内行使从权利性质的抵押权。抵押权人未在该期间行使权利产生何种后果?我国学理[67]和实务[68]对此尚存不同意见,因该问题并非本文重点,此处不作展开。但无论对该问题持何种意见,对于抵押权行使期间系抵押权从属性的体现实际上已在相当程度上形成共识。在此前提下,以下就主债权诉讼时效中断、中止对最高额抵押权行使期间的影响分两种情况予以讨论:

1. 债权确定前,主债权诉讼时效中断、中止对最高额抵押权行使期间不产生影响。最高额抵押权所担保债权被确定以前,因最高额抵押权行使期间起算条件尚不具备,该期间尚属未起算状态,故即使主债权诉讼时效发生中断、中止,也不对该期间产生影响。在此阶段内,主债权诉讼时效中断、中止不能影响最高额抵押权行使期间的计算,而仅具有以下意义:其一,维持受担保债权之完全债权的效力,阻止债务人获得时效抗辩权。此为适用中断、中止规则的一般性效力。其二,防止某些债权被排除于最高额抵押权的担保范围之外。如前所述,如果在债权确定前某一债权诉讼时效已届满,则债权确定时该债权将被排除出最高额抵押权的担保范围。

---

〔66〕 参见最高人民法院《关于审理民事案件适用诉讼时效制度若干问题的规定》(法释[2008]11号,以下简称《诉讼时效规定》)第6条。

〔67〕 对于该问题,存在“胜诉权消灭说”“实体权利消灭说”“从权利效力说”“抗辩权发生说”等观点。参见曹士兵:《中国担保制度与担保方法》,中国法制出版社2017年版,第304页;程啸:《论担保物权之存续期限》,载《财经法学》2015年第1期;孙鹏:《担保物权的实行期间》,载《现代法学》2007年第6期;尹田:《物权法》,北京大学出版社2013年版,第470页。

〔68〕 参见吉林省吉林市中级人民法院(2016)吉02民终440号民事判决书;北京市第三中级人民法院(2016)京03民终8680号民事判决书;辽宁省葫芦岛市中级人民法院(2016)辽14民终1634号民事判决书;山东省青岛市中级人民法院(2017)鲁02民再12号民事判决书。

这意味着,债权人如欲使债权确定之前即已起算诉讼时效的某一债权在债权确定时能够被纳入担保范围,就需要主动中断、中止该债权的诉讼时效以阻止其在债权确定前届满。其三,对其他债权能否被纳入担保范围的影响。债权确定前某一债权诉讼时效因中断、中止而一直处于未届满状态,能够阻止超过最高担保限额的其他债权被纳入担保范围;反之则否。

一个值得讨论的问题是:在此阶段内,债权人主张权利而致债权诉讼时效中断能否直接引起最高额抵押权行使期间的起算?有学者对此持肯定意见,认为某项债权到期未受清偿,债权人请求启动司法程序拍卖、变卖抵押财产的(诉讼时效中断),导致最高额抵押权所担保债权提前确定,最高额抵押权行使期间开始起算。〔69〕实务中亦有采此观点的裁判意见,认为债权人主张权利的行为不仅引起主债权诉讼时效中断,亦导致"约定决算期提前到期"。〔70〕笔者不同意该观点。其一,在当事人无特别约定的前提下,将债权人主张权利一概认定为"债权提前确定"或"决算期提前到期"的事由,与现行法规定不符。依《担保法解释》第 83 条第 1 款规定,债权确定时受担保各债权是否已到期均有可能,是否到期仅影响此时能否适用普通抵押权规则行使抵押权。如果认为债权确定前债权人就已到期债权主张权利即导致"债权提前确定",将使司法解释该规定几无适用可能。其二,应区分债权人主张权利的不同样态,分别产生不同后果。如果债权人就债务人违约主张解除合同、终止交易关系等,因该行为导致"新的债权不可能发生"而致债权确定,故最高额抵押权行使期间开始起算。如果债权人只是要求债务人履行债务或承担违约责任,而并未主张终止交易关系,则不导致债权确定,最高额抵押权行使期间此时也不能起算。而且,债务人所应承担的违约责任(违约金、损害赔偿等)于将来债权确定时亦应被纳入受担保债权的范围。〔71〕

2. 债权确定后,主债权诉讼时效中断、中止对最高额抵押权行使期间产生影响。

最高额抵押权所担保债权被确定以后,主债权诉讼时效中断、中止与最高额抵押权行使期间的关系亦依据普通抵押权行使期间规则予以确定。因债权确定时未必就是最高额抵押权行使期间起算之时,故区分以下两种情形分别讨论:

(1)债权确定前,主债权诉讼时效已经起算。该情形包括两种情况:一是债权确定前各债权都已到期且起算诉讼时效;二是债权确定前仅有部分债权到期且起

〔69〕 参见曹士兵:《中国担保制度与担保方法》,中国法制出版社 2017 年版,第 318 页。

〔70〕 参见山东省烟台市中级人民法院(2014)烟商初字第 140 号民事判决书。

〔71〕 参见《物权法》第 173 条。

算诉讼时效。如前所述,这两种情况下最高额抵押权行使期间均于债权确定时起算,故将其一并讨论。在该情形下,因最高额抵押权行使期间于债权确定时起算,故此后主债权诉讼时效中断、中止导致最高额抵押权行使期间发生相应变化。在该情形下,以下两点值得特别注意:其一,基于提高担保交易效率、强化担保效果等原因,只要任何一项主债权因中断、中止而致诉讼时效未届满,最高额抵押权行使期间即不届满,债权人在此期间内行使最高额抵押权应受法律保护。其二,债权人启动司法程序行使最高额抵押权的,亦构成主债权诉讼时效中断事由。〔72〕 其意义在于,抵押财产价值不足以清偿所有受担保债权的场合下,在该执行程序结束后债权人就未受偿债权仍享有时效利益。一个有争议的问题是:如果债权人请求法院行使最高额抵押权时仅就部分受担保债权主张权利,该行为是否导致未被主张的债权诉讼时效中断?在日本法上,基于节省税额的原因,债权人仅就部分债权主张行使最高额抵押权的情形较为常见。对该行为导致主债权时效中断的范围,学理及实务上有“消极说”和“积极说”之争,近年来“积极说”渐占上风。〔73〕 我国学界对该问题讨论较少。依据《诉讼时效规定》第11条,权利人对同一债权中的部分债权主张权利,诉讼时效中断的效力及于剩余债权,但权利人明确表示放弃剩余债权的情形除外。该条虽不能直接适用于行使最高额抵押权的场合,但依据该条的内在精神,我国似采“积极说”为宜,即债权人仅就部分债权主张行使最高额抵押权的,诉讼时效中断效力及于其他债权,但债权人明确表示放弃其他债权的除外。

(2)债权确定后,主债权诉讼时效方才起算。在此情形下,债权确定时各债权均未到期,债权确定后才发生主债权到期未受清偿而致诉讼时效起算。在债权确定至主债权诉讼时效起算的时间段内,因诉讼时效尚未起算而不存在中断、中止的问题。在主债权诉讼时效起算后发生中断、中止的,导致最高额抵押权行使期间也发生相应变化,债权人在此期间内行使最高额抵押权应受法律保护。

(责任编辑:陆剑)

〔72〕 参见《诉讼时效规定》第13条第6项。

〔73〕 参见[日]金山直樹:《時効における理論と解釈》,有斐閣2009年版,第459~469页。

私法研究 25 第二十五卷

债务清偿期届满后以物抵债案件的裁判路径与改进方向

景光强*

目　次

一、以物抵债案件现有裁判思路概览

我国司法实务中关于以物抵债案件的裁判标准不统一,裁判思路多有变化。以最高人民法院(以下简称最高法院)相关裁判为例,关于以物抵债协议性质与效力的认识,大致经历了如下发展历程。

(一)债的更改

法院早期的观点倾向于认为以物抵债协议导致了旧债消灭和新债产生。如在广西临桂县城市信用社与中国农业银行神农架林区支行等欠款担保合同纠纷案判决中,最高法院认为

---

* 景光强,北京航空航天大学法学院民商法专业法学博士。

当事人就借款纠纷签订《以物抵债协议书》应视为新的法律关系的成立,即四方当事人之间构成新的欠款担保法律关系,最高法院判决当事人应依协议书的约定内容承担连带保证责任。[1] 当事人达成以物抵债协议多为寻求原债的清偿,并非要建立新的债权债务关系,用债的更改解释以物抵债协议,使债权人丧失了主张原债权的机会,不符合当事人的真实意思表示,对债权人至为不利。因此,司法实务中将以物抵债协议解释为债的更改的判例并不多见。

(二)代物清偿

在随后的系列判决中,采用传统民法上的代物清偿理论裁判以物抵债案件逐渐成为主流,判例数量蔚为大观。在成都市国土资源局武侯分局与招商(蛇口)成都房地产开发有限责任公司等纠纷案裁判中,最高法院认为,成都港招公司与招商局公司双方协议以土地作价清偿的约定构成了代物清偿法律关系。依据民法基本原理,代物清偿以债权人等有受领权的人现实地受领给付为生效要件,在新债务未履行前,原债务并不消灭,当新债务履行后,原债务同时消灭。[2] 该案件后来被最高法院公报刊登,其裁判摘要指出,代物清偿协议系实践性合同,没有实际履行,双方的代物清偿协议不成立。[3] 此后,最高法院又通过一系列案件,逐渐确立了以代物清偿理论处理以物抵债纠纷的裁判思路。在黄振华、北京威德生物科技有限公司股权转让合同纠纷案中,最高法院首次在裁判中明确指出,代物清偿契约为实践合同,其生效以当事人实际履行为条件,当事人一方必须有履行实际交付代偿标的物的行为,才能产生消灭原有债务的法律效果。[4] 以代物清偿理论裁判以物抵债案件的路径依赖是如此强烈,以致在第八次全国民事商事审判工作会议开始承认诺成性以物抵债协议的效力后,最高法院于2017年后仍然连著三例裁判,坚持代物清偿合同的实践性。[5]

将以物抵债协议解释为代物清偿,保障了债权人主张原债权的权利,但在他种给付现实履行前,因代物清偿契约不成立,债权人要求债务人履行以物抵债协议的请求便得不到法院的支持。从司法实务看,这种担心绝非多余。在林永开、陈圣亮与六盘水贵业房地产开发有限公司合同纠纷案中,最高法院认为,基于代物清偿协议为实践性合同,并且贵业房开至今未履行将涉案房产变更登记至二原告名下,故

[1] 参见最高人民法院(2001)民二终字第179号判决书。

[2] 参见最高人民法院(2011)民提字第210号裁定书。

[3] 参见《中华人民共和国最高人民法院公报》2012年第6期。

[4] 参见最高人民法院(2014)民申字第895号判决书。

[5] 参见最高人民法院(2017)最高法民申1783号、(2017)最高法民申3773号、(2017)最高法民申3957号裁定书。

原被告及林成佑之间原有的债权债务关系仍未消灭。因此，原告无权请求判令被告继续履行《债权债务转让合同书》、将未售房产登记至二原告名下，原告的诉讼主张没有事实基础。[6] 江苏省高级人民法院甚至专门作成《审判委员会会议纪要》，认为债务清偿期届满后当事人达成以物抵债协议，在尚未办理物权移转手续前，债务人反悔不履行抵债协议，债权人要求继续履行抵债协议或要求确认所抵之物的所有权归自己的，人民法院应驳回其诉讼请求。[7]

（三）买卖合同

为避免非即时履行的以物抵债协议被宣告不成立或无效的命运，当事人有时不得不采用买卖合同的形式辗转达到抵债的效果，即通常所说的"名为买卖，实为抵债"。司法实务中，为尊重当事人意思自治，纠正代物清偿理论的负面效应，法院也往往顺势而为承认买卖合同效力，从而达到了间接承认诺成性以物抵债协议效力的效果。关于如何通过买卖合同达到抵债目的，经梳理，司法实务中大体有四种解释路径：

1. 直接承认，亦即对当事人抵债的真实意图"睁一只眼，闭一只眼"，尊重买卖合同的表象，直接承认买卖合同的效力。如在刘雷与大庆市新天问百货有限公司、张俊君房屋买卖合同纠纷案裁判中，最高法院认为，新天问公司将案涉房屋分别以出售和抵顶装修款的方式与刘雷、张俊君签订的房屋买卖合同，均系当事人双方真实意思表示，其内容不违反法律、行政法规的强制性规定，应为合法有效。[8]

2. 债务抵销，即承认当事人之间同时存在借款合同关系与买卖合同关系，债务人在借款合同中的还款义务与债权人在买卖合同中的给付房款义务相互抵销，债权人取得买卖标的物（抵债物）所有权，当事人之间的两个合同关系同归消灭。例如，在巴松涛与东营市深港建材有限责任公司、张希武、黄俊娥债权人撤销权纠纷案裁判中，最高法院认为，深港建材公司与张希武、黄俊娥签订合同，将商品楼房转让给张希武、黄俊娥，并将转让款用于抵销对张希武、黄俊娥所负的债务，系双方真实意思表示，并不违反法律的禁止性规定，应认定合法有效。[9]

3. 参照适用，即刺破买卖合同面纱，还原以物抵债的本来面目，同时参照买卖合同的规定承认诺成性以物抵债协议的效力。在甘肃万洲汽车贸易有限责任公司与宫本杰房屋买卖合同纠纷案裁判中，最高法院认为，案涉《房地产买卖契约》，从

---

〔6〕 参见最高人民法院（2016）最高法民终765号裁定书。

〔7〕 参见最高人民法院民一庭编：《民事审判指导与参考》（2014年第2辑），人民法院出版社2014年版，第235页。

〔8〕 参见最高人民法院（2014）民申字第243号裁定书。

〔9〕 参见最高人民法院（2014）民申字第1681号裁定书。

形式上看,系房屋买卖合同;从其发生原因上看,是万洲公司以房屋抵偿所欠工程款的协议,即以转移一定面积房屋的所有权替代原工程款的给付。在我国现行法上,无专门针对以物抵债协议的规定,无名合同首先应适用与其目的和性质最相接近的有名合同的规范。案涉《房地产买卖契约》在性质和功能上与买卖合同最为接近,在法律无明确规定和当事人无例外约定的情况下,合同自双方合意达成之时即成立并生效,宫本杰有权请求万洲公司履行该协议所约定的义务。万洲公司主张该协议为实践性合同,无法律依据,不能成立。[10]

4. 合同转化,亦即当事人通过协议安排,将原来的债权债务关系转化为买卖合同关系。在闫凡苓与杜娟、殷宪银案外人执行异议案裁判中,最高法院认为,杜娟与殷宪银之间签订以房抵债协议,由殷宪银以其所有的位于枣庄市薛城区燕山路东侧384号的楼房北数第二间抵偿该借款本金及利息。根据协议约定,协议生效,杜娟对殷宪银的债权转化为房屋转让的对价,双方之间基于借款所形成的债权债务关系已被以房抵债协议中的权利义务关系取代。[11] 在这方面,最具代表性的案例无疑应属新疆鄂尔多斯彦海房地产开发有限公司与汤龙等商品房买卖合同纠纷案。在本案判决中,最高法院指出,双方经协商一致终止借款合同关系,建立商品房买卖合同关系,将对账确认的借款本息转变为已付购房款。汤龙等四人具有实际向彦海公司购买案涉房屋的真实意愿,彦海公司亦具有向汤龙等四人出售该房屋的真实意愿,最终认定当事人之间的买卖合同合法有效。[12] 最高法院依据该案判决于2016年12月28日发布第72号指导案例,对此后类似案件的裁判产生实质拘束力。

(四)新债清偿

最高法院第72号指导案例对于"名为买卖、实为抵债"的以物抵债案件裁判能够起到一定的指导意义,但对于普通的诺成性以物抵债案件仍然束手无策。第72号指导案例发布后,最高法院仍然依代物清偿原理裁判数起以物抵债案件,否认诺成性以物抵债协议的效力,不仅不利于债权人利益保护,而且实质上造成了同案不同判的后果。面对交易需求和理论界质疑,最高法院亦在承认诺成性以物抵债协议的效力方面不断寻求突破。2016年,最高法院民二庭庭长撰文指出:债务履行期届满后,债权的数额就得以确定,在此基础上达成的以物抵债协议,一般不会存在显失公平的问题。在以物抵债行为不存在违反法律、行政法规禁止性规定

---

〔10〕 参见最高人民法院(2015)民申字第385号裁定书。

〔11〕 参见最高人民法院(2017)最高法民申2480号判决书。

〔12〕 参见最高人民法院(2015)民一终字第180号判决书。

的情形下，应当尊重当事人的意思自治……如果此时抵债物尚未交付给债权人，债务人反悔但未能提供证据证明有能力继续履行原债务，债权人请求债务人履行以物抵债约定的，应予支持。〔13〕 2016 年 11 月 30 日《第八次全国法院民事商事审判工作会议（民事部分）纪要》指出“当事人达成以房抵债协议，并要求制作调解书的，人民法院应当严格审查协议是否在平等自愿基础上达成……”其言外之意，对于当事人基于真实的意思表示达成的以物抵债协议，应予承认。因此这份会议纪要虽然措辞谨慎，但是意义重大，可以认为是最高法院首次在规范性文件中承认诺成性以物抵债协议的效力。

最高法院虽然表明了承认诺成性以物抵债协议效力的立场，但对于内中理由和法理依据却未作阐释。对此，最高法院在第八次全国法院民事商事审判工作会议召开后不久作出的内蒙古兴华房地产有限责任公司与通州建总集团有限公司建设工程施工合同纠纷案判决中作了详尽阐释，概括起来理由有二：其一，以物抵债系债务清偿的方式之一，是当事人之间对于如何清偿债务作出的安排，故对以物抵债协议的效力、履行等问题的认定，应以尊重当事人的意思自治为基本原则。一般而言，除当事人明确约定外，当事人于债务清偿期届满后签订的以物抵债协议，并不以债权人现实地受领抵债物，或取得抵债物所有权、使用权等财产权利，为成立或生效要件。其二，当事人于债务清偿期届满后达成的以物抵债协议，可能构成债的更改，即成立新债务，同时消灭旧债务；亦可能属于新债清偿，即成立新债务，与旧债务并存。基于保护债权的理念，债的更改一般需有当事人明确消灭旧债的合意，否则，当事人于债务清偿期届满后达成的以物抵债协议，性质一般应为新债清偿。换言之，债务清偿期届满后，债权人与债务人所签订的以物抵债协议，如未约定消灭原有的金钱给付债务，应认定系双方当事人另行增加一种清偿债务的履行方式，而非原金钱给付债务的消灭。〔14〕 本案判决标志着最高法院裁判思路的重大转换，亦即否弃以往运用代物清偿法理的裁判思路，改采传统民法上新债清偿法理审视诺成性以物抵债协议效力，既承认了债权人请求债务人履行新给付的权利，又明确了新给付清偿前原定债务不消灭，对保护债权人利益而言意义重大。该判决虽然尚未上升为指导案例，但被最高法院公报刊登，〔15〕进一步表明了最高法院转换、统一以物抵债案件裁判思路的意图。尽管最高法院在本案判决后仍有依据代

〔13〕 杨临萍：《关于当前商事审判工作中的若干具体问题》，载最高人民法院民事审判第一庭编：《民事审判指导与参考》（总第 64 辑），人民法院出版社 2016 年版，第 83～84 页。

〔14〕 参见最高人民法院（2016）最高法民终字第 484 号判决书。

〔15〕 参见《中华人民共和国最高人民法院公报》2017 年第 9 期。

物清偿法理判决的以物抵债案件,但通过新债清偿法理承认诺成性以物抵债协议,无疑代表了未来以物抵债案件的裁判方向。2017年6月,最高法院在司法裁判中更是明确指出:以物抵债协议为诺成性合同,如果债务人尚未履行,债权人当然有请求继续履行的权利。在本案中,继续履行的请求权就表现为汕头潮阳公司请求华城公司按照《还款协议书》的约定交付房屋并办理产权变更登记手续。……原审判决以《还款协议书》并未实际履行因而潮阳汕头公司只能请求华城公司履行原工程款债务的结论就难以成立。[16] 本案裁判没有比附传统民法上的新债清偿理论,而是一般性地指出以物抵债协议为诺成性合同,意味着以物抵债案件的裁判开始抛弃传统民法理论的束缚,从民法基本精神和现有实在法出发寻求裁判基础,裁判思路愈显成熟。

(五)小结

关于以物抵债的概念,最高法院并没有在规范性文件中给出明确定义,司法实务中使用也颇为混乱,时而将以物抵债等同于代物清偿,时而又将以物抵债与代物清偿刻意区分。在晚近的判决中,将以物抵债作为债的更改、代物清偿、新债清偿的上位概念,将以物抵债作为类概念统摄所有以他种给付代替原定给付的行为的意图颇为明显。

关于以物抵债的性质,早期判决囿于传统民法概念和理论,强调以物抵债协议的要物性,忽视了对当事人真实意思表示的洞见与把握。晚近的判决开始重视当事人意思自治,倾向于将以物抵债协议解释为无名合同,进而逐渐承认以物抵债协议的诺成性。

关于以物抵债的效力,稍早的裁判受代物清偿法理影响,不承认诺成性以物抵债协议的效力,近年虽有逐渐承认诺成性以物抵债协议效力的倾向,但态度迟疑不决,虽作成若干指导案例与典型裁判,但仍小心翼翼,判决结论也多有反复。但承认诺成性以物抵债协议的效力,已成为大势所趋。

关于以物抵债案件的裁判思路,最高法院的裁判标准并不统一,在同一时期对类似案件,判决结果甚至完全相反。近年来,通过发布指导案例和典型案例示范,逐渐形成了两条并行不悖的裁判思路:对"名为买卖、实为抵债"的案件,解释为债的变更,承认买卖合同的效力;对于普通以物抵债,除当事人另有约定,解释为新债清偿,从而承认诺成性以物抵债协议的效力。

关于以物抵债案件的裁判方法,没有立足现有实在法规定,而是一直希图从传

[16] 参见最高人民法院(2015)民一终字第308号裁定书。

统民法理论寻求答案。无论是债的更改、新债清偿还是代物清偿，都是简单照搬传统民法既有的概念和法理，且对传统概念和法理亦步亦趋，无意突破传统理论框架，在裁判方法上有检讨的余地。最近的裁判虽然明确指出以物抵债协议的诺成性，但寥寥数语，对裁判理由亦未加详细阐释，对以后类似案件的示范意义不容高估。

关于以物抵债案件的裁判效果，司法迟疑和裁判的不统一影响当事人心理预期，近年来，以物抵债纠纷案件大量增加即为当事人投机心理与彷徨心态在司法上的反映。司法裁判服务于社会实践，一旦司法裁判与社会现实相脱节，当事人必想方设法予以规避，交易成本随之增加。近年来实践中大量出现的以买卖形式掩盖抵债本质的现象，即为以代物清偿法理裁判以物抵债案件不适应交易实践需要的明证。

从上述分析看，代物清偿、买卖合同和新债清偿代表了我国司法实践中关于以物抵债案件的三种主流裁判思路。但这三种裁判路径不仅在解释当事人意思表示方面均存在不同程度的偏差，且在裁判方法上也均有值得商榷之处，因此，得出的裁判结果自然也非无可指摘。以下对三种裁判路径逐一检讨。

二、代物清偿裁判路径之方法论检讨

我国实在法上并无代物清偿之规定，援引代物清偿理论裁判以物抵债案件，表明裁判者认为代物清偿制度之缺位构成法律漏洞，有予以填补的必要。梁慧星教授指出，在没有法律、习惯、司法解释和指导性案例可供适用或参照时，法官裁判案件可以参考“公认的法理”，肯定了法理填补法律漏洞的功能。他举例指出，在成都市国土资源局武侯分局与招商（蛇口）成都房地产开发有限公司等债权人代位权纠纷案中，法院判决以代物清偿理论作为裁判依据，为参考法理判决的适例。〔17〕

凡成文法皆有漏洞，这是晚近以来大陆法系学界之共识。当此之时，法官在司法裁判中应当运用妥适的方法填补法律漏洞，以求作出妥当的裁判并由此促进法发展，亦为学界所广为承认。但是，法律漏洞的发现及填补融入了法官的价值评价，若对法官填补法律漏洞的权力不加限制，则立法权威及法的安定性将会受到严重威胁。因此，法官进行法的续造应保持谨慎谦抑，必须首先努力从实在法寻求裁判规则，只有在立法者对需要解决的法律问题未作出规定时，法官不得以法无规定为由拒绝对其作出决定，而必须自行加以解决，此时才有填补漏洞的必要，这是法

〔17〕 梁慧星：《民法总论》（第五版），法律出版社 2017 年版，第 30 页。需指出的是，梁慧星教授只是例举参考法理裁判的案件，但对于本案中法官援引代物清偿理论裁判的合理性，并未作出评论。

官进行法律续造的合法性边界。[18]

我国《合同法》没有规定代物清偿制度,是否构成法律漏洞,不无疑问。从比较法上看,《德国民法典》第 364 条第 1 款规定:“债权人受领所负担给付之外的另外一项给付代替清偿的,债务关系归于消灭。”[19]《日本民法典》第 482 条、我国台湾地区“民法”第 319 条均有代物清偿的规定。但是,从这些规定并不能直接得出代物清偿协议要物性的结论。首先,从章节安排看,代物清偿均规定在债务关系消灭部分,都是突出代物清偿的清偿效果而没有明确描述代物清偿协议的构造特征。其次,从表述上看,虽然都强调他种给付标的物的受领,但是标的物受领的效果只是导致债权债务关系消灭,并没有明确指出代物清偿协议以标的物交付为成立要件。由此可见,支撑代物清偿理论最核心的要物性理论并未为各国各地区民法所规定,主要是通过学说发展出来的。因此,即使从比较法的角度观察,也仅能认为《合同法》没有将代物清偿作为清偿的一种形式构成法律漏洞,而非未规定代物清偿的要物性构成法律漏洞。[20]

关于代物清偿的要物性抑或诺成性,虽然《合同法》没有明确规定,但根据我国《合同法》基本原则、架构体系和相关规定,并非不能得出具体的裁判规则和明确的结论。根据《合同法》第 4 条、第 25 条、第 44 条确立的规则及其蕴含的法律精神,应当充分保障当事人订立合同自由,法律只规定合同成立的最低条件,即“一诺即成”。若有充分理由对合同成立自由施加限制,必须作出明确规定。合同的要物性逾越了合同成立的最低条件,对当事人的订约自由附加了要物条件,因此必须有法律特别规定,已属特殊合同。[21] 我国实在法上既然没有明确规定代物清偿为要物合同,在解释上应当首先将其解释为诺成合同。另外,从以物抵债协议导致合同标的物变化的角度看,可以认为以物抵债协议构成了债的变更。根据《合同法》第 77 条之规定,当事人协商一致即可发生合同变更效果。因此,即使从合同变更的角度看,代物清偿协议仍然是诺成性的。正如有学者指出的,从请求权基础上看,我国民法没有规定代物清偿制度,即便依据合同自由原则,找到的依据也只是当事人可以自由变更与消灭合同,而不是将之看作“实践性合同”或“要物合

---

[18]　[德]齐佩利乌斯:《法学方法论》,金振豹译,法律出版社 2009 年版,第 121 页。

[19]　杜景林、卢谌:《德国民法典全条文注释》(上册),中国政法大学出版社 2015 年版,第 364 页。

[20]　其实,即使这一点也较为牵强,从《合同法》第 91 条第 1 项“债务已经按照约定履行”的表述看,其核心文义固然是指实际履行,然则代物清偿也可以解为“按照约定履行”,因此,将“债务已经按照约定履行”解释为包括实际履行与代物清偿两种情形,并未超出文义的最大射程。

[21]　韩世远:《合同法总论》(第三版),法律出版社 2011 年版,第 59 页。

同”。[22] 以代物清偿学说作为直接的判决理由是否存在司法权过于扩张之嫌疑，仍待探讨。[23]

然而，上述结论也非绝对。虽然《合同法》没有明确规定以物抵债为要物合同，但若按照诺成合同处理将明显违反正义原则，则可以认为构成法律漏洞并有填补的必要。但同为保护债权人利益的制度设计，与代物清偿要物说理论相比，将代物清偿解释为诺成合同，经由清偿契约说、变更契约说等解释路径，更能实现理论上的逻辑自洽和实务上的保护目的。关于代物清偿及要物合同理论，学界已经广泛诟病，[24] 有学者甚至认为要物契约乃陈旧过时的概念，[25] 保留要物契约此种法制史上的残留物实无必要，财产性的契约均应予以诺成化。[26] 由此可见，代物清偿理论早已不再是“公认的法理”，在此情况下，我国司法实务中仍不乏将代物清偿理论奉为圭臬的裁判，尤显不合时宜。

三、买卖合同裁判路径质疑——最高法院第72号指导案例评释

（一）基本案情与裁判要点[27]

汤龙、刘新龙、马忠太、王洪刚与彦海公司于2013年先后签订多份借款合同，通过实际出借并接受他人债权转让，取得对彦海公司合计2.6亿元借款的债权。为担保该借款合同履行，四人与彦海公司分别签订多份商品房预售合同，并向当地房屋产权交易管理中心办理了备案登记。该债权陆续到期后，因彦海公司未偿还借款本息，双方经对账，确认彦海公司尚欠四人借款本息361,398,017.78元。双方随后重新签订商品房买卖合同，约定彦海公司将其名下房屋出售给四人，上述欠款本息转为已付购房款，剩余购房款38,601,982.22元，待办理完毕全部标的物产权转移登记后一次性支付给彦海公司。汤龙等四人提交与彦海公司对账表显示，双方之间的借款利息系分别按照月利率3%和4%、逾期利率10%计算，并计算复利。

法院生效裁判认为，本案争议的商品房买卖合同签订前，彦海公司与汤龙等四

---

〔22〕 肖俊：《代物清偿中的合意基础与清偿效果研究》，载《中外法学》2015年第1期。

〔23〕 周江洪：《债权人代位权与未现实受领之“代物清偿”——“武侯国土局与招商局公司、成都港招公司、海南民丰公司债权人代位权纠纷案”评释》，载《交大法学》2013年第1期。

〔24〕 ［德］迪尔克·罗歇尔德斯：《德国债法总论》（第七版），沈小军、张金海译，中国人民大学出版社2014年版，第142～143页；陈自强：《无因债权契约论》，中国政法大学出版社2002年版，第316～326页；邱聪智：《新订民法债编通则》（上），中国人民大学出版社2003年版，第26页；崔建远：《以物抵债的理论与实践》，载《河北法学》2012年第3期。

〔25〕 陈自强：《债权法之现代化》，北京大学出版社2013年版，第8页。

〔26〕 王泽鉴：《债法原理》（第二版），北京大学出版社2013年版，第151页。

〔27〕 参见最高人民法院第72号指导案例，另见最高人民法院（2015）民一终字第180号判决书。

人之间确实存在借款合同关系,且为履行借款合同,双方签订了相应的商品房预售合同,并办理了预购商品房预告登记。但双方系争商品房买卖合同是在彦海公司未偿还借款本息的情况下,经重新协商并对账,将借款合同关系转变为商品房买卖合同关系,将借款本息转为已付购房款,并对房屋交付、尾款支付、违约责任等权利义务作出了约定。民事法律关系的产生、变更、消灭,除基于法律特别规定,需要通过法律关系参与主体的意思表示一致形成。民事交易活动中,当事人意思表示发生变化并不鲜见,该意思表示的变化,除为法律特别规定所禁止外,均应予以准许。本案双方经协商一致终止借款合同关系,建立商品房买卖合同关系,并非为双方之间的借款合同履行提供担保,而是借款合同到期彦海公司难以清偿债务时,通过将彦海公司所有的商品房出售给汤龙等四位债权人的方式,实现双方权利义务平衡的一种交易安排。该交易安排并未违反法律、行政法规的强制性规定,不属于《物权法》第186条规定禁止的情形,亦不适用最高人民法院《关于审理民间借贷案件适用法律若干问题的规定》第24条规定。尊重当事人嗣后形成的变更法律关系性质的一致意思表示,是贯彻合同自由原则的题中应有之义。彦海公司所持本案商品房买卖合同无效的主张,不予采信。但在确认商品房买卖合同合法有效的情况下,由于双方当事人均认可该合同项下已付购房款系由原借款本息转来,且彦海公司提出该欠款数额包含高额利息。在当事人请求司法确认和保护购房者合同权利时,人民法院对基于借款合同的实际履行而形成的借款本金及利息数额应当予以审查,以避免当事人通过签订商品房买卖合同等方式,将违法高息合法化。

(二)关于"终止借款合同关系"

本案裁判的逻辑起点为"双方经协商一致终止借款合同关系,建立商品房买卖合同关系"。但"终止借款合同关系"如何证成,纵观判决全文,论证结论似有相关抵牾之处。

从"终止借款合同关系,建立商品房买卖合同关系"的描述看,终止借款合同关系与建立商品房买卖合同关系似乎是前后相继或同时发生的两个行为,对此是否可以理解为当事人解除了借款合同关系,同时成立商品房买卖合同关系?倘若这种假定成立,借款合同解除后,债务人在借款合同中还本付息的债务就转换为恢复原状、赔偿损失等义务(《合同法》第97条),具体到本案,就是返还借款及赔偿利息损失的义务。商品房买卖合同成立后,债务人返还借款及赔偿利息损失的债务与债权人交付购房款的债务相互抵销,债权人取得商品房所有权后,当事人之间的房屋买卖合同关系亦归于消灭,这不失为"实现双方权利义务平衡的一种交易安排"。本案一审判决即持此种观点,认为"双方借贷关系通过协商一致予以解除,其基于借贷关系而发生的债权债务因设立新的商品房买卖合同法律关系而归于消灭”。

另外，从二审判决“将借款合同关系转变为商品房买卖合同关系”、当事人嗣后形成了“变更法律关系性质的一致意思表示”等表述看，似乎认为当事人之间的关系构成了债的更改。债的更改亦称为债务更替或债务更新，谓因使成立新债务而使旧债务消灭之契约，新债务之发生与旧债务之消灭相互间有因果关系，即因旧债务之消灭而发生新债务，或因新债务之发生而使旧债务消灭，从而如新债务不发生，则旧债务不消灭。〔28〕 我国《合同法》没有规定债的更改制度，只有债的变更制度，学说上认为债的性质之变更亦构成债的变更。但在变更合同标的种类及合同性质时，实际上新合同关系与原合同关系已非同一，可认为构成了旧债消灭而新债产生。〔29〕 从本案二审判决描述看，终止借款合同关系与建立商品房买卖合同关系同时发生、互为因果，且债的要素与债的性质发生了根本变化，因此符合债的更改的构成要件。

但从“将借款本金及利息转化为已购房款”“人民法院对基于借款合同的实际履行而形成的借款本金及利息数额应当予以审查”等表述看，最高法院似乎又认为借款合同中的还款义务得到了实际履行。但正如上所述，借款合同中的还款义务事实上已经不可能实际履行，因此当事人才“通过将彦海公司所有的商品房出售给汤龙等四位债权人的方式”，对借款合同中的债务清偿事宜作出新的安排。对此，或可以理解为，房屋买卖合同成立并不立即导致借款合同终止，二者同时处于有效并存状态，均需得到履行。债务人在借款合同中的还本付息的债务与房屋买卖合同中债权人交付房款的债务均为同种类金钱债务，可以相互抵销。如此，因借款合同中债务人的还款义务通过抵销的方式得到了“实际履行”，借款合同关系方才终止。但如此理解，不仅将抵销降格为实际履行的下位概念，而且借款合同关系终止的时间节点与上述两种解释相比需要后移，似不符合“终止借款合同关系，建立商品房买卖合同关系”的描述，“建立商品房买卖合同关系，终止借款合同关系”的描述或许更贴近案件事实。

总之，从裁判文书说理来看，两审裁判对终止借款合同关系的认识并不相同，二审法院就借款合同关系如何终止，态度尤其暧昧不明。但不论哪种解释路径，解释的结论并无根本差别，都是导向“终止借款合同关系，建立商品房买卖合同关系”的结论。但该结论符合当事人真实的意思表示吗？

---

〔28〕 史尚宽：《债法总论》，中国政法大学出版社 2000 年版，第 822～823 页。

〔29〕 王家福主编：《民法债权》，中国社会科学出版社 2015 年版，第 79 页。

(三)关于"建立商品房买卖合同关系"

《合同法》第125条规定:"当事人对合同条款的理解有争议的,应当按照合同所使用的词句、合同的有关条款、合同的目的、交易习惯以及诚实信用原则,确定该条款的真实意思。"本案中,若双方当事人对"终止借款合同关系,成立商品房买卖合同关系"不持异议,此时尚可认为当事人的意思表示发生了变更。但在本案审判中,彦海公司答辩称,双方"并没有购买和出售房屋的意思表示""不存在真实有效的房屋买卖关系",在一方当事人对订立商品房买卖合同的意思表示真实性提出质疑的情况下,法院应当依照合同法确定的意思表示解释规则,对当事人订立商品房买卖合同的真实意图作出解释。

首先,从合同使用的词句看,双方签订的《预售商品房补充协议》明确约定:"2013年7月15日甲方(彦海公司)与乙方(汤龙、刘新龙、马忠太、王洪刚)签订的《借款合同》因甲方长期拖欠利息,已确定无能力偿还借款本金及利息,双方确定借款期限提前到期,甲方同意以物抵债并确认2014年6月18日签订的《商品房买卖合同》为甲、乙双方在确认2013年7月18日至2014年3月27日签订并办理备案《商品房预售合同》的基础上形成,本补充协议为2014年6月18日签订的《商品房买卖合同》的补充协议。"该约定清楚无疑地表明,双方签定商品房买卖合同的真实意图是以物抵债,商品房买卖合同只是当事人以物抵债的形式而已。

其次,从体系解释的角度看,当事人在合同中明确约定,2014年6月18日签订的《商品房买卖合同》为2013年7月18日至2014年3月27日签订并办理备案《商品房预售合同》的基础上形成。而当事人在此期间签定的商品房预售合同均约定,彦海公司在借款合同到期前须以约定价格回购,若不能在规定日期内回购,应依《商品房买卖合同》所约定的时间办理完毕相关的产籍手续;若彦海公司在规定期限内回购房产,双方签订的《商品房买卖合同》终止,并收回债权人持有的彦海公司全部资料。从这些约定看,汤龙等四人并没有取得商品房所有权的真实意图,而是以签定买卖合同的形式为借款提供担保。借款合同到期后,因彦海公司不能偿还本息,当事人达成商品房买卖合同及其补充协议,与在此之前达成的商品房预售合同一脉相承,实质上是对此前约定的落实,即用案涉商品房抵债。汤龙等四人主张有成立商品房买卖合同关系的真实意思表示,实难以令人信服。对此,本案二审判决也认为,该《商品房买卖合同》是借款合同到期彦海公司难以清偿债务时,双方协商通过将彦海公司所有的商品房出售给汤龙等四位债权人的方式,实现双方权利义务平衡的一种交易安排。所谓的"实现双方权利义务平衡的一种交易安排",实际上就是以物抵债而已。

最后,从合同的目的看,《预售商品房补充协议》明确说明,2014年6月18日签订的《商品房买卖合同》,系在彦海公司长期拖欠借款利息并已确定无能力偿还借款本金及利息的情况下达成的,抵债的意图已经十分明显。尤其是从当事人就借款约定高额利息及计算复利、就商品房买卖约定高额违约金、彦海公司公章一度被债权人控制、彦海公司尚存在其他债务人、彦海公司主张当事人之间的借款关系构成犯罪且公安机关正在处理、彦海公司主张抵债商品房价值高达8亿元等情况看,已有充分的理由质疑商品房买卖合同的真实意图,二审判决并没有结合上述事实对当事人的真实意图进行调查,而是一口咬定"汤龙等四人具有实际向彦海公司购买案涉房屋的真实意愿,彦海公司亦具有向汤龙等四人出售该房屋的真实意愿",得出结论过于草率。

综上所述,笔者认为,本案当事人间既没有终止借款合同关系,也没有建立商品房买卖合同关系,当事人之间订立商品房买卖合同的真实意图为以物抵债,即"名为买卖,实为抵债",两审法院认为当事人之间"终止借款合同关系,建立商品房买卖合同关系",属事实认定错误。

(四)当事人间法律行为性质及效力认定

笔者认为,当事人以订立商品房买卖合同的形式,达到以物抵债的目的,构成了民法上的通谋虚伪表示。所谓通谋虚伪表示,是指表意人与相对人通谋而为与其真实意思不一致的意思表示。虚伪表示在双方当事人之间的法律效果为确定无效。[30] 通谋虚伪表示行为虽然无效,但其隐藏的意思表示并非一律无效。在民法上,为虚伪表示所掩盖的依当事人真实意思订立的法律行为称为隐藏行为。关于隐藏行为的法律规则是:隐藏行为是否有效,取决于该隐藏行为本身是否符合该行为的生效要件。[31]

本案发生之时《民法总则》尚未出台,有学者指出,我国实在法上就通谋虚伪行为并无直接的法律规定,因此否定买卖合同的效力并无法律依据。[32] 笔者认为,我国实在法上虽然没有通谋虚伪行为的明确规定,但根据《民法通则》有关规定和《合同法》规定的意思表示解释规则,并非不能找到裁判依据。通谋虚伪行为与违反法律强制规定和公序良俗的行为虽然都为无效,但作用机制完全不同。违反法律强制性规定与公序良俗的行为无效是法律对当事人行为给予的强制性否定性评价,而通谋虚伪表示若不涉及公共秩序,则主要是一个意思自治的问题,亦即

---

[30] 梁慧星:《民法总论》(第五版),法律出版社2017年版,第181页。

[31] 梁慧星:《民法总论》(第五版),法律出版社2017年版,第182页。

[32] 陆青:《以房抵债协议的法理分析——〈最高人民法院公报〉载"朱俊芳案"评释》,载《法学研究》2015年第3期。

伪装行为不应生效系双方合意的结果,[33]法律规定通谋虚伪行为无效恰恰是尊重当事人的意思自治。从意思表示解释的角度讲,通谋虚伪表示表面上涉及两个行为,实则当事人之间只存在一个行为(隐藏行为),所谓的伪装行为只是掩人耳目,实则不存在,更遑论有效。司法实务中,应根据《合同法》第125条确定的解释规则,努力发现当事人真实意思,还原法律行为本来面目。本案中,通过上文的分析可以断定,当事人之间的关系"名为买卖、实为抵债",即只存在以物抵债一个法律关系。退一步讲,即使认为当事人之间存在两个行为,即伪装行为(买卖合同)与隐藏行为(抵债协议),但买卖合同并非当事人真实意思表示,同样也因不符合《民法通则》第55条第2项规定的民事法律行为要件而不能成立。[34] 事实上,我国司法实务中一般也是以《民法通则》第55条判定通谋所为虚伪意思表示无效。[35]在确立买卖合同不成立或无效后,接下来就是对当事人的真实意思表示——以物抵债行为的效力判断问题了。

由于我国《合同法》并无关于以物抵债的相关规定,在本案二审裁判作出时,依据传统民法上代物清偿原理裁判以物抵债案件的思路方兴未艾,而本案中作为抵债物的商品房尚未办理移转登记,因此若以代物清偿规格衡量,以物抵债行为应不成立。但若如此裁判,就会使实践中大量的以物抵债行为归于无效,违背当事人真实意思表示,造成不公平的后果。实质上,最高法院何尝不知当事人之间的商品房买卖合同实质上构成以物抵债,但为避免以物抵债协议不成立或无效的后果,不得不将计就计把当事人之间的关系解释为商品房买卖合同关系,从而间接达到承认诺成性以物抵债协议有效的结果。实质上,若抛开传统民法代物清偿理论的束缚,从我国现有实在法出发,完全可以得出诺成性以物抵债协议有效的结论,根本无需通过"曲线救国"的方式,迂回适用买卖合同的有关规定。关于诺成性以物抵债协议效力之证成,本文第二部分已作详细探讨,此处不赘。

(五)本案的裁判效果

本案即为以买卖合同形式达到以物抵债目的的典型案例。案件当事人很明显知悉法院关于以物抵债案件的裁判观点,为避免以物抵债协议被宣告无效,故意将

---

〔33〕 朱庆育:《民法总论》,北京大学出版社2016年版,第261页。

〔34〕 有学者认为虚伪表示可适用《民法通则》第58条第1款第7项和《合同法》第52条第3项的规定而无效。参见庄加园:《"买卖型担保"与流押条款的效力——〈民间借贷规定〉第24条的解读》,载《清华法学》2016年第3期。笔者认为,通谋虚伪表示不能与我国民法上规定的"以合法形式掩盖非法目的"行为划等号,本案中当事人以买卖合同形式抵债很难认定为"以合法形式掩盖非法目的",因此,《民法通则》第58条第1款7项和《合同法》第52条第3项的规定无适用余地。

〔35〕 睢晓鹏:《通谋虚伪意思表示的司法规制》,载《人民司法》2014年第10期。

法律关系伪装成买卖合同,可见代物清偿要物说危害至深!最高法院本应借此机会,顺应理论发展与实践需求,运用科学裁判方法,突破传统理论束缚,大胆承认以物抵债协议的诺成性,并作成指导案例,为以后类似案件提供裁判依据。无奈在此问题上谨慎有余而创新不足,仍然辗转适用买卖合同的规定间接承认以物抵债协议的效力,从而坐失法发展的良机。本案裁判本来已是权宜之计,却又上升为指导性案例,显得十分不合时宜。

从裁判效果看,若认为当事人之间"终止借款合同关系,建立商品房买卖合同关系",虽然为债权人主张新给付提供了依据,但负面效果也如影随形:既然借款合同关系已经终止,纵使新给付履行不能,债权人亦不得主张原定给付;原借款合同存在担保的,因主合同消灭,担保也随之消灭,债权人的债权从有担保的债权变为无担保的债权。在买卖合同中,由于债权人的支付购房款的义务已经履行,债权人丧失了在普通买卖合同中的同时履行抗辩权,从而处于十分不利的境地。

本案已然上升为指导案例,但其指导意义体现在何处,却不十分清晰。其一,本案裁判回避了以物抵债协议的性质与效力这个敏感话题,而是迂回适用买卖合同的相关规定,这是否意味着最高法院对普通的以物抵债协议仍然坚持原有立场?倘使如此,本案的指导意义就在于,提醒债权人以物抵债要通过买卖合同的形式进行,否则承担不利后果。若以物抵债协议都要伪装成买卖合同形式,则不仅会增加交易成本,而且对不懂得此"潜规则"的债权人至为不利,极有可能助长债务人的机会主义行为,严重侵蚀诚实信用的道德基础。其二,从裁判的角度,在债权人不懂此种"潜规则"而没有采用买卖合同形式抵债的,若法院采用代物清偿原理裁判,会不会造成实质意义上的同案不同判?其三,由于本案借款本息不足以偿付购房款,债权人还需继续支付部分购房款,因此买卖的"味儿很浓"。对此,本指导案例是否只有在类似情况下才有指导意义,还是不论借款本息与购房款相同与否都可适用?

很显然,本指导案例无助于问题的彻底解决。或许因为这种担忧,在本案判决一年后,最高法院又针对普通的以物抵债协议作出判决,明确肯定诺成性以物抵债协议的效力。

四、新债清偿裁判路径检讨——(2016)最高法民终484号判决评释

(一)裁判要旨

在通州建总集团有限公司与内蒙古兴华房地产有限责任公司建设工程施工合

同纠纷案中〔36〕,最高法院对债务清偿期届满后以物抵债案件的裁判思路作出了详细阐述。最高法院公报刊登了此案判决书,〔37〕意味着对全国法院类似案件的裁判将产生一定的指导意义。公报裁判要旨部分对债务清偿期届满后以物抵债案件的裁判思路进行了归纳,兹抄录如下:

1. 对以物抵债协议的效力、履行等问题的认定,应以尊重当事人的意思自治为基本原则。一般而言,除当事人有明确约定外,当事人于债务清偿期届满后签订的以物抵债协议,并不以债权人现实地受领抵债物或取得抵债物所有权、使用权等财产权利,为成立或生效要件。只要双方当事人的意思表示真实,合同内容不违反法律、行政法规的强制性规定,合同即为有效。

2. 当事人于债务清偿期届满后达成的以物抵债协议,可能构成债的更改,即成立新债务,同时消灭旧债务;亦可能属于新债清偿,即成立新债务,与旧债务并存。基于保护债权的理念,债的更改一般需有当事人明确消灭旧债的合意,否则,当事人于债务清偿期届满后达成的以物抵债协议,性质一般为新债清偿。

3. 在新债清偿情形下,旧债务于新债务履行之前不消灭,旧债务和新债务处于衔接并存的状态;在新债务合法有效并得以履行完毕后,因完成了债务清偿义务,旧债务才归于消灭。

4. 在债权人与债务人达成以物抵债协议、新债务与旧债务并存时,确定债权是否得以实现,应以债务人是否按照约定全面履行自己义务为依据。若新债务届期不履行,致使以物抵债协议目的不能实现的,债权人有权请求债务人履行旧债务,且该请求权的行使,并不以以物抵债协议无效、被撤销或者被解除为前提。

(二)代物清偿:不死的幽灵

从本案裁判要旨第一点的表述看,似有一般性承认以物抵债协议为诺成合同的倾向,大有清算传统民法上代物清偿理论之势。但综观全文,并没有正面提及代物清偿理论,其对代物清偿理论的态度似乎仍然晦暗不明。本案主审法官针对此案撰写的著述甚至明确承认代物清偿仍然为以物抵债的一种。“不应将以物抵债等同于代物清偿,代物清偿仅为以物抵债的一种情形或可选方式,而非全部。故虽然从传统民法理论看,代物清偿协议应为要物合同,但不应因此即认为所有的以物抵债协议都属于要物合同。”〔38〕从裁判要旨第二点看,最高法院的论证路径仍然是从传统民法理论出发,在承认代物清偿要物说的前提下,将以物抵债解释为新债

〔36〕 参见最高人民法院(2016)最高法民终字第484号判决书。

〔37〕 参见《中华人民共和国最高人民法院公报》2017年第9期。

〔38〕 司伟:《债务清偿期届满后以物抵债协议的性质与履行》,载《人民司法·案例》2018年第1期。

清偿,从而达到事实上架空代物清偿理论的解释目的,但其根本无意撼动传统民法理论框架。

细究起来,裁判者虽然回避了与代物清偿理论的正面交锋,但由此表现出的暧昧态度和导致的法体系矛盾却暴露无疑:在传统民法上,代物清偿与新债清偿是两种不同的制度安排,本案裁判观点既然将以物抵债解释为新债清偿,代物清偿也就没有发挥作用的空间,但裁判者为何又认为代物清偿构成以物抵债的一种情形?仔细研读裁判要旨第一点,似乎可以得出这样的结论,即以物抵债协议原则上为诺成合同,但当事人约定以物抵债协议以新给付标的物交付为成立要件的,则以物抵债协议为要物性的代物清偿。但这种理解显然不成立,因为根据意思自治原则,所有涉及标的物交付的诺成合同,当事人都可以约定以标的物交付作为合同成立要件,但当事人的约定并不能改变诺成合同的本质属性,否则所有类型的合同都可以分为诺成合同与要物合同两类,诺成合同与要物合同的分类价值也就大打折扣。

以物抵债的诺成性与要物性属两种不可调和之价值取向,必须作出选择。裁判者通过明修栈道、暗渡陈仓的方式实质上一般性承认了以物抵债的诺成性,但没有借此机会对代物清偿理论进行彻底清算,又一次错过了法发展的最佳良机。诚然,除当事人特殊约定外,所有的以物抵债协议都可以解释为新债清偿,从而使传统民法上代物清偿理论几无发挥作用之余地,实质上等于否弃了代物清偿理论。但裁判者又承认代物清偿为以物抵债之一种,没有明确将代物清偿理论从神坛上请下来,从而使代物清偿理论事实上成为一个抽象的存在。

(三)新债清偿:无端的加冕

承认了以物抵债协议的诺成性,紧接着必须回答的一个问题是,在以物抵债协议生效后,新给付与原定给付的关系问题。在传统理论框架下,关于新给付与原定给付的关系,代物清偿、新债清偿、债的更改均有所涉及。在代物清偿理论已因其固有缺陷而淘汰出局的情况下,裁判者只能从债的更改与新债清偿中寻找答案了。债的更改认为新债成立、旧债消灭,固然解决了诺成性以物抵债协议中债权人得主张新给付的问题,但债权人由此付出的代价也颇为惨重,即获得新给付须以消灭原定给付为代价,不利于保护债权人利益,也不符合以物抵债的初衷。为了保护债权,裁判者便按图索骥般地找到了新债清偿理论。根据新债清偿理论,新债成立后,新旧二债处于并存地位,新债不履行,旧债不消灭,债权人在旧债之外又额外增加了新债以供清偿之保障,对债权人颇为有利。因此,裁判者便顺理成章地得出了结论,即“当事人于债务清偿期届满后达成的以物抵债协议,性质一般为新债清偿”。

本案裁判既然无意突破传统理论框架,将以物抵债协议解释为新债清偿,则也必须恪守传统民法上新债清偿的概念。然而,若以传统民法新债清偿理论规格衡量,以物抵债协议与新债清偿在若干方面有扞格不入之处。

第一,根据传统民法通说,新债清偿为要物契约。[39] 在本案裁判要旨第一点已将以物抵债协议解释为诺成合同前提下,又于第二点将以物抵债协议解释为新债清偿,这样,裁判者费尽心机绕开了代物清偿要物性理论之后,紧接着又栽入了另一个相同的陷阱。很显然,新债清偿理论之"新债不履行、旧债不消灭"对裁判者的诱惑力是如此之大,为了达到证成裁判结果的目的,裁判者不惜对传统民法新债清偿理论进行人为切割,对新债清偿之要物性视而不见,而直取"新债不履行、旧债不消灭"之结论。而一旦进行任意取舍,则裁判者所谓的新债清偿已非传统民法之新债清偿。

第二,传统民法虽然没有明确新债清偿理论的适用范围,但多数学者都将债务人交付票据作为其典型样态。[40] 实质上,新债清偿要物说正是将交付票据作为典型形态观察而得出的结论。因为根据新债清偿理论,新债清偿成立债务人即负担新债务,而在以交付票据作为清偿旧债的方法时,只有交付票据,债务人才负担新债(票据债务),因此,传统民法上将新债清偿作为要物契约也就不奇怪了。但是,本案裁判将所有非即时履行的以物抵债协议均解释为新债清偿,无疑大大扩展了传统民法上新债清偿概念的外延。

第三,多数学者都论述到,在新债清偿中,新债务不履行、无效或撤销时,债权人得请求原定债务,[41]但在新债务不履行、瑕疵履行时债权人能否要求债务人承担继续履行新债务、赔偿损失等违约责任,则论述较少。实质上,根据传统民法关于代物清偿为有偿合同的论证路径,也可以得出大致的结论。传统民法理论认为,代物清偿是债权人抛弃原定给付而获得新给付,债权人抛弃原定给付与债务人提

---

[39] 史尚宽:《债法总论》,中国政法大学出版社2000年版,第820页;林诚二:《民法债编总论——体系化解说》,中国人民大学出版社2003年版,第540页;孙森焱:《民法债编总论》(下册),法律出版社2006年版,第856页。也有个别学者认为新债清偿契约为诺成契约,参见邱聪智:《新订民法债编通则》(下),中国人民大学出版社2004年版,第453页。

[40] 史尚宽:《债法总论》,中国政法大学出版社2000年版,第820页;孙森焱:《民法债编总论》(下册),法律出版社2006年版,第856页;邱聪智:《新订民法债编通则》(下),中国人民大学出版社2004年版,第453页;郑玉波:《民法债编总论》(修订二版),陈荣隆修订,中国政法大学出版社2004年版,第486页;黄立:《民法债编总论》,中国政法大学出版社2002年版,第673页。

[41] 史尚宽:《债法总论》,中国政法大学出版社2000年版,第821页;孙森焱:《民法债编总论》(下册),法律出版社2006年版,第857页;郑玉波:《民法债编总论》(修订二版),陈荣隆修订,中国政法大学出版社2004年版,第486页;邱聪智:《新订民法债编通则》(下),中国人民大学出版社2004年版,第454页;林诚二:《民法债编总论——体系化解说》,中国人民大学出版社2003年版,第541页;黄立:《民法债编总论》,中国政法大学出版社2002年版,第673页。

供新给付为对待给付、对价有偿关系，故代物清偿契约为有偿契约。〔42〕 而在新债清偿中，债权人并未抛弃原定给付，债务人提供新给付似乎并没有获得相应对价，故新债清偿应为无偿契约。既然新债清偿契约为无偿契约，债务人在履行新给付前有随时撤销的权利，债务人不履行新给付的，债权人不得请求继续履行，只能请求债务人履行原定给付，似乎是理所当然之结论。正是基于这样的逻辑推演，有学者指出，在新债清偿中，因为系债之并存关系，并非有偿契约，与代物清偿契约不同，因此债务人对新债务不负出卖人之担保责任。〔43〕 有学者甚至认为，在新债清偿中，债权人有自其给付受其债权满足之义务，故有片务契约之性质。〔44〕 也许正是基于对传统理论的忠诚继受，本案承办法官也针对本案撰文指出，债务人即使在以物抵债协议成立并生效后，也可以随时反悔而选择履行旧债务，〔45〕从而与传统理论保持了一致。传统民法新债清偿理论主要适用于以票据清偿原定债务情形，在债务人不履行票据债务时，债权人请求债务人履行原定给付对双方当事人都不会造成太大的损失。但是，一旦将新债清偿理论扩张适用于所有的以物抵债，负面效果就会立即显现。在债务人履行新给付构成瑕疵履行时，哪怕是轻微瑕疵，债权人亦不得主张债务不履行责任，其要么接受有瑕疵的新给付，要么放弃新给付转而请求债务人履行原定给付。这对双方当事人而言实属不经济，徒增交易成本，而且极易助长不诚信行为。若允许债权人在这种情况下请求债务人承担赔偿损失、继续履行等责任，则有利于减少交易成本，迅速了结债权债务关系。但一旦作此解释，新债清偿理论也就被改造得面目全非了。

在传统民法上，代物清偿与新债清偿是两种共生共存的法律制度，新债清偿即为克服代物清偿理论的不足而产生的。具体地讲，在代物清偿要物性理论下，新给付标的物交付导致新债成立、原债消灭，这在交付票据等非即时清偿的情况下对债权人至为不利，为此传统民法上又发展出新债清偿理论，在这种情况下新债成立、旧债不消灭，只有新债履行后旧债才同归消灭，以资周全保护债权人利益。在本案裁判中，既然已经一般性地承认以物抵债协议的诺成性，代物清偿理论实质上已经被否弃，新债清偿理论也就相应地无所依恃。在这种情况下，将以物抵债协议解释为新债清偿，企图赋予其新的历史使命，实为其所不能承受之重。若根据案件裁判需要赋予新债清偿以新的内涵，则所谓的新债清偿已经有名无实，与传统民法上的

〔42〕 郑玉波：《民法债编总论》（修订二版），陈荣隆修订，中国政法大学出版社 2004 年版，第 485 页；林诚二：《民法债编总论——体系化解说》，中国人民大学出版社 2003 年版，第 537～538 页。

〔43〕 黄立：《民法债编总论》，中国政法大学出版社 2002 年版，第 673 页。

〔44〕 史尚宽：《债法总论》，中国政法大学出版社 2000 年版，第 820 页。

〔45〕 司伟：《债务清偿期届满后以物抵债协议的性质与履行》，载《人民司法 · 案例》2018 年第 1 期。

新债清偿概念指涉完全不同,这势必造成概念使用上的混乱,人为制造思维负担。

从制度目的看,以物抵债的根本目的是清偿原债,新给付是服务于清偿原债的手段,新债不履行、旧债不消灭应当是以物抵债制度的天然特征,任何用新给付代替原定给付的行为是否构成以物抵债,均要用此标准衡量。传统民法上新债清偿恰恰符合此特征,因此可以归入以物抵债的范畴。可见,新债清偿应为以物抵债的下位概念,二者是种与属的关系,新债清偿符合以物抵债的特征,而以物抵债未必具备新债清偿的所有特征。将以物抵债的性质解释为新债清偿,颠倒了种属关系。

(四)债的更改:误养的螟蛉

本案裁判要旨第二点认为债的更改构成以物抵债的一种形式。债的更改与代物清偿的典型形态均为新债成立、旧债消灭,在代物清偿经过改造纳入以物抵债范畴的情况下,将债的更改顺便打包归入以物抵债似乎也顺理成章。但深入考察发现,债的更改与代物清偿的制度目的与运作机制完全不同。从运作机理上看,代物清偿之所以新债成立、旧债消灭,是因为在代物清偿要物性理论下,新给付标的物的交付导致新债成立,而新给付标的物交付的同时也构成了新债的履行,因此,在代物清偿中,新债成立、履行、消灭同时发生,表面上看是新债成立导致旧债消灭,实质上是新债的履行导致了旧债的消灭,这与新债清偿是完全一致的。而在债的更改中,"新债成立、旧债消灭"实至名归,无论新债能否获得清偿,旧债都不可逆地归于消灭。从制度目的看,代物清偿是为了清偿原债,而债的更改绝非清偿原债,而是为了消灭原债,建立新的债权债务关系。总之,如果用上述以物抵债的特征与标准衡量,代物清偿构成以物抵债,而债的更改实为以物抵债所不容。

(五)小结

本案裁判一般性地承认以物抵债协议的诺成性,且认为新债不履行、旧债不消灭,债务人不履行新债务导致以物抵债目的不能实现的,债权人仍有主张原债的权利,已经无限接近了以物抵债协议的本来面目和内在规律。承认以物抵债协议为诺成合同,意味着放弃了漏洞填补的裁判思路,开始从实在法规则寻求裁判依据,在裁判方法上应予肯定。虽然该裁判在后续的说理中将以物抵债协议归结为新债清偿,但其也只是在承认以物抵债协议为诺成合同的前提下,就以物抵债协议中当事人的意思构造作出进一步阐释,其并非法律解释和漏洞填补,而是已经落入了意思表示解释的范畴。但是,本案裁判仍然试图从传统民法理论寻求裁判依据,且误读了传统民法上有关制度的本来内涵与制度功能(或有意为之),致使对以物抵债的性质、内涵、外延的把握发生偏差。因此,本案裁判仍然是一件没有完成的作品,关于债务清偿期届满后以物抵债协议案件的本体认识及裁判思路,仍有待后续裁判作出进一步探索与厘定。

五、代结语:债务清偿期届满后以物抵债案件的应然裁判思路

长期以来,我国司法实务一直援引传统民法上代物清偿理论裁判债务清偿期届满后的以物抵债案件,背离现有实在法规则,不仅在裁判方法上殊值商榷,也导致大量的诺成性以物抵债协议被认定无效,不利于债权人利益保护,损害了当事人的合理预期,还助长了道德风险和投机行为,致使以物抵债案件一直处于高位运行状态。近年来,虽然对代物清偿裁判思路有所检讨,开始逐渐承认诺成性以物抵债协议的效力,但仍显得小心翼翼、顾虑重重。一方面,对于"名为买卖,实为抵债"的以物抵债案件,将计就计般地把当事人之间的法律关系解释为买卖合同,虽然"巧妙地"绕开了代物清偿要物性理论的束缚,但在裁判方法上有"为达目的不择手段"之嫌,且使债权人丧失了一定条件下主张原定给付的机会。另一方面,对于普通的诺成性以物抵债协议,通过解释为新债清偿的方式避开了代物清偿理论的适用,实质上达到了一般性承认诺成性以物抵债协议的效果,但在裁判思路上又回到了传统民法理论框架,不仅对代物清偿理论的态度暧昧不清、对新债清偿理论的理解发生偏颇,而且使债权人在债务人不履行或者不适当履行新给付时丧失了请求权基础,对债权人的利益保护亦有不周。可见,代物清偿理论事实上已经成为以物抵债案件裁判中绕不过去的障碍,欲达到一般性承认诺成性以物抵债协议效力、妥善保护债权人利益的效果,就必须对代物清偿理论进行彻底清算。

关于以物抵债协议的效力,虽然我国民法没有具体规定,但以物抵债案件的裁判依然能够从《合同法》具体规则中找到充分的请求权基础,并不构成法律漏洞。司法实务中,应当根据《合同法》的相关规定直接承认诺成性以物抵债协议的效力,无须辗转逶迤适用代物清偿理论,亦无须借助其他理论和路径作出解释,否则就是无视实在法规定而直接向民法理论学说的"逃逸",有违法律适用的基本原则。

关于以物抵债协议的内容,司法实务中亦应立足以物抵债实现债权受偿的目的,从优先保护债权人利益出发,结合《合同法》的有关规定,对当事人的意思表示作出妥当的解释。对于"名为买卖、实为抵债"的以物抵债案件,应刺破买卖合同面纱,还原以物抵债真实面目,实现以物抵债案件裁判路径的实质统一。对于普通的以物抵债案件,由于当事人协商一致对合同标的作出了变更,并非消灭原债关系、成立新债关系,且原债关系并不因标的变化而丧失同一性,因此应属于《合同法》第77条规定的"债的变更"范畴。由于《合同法》对债的变更的对象、类型和模式未加规定,从而为以物抵债中当事人的意思表示解释提供了广阔的空间。从保护债权目的出发,揣度债权人的真实意思,以物抵债协议之债的变更,并不是由原

定给付到新给付的简单变更,而是由单一的原定给付到新给付与原定给付衔接配合的复杂构成,债权人同时保有从新给付与原定给付受偿的可能。具体而言,债权人应首先努力从新给付寻求受偿,在新给付不履行、瑕疵履行的情况下,债权人可以基于基础债权债务关系寻求债务不履行之救济;在新给付不履行或不适当履行致使以物抵债目的不能实现时,债权人仍可以请求债务人履行原定给付,只有如此解释,才能最大程度上实现保护债权的目的。以物抵债中当事人意思表示的复杂构成,并非传统民法上债的更改、新债清偿等理论所能涵括,从传统理论出发解释以物抵债协议,无异于削足适履,结论自难令人信服。

关于以物抵债案件的裁判思路,不仅全国各级法院裁判标准不统一,就是最高法院内部同一时期不同案件的裁判思路和结果也大相径庭。最高法院应充分发挥审判业务指导功能,乘以物抵债案件裁判思路尚未完全定型之机,及时出台相关司法解释、作成新的指导性案例,匡正裁判思路、统一裁判标准,彻底解决长期困扰司法实务的难题,并为交易实践提供稳定的预期。

(责任编辑:陆剑)

论城乡统一的人身损害赔偿计算规则之构建*

徐银波**

目　次

一、问题的提出：统一人身损害赔偿标准之可能路径

鉴于城乡居民收入的差异，最高人民法院《关于审理人身损害赔偿案件适用法律若干问题的解释》（以下简称法释[2003]20号）就残疾赔偿金、死亡赔偿金，设立了城乡二元的计算标准。[1] 该二元标准备受质疑，且不考虑理论争议，基于如下现实原因，亦亟待修改：一方面，当前人口频繁流动，诸多农村居民已从事非农产业工作，农民工达28,836万人，[2] 户

* 本文系司法部2015年法治与理论研究项目“人身损害赔偿新型疑难问题研究”（15SFB2026）的研究成果。

** 徐银波，西南政法大学副教授，硕士研究生导师。

[1] 就医疗费、误工费、残疾辅助器具费、护理费及丧葬费等赔偿项目及其计算规则，理论与实务均无争议，故本文仅围绕残疾赔偿金、死亡赔偿金之争议问题展开论述，且为行文方便，统称为伤亡赔偿金。

[2] 本文所列人口、收入等数据，来自国家统计局及各省统计局发布的统计公报或统计年鉴。

籍已难以反映被侵权人的收入状况。虽然最高人民法院民一庭[2005]民他字第25号《关于经常居住地在城镇的农村居民因交通事故伤亡如何计算赔偿费用的复函》等设置了“补丁性”规则,但农村居民常因工作时间、地点不固定等原因,难以证明长期在城镇务工或居住。另一方面,国务院《关于进一步推进户籍制度改革的意见》要求取消农业与非农业户口,建立统一户口登记制度,使二元计算标准丧失了存续基础。就此,中共中央、国务院《关于建立健全城乡融合发展体制机制和政策体系的意见》提出,“改革人身损害赔偿制度,统一城乡居民赔偿标准”。接踵而至的问题是,如何统一赔偿标准?面对定额化计算规则、个别化计算规则及改良类型化计算规则之可能路径,应如何选择?

第一,采用定额化计算规则。即改变当前的二元计算标准,不区分城乡、地域而构建全国统一的定额化计算规则。大众传媒在质疑二元计算标准的同时,大多呼吁建构“同命同价”的定额化赔偿规则。[3] 十一届全国人大常委会法制工作委员会即曾倾向于原则上适用人不分城乡、地不分东西的全国统一标准,[4]并曾在《侵权责任法(草案)》二次审议稿的修改稿中草拟规定,“死亡赔偿金一般按照国家上年度城镇职工年平均工资乘以十五年计算,具体数额根据受害人年龄、收入状况等因素可以适当增加或者减少”。与之对应,统一以国家上年度城镇职工年平均工资为基数,根据被侵权人的年龄、丧失劳动能力程度而计算残疾赔偿金。

第二,采用个别化计算规则。即认为当前二元计算标准错误的根源,在于抹煞了人与人之间的差别,将千差万别的个人简单抽象为城镇或农村居民。统一赔偿标准,应是扎扎实实地以被侵权人的收入为基准,尽可能精细的个别化计算伤亡赔偿金。[5]《侵权责任法(草案)》一次审议稿第11条曾草拟规定,“因误工减少的收入、残疾赔偿金、死亡赔偿金应当根据受害人的丧失劳动能力状况、年龄、受教育程度、职业、收入等因素确定”。最高人民法院《关于审理涉外海上人身伤亡案件

---

〔3〕 参见吕冰:《“同命不同价”拷问法律公平》,载人民网:http://legal. people. com. cn/GB/42731/4608947. html,2019年5月24日最后访问;邹声文、周婷玉:《从“同票同权”“同命同价”聆听民主法制不断前行的足音》,载中国政府网:http://www. gov. cn/jrzg/2009-10/28/content_1451158. htm,2019年5月24日最后访问;常红、高星:《郑功成委员:建议“同命同价”作为原则写入法律》,载中国人大新闻网:http://npc. people. com. cn/GB/10283052. html,2019年5月24日最后访问。

〔4〕 参见王胜明:《我国的侵权责任法律制度》,载中国民商法律网:http://old. civillaw. com. cn/article/default. asp? id=45571,2019年5月25日最后访问。

〔5〕 参见姚辉、邱鹏:《论侵害生命权之损害赔偿》,载《中国人民大学学报》2006年第4期;傅蔚冈:《“同命不同价”中的法与理——关于死亡赔偿金制度的反思》,载《法学》2006年第9期;孙鹏:《“同命”真该“同价”?——对死亡损害赔偿的民法思考》,载《法学论坛》2007年第2期;曹红冰、孙寒:《对死亡损害赔偿制度的思考》,载《法学杂志》2011年第6期等。

损害赔偿的具体规定(试行)》规定,“根据死者生前的综合收入水平计算收入损失。收入损失=(年收入-年个人生活费)×死亡时起至退休的年数+退休收入×10。死者年个人生活费占年收入的25%~30%。”

第三,改良类型化计算规则。即沿袭当前计算规则,仅统一城乡计算标准。具体又有三种不同方案:一是以城乡统一的居民人均可支配收入为计算基数,如《北京市高级人民法院关于开展人身损害赔偿纠纷案件统一城乡居民赔偿标准试点工作的通知》《上海市高级人民法院关于开展人身损害赔偿标准城乡统一试点工作的实施意见》规定,按上一年度全市居民人均可支配收入计算伤亡赔偿金。二是统一以城镇居民人均支配收入为计算基数,如天津市、广东省、黑龙江省、新疆维吾尔自治区、广西壮族自治区、山西省、湖北省、安徽省、陕西省等多数高级人民法院发布的试点文件均规定,就农村居民,亦统一以城镇居民人均可支配收入为基数计算伤亡赔偿金。三是以平均工资为计算基数,即针对有劳动收入者,依据平均工资计算伤亡赔偿金,针对无劳动收入者,才依据居民人均可支配收入计算伤亡赔偿金。如《辽宁省高级人民法院关于开展人身损害赔偿标准城乡统一试点工作的实施方案》规定,不再区分城镇居民和农村居民,依据政府统计部门公布的上一年度“全体居民人均可支配收入”“城镇单位在岗职工平均工资”“分行业城镇单位在岗职工平均工资”计算伤亡赔偿金。

二、人身损害赔偿本体论之反思

欲回答前述制度建构问题,需先行解决人身伤亡损害赔偿本体论问题。

(一)理论争议

当前理论较少探讨残疾赔偿金,侧重于探讨死亡赔偿金之本质,主要形成如下观点:

第一,命价赔偿说。针对城乡二元标准带来的“同命不同价”问题,有人认为死亡赔偿金是对生命价值的赔偿,因生命平等,死亡赔偿金亦应相同,故应采定额化计算规则,[6]消除“同命不同价”引起的社会矛盾。[7] 亦有学者虽采命价赔偿说,但认为死亡赔偿金是对被侵权人未享受人生“余命”的赔偿,应根据被侵权人

---

〔6〕 参见吕冰:《“同命不同价”拷问法律公平》,载人民网:http://legal. people. com. cn/GB/42731/4608947. html,2019年5月24日最后访问;邹声文、周婷玉:《从“同票同权”“同命同价”聆听民主法制不断前行的足音》,载中国政府网:http://www. gov. cn/jrzg/2009-10/28/content_1451158. htm,2019年5月24日最后访问;常红、高星:《郑功成委员:建议“同命同价”作为原则写入法律》,中国人大新闻网:http://npc. people. com. cn/GB/10283052. html,2019年5月24日最后访问。

〔7〕 参见张旭东:《破解“同命不同价”难题的理论路径》,载《现代法学》2008年第6期。

丧失的生命期间具体计算损失数额;[8] 每个人生命权的财产内容可能不同,以死亡赔偿金数额体现出来的“价格”不同,无可厚非。[9]

第二,逸失利益说。针对命价赔偿说,法学界多数学者批评认为生命无价,并且当生命权受侵害时,被侵权人已丧失民事主体资格,已不可能再享有民法上的权利和承担民法上的义务,无请求损害赔偿之余地。[10] “人的最高利益生命在侵权行为法上的意义是很小的。而致人死亡的后果是由另外一些人承担的,如近亲属、生活伴侣、雇佣人或交易伙伴”,[11] 死亡损害赔偿并非是对被侵权人生命损害的赔偿,而是关乎活人的利益,[12] 是对近亲属的赔偿。除丧葬费、精神损害外,被侵权人的死亡还会给近亲属造成逸失利益损失,即使其失去在被侵权人活至自然死亡之日,本可从被侵权人处获得的经济支持。分析普通人的一生,其收入除用于自身消费外,会部分用于家庭日常生活开支,是为抚养利益,结余部分留待死后,由继承人继承,是为继承利益,故抚养丧失说、继承丧失说均有失偏颇,死亡赔偿金应赔偿近亲属的全部逸失利益。[13] 与之对应,应根据被侵权人生前的收入水平、年龄计算其预期可获得的收入,扣减预期的自身消费,个别化计算死亡赔偿金。[14]

第三,双重损害说。针对逸失利益说,又有学者指出生命原本是人类最高的价值所在,否认对生命丧失本身的损害赔偿,在价值判断上极不妥当,[15] 生命固然无价,但应是尊贵的无价,绝非没有价值的“无价”,[16] 侵权责任法可赔偿生命的矫

---

[8] 参见杨立新:《我国死亡赔偿制度应当进行改革》,载《光明日报》2008年5月6日,第10版。

[9] 参见冉艳辉:《确定死亡赔偿金标准应以个体的生命价值为基准》,载《法学》2009年第9期。

[10] 参见张新宝:《侵权死亡赔偿研究》,载《法学研究》2008年第4期。

[11] 参见[德]克雷斯蒂安·冯·巴尔:《欧洲比较侵权行为法(下卷)》,焦美华译,张新宝审校,法律出版社2004年版,第69页。

[12] 参见葛云松:《死者生前人格利益的民法保护》,载《比较法研究》2002年第4期。

[13] 参见张新宝:《侵权死亡赔偿研究》,载《法学研究》2008年第4期。

[14] 参见姚辉、邱鹏:《论侵害生命权之损害赔偿》,载《中国人民大学学报》2006年第4期;傅蔚冈:《“同命不同价”中的法与理——关于死亡赔偿金制度的反思》,载《法学》2006年第9期;孙鹏:《“同命”真该“同价”?——对死亡损害赔偿的民法思考》,载《法学论坛》2007年第2期;曹红冰、孙寒:《对死亡损害赔偿制度的思考》,载《法学杂志》2011年第6期等。较之前述学者的主张,英格兰等司法实践更为精细,在根据被侵权人收入、年龄及减去自身支出计算损失数额后,还考虑一次性支付未来收入的折现利益以及被侵权人意外身故或无收入等可能,乘以Ogden折扣率。See Peter Barrie: *Personal Injury Law: Liability, Compensation, and Procedure*, Oxford University Press, 2005, p. 428.

[15] 参见叶金强:《论侵害生命之损害赔偿责任——解释论的视角》,载《环球法律评论》2011年第5期。

[16] 参见麻昌华、宋敏:《论死亡赔偿的立法选择》,载《暨南学报(哲学社会科学版)》2009年第2期。

正价值。[17] 权利能力问题根本就不是障碍，因为立法关于自然人权利能力的始期及终期的规定，并非自然的存在。法律既能对尚未出生之胎儿特别地赋予权利能力，亦可对生命权受侵害的死者加以特别规定，使其对生命权受侵害而生的损害赔偿请求权，仍有权利能力。并且，被侵权人从受到致命伤害到生命丧失，在理论上总有时间间隙，在此间隙中，其有权利能力，可以取得损害赔偿请求权。[18] 这些学者认为，侵害生命权同时给被侵权人及其近亲属造成损害，被侵权人生命的丧失是直接损害，近亲属遭受的损害是反射损害，对后者予以赔偿并不意味着对前者也给予了救济。[19] 侵害生命权的损害赔偿责任由对被侵权人生命权侵害责任和对近亲属身份权侵害责任共同组成。当生命侵害于死亡不可逆转地将要发生时，被侵权人即取得生命侵害之抚慰金请求权以及死亡赔偿金请求权，这些请求权于死亡实际发生时转由继承人继承。[20]

(二)从矫正正义到二元正义之本体论反思

通说以亚里士多德的二元正义观作为阐释侵权责任制度的理论基础，认为侵权责任法主要遵循矫正正义理念，采过错责任原则，矫正当事人之间扭曲的利益状态，例外基于分配正义理念，采无过错责任原则，分配社会发展带来的风险。然而，当前理论"对矫正正义的讨论很少，这个概念基本上还是当年亚里士多德所留下的那样"，[21] 所探讨的二元正义仅针对"侵权责任构成"而言，从未涉及"侵权责任承担"问题。为何如此？可能源于学界认为这是无须探讨的问题，侵权责任法的首要功能是填补损害，在认定行为人构成侵权后，自应遵循矫正正义，令其填平被侵权人的损害。为此，前述理论虽众说纷纭，但均局限在矫正正义理念下，追问何为人身伤亡引发的可赔偿性损害，只是对谁为受害人、赔偿何种损害有不同认知。正如前述学者在证成观点时所言，侵权损害赔偿的重要功能就是过失的矫正，[22] 矫正主体资格丧失后社会利益的失衡。[23] 于侵权责任法而言，分配正义只能表现

---

〔17〕 参见张潜伟:《生命的价值学说的价值与死亡赔偿——兼论精神损害赔偿的计算公式》,载《河北法学》2013 年第 3 期。

〔18〕 参见叶名怡:《论死亡赔偿范围——以〈中华人民共和国侵权责任法〉第 16、17、22 条为分析重点》,载《法商研究》2010 年第 5 期。

〔19〕 参见田韶华:《论惩罚性死亡赔偿金制度之构建——兼谈死者近亲属缺位情形下的死亡赔偿》,载《北方法学》2007 年第 5 期。

〔20〕 参见叶金强:《论侵害生命之损害赔偿责任——解释论的视角》,载《环球法律评论》2011 年第 5 期。

〔21〕 参见[美]波斯纳:《法理学问题》,苏力译,中国政法大学出版社 1994 年版,第 395 页。

〔22〕 参见傅蔚冈:《"同命不同价"中的法与理——关于死亡赔偿金制度的反思》,载《法学》2006 年第 9 期。

〔23〕 参见翟滨:《生命权内容和地位之检讨》,载《法学》2003 年第 3 期。

为加害方与被害方的配分正义即矫正正义。[24] 因为每一个受害人都是现实而充满个性的,所以看似相同的死亡事故带来的损害却是各异的,基于个体差异而发生的程度各异的损害均能获得与其相称的赔偿,才是矫正正义的精髓所在![25] 整齐划一的赔偿标准,实际上是在分配正义的理念下不顾生命消逝带来的现实损害程度而实行"社会救灾",[26] 将分配正义的社会功能强加于侵权责任法,令其担负"不能承受之重"。[27] 这些表述无不是对矫正正义理念的具体阐释。然而,不同于遵循矫正正义理念即可指导财产损害赔偿制度之建构,人身损害赔偿制度应兼顾矫正正义与伦理正义之要求。

第一,金钱赔偿无法真正实现对人身伤亡的矫正救济,需立法者基于法政策的考量而建构赔偿规则。一方面,虽然就财产毁损、人身伤亡均可适用损害赔偿责任,但所实现的功能不同。就财产毁损,通过赔偿责任可填平损失,使被侵权人可利用赔偿金购买相同种类物,即使被侵害物为特定物,如当收藏的名画被毁损时,被侵权人亦可使用赔偿金另行投资其它藏品,维系相同交易价值,可实现矫正救济。但当被侵权人残疾、死亡时,因人身不可逆转,金钱赔偿并不能真正地实现矫正救济,不过是退而求其次所适用的责任承担方式。另一方面,在适用损害赔偿责任时,因财产存在客观的交易价值,故可按市价评估损失数额;而人身不可交易,无法客观计算人身伤亡之损失数额。逸失利益说及对应的个别化计算规则,意图按人力资本计算法,依据被侵权人的收入水平、年龄而计算其预期收入,从而计算损失数额。然而,被侵权人现有收入,并不代表其未来不失业,更不代表其收入一成不变,谁可在20年前预测"马云"今日之收入?且谁又可以确定,若无侵权行为,被侵权人必能无病无灾的活至平均死亡年龄?其似在精算,实则不可避免地具有盖然性与臆想性。[28] 故不同于针对财产损害,可依矫正正义按市价计算损失,放之四海而皆准,针对人身伤亡,立法不可能唯依矫正正义而客观地"发现"损失数额。各国的伤亡赔偿金计算规则之所以存在差异,源于其本质上就是立法者基于法政策的考量而主观构建的损失评价规则。若理论不能洞察这一立论基础,完全脱离对社会伦理等因素的考量,固囿于矫正正义而逻辑性地追问何为人身伤亡之

---

〔24〕 参见孙鹏:《"同命"真该"同价"?——对死亡损害赔偿的民法思考》,载《法学论坛》2007年第2期。

〔25〕 参见麻昌华、宋敏:《论死亡赔偿的立法选择》,载《暨南学报(哲学社会科学版)》2009年第2期。

〔26〕 参见姚辉、邱鹏:《论侵害生命权之损害赔偿》,载《中国人民大学学报》2006年第4期。

〔27〕 参见张新宝:《〈侵权责任法〉死亡赔偿制度解读》,载《中国法学》2010年第3期。

〔28〕 参见田韶华:《论惩罚性死亡赔偿金制度之构建——兼谈死者近亲属缺位情形下的死亡赔偿》,载《北方法学》2007年第5期。

损害,永远无法得出可为大众所接受的共识性结论。

第二,立法在构建人身伤亡赔偿规则时,应兼顾矫正正义与伦理正义之要求。一方面,侵权损害赔偿旨在填补受害人的损失,而被侵权人的年龄、收入不同,因残疾导致劳动能力丧失所造成的预期收入损失不同,因死亡给近亲属造成的预期经济损失不同,立法应遵循矫正正义之要求,具体考量人身伤亡造成的不同损失,为被侵权人或其近亲属提供救济。另一方面,不应将被侵权人的预期收入作为计算赔偿额的唯一考量因素,而应兼顾伦理正义。其一,应考虑前提性的分配正义问题。学者认为因被侵权人预期可获得的收入不同,其伤亡造成的损失不同,故应基于被侵权人的收入个别化计算赔偿数额。然而,这一主张忽略了前提性问题——作为计算基础的收入及其差异是否合理?如农民日日耕作但收入微薄、明星收入千万,这些收入差异是否公平?亦即矫正正义的结果是否公平,取决于矫正的对象是否公平,倘若前提性的收入分配机制不尽完善,依矫正正义计算的伤亡赔偿金可能是"错上加错",进一步凸显贫富差距问题。浅尝辄止的分析,人身伤亡损害赔偿仅涉及矫正正义问题,然而更进一步思考,其涉及前提性的收入分配问题。其二,应考虑人身的伦理性。当人身伤亡对应结果上的损害赔偿数额时,该赔偿额不单单衡量着赔偿权利人遭受的经济损失,而且向世人传达着法律对人身价值的认知。人身价值多元,非唯物质论,人身损害的金钱评价应有别于财产损害的市场化评价机制,应兼顾人身伦理性。一是人身的伦理平等性。不同主体所蕴含的劳动力的经济价值不同,但从伦理角度而言人身是平等的。例如,当无收入的老年人、精神病人等死亡时,不仅不会造成逸失利益损失,相反会减轻近亲属的负担,若按唯物质论的矫正正义,近亲属应无权主张死亡赔偿金。然而即使赞成逸失利益说者,亦认为对于无劳动能力亦无预期劳动能力者,应确定一个最低的死亡赔偿金数额。〔29〕缘何如此?这正是学者已突破矫正正义之经济考量,基于对生命伦理之尊重,而认为无论何时,都应给予最低标准之赔偿。二是人身价值的多元性。人身价值多元,非收入之数字所能全部体现,诸如赴基层扶贫者、抗疫医护人员为大爱而甘奉献,其收入可能远低于娱乐明星,但若在其身故后"只言财产,不及其余"、唯以收入衡量其价值,岂不令人悲感法律的无情而偏颇?

三、二元正义理念下改革方案之可行性分析

(一)定额化计算规则有违矫正正义

第一,被侵权人年龄、收入等不同,其伤亡给自己或近亲属带来的经济损失不

〔29〕 参见张新宝:《侵权死亡赔偿研究》,载《法学研究》2008 年第 4 期。

同。并且,即使不考虑收入差异,被侵权人年龄不同,因死亡而丧失的余命期限不同,亦应基于年龄而差异化计算赔偿数额。所谓"同命同价"的定额化赔偿,显违矫正正义。

第二,人们对公平的认知,不仅取决于他们得到了什么,还取决于与他人所得之比较。就相同程度之伤亡,赔偿权利人自然会相互比较所获赔偿之数额。但心理学家研究发现,人们在评价分配方案公平性时,并非总是偏好自身利益最大化的分配规则,当他们发现不公平的情形时—如那些他们认为更有价值的人,较之他们认为不那么有价值的人,获得更少回报—会采取行动以解决此种不公平,包括减少自己的回报。〔30〕如同平均分配并非首要的收入分配原则,在人身损害赔偿的不同理论主张中,定额化赔偿亦非主流观点。被侵权人在受侵害之前的收入本就不同,侵权责任法、人身损害赔偿规则并非"彩票"制度,使得被侵权人通过中得"侵权彩票",〔31〕从而获得完全相同之赔偿,完全抹平与他人之差异。定额化赔偿并非即是正义,甚至可能只是满足赔偿权利人贪婪的欲望,〔32〕如有个别子女在父母在世时对其漠不关心,在父母身故后呼吁"同命同价",非在为逝去的父母追求正义,而系追求一己私欲。

第三,比较而言,即使工伤保险等社会保障救济,亦非完全采定额化计算规则。《工伤保险条例》虽就工亡补助金设定了定额化计算规则,但仅适用于在岗职工,亦蕴含着年龄、有就业收入之要求;《工伤保险条例》针对因工致残者,更是规定根据个人工资或统筹地区的平均工资计算伤残补助金等费用。连社会福利性的工伤保险救济尚且差额化补偿损失,何况乎旨在填补损失的侵权损害赔偿制度?

(二)个别化计算规则有违伦理正义

部分司法部门同志反对个别化计算规则,认为其将增加审理难度,导致在个案中难以查明被侵权人的收入数额。此理由不能成立,因为既然当前司法可个别化计算被侵权人的误工损失,亦可个别化计算伤亡赔偿金。个别化计算规则亦不可取的原因在于:

第一,无法适用于实践。其一,无益于化解矛盾。统一赔偿标准旨在化解因城乡居民赔偿额差异所引发的矛盾,而个别化计算规则只会扩大赔偿额的差距,引发

---

〔30〕 See Karen A. Hegtvedt, Karen S. Cook, "Distributive Justice: Recent Theoretical Developments and Applications", in Joseph Sanders & Lee Hamilton eds, *Handbook of Justice Research In Law*, Kluwer Academic Publishers, 2001, pp. 93-132.

〔31〕 See Eric Peters, "Captious Spin on the Wheel of Misfortune", *WASH. TIMES*, June 10, 1996, at A17.

〔32〕 See Deborah R. Hensler, "Money Talks: Searching for Justice through Compensation for Personal Injury and Death", *DePaul Law Review*, 53(2), 2003, p. 417.

民众更严峻的质疑，背离制度改革初衷。采个别化计算规则，也许会平息“城镇人比农村人的命贵乎？”的责问，但面对金融行业等高收入者与乡村教师的死亡赔偿金的差距，又会面临“献身基层教育事业者为何不值钱？”等新的指责。城乡二元标准凸显城乡发展不均衡问题，个别化计算规则则将社会发展过程中难以避免的贫富差距问题置于“放大镜”之下，将矛盾焦点引至贫富差距问题。其二，难以落于实处。个别化赔偿被侵权人的收入损失，无异于令侵权人代替被侵权人工作，若两者年龄、收入相当，侵权人余生所得都将用于赔偿损失，又如何保障其自身的被抚养人的生存利益？而若被侵权人收入是侵权人收入的10倍，侵权人余生所得都不足以赔偿损失。欲落实个别化赔偿规则，须有配套保险机制。保险制度运行的基础是保险公司可精算事故发生概率及损失数额，而在个别化计算规则下，因无法预测损失数额，保险人难以精算保险费率，投保人亦无法估算投保的赔付限额。如就机动车商业责任保险，在当前类型化计算规则下，机动车所有人可以预测投保200万元赔付额，通常可防范风险，而在个别化计算规则下，若误伤年收入过百万元者，200万元赔付额不足赔付数年的伤亡赔偿金，机动车所有人无法决定投保的赔付限额。

第二，前述问题背后的深层次原因，是个别化计算规则有违伦理正义。其一，忽视了原始的收入分配公平问题。个体收入差异可能源自先天天赋及后天努力程度的不同，我们应正视收入的差异而为被侵权人或其近亲属提供相应的救济。但是，个体收入差异并不一定完全体现天赋、努力程度和对社会贡献的差异。例如，农民日日耕作但收入相对微薄，金领阶层月薪数万，难道前者就不努力？更重要的是，两者对社会贡献的差异就真的如同收入差距那般显著？较之垄断性行业、金融行业等高收入者，扎根基层教育20年的乡村教师亦并非果真能力更差、对社会的贡献更低。收入差距亦可能源自分工的不同、职业选择的不同。当前提性收入分配机制可能不尽完善时，以收入为基数计算伤亡赔偿金的正当性“毛将焉附”？正因如此，个别化计算规则不仅无益于化解矛盾，反而可能凸显贫富差距问题。其二，忽视了人身价值的多元性。如前所述，当人身伤亡对应结果上的赔偿数额时，作为评价媒介的金钱赔偿数额彰显着法律对人身价值的认知，而“人的生命价值是效用价值与人道价值的统一；效用价值是社会价值与自我价值，物质价值与精神价值的统一”，〔33〕个别化计算规则的本质是根据劳动力的市场价格计算损失数额，将人身降格为单纯的可交易的劳动力，将人物化，唯物质论，忽视了生命、身体

〔33〕 黄万华、程启智：《人的生命价值的经济学与哲学比较研究——基于健康和安全管制效益评价》，载《财经问题研究》2011年第4期。

的固有价值及多元价值。例如,在"9·11"事件中,340余名消防员为营救被困人群而牺牲。按个别化计算规则,消防员收入远低于在世贸大厦工作的股票经纪人的收入,其近亲属可获得的赔偿数额远低于后者。[34] 但股票经纪人对社会的贡献就远高于消防员?如此评价牺牲自我而拯救大众者,又公平乎?人身蕴含劳动力的经济价值,但绝不限于此,不可唯依经济价值构建人身损害赔偿计算规则。并且,如前所述,建立公平的收入分配机制是适用个别化计算规则之前提,然而正因为不同于物固化为使用价值与交易价值,人有多元价值,可以侧重于自我价值与社会价值、物质价值与精神价值等不同维度对人进行多角度的评价,所以如何评价收入分配的公平性,本就存在多元标准,诸如如何分配消防员和股票经纪人的收入方才公平,可能本身就无定论。既然构建公平的收入分配机制本就可能是难以完成的难题,那么个别化计算规则可能自始就是无源之水、无本之木,缺乏支撑其公正性的基础。

因此,定额化、个别化计算规则均不可取,唯有改良类型化计算规则,既考虑被侵权人的个体差异,又兼顾人身的伦理性,方可满足实践需求。

四、统一人身损害赔偿计算规则之构建

法律的修改应立足于本土实践,既尊重立法的延续性,又适应社会发展的客观要求,继承为群众所熟悉和接受的规则,修改不适应现实的规定。[35] 法释[2003]20号实施已久,其设定的类型化计算规则为司法机关和人民群众所熟悉和接受,仅是城乡二元标准受到质疑,故应沿袭当前区分年龄、地区的类型化计算规则,仅修改城乡二元计算标准。就此,建议将伤亡赔偿金计算规则修改为:"(1)残疾赔偿金根据被侵权人丧失劳动能力程度或者伤残等级,按照受诉法院所在地上一年度居民人均可支配收入标准,自定残之日起按二十年计算。但六十周岁以上的,年龄每增加一岁减少一年;七十五周岁以上的,按五年计算。(2)死亡赔偿金按照受诉法院所在地上一年度居民人均可支配收入标准,按二十年计算。但六十周岁以上的,年龄每增加一岁减少一年;七十五周岁以上的,按五年计算。(3)赔偿权利人证明被侵权人在受侵害前的收入高于前述计算标准的,依据其证明的数额计算,但不超过前述计算标准的两倍。"[36] 即统一以居民人均可支配收入为计算基数,

---

[34] See Deborah R. Hensler, "Money Talks: Searching for Justice through Compensation for Personal Injury and Death", *DePaul Law Review*, 53(2), 2003, pp. 434-435.

[35] 参见李建国:《关于〈中华人民共和国民法总则〉的说明》,载《人民日报》2017年3月9日,第5版。

[36] 相应地,规定统一按居民人均消费性支出计算被抚养人生活费。

同时规定当赔偿权利人证明被侵权人的收入高于统一计算标准时,以证明的数额为计算基数,但最高不超过统一标准的两倍。

(一)以人均可支配收入为统一的计算基数

部分学者、[37]《侵权责任法(草案)》二次审议稿之修改稿以及全国人大法工委民法室起草的《民法典各分编草案(征求意见稿)》,建议以"职工年平均工资"作为统一的计算基数。此建议并不可取。职工平均工资与居民人均可支配收入的区别在于,前者是职工工资性收入的平均数,后者是居民家庭全部收入除以家庭人口的平均数。后者更低的原因,在于将未成年人、老年人等无收入群体均纳入计算对象之列。以职工平均工资为计算基数,无法证成对无退休金的老年人、无收入的成年无民事行为能力人等无收入者赔偿的正当性;而居民人均可支配收入是针对所有居民计算所得的平均数,以此为基数,可证成对包括无收入者在内的所有被侵权人授予赔偿的正当性。辽宁省高级人民法院《关于开展人身损害赔偿标准城乡统一试点工作的实施方案》规定,不再区分城镇居民和农村居民,依据上一年度"全体居民人均可支配收入""城镇单位在岗职工平均工资"和"分行业城镇单位在岗职工平均工资"计算伤亡赔偿金。即针对有收入者,依据其所从事行业的平均工资或职工平均工资计算伤亡赔偿金;针对无收入者,依据居民人均可支配收入计算伤亡赔偿金。这样的类型化计算规则,解决了前述对无收入者授予赔偿的正当性,但存在如下问题:其一,因为被侵权人的工资部分用于自身支出,若以平均工资为基数计算伤亡赔偿金,还需扣减消费性支出。其二,不同行业的平均工资差异较大,以全国的统计数据为例,2018 年农林牧渔业城镇单位就业人员平均工资为 36,466 元,电力、燃气及水的生产和供应业城镇单位就业人员平均工资为 100,162 元,最高的信息传输、计算机服务和软件业城镇单位就业人员平均工资为 147,678 元,如前所述,面临收入分配公平性及贫富差距问题。其三,按平均工资计算赔偿数额,亦无异于令侵权人代替被侵权人工作,若低收入者误伤高收入者,余生所得都不足以赔偿损失,又如何保障侵权人自身及其被抚养人的生存利益?侵权责任法旨在谋求权益保护与行为自由的平衡,[38]其应要求有过错者承担责任,但仅因一次过失行为就令侵权人陷入万劫不复的境地、使之直至生命走向尽头时仍为此清偿债务,亦难言公平。与之不同,居民人均可支配收入大幅低于职工平均工资,以此为基数计算伤亡赔偿金,既无须扣减消费性支出,又可避免赔偿额相差过大,避免令侵权人承担过重的赔偿责任。

---

〔37〕 参见刘士国:《论人身死伤损害的定额化赔偿》,载《法学论坛》2003 年第 6 期。

〔38〕 参见王泽鉴:《侵权行为法》,中国政法大学出版社 2001 年版,第 67 页。

(二)以居民人均可支配收入为统一的计算基数

以人均可支配收入为计算基数,又有以城乡统一的居民人均可支配收入为基数和统一以城镇居民人均可支配收入为基数的两种可能方案,立法应选择前一方案,并配套完善计算规则。

第一,大多数高级人民法院发布的试点文件,规定统一按城镇居民人均可支配收入计算伤亡赔偿金,的确亦统一了赔偿标准,但并无道路。其一,缺乏正当性。侵权损害赔偿责任旨在填补赔偿权利人遭受的损失,而农村居民与城镇居民的确存在收入差距,就农村居民,统一按城镇居民人均可支配收入计算伤亡赔偿金,正当性何在?并且,其一方面承认农村居民与城镇居民的收入差距而要求分别统计两类居民的人均可支配收入,另一方面又统一以城镇居民人均可支配收入为计算基数,岂不自相矛盾?此外,不同被侵权人的收入不同,针对同一省份的所有居民,均统一按城镇居民人均可支配收入计算伤亡赔偿金,完全忽视个体间的差异,显违矫正正义之要求。其二,并未实现赔偿标准的实质统一。因为其仍然区分农村居民与城镇居民而分类统计人均可支配收入,仅是为了落实改革目标,而政策性地允许农村居民适用城镇居民的赔偿标准,非如同以城乡统一的居民人均可支配收入为计算基数,实现城乡居民赔偿标准的实质统一。其三,给侵权人带来不合理的严重负担。此方案单纯地从被侵权人的角度提高农村居民的赔偿标准,未曾考虑由此可能给侵权人造成的影响。[39] 当农村居民相互之间发生侵权行为时,如某一农村居民在农忙时节驾驶农用车过失撞伤了在道路上散步的无收入的同村老人,就此按城镇居民人均可支配收入计算赔偿额,的确统一了赔偿标准,但与侵权行为造成的实际损失不符,使侵权人承担不合理的过重的赔偿责任。以全国统计数据为例,2018年全国城镇居民、农村居民的人均可支配收入分别为39,251元、14,617元,前者几乎是后者的三倍。农民日夜劳作本就收入微薄,按城镇居民人均可支配收入计算赔偿额,令其承担不合理的高额赔偿责任,又公平乎?

第二,应不再区分农村与城镇居民,就所有居民统一以居民人均可支配收入为基数计算伤亡赔偿金。其一,实现赔偿标准的真正统一。如前所述,规定就农村居民,亦统一按城镇居民人均可支配收入计算伤亡赔偿金,缺乏正当性依据。与之不同,因居民人均可支配收入系针对所有居民计算的平均可支配收入,理所当然地可以规定所有居民均以此为基数计算伤亡赔偿金。并且,不再区分居民类型而统一计算居民人均可支配收入,合乎将农业与非农业户口统一为居民户口之户籍制度

---

〔39〕 参见赵敏、眭鸿明:《论死亡赔偿金的制度价值》,载《南京社会科学》2011年第12期。

改革方向,合乎中共中央、国务院《关于建立健全城乡融合发展体制机制和政策体系的意见》之要求,实现城乡融合发展,实现赔偿标准的实质统一。其二,亦避免因提高农村居民的赔偿标准而使侵权人承担不合理的赔偿责任。如前所述,因城镇居民人均可支配收入大幅高于农村居民人均可支配收入,当农村居民相互之间发生侵权行为且被侵权人本无收入或收入较低时,统一按城镇居民人均可支配收入计算赔偿额,会给侵权人造成不合理的负担,导致其无力承担赔偿责任。而居民人均可支配收入介入城镇居民与农村居民的人均可支配收入之间,以此为基数计算伤亡赔偿金,既实现了城乡居民赔偿标准的统一,亦避免使侵权人承担不合理的过重的赔偿责任。

第三,配套改革类型化计算规则。以统一的居民人均可支配收入为计算基数,显然更实质性地统一了赔偿标准,更具理论正当性,但为何仅北京市、上海市等少数地区的高级人民法院选择这一改革方案,大多数高级人民法院都规定统一按城镇居民人均可支配收入计算伤亡赔偿金?这可能源于,在当前城乡二元格局下,统一的居民人均可支配收入必然介于城镇居民与农村居民的人均可支配收入之间、低于城镇居民人均可支配收入,如广东省、广西壮族自治区、安徽省的 2018 年居民与城镇居民的人均可支配收入分别为 35,810 元与 44,341 元、21,485 元与 32,436 元、23,984 元与 34,393 元,若规定按居民人均可支配收入计算伤亡赔偿金,势必降低城镇居民的赔偿标准。平等原则追求之目的,是使那些处于不利状态的人民得到改善,而非削减那些处于有利状态的人民的权益。〔40〕 降低城镇居民的赔偿标准,显然无法为民众所接受,无法适用于实践,故大多数试点文件规定统一适用城镇居民赔偿标准。而北京市、上海市之所以可以选择以居民人均可支配收入为计算基数,源于其居民与城镇居民的人均可支配收入相差甚微,如 2018 年北京市居民与城镇居民的人均可支配收入分别为 62,361 元、67,990 元,2018 年上海市居民与城镇居民的人均可支配收入分别为 64,183 元、68,034 元,不会显著降低城镇居民的赔偿标准。为此,欲规定以居民人均可支配收入为统一的计算基数,必须配套完善计算规则。前述建议的“类型化+限额个别化”的统一计算规则,即合乎理论与实践的要求。其一,合乎矫正正义。如前所述,被侵权人的收入不同,伤亡造成的经济损失不同。按建议规则,在赔偿权利人证明被侵权人收入高于统一计算标准时,依据证明的数额计算伤亡赔偿金,即遵循矫正正义之要求,个别化填补受害人遭受的损失。其二,兼顾伦理正义。一方面,规定最低按居民人均可支配收入计

〔40〕 参见法治斌、董保城:《宪法新论》,元照出版有限公司 2004 年版,第 244 页。

算赔偿数额,使包括无收入的老年人、成年无民事行为能力人等在内的所有主体均可获得最低标准之赔偿,彰显了人身的伦理平等性。另一方面,如前所述,被侵权人收入不同,伤亡造成的经济损失的确不同,但过于夸张的收入差异、贫富差距本就不一定公平,且人身还有经济价值之外的多元价值,故将赔偿额差距限定在两倍之内,从而既差异化填补了不同受害人所受的损失,又避免因贫富差距引发新的矛盾。其三,可实现制度的衔接,维持当前城镇居民的赔偿标准。当赔偿权利人可证明受侵害的城镇居民的收入高于居民人均可支配收入时,可在居民人均可支配收入的两倍范围内,依证明的数额计算伤亡赔偿金。比较前述广东省、广西壮族自治区、安徽省的居民与城镇居民的人均可支配收入,居民人均可支配收入的两倍均超过城镇居民人均可支配收入,足以维持当前城镇居民的赔偿标准。而若城镇居民无法证明其收入高于居民人均可支配收入,按最低标准的居民人均可支配收入计算赔偿数额,已足以填补损失,并无不当。

(责任编辑:李俊)

商事法论

股权高度分散型上市公司内部治理信仰之变革：以控制权市场为治理的主导*

温长庆　彭真明**

目　次

一、引言

2015年，一场“宝能万科之争”吸引了中国资本市场诸多看客的眼球。该风波发生的动因在于万科特殊的股权结构。A股上市公司历经股权分置改革之后，全流通市场发展成熟的标志必然是股权的分散化。毫无疑问，这是我国证券市场发展演变不可逆转的趋势。反思我国沪深市场中上市公司的治理现

* 本文系国家社科基金资助项目（17BFX009）、中央高校基本科研业务专项资助项目（20720151038）的阶段性成果。

** 温长庆，厦门大学法学院经济法专业博士研究生；彭真明，海南大学法学院教授，博士生导师。

状,社会各界普遍不满的评价不无原因。过去几年间,一度兴起的并购重组浪潮传递出市场自身推动上市公司治理改革的强烈信号,但由于规则缺失和资本逐利的野蛮本性,整个市场在资本的狂欢中乱象丛生。[1] 如今监管收紧,在忧虑和恐惧中,监管的风向急转,市场收缩。[2] 实际上,并购重组的爆发式增长不是偶发现象,而是市场进化发展到一定阶段进行自发性的资源配置时必然出现的结果。在普遍高涨的公司治理改善的呼声背后,基于市场自身优化治理资源的驱动,市场本身也会内生地激发治理改革的诉求。这次并购重组浪潮就是资本市场自己点亮的星星之火。在我国证券市场大步走向股权高度分散化的新时代,我国上市公司治理过度信仰公司法文本标准治理模式的做法值得深入反思。

市场经济改革要根据市场的思维去深化,市场规则的建设有其自身应有的逻辑。面对市场自由和监管羁束的两难困境,国人往往既恐惧自由主义的洪水猛兽,过度依赖监管规则条框约束的有效性,又极其善于缝钻条款规则的漏洞,并为自己左右逢源的表现而乐此不彼。实际上,市场不是灾难,真正的灾难是参与者不信赖市场却又在利用市场。如此便不能深得市场之精髓,到头来却是机会主义在市场中大行其道,遮蔽了市场品性中本应具有的道德情操的一面。股权高度分散型上市公司诞生于市场化改革,对其治理的逻辑却停留在改革之前的公司法提供的标准规则。为突破裹足不前的公司治理研究困境,本文试图纠正股权高度分散型上市公司的治理研究路径,结合资本市场实践中的治理需求和公司法规则治理经验的解读,反思公司法治理规则的弊病,进而回归市场的本源,重新发掘市场治理的规则和价值。

二、股权高度分散型上市公司内部治理的失效

股权集中度是公司的所有股东因持股比例的分配状态所表现出的股权分散还是集中的数量化指标。一般而言,衡量公司股权分配状态以第一大股东及其一致行动人持股份额所占公司总股份的比重为评价标准:股权高度集中(持股比例为50%以上)、股权相对集中(持股比例在20%~50%之间)和股权分散(持股比例低于20%)。[3] 当第一大股东及其一致行动人持股比例远低于20%以致对公司股

[1] 参见张玉婷:《上市公司2015年并购重组情况与监管问题研究》,载《证券市场导报》2016年第11期。

[2] 左永刚:《一季度A股并购重组缩水,案例数量环比下滑超三成》,载《证券日报》2017年4月7日,第A02版。

[3] 参见苏武康:《中国上市公司股权集中度与公司绩效实证研究》,载《经济体制改革》2003年第3期。

东大会影响甚微时,即表现为股权的高度分散。

在现有的制度框架下,公司治理建立于资本多数决的基本理念,出资或持有股权的份额决定股东在治理活动中的话语权。具体而言,股东集体通过资本多数决确定公司治理章程和选出自己信任的董事,然后由董事作为股东的代理人直接包揽公司日常的经营活动。这就是以资本民主方式实施治理的基本逻辑,即投票权如同民主决议中的诉求,而所代表的持股份额直接决定了诉求的力量大小。对于股权高度分散型的上市公司,由于投票权的分散,股东群体存在的多个不同利益体相互之间不能形成有决定权的压倒性优势,利出多门和势均力敌,加上相互间信息分享的不畅通阻隔了利益的抱团,参与决策的支出和收益明显不配比,导致看似美好的资本多数决治理图景实际上华而不实,公司法所提供的内部治理结构失效。

(一)投资者“搭便车”

资本市场上,股权的流通性为投资者的进入和退出提供了便利,股票的市场价格既是投资者始终紧盯的目标,也是在信息披露不健全的市场上投资者对其进行价值判断的首要依据。相比股票背后所代表的经营决策权,投资者更关注的是投资账户上看得见的资产增值。当欲望超越了现有制度范围所能提供的期待时,非理性的维权意识便开始搅动投资群体不安分的心,最终依旧是整个社会和政府承担起了这份妥协的代价,并且屡试不爽。资本市场本质上是资本主义产权逻辑下的私有制市场,而我国投资者对资本市场发展的行政管理感知度和政治担保感知度都比较强,政府主导型市场先天就烙下了“搭便车”印记。

在无序的次品市场中,融资者在投机,投资者也在投机。据学者调研判断,“股市上游走的资金大概只有1%是生产性的,而其他的99%都是投机性的,这时股东虽然也承担风险,但不再是公司的经营风险,而是投资者内部的风险,这种风险并不完全产生于公司的经营状况”。[4] 实践经验表明,股东向公司投资虽然能构成享有收益索取权的正当理由,但不成立分享公司控制权的充分条件。股权的分散,既分散并缩小了投资者的风险,也消解了在无秩序的所有者团体内公司控制权的形成,进而导致微粒化和隐形化的股东利益群极具公共利益的色彩。投资者参与公司治理的力量薄弱且享有的私份利益有限,行动激励制度缺失,参与治理的外部性显著。因此,最经济的选择是消极懈怠,宁愿以相对较小的人均损失风险来逃避为权利而斗争的艰辛,甚至更寄希望于搭乘其他投资者或者能够自觉接受受信义务约束的管理层之“便车”。

---

〔4〕 蔡立东:《公司自治论》,北京大学出版社2006年版,第93页。

(二)管理层"乱政"

在"万宝之争"中,宝能一方直指万科的内部人控制问题。[5] 在传统的股权集中的公司中,大股东控制问题比较突出,而在股权分散的公司中,内部人控制问题比较常见。内部人控制是指公司的董事或高管团队尽管不持有或少量持有公司股权却实际控制着公司重大决策活动。内部人控制的成因主要出于公司所有者监管的缺位,股东的"无为而治"给管理层创造了超越代理权限的机会和可能。立法的逻辑与实践的差距在于,公司管理层接受股东的委托并管理着股东的钱财,而管理层自己掌握着给自己支付报酬的权力,欲望之下难免发生自利的行为。内部人控制下,自我利益行为主要表现在三个方面:其一,基于外部督促机制的缺失导致管理层不尽善管义务的疏懒;其二,基于外部监控机制的缺失导致管理层进行自利交易、滥耗公司财产或者直接侵蚀公司财产;其三,基于薪酬支付管控机制的缺失导致管理层的薪酬所得与其经营努力严重不配比。

在公司法所规定的股东大会宏观决策与董事会具体经营执行相结合的治理框架安排下,立法改革不断演进的方向是股东大会的权力基于股权分散的影响趋于收缩并逐渐聚焦于重大、宏观事项的决策,而董事会的权力则呈现扩张态势。[6] 对股权高度分散的上市公司而言,立法理想中的"股东大会中心主义"与实践中的"董事会中心主义"之间发生错位,对投资者的公司治理期望构成严重的挑战。当立法的预测、指引作用偏离出现实行为模式时,法律规则的实施效果必将大打折扣。丧失委托人监督的管理层犹如"脱缰的野马",野心勃勃的董事也不愿站在股东的立场上为股东利益服务,内部控制人逐渐摆脱代理关系的束缚并在自己利益立场上"信马由缰"。对于这一点,曾经轰动一时的国美股权之争就已经鲜活地证明了被充分信任的公司代理人也可能怀揣着"窃取江山"的野心。[7] 一旦私欲沾染到权力,权力腐化的危机将大幅提升。套用孟德斯鸠式的权力失控范式分析,在股权高度分散的上市公司里,掌握控制权的管理层会不自觉地将公司视为其获取权力租值的工具,权力的欲望使得经营者认为自己就是公司,公司的扩张就是自己

[5] 参见张莉:《宝能系提请罢免万科全部董事监事》,载《中国证券报》2016年6月27日,第A01版。

[6] 对此,通过新制定的《民法总则》第三章"法人"第二节"营利法人"中第80条、第81条与《公司法》第37条、第46条的对比可知,权力机构(股东会或股东大会)职权相比《公司法》第37条明显收缩了。《民法总则》第80条规定:"营利法人应当设权力机构。权力机构行使修改法人章程,选举或者更换执行机构、监督机构成员,以及法人章程规定的其他职权。"《民法总则》第81条规定:"营利法人应当设执行机构。执行机构行使召集权力机构会议,决定法人的经营方针和投资方案,决定法人内部管理机构的设置,以及法人章程规定的其他职权。"

[7] 参见马立行:《中国公司股权集中度变化趋势及环境条件分析》,载《社会科学》2011年第10期。

权力的扩张。从另一个感性层面来讲,如果领导一个巨型公司能给他们带来的极大荣耀感和成就感,管理层固有的道德约束就已经弱化得不那么重要了。此外,鉴于股东大会的权力向宏观性方向收缩,由司法实践发展而来的“经营判断规则”也在一定程度上为管理层的“乱政”起到保护作用。

三、股权高度分散型上市公司内部治理失效的表现和成因

(一)失效的表现:股东“用手投票”与“用脚投票”的效益性选择

每一个市场参与者都是理性经济人,都应该是自己利益的最佳判断者。对于上市公司而言,股东就是投资者,而附着于股权之上的投资收益相对于投票权利,投资者显然更倾慕前者,后者不过是法律对其一厢情愿的“馈赠”。股东之所以对其持有股票所代表的投票权丧失兴趣,其原因是:其一,对于散户股东,零散且微弱的表决权几乎不可能影响公司的决策进程;其二,散户股东参与表决所需要的信息匮乏,而且收集相应的信息以作出判断需耗费的成本甚至超过其期待利益。在该背景下,由于公众公司的分散股东没有充分的信息来源、决策成本和利益激励来参与所有的决策事项,即使他们参与了表决,所投出去的票也许并不是深思熟虑之后的最佳决定,实践中往往会被主导会议的董事会利用各种欺骗利诱手段操纵投票。其三,散户股东“搭便车”现象较为普遍,导致有行动意愿的股东也最终选择“用脚投票”。正当股东甲“义愤填膺”地“号令群雄”时,其他股东却出于“搭便车”心理,只作壁上观,不愿出钱出力,只愿坐享其成。在这种情况下,权衡利弊,股东甲往往只能选择放弃。[8] 在现有的严格资本多数决规则下,投票问题上的外部性矛盾缺乏任何可以协调的依据。股东在“用手投票”和“用脚投票”之间总是朝着其利益最大化的方向进行选择。

从参与决策的代理成本视角来解释,当产生代理成本支出超出股东预期评估的可得利益,或者在收益成果的外溢诱发的不平衡心理的影响下,股东一般会放弃“用手投票”。反之亦然。任何集体的松散行动中总有人想“搭便车”。在集体行动困难的条件下,与公司整体利益疏远的小股东选择“用脚投票”是正常做法。一般情况下,选择“用手投票”的是与公司整体利益关系密切的大股东,因为他们对决策成果怀有可观的期待。当然,这其中也不排除少数小股东在自己利益诉求之外,以“用手投票”的方式表达自己“股东情怀”的特殊情况。

对于倾向于“用脚投票”的股东而言,其选择背后存在特定的价值观念或行为

---

〔8〕 罗培新:《公司法的合同解释》,北京大学出版社2004年版,第111页。

观念。其一,唯股价论思想。股票价格是选择投资标的的核心参考因素和同类比较的首要衡量标准。在价值投资文化缺失的市场环境中,投资者选择的是公司的股价,而不是管理层,更不是公司的发展潜力或行业前景。理论意义上,投资者实际上抛弃了公司法、公司产权逻辑,割裂了股票上收益权与表决权的关系,择其前者而抛弃后者,把买卖的股票完全等同于商品流通市场之“商货”交易,以赚取买卖差价为目的。投资者在遗忘自己股东身份的同时,突显了自己的“商贩”本色。其二,现行法律制度对管理层的受信义务约束效果不及格和司法诉讼对投资者保护不到位导致投资者“选出”公司法的规则。投资者放弃自己的股东权利选择不介入公司任何经营管理活动有特殊的制度环境成因。其三,现代证券市场达尔文主义式的进化机制下,投资者、监管方都对市场的优胜劣汰机制保持信心,因此,股东内心信赖“用脚投票”比“用手投票”更为靠谱,而且在选择结果上更具效率。此外,征集、购买集中表决权的制度障碍,以及促进权利流转以实现其应有价值的制度缺失,进一步使投资者所持股票的表决权价值减损,导致投资者更愿意躺在权利上“睡觉”。对倾向于“用手投票”的股东而言,其所欲实现的利益往往与公司的整体利益有较高的契合度,合理相信手中的表决权能够影响公司的决策动议或者可以对管理层起到监督约束作用。无论“用手投票”的结果与其所欲达到的决议目标是否一致,该类投资者通过预期评估,内心起码确信——如果决议结果与其投票的意思表示一致,那么在该决议结果上所能分享的收益将会超过其参与决议的成本支出,并且该决议成果的收益分配不存在显著不公平。

在利益考量和行为选择上,投资者“用脚投票”的金融消费者观念与“用手投票”的主人翁观念形成了鲜明的对比。由此可见,股东并不一定对经营决策权感兴趣,本质而言,“用手投票”和“用脚投票”都是无障碍的选择,在理性的投资者看来,其应该在二者权衡比较之后作出符合自我利益最大化的那个选择。

(二)失效的成因:股东利益与公司利益的二元化分离

谈到中国上市公司的治理,有学者曾感叹:“经济民主精神对中国来说太重要了,就是要尊重股东,信息要透明,一切都要讲真话,要平等沟通和对话,这无不体现出经济民主的精神,一切从投票开始,由投票决定。”[9]经济民主价值缺失的核心成因,除了以效率为导向的现代资本市场催生“投资”向“投机”转变的观念误导之外,其他原因如投资渠道、投资对象的多元化和投资者“重投入和产出,轻中间参与”的市场依赖心理,资本主义生产要素思潮中的纯粹性按资分配、劳动力(包

---

〔9〕 吴晓求:《中国资本市场六大作用与五大发展背景》,载《中国证券报》2011年2月22日。

括职业经理人)始终为资本服务的观念深入人心。对于股权分散并在二级市场上高频流通的上市公司,股东相对于公司就犹如"铁打的营盘流水的兵",股东的频繁自由更替是其最大的特征。在传统的公司理论中,公司利益与股东利益通常是高度一致的,股权中的共益权高度优位于自益权并整体融合到公司的社团法人利益共同体中。然而,在现代公司法原理下,股东利益与公司利益发生二元分化,二者并非总是呈现理想中的一致状态。

借助公司合同理论来解释这一问题,理论上只有合同参与方可以依据合同获取全部收益,并同时承担全部成本,这样参与方才能实际充分地履行该合同。显然,公司这一不完备的合同不能满足这样的条件,因为力量薄弱的分散股东对公司合同参与人的主体地位认同感和公司收益的归属感普遍不高,他们所关注的仅仅是股票价格能不能上涨。在完全代表个人利益的股东和代表且与公司整体利益紧密关联的管理层之间,两者所站的利益场已经发生了错位,尽管法律上依旧认可代理或信托关系的存在,并接受普遍承认的信义义务的约束,在代理成本(产生第三方效应)和集体行动困难的现实障碍下,具体有两个方面的矛盾。其一,股东积极参与公司治理无法获得其产生的全部收益,也无须独自承担其造成的全部不利后果,因而选择理性冷漠,甚至利用诉讼敲诈公司等情况;其二,董事等内部管理层作为代理人不能获得努力的全部回报,公司整体利益所有者的代表机制缺位,而欲榨取权力租值的内部控制人有了利用机会主义的反向激励。总体而言,股东利益并不能通过有效的传导机制过渡到公司利益,而公司利益通常只是管理层对外形式代表的对象,甚至充当他们谋取私利的"躯壳",两种利益显然发生了分离。

自美国学者伯利和米恩斯首先提出伯利—米恩斯公司模型以来,[10]公司法理论界对经营者革命的研究从未间断。随着现代公司所有权与控制权分离研究的深入,理论界渐渐对作为公司所有与公司控制连接点的表决权异化有了更深入的认识。[11] 现代公司表决权已日渐脱离公司所有而趋近甚至等同于公司控制的内涵。尤其对公众上市公司而言,公司控制权甚至就是指表决权的争夺。超越传统的公司所有与公司控制区分理论范式指导下公司法规则所集中规制的代理问题,掌握公司控制权(优势表决权)的股东与丧失控制权的股东在公司决策利益诉求上悄悄地产生了分化。董事经理人员不再是笼统的全体股东的代表,而是提名或选举

〔10〕 参见[美]阿道夫·A. 伯利、加纳德·C. 米恩斯:《现代公司与私有财产》,甘华鸣等译,商务印书馆2005年版,第341页。

〔11〕 参见梁上上:《股东表决权:公司所有与公司控制的连接点》,载《中国法学》2005年第3期。

他们的部分“选区”股东利益的代表。〔12〕公司法规则中股东“同质化”的假定被“异质化”的现实所打破，〔13〕股东和公司之间的利益以及股东相互之间的利益不是应然一致的，或者一致的概率极小。对此，一些公司法比较发达国家的学者有过深刻的研究并取得较高的理论共识，如美国福特汉姆法学院菲什教授曾明确强调，股东价值和公司价值是两个不同一的概念。〔14〕回到我国现行公司立法的基础理论中去分析，尽管在始终坚守“股东本位”或者“股东至上”理念的影响下，董事会的权力和治理利益在股份公司，尤其是在股权高度分散的上市公司中也开始得到发现和重视。现代公司不再是单纯为股东赚钱的“虚拟工具”，同时也是包含董事、债权人、职工、公司所在社区等多方利益杂糅的集合体，股东利益始终至上的信仰应该被打破，公司利益不再纯粹单一。

进一步分析，在目前的法定治理结构下，公司法赋予董事的忠实、勤勉义务所作用的对象是股东还是公司，抑或是两者兼具？不无疑问。有学者认为，董事对公司及其全体股东都负有义务，〔15〕也有部分学者认为，董事只对公司负有义务，而不对股东负有直接的义务。〔16〕对此，笔者的观点倾向于后者。〔17〕“董事之所以仅对公司而不对股东负有义务，其理由又直接源于公司具有独立法律人格这一基本特性。”〔18〕经依法注册成立的公司具有人格独立的特性，在有限责任制度的支配下与其团体成员在财产与人格上具有相互独立之法律地位，股东的主人翁作用仅仅在有限的剩余控制权和剩余索取权场合表现出来。因此，受股东会委派代为管理公司财产的董事，当然地仅对拥有独立法律地位的公司负有义务，而无须对选举或派遣其出任董事的股东负有公司法上的责任（公司法之外契约法上的责任是允许的），这如同民主政治选举中选举出来的总统是对国家负责而不对为其投票的选民负有直接责任一个道理。实际上，作为委派方的股东会议集体在法律上本身

〔12〕参见林少伟：《董事异质化对传统董事义务规则的冲击及其法律应对——以代表董事为视角》，载《中外法学》2015年第3期。

〔13〕参见汪青松、赵万一：《股份公司内部权力配置的结构性变革——以股东“同质化”假定到“异质化”现实的演进为视角》，载《现代法学》2011年第3期。

〔14〕Jill E. Fisch，“Measuring Efficiency in Corporate Law：The Role of Shareholder Primacy”，*The Journal of Corporation Law*，Vol. 31，2006，pp. 637-674.

〔15〕参见施天涛：《公司法论》，法律出版社2014年版，第362页。

〔16〕参见罗培新：《公司法的法律经济学研究》，北京大学出版社2008年版，第158页。

〔17〕对此，也可以从章程角度解释，即董事始终是依章程的授权行使职权，而章程是公司利益实现的核心组织规则，一般不约束单个独立的股东，所以董事是对公司而非股东负责。相关立法论据可以参照《特拉华州普通公司法》第141条第1款和第3款。

〔18〕参见林少伟：《董事异质化对传统董事义务规则的冲击及其法律应对——以代表董事为视角》，载《中外法学》2015年第3期。

又是公司利益的代表。如果董事受控制股东驱使故意混淆股东与公司之间的界限,那么董事将遭来信义义务的苛责,而股东将可能遭受最为严厉的法人人格否认制度的追责。

总体评价,虽然这一分析路径已接近无可挑剔的合理,但在董事实际上受命于选举、推荐或委派其出任董事职务的部分股东的现实背景下,每个董事本身的利益场亦产生了从虚幻的公司利益到其委任股东利益的事实转换,即董事不再想当然地仅对公司负责,而是无法规避地对其委派人或选举人负责。对此,实际上法律也无能为力,因为股东作为实际出资的产权所有人委派自己的利益代言人去管理公司合情合理,而董事受命于其委任人也无可厚非,否则其背叛行为的后果就是被更撤的命运。这一角度的分析,亦充分证明了股东利益与公司利益不仅理论上是分离的,在实践中也是分离的,其实践形态更是异常复杂。

股东利益和公司利益的分离,究其原因,起码在理论推演上可以发现三点缘由:其一,“帮派林立”的股东利益与要求整齐划一的公司利益在极小的概率上会发生重合。股份公司,尤其是股权高度分散的上市公司,公司利益是各类股东、管理层、债权人、职工以及其他利益相关人的多样化利益杂糅的产物,自私的股东极小的可能愿意向其他股东以及利益相关人进行利益让渡或者妥协,他们相互之间的利益有关联,但实质上的概念是不同,甚至是矛盾的。其二,股东“异质化”的现实注定是那个虚位的公司利益困境下博弈的结果。股东“异质化”背后是股东们利益的多元化。股东对公司利益诉求的不同表现为公司控制权的博弈,即表决权的争夺。获得控制权的一方将合法的取得公司利益代言的权利,而真正的独立于每位股东在中立的法人资格层面判断的公司利益可能与该代言的结果相去甚远。由此可见,股东利益与掌握公司控制权的控制股东利益之间有本质的差异。同时,被控制股东代言的公司利益与真正的公司利益之间也存在本质的差异。其三,代表公司利益的受托董事的“异质化”使“公司利益”这一概念成为了缺乏代表载体的“虚构物”,与此同时,独立董事“花瓶式”的守护和中小股东利益在资本民主治理结构中的缺位,加剧了股东利益与公司利益分离得更加透彻和复杂。董事“异质化”的根源在于其特殊的委派和选任机制,董事受命于委派股东,亦受制于该委派,充当委派方的利益代表人理所应当。因此,当所有董事都在代表其背后股东的利益的情况下,公司法人独立利益代表机制便名存实亡。股东的利益实际纯粹就是股东自己的利益,而公司的利益却只存在于公司法法条或书本的表述之中。

总之,股东利益和公司利益的分离,既有理论的根据,也存在现实的基础。然而,分离既是导致现代公司治理的经济民主价值缺失的动因,也是资本民主实践的结果。在股权高度分散的上市公司语境下,远离公司利益的股东缺乏介入公司治理的有效激励机制,在通过争夺公司控制权以获得公司利益自己代言的希望几乎不可能实现的条件下,股东们自然就会选择公司法规则之外的其他行为方式。当这样的做法已经成为上市公司治理的普遍现象时,公司法的规则便会发生失灵,即公司内部治理的失效。

四、抛弃股权高度分散型上市公司内部治理的信仰的原因

在股权高度分散的上市公司治理活动中,由于理论的缺漏和实证经验的忽视,公司法所指引的针对传统普通公司创设的内部治理规则发生了失效。鉴于股权高度分散上市公司的产权结构、股东与管理层在治理中的关系和作用、治理机构内部利益之间的博弈程度等各方面的特殊性,公司法条文所确立的“三会”机构之间的分权与监督机制,在外部监事和独立董事难以发挥实际效用的现状下,无论是“股东会中心主义”的内部治理理念,还是“董事会中心主义”的内部治理理念,都难以发挥预期的治理效用。导致其失效的根本性组织机理在于,无论是二元制的“三会”结构,还是一元制的“两会”结构,因为股权的分散所带来的特定负面效应,使各治理机构之间的治理交涉关系发生失灵,控权与监督的愿景成为公司法文本的纸上“风景”,管理层受信义务的实现机制成了“海市蜃楼”。两权分离环境下的传统公司治理理论中,现代股份公司改进治理结构的努力方向就是如何使代理成本最小化,对于股权高度分散的上市公司而言,这个研究方向误入了歧途。[19] 基于此,在现有的实行普适性的法定治理机制下,笔者提倡勇敢地抛弃对内部治理的信仰,由“内部治理为主”的治理模式向“外部治理为主、内部治理为辅”的治理模式转变,发挥外部治理机制的主导性作用。目前治理规则改进的主体方向是推动股权高度分散型上市公司控制权市场规则的构建和完善。这是一次理论研究路径的变革。

为证明抛弃内部治理为主导的公司治理理论的稳妥性,笔者接下来将借助微观经济学的分析方法,揭示在现有法定内部治理机制之上的“帕累托改进”及“纳什均衡”已经穷途末路,证明该机制及建立在该机制之上的公司治理理论积重难返,难以担当股权高度分散型上市公司治理改进的大任。三点原因分析细述如下:

第一,从“资本雇佣劳动”的资本主义企业逻辑的相关角度分析。现有法定内

〔19〕 两权分离的环境下,代理成本的研究被认为是解决现代股份公司治理问题的一把“钥匙”。但是,股权高度分散的情况下,无论是投资者还是管理层,都不把代理问题当回事。对投资者而言,任何少数几个投资者都没有能力改变这种代理结构,对管理层而言,他们也并没意愿去主动改变对其有利的代理结构。

部治理机制的理论基石集中于研究受雇佣的公司管理者工作的积极性和提供投资本的资本所有者选择管理者的积极性之间的协调取舍问题。然而,在股权高度分散的上市公司中,这两类积极性之间逻辑关联现实割裂的趋势否定了继续此类研究的有用性。在现代企业理论中,作为资本雇佣对象的机械劳动及智力劳动的产权属性被有效发现并充分运用,融入劳动力并形成组织机能的营业体在资产重组或企业并购中所估算出的价值远超其投入性资本的价格,这一事实便是该理论的显在表现。基于此,经济学家在研究企业的本质时得出一个这样的结论:私有产权制度上的企业可以是"资本雇佣劳动"的私有制,甚至也可以是"劳动雇佣资本"的私有制,严格来讲,谁雇佣谁最终取决于哪一方真正掌握了企业的控制权。[20] 股权高度分散的上市公司中,公司法指引的内部治理规则表明企业控制权当然地属于投资方,即股东。但是,实践中依据公司法设立并运行的公司,董事经理层掌握着公司的实际控制权,他们甚至可以轻而易举地操控股东大会和公司章程的修改。经济学上将这种规则之外的现实权力称为管理层的"自然控制权"。当配套的理论或公司法规则中的治理和现实中的治理发生错位,在实然的治理结构中,资本提供方与劳动力产权人之间缺乏有效的执行与监督的治理关涉条件下,要让每个治理参与人都向帕累托改进努力便是不可能的。在组织体内部行为博弈视域下,假定其他方博弈策略前提下,己方缺乏选择均衡策略的依据和意义,纳什均衡的结果也不存在。

从另一视角分析,企业是由诸多的要素所有者经过自由谈判后成立的不完全契约,[21] 其中典型的要素区分类型是人力资本和非人力资本。前者归属于提供机械或智力劳动的所有者,如董事、经理人员及职工;后者归属于提供物质资本的投资者,如股东和债权人。[22] 当然,有些要素参与人既提供非人力资本又提供人力资本,例如股东亲自出任董事或经理。对应到治理问题的研究,即重点考虑如何在人力资本和非人力资本之间合理分配治理权力以及监督此权力的问题,其根本目标是实现公司治理整体效益的最大化,即一种帕累托最优的安排。

经济学家指出,人力资本与其所有者的不可分离特征是与非人力资本相比较

---

〔20〕 参见张维迎:《所有制、治理结构及委托——代理关系》,载《经济研究》1996 年第 9 期。

〔21〕 著名经济学家张五常开创了企业的要素交易契约理论,他认为"企业是要素交易的契约,市场是产品交易的契约"。Steven Cheung,"The Contractual Natural of the Firm", *Journal of Law and Economics*, Vol. 26, 1983, pp. 1-22.

〔22〕 本文此处重点探讨公司的内部治理问题,所以在相关论述中忽略债权人对公司治理的影响,仅就公司内部治理组织范围内谈论内部治理问题。

最大的,也是唯一有价值的区别。[23] 同时,“该不可分离性也意味着即使奴隶主也不能无视奴隶的积极性问题”。[24] 其根本原因在于道德风险和机会主义管控问题。比较而言,非人力资本所有者更可能成为一个孤注一掷的赌徒,而人力资本所有者承担的风险却是外溢的,损失的成本最终落到投资者的非人力资本上,而自己顶多就是吃饱喝足以备重新输出可再生的劳动力而已。由此,有经济学家一针见血地指出,人力资本的所有者不仅可以通过“偷懒”提高自己的效用,还可以通过“虐待”非人力资本使自己获益,如果说人力资本需要监督、激励的话,非人力资本也需要一个合格的“监护人”。[25] 在股权高度分散的条件下,现有的内部治理逻辑是投资者提供非人力资本并充当人力资本的监督人,而人力资本所有者却充当着非人力资本形式上的“监护人”,这样的监督人和“监护人”在股权分散条件下就是橡皮图章而已。实际上,在投资者实施监督的激励严重不足之下,管理层径而自己激励自己。同时,管理层既充当着投资者的非人力资本的“监护人”,又充当了它们的使用人,即管理层实际掌握了投资者的非人力资本比较完整的占有、使用和处分权能,且不受监督。然后,就非人力资本完整的所有权权能中所剩下的收益权能而言,公司法规则的逻辑是提供人力资本的管理层分享固定的合同收益,提供非人力资本的投资者分享的是不固定的剩余分配,并且前者优先于后者。但鉴于人力资本具有激励需求的本质属性,管理层的收益分享远不止于合同收入,现代公司收益分享机制下的利润分成、奖金、股票期权等剩余分配收入大量流向人力资本所有者,而这些往往远超合同收益。因而,否认管理层对其控制的非人力资本缺乏收益权能不够现实,理论与实际出现了结论悖反。

理性分析,若将人力资本与非人力资本同等条件地依据特定的估价换算法,以份额形式换入企业原始投资,那现有的收入分享机制很大可能性就会呈现人力资本优于非人力资本的结果。概言之,“资本雇佣劳动力”的企业逻辑在股权高度分散的上市公司中实际上就会衍变为“劳动力借用资本”的逻辑,管理层僭越产权的边界获得了投资者所有的非人力资本丰满的所有权权能,进而出现了公司法的理论解释和规则运行二律背反现象。

第二,从“风险制造与风险承担的公平对应”和“剩余索取权与剩余控制权对

---

〔23〕 人力资本与非人力资本的其他区别特征在公司治理结构中的价值可以忽略不计,其最重要的差异在于非人力资本可以脱离于所有者并为所有者的风险行为提供抵押,而人力资本不具有法律上或现实中的可担保性。

〔24〕 周其仁:《市场里的企业:一个人力资本与非人力资本的特别合约》,载《经济研究》1996年第6期。

〔25〕 Gregory K. Dow,“Why Capital Hires Labour: A Bargaining Perspective”,*American Economic Review*, Vol. 83, 1993, pp. 118-134.

应”的私有制逻辑角度分析,也能得出理论推演和规则运行实践形成反差的结果。股权分散化的效果是最大限度地分散了投资的风险,对此风险微粒化的同时增强了投资者对风险放弃管控的主观意愿,甚至是不屑一顾。其后果是风险源由管理层制造,而承担风险的首先是投资者,公司风险经营的租值向管理层传递直至消散,对承担最终投资损失的投资者而言是不公平的。

经济学家在研究企业理论时,将企业所有权概念直接定义为“剩余控制权”,指的是在企业的不完备契约中没有特别规定事项的决策权。〔26〕剩余索取权所解释的是企业在固定合同分配之后不确定的剩余风险的承担问题。基于此,经济学的研究进一步认识到,效率的最大化要求剩余索取权和剩余控制权的安排应该相对应,并且将其作为理解公司治理结构的一把“钥匙”。〔27〕一般来说,如果掌握控制权的人没有索取权,那就不会有作出最好决策的积极性;如果拥有索取权的人没有控制权,那这样的索取权就不再是一种自我确信的权利,而是别人控制之下的缺乏保障的道德给予。公司治理立法上也正是为了最大限度地防范两权不对应的矛盾,进而形成了规制代理问题的核心主题。然而,股权高度分散的上市公司中,在股东与管理层之间弱度的治理关涉条件下,代理关系的契约作用缺乏解释的基础。

借助功利主义认识论继续分析两权代理的经济逻辑。理论上,立法应该让最重要且最难监督的参与方享有最大程度的剩余索取权,并对应安排相应程度的剩余控制权,以实现最小的外部性和最大的企业总价值。但依据现有公司法的治理规则,股东无疑是公司中最重要的(发现公司利益相关者之后还是如此),而代理论下最难监督的却是公司管理层。此外,在股权分散化的语境下,法律将剩余控制权配置给股东,股东大会却不能真正集中全体股东实现剩余控制权功能上的意思表示,而管理层因为经营工作的性质决定了他们始终掌握有相当的“自然控制权”,这种权力却是最直接、最有效的控制权。由此揭示现有内部治理理论的矛盾之所在。

除此之外,围绕现有的公司法组织架构对治理安排的“帕累托改进”研究,经济学上所讨论的“最优的两权安排”并不包含确定的价值判断,实际上,拥有索取权的一方并不意味着一定比不拥有索取权的一方优越。在对公司产权归属进行反

〔26〕 Sanford J. Grossman and Oliver D. Hart, “The Costs and Benefits of Ownership: A Theory of Vertical and Lateral Integration”, *Journal of Political Economy*, Vol. 94, 1986, pp. 691-719.

〔27〕 J. Milgrom and Roberts, *Economics*, *Organization and Management*, Englewood Cliffs, N. J., Prentice Hall, 1992, pp. 191-193.

思的过程中,经济学家在分析公司治理结构时重新提出了“状态依存所有权”理论。[28] 该理论所解释的是具体什么状态下谁将拥有真正的剩余索取权和剩余控制权。

每个营业周期内,公司总收入的分配先后顺序大致依次是管理层及劳工的劳动合同支付、债权人的合同支付、股东的剩余分配。当总收入低至不足以支付管理层及劳工的职工薪酬时,处于后顺位的债权人及股东当然得不到满足,此时管理层及劳工就是剩余索取权人;当总收入能满足职工薪酬但不足以偿付债权人的债权时,在公司不进入破产重整程序或被接管的条件下,剩余索取权人是债权人,剩余控制权依旧掌握在管理层手中;当总收入足以满足债权人的合同支付并且还留有剩余对股东进行分配时,此时的剩余索取权人是股东,但对剩余控制权的归属需进一步地谨慎区分对待。具体而言,由于监督管理层或参与决策需要成本,股东在作出行为选择之前内心就存在一个“保障利润”(大于监督和决策总成本的合理期待利润)。当剩余分配所得大于这个“保障利润”时,股东参与治理决策的成本支出就有保障,为了获得更大的利润所得,股东就有充足的激励去参与治理。相反,当剩余分配所得小于这个“保障利润”时,参与治理就会入不敷出,此时股东就没有动力去参与决策。对股权高度分散的上市公司而言,利润高度分散微粒化的同时,参与决策的成本并不见得在减少,甚至由于信息不对称关系的加剧反而在增加。因此,股权分散的结果大大减小了被投资公司达到有条件参与决策的“保障利润”的概率,相反,也就增加了管理层保持剩余控制权的机会。由此可见,“状态依存所有权”理论合理地揭示了“剩余索取权和剩余控制权对应”的私有制逻辑对现有的公司治理结构在解释论上难以缝合的困境。

另外,即便有些小股东基于利益之外的考虑尚有参与公司治理的意愿,其受到经营判断的专业限制,在具体行使投票权的时候,也会受制于外国机构投资者所普遍遵循的“华尔街规则”,即原则上行使投票权时应当支持代表公司派的管理层。[29] 该问题也揭示了现有公司治理结构的弊病。

第三,从治理期望、信息不对称下的激励和经济效率的角度分析。在经济学家看来,公司治理本身是个异常复杂的概念,核心内涵是指在现代两权分离环境下所表现出的对治理结构中权、责、利配置的多样性安排,并从中实现经济效益的一整

---

〔28〕 Philippe Aghion and Patrick Bolton, “An Incomplete Contracts Approach to Financial Contracting”, *Review of Economic Studies*, Vol. 59, 1992, pp. 473-495.

〔29〕 参见王文宇:《新公司与企业法》,中国政法大学出版社2003年版,第103页。

套制度体系。[30] 无论如何定义,经济学家们对治理期望的描述是大致相同的。期望的核心内容始终围绕着股东的参与治理激励和董事经理的忠实、勤勉义务得到善意的履行而展开,主要参考标准包括:管理层的才能得到最大程度的发挥、公司经营效益在同行业类似市场的类似成长阶段的企业中处于前列并保持竞争优势、利润分配在投入的人力资本和非人力资本之间以及各非人力资本投资者之间公平分配、中小股东利益得到保护、利益相关者诉求得到满足等。对股权高度分散型的上市公司而言,其治理的主要问题就在于股东的积极性无法驱动和董事经理忠实、勤勉义务的履行得不到保障。基于此,管理层的才能缺乏监督地任意发挥、公司经营效益无法形成内部的合理评价标准、利润分配的调整空间较大、中小股东缺乏应有的治理规则保护等,这些都是治理期望落空的结果。该期望落空的本质原因在于股权的高度分散使得股东和管理层的角色定位和治理作用在公司法规定的内部治理结构中发生了异化,股东不再是设想中可以充当"主人翁"的人,董事经理人也不再是设想中的纯粹代理人。

站在信息不对称条件下的激励视角分析,经济学家认为,公司制企业比合伙制企业优越的重要原因在于它能使用合伙制下不可能使用的激励方法。[31] 在现代股份公司两权分离的经典论理中,激励是永恒的主题,它所要解决的是克服对人力资本有效利用的监督困难和最大限度地发掘管理层的经营才能。在激励讨论的语境下,任何企业治理结构的安排都是所有治理参与人(主要是股东和管理层)之间讨价还价(显性或隐性发生)的结果。不可否认,当今大数据共享机制的高速发展缓解了信息不对称的同时,由于日益复杂多样的市场竞争环境和新兴产业的加速迭代更新,也加剧了公司内部治理信息分配的不对称。就本质而言,激励是行为主体外在性的制度或利益的驱动,本来不该属于公司管理层能够自我决定的事项,否则就应当归入自我利益的道德规制范畴。此外,激励机制形成最为关键的因素是:充分的信息知情和对与股东利益相关的信息进行决策和监督。但股权高度分散的上市公司股东对治理信息需求的愿望显著不足,他们只对股价和关于股价走势的信息感兴趣,两类信息并不能等同。由于持股影响力小且进入公司内部或深入市场收集和处理信息的成本高昂,其中最主要的障碍就是消化利用信息参与决策、监督的收益明显不经济。鉴于股东和管理层之间一定程度上存在信息互动的障碍,决策激励机制缺失条件下股东对管理层的监督功能减弱,最终劳动力激励的任务由管理层自己完成,即管理层的自我激励。这显然有悖激励机制的基本原理。

---

〔30〕 参见费方域:《什么是公司治理?》,载《上海经济研究》1996 年第 5 期。

〔31〕 Bengt Holmstrom, "Moral Hazard in Teams", *Bell Journal of Economics*, Vol. 13, 1982, p. 328.

此外,从效率上分析,一般来讲,作为产权所有人的股东需要兼顾资本的投资效率和投资对象的生产效率两个方面,既要选择高效率的投资策略,又要甄别拥有高收益潜力的投资对象。股权高度分散上市公司的投资者的组成中多数是投机者,甚至是从事高频交易的众多机构投资者,重视投资策略的功能被无限地放大,而投资对象的生产效率也最大限度地偏离出效益选择的参考因素。因此,公司治理的作用力无法吸引投资者群体,在公司法规定的内部治理规则框架下,在这个方向上的研究本质上丧失了帕累托改进的条件,内部治理的效率改进失去了内部权力机构或外部产权人的监督制约。总之,目前公司法规定的内部治理规则无法较好的满足公司治理在期望、激励和经济效率方面的要求。

五、抛弃股权高度分散型上市公司内部治理主导模式信仰的市场革命:构建和完善公司控制权市场

公司治理机制包括内部治理和外部治理两个部分。前者主要解决的是在公司所有权和控制权分离的环境下,管理者内部之间的博弈、董事会的构成和股东的监督等治理结构的安排;后者是通过公司外部的手段或因素,如代理投票权竞争、兼并或收购等市场手段形成的控制权市场以及新闻媒体的舆论实现对公司的监督和治理干预。〔32〕 研究公司治理本质上是研究治理对象中特定利益之间的博弈和平衡所反映出的特定权力安排,即公司控制权问题。控制可分为形式控制和实质控制,一般以实质控制为准,而实质控制在特定的商业环境下属于一个事实判断问题。〔33〕 所谓公司控制权市场,是指公司实际控制权的转移和交易市场,也就是指公司控制权的争夺市场。它包含两个方面的内容:一是代理投票权征集、表决权信托和表决权拘束协议,即代理投票权争夺市场;二是收购,包括资产收购和股权收购,其中股权收购包括协议收购、要约收购和市场收购,即指控制权接管市场。〔34〕

内部治理和外部治理共同构成公司治理的整体结构,二者总体上形成功能互补关系的同时,在治理目标的促进作用上存在一定程度的主次之分。如果内部治理失灵,则外部治理将成为更重要的治理机制;相反,如果外部治理失灵,则内部治理将成为更重要的治理机制。股权高度分散的上市公司有特殊性,在现有的公司法规则治理之下其内部治理机制失效,因而,作为外部治理机制的控制权市场将成

---

〔32〕 参见[美]弗雷德·威斯通、S. 郑光、E. 侯格:《兼并、重组和公司控制》,唐旭等译,经济科学出版社1998年版,第400页;Henry G. Manne,"The Mergers and the Market for Corporate Control",*Journal of Political Economy*,Vol. 73,1965,pp. 110-130。

〔33〕 参见罗培新:《公司法的法律经济学研究》,北京大学出版社2008年版,第197页。

〔34〕 参见王志强、肖善:《公司控制权市场作用探讨》,载《证券市场导报》2001年10月号。

为更重要的治理机制,应当负担起治理功能的主导性作用。

从实践来看,自 1993 年我国发生首例“保延收购案”以来,市场并购交易一直保持高速发展态势,而刚消退不久的“宝万之争”等一系列类似事件将并购交易市场推向了新的高潮。据中国证监会有关负责人提供的数据,2016 年中国证券市场完成的并购重组交易约 1891 单,累计交易金额高达 1.64 万亿元,并购重组交易已持续三年高位运行。[35] 由此可见,中国的并购市场潜力巨大,而且特别值得重视的是,这是国内市场自发性推动的优胜劣汰进化趋势,充分体现了中国市场环境的本土特质。我们应当研究发掘其现象背后的价值。因此,立法者及市场监管机关在推动完善上市公司治理目标上,应当迎风而上,顺水推舟,从构建并完善市场机制入手,以培育发达的控制权市场和经理人市场为目标,从外部机制上发力促进上市公司的治理,统合创建属于中国特色的上市公司治理制度体系。

(一)对“门口野蛮人”的戒惧足以粉碎管理层的疏懒与自私

“门口野蛮人”的说法源于 20 世纪 80 年代美国资本市场爆发的并购与反并购浪潮中对“敌意收购者”的趣称。[36] 公司控制权市场区分为以代理投票权征集为代表的投票权争夺市场和以收购为代表的控制权接管市场。对于代理投票权征集、表决权信托、表决权买卖及表决权拘束协议等规则,我国立法者和监管机关历来秉持相当保守的态度。此外,经过长期大量的实践观察和理论研究,美国学术界对公司控制权机制研究的主流理论也认为,无论是公司的内部控制机制还是外部控制机制中的代理投票权竞争,都不能起到应有的作用,只有收购才是三种公司控制方法中最为有效的一种。[37] 因此,研究公司控制权市场的治理效用便集中探讨收购这一市场机制。

“门口野蛮人”是对公司敌意收购者的代称。“敌意”不等于“恶意”,对于在任管理层而言,任何一次外部收购行为都是“敌意的”。在以市场经济法律制度为游戏规则的资本市场,无论是友好收购还是敌意收购,都不属于经济学或法律上的合格概念,仅仅是一种道德上的表达而已。一切公司收购行为都需要接受法律规则

---

[35] 参见朱宝琛:《并购重组交易金额持续三年高位运行,今年已达 1.64 万亿》,载《证券日报》2016 年 12 月 16 日。

[36] 对本次美国资本市场爆发的并购与反并购浪潮的基本情况和理论介绍,参见沈艺峰:《公司控制权市场理论的现代演变(上)——美国三十五个州反收购立法的理论意义》,载《中国经济问题》2000 年第 2 期;沈艺峰:《公司控制权市场理论的现代演变(下)——美国三十五个州反收购立法的理论意义》,载《中国经济问题》2000 年第 3 期。

[37] Henry G. Manne, “The Mergers and the Market for Corporate Control”, *Journal of Political Economy*, Vol. 73, 1965, p. 119; Michael C. Jensen, “Takeover: Folklore and Science”, *Harvard Business Review*, Vol. 62, 1984, pp. 109-121.

公正的、居中的评价,凡是遵守市场规则的收购行为都是合法的和允许的。合法合规的收购如果是不合理或有问题的,那只能说明是我们的规则本身有问题,道德的谴责不能替代法律上的评价。任何资本的游戏或许能对抗传统的人情道德,但始终挑战不过法律规则,不带情感的资本的底线就是法律的红线。对于我国还未真正成熟的市场经济而言,最值得反思的是,在完善法律规则和行政监管过度政治化的条件下,资本市场达尔文主义式的自我进化发展要始终警惕被非理性的道德情感和"群氓文化"所束缚或绑架。

"门口野蛮人"的威胁是发现目标公司"潜在价值",对失控的管理层釜底抽薪的惩戒。[38] 在有效的股票市场中,通过完善的信息披露和市场股价能准确分析公司的实际经营成果和"潜在价值",即市场可以判断公司的代理成本,而上市公司收购就是一个能有效解决代理问题的市场机制。当公司经营良好,管理层使公司的"潜在价值"充分发挥出来,由此反映的公司股价走势良好,此时股东一般会选择支持管理层,而欲收购者也会因为利润挖掘空间小望而却步;当公司管理层乏善管理和低效经营时,股价会走低,由此反映出公司存有潜在的利润挖掘空间,收购人就有动力通过收购取得控制权进而更换管理层,期望通过提升公司管理水平和经营绩效掘取更大的利润。管理层出于被更替的心理畏惧,其履职行为自然会受到一定程度的正向激励,迫使管理层为股东更加勤勉尽责的工作。此外,美国著名经学家曼尼早在1965年的研究论文中就提到,收购市场之所以能发挥惩戒不称职的管理层并促进公司治理水平的作用,其关键性的机制在于收购不需要经过目标公司管理层同意,越过管理层与目标公司的股东直接交易即能获得控制权的目标。[39] 一方面,收购能使资本市场更富有竞争力,迫使管理层不能放松警惕、更加勤勉尽责地履行受信义务。另一方面,收购市场能使资本市场上公司的"潜在价值"得到更大限度地挖掘,弥补内部治理制度的固有缺陷,推动上市公司治理朝着良性方向发展。

收购的另一面即公司并购,并购能实现企业间优势互补的"协作效应",获得规模经济的福利,节约市场交易费用,满足企业自身生存和发展的需求。公司的发展和产业的进步是分不开的。企业的并购重组是实现产业发展谋篇布局的重要手段,能有效消解产能过剩,实现收购方和目标公司之间的优势资源互补,获得组织

---

〔38〕 Robert Charles Clark, *Corporate Law*, Aspen Publishers, Inc., 1986, p. 534.

〔39〕 See Henry G. Manne, "The Mergers and the Market for Corporate Control", *Journal of Political Economy*, Vol. 73, 1965, p. 119; Michael C. Jensen, "Takeover: Folklore and Science", *Harvard Business Review*, Vol. 62, 1984, pp. 120.

经营更高程度的规模效益。对此,应当是每位优秀的经营者能够及时捕捉到的信息,并对公司股东及时作出反馈。股东始终是朝着收益最大化的方向努力的,管理层也应当站在这一角度为股东谋取最大限度地利益。在特定条件下,无论是企业的纵向并购还是横向并购,都能一定程度上降低内部企业之间的协调管理费用和交易边际费用,也能实现企业间的生产、经营、管理等组织经验的优化整合。当捕获充分的市场信息反馈出企业并购的动力时,管理层的疏懒不作为将会引起潜在收购者的关注,继而难免面临被市场选出的命运。从实践的角度分析,生存和发展是一个企业存在最根本的需求。[40] 当企业经营条件恶劣,持续亏损时,将面临终止或暂停上市的危局时,为保住上市资格,管理层就应当本着维护股东利益的原则积极寻求并购重组方案;当公司在长期战略上面临进一步扩张发展的"瓶颈"时,收购是实现扩张发展最便捷、最有效益的途径,若管理层疏于努力,同样将面临被更替的命运。

概言之,公司并购的动因之所在也就是管理层更替的威胁之所在。在公司法规定的内部治理机制失灵的情况下,再全能的监管机关,再聪明的法官,也难以有效遏制公司管理层的"疏懒"和"乱政"。因此,上市公司的治理应当充分发挥出市场机制对解决代理成本的积极作用,而繁荣市场机制则有赖于那些对公司"潜在价值"拥有敏锐的嗅觉、热衷于发起收购的投资者。只有时时面对"门口野蛮人"的威胁,管理层才能尽心尽责地履行好法定的受信义务。

(二)控制权市场建构和完善的方向

培育发达的控制权市场和经理人市场是我国控制权市场建构和完善的总体目标。我国资本市场整体上还处于成长阶段,无论是代理投票权争夺市场,还是控制权接管市场,都处在才起步阶段,制度建设尚不完善,监管亦有空白。不可否认,控制市场建设非常复杂,一个破漏百出的控制权市场有可能比没有控制权市场更糟糕。我们应选择正确的努力方向,通过科学研究积极推动控制权市场的建构和完善,以彰显中国资本市场的世界竞争力。

实践经验总是走在制度构建的前面,实践中曾发生的一系列鲜活的案例为规则的完善研究提供了丰富的素材。[41] 对于通过争夺公司控制权以实现更替管理层的最终目标来说,代理投票权争夺市场和控制权接管市场(收购)同等的重要,

---

〔40〕 参见罗培新:《公司法的法律经济学研究》,北京大学出版社 2008 年版,第 208 页。

〔41〕 中国资本市场上已发生过许多典型的上市公司控制权争夺的案例。关于代理投票权争夺市场案例,如 1994 年的"君安事件"、2000 年"胜利股份的代理权之争"等;关于因收购引发的控制权争夺案例,如 1993 年"保安收购延中实业事件"、2003 年"复星集团要约收购南钢股份事件"、2016 年的"宝万之争"等。

都在公司治理的外部治理机制中扮演着重要的角色。比较而言,通过代理投票权争夺市场赢得控制权有短暂、低成本、快速而富有成效的特点;通过控制权接管市场(收购)获得的控制权更加彻底和稳定,更能实现对公司长期有效的控制,对公司经营管理的改进和战略的调整显然更有利。

理论上认为,代理投票权是介于股东大会解聘管理层和其他公司外部收购之间的一种惩戒行为。[42] 代理投票权充当了持有少数股权的股东介入公司治理甚至更换管理层的"杀手锏"。毫无疑问,代理投票权争夺市场对于保护少数股东来说,其功效并不亚于累积投票制。但是,美国主流经济学家并不看好代理投票权争夺市场对公司治理的促进作用。曼尼曾经将其认定为最昂贵、最具有不确定性和最少使用的方法。[43] 同样,法律经济学派代表人物波斯纳法官也认为,没有取得实质所有权地位的个人进行的代理权竞争非常类似于政治民主的程度,它有较强的负外部性,因为对于个人的低成本很难阻止其不顾一切地进行高风险甚至可能引发破产结果的竞争。[44] 一般情况下,代理投票权争夺是公司反对派和拥戴派之间关于宣传、声誉、影响力甚至是财力的较量,要求充分的信息披露和说服被代理人,而一旦公司董事管理层动用公司资源卷入竞争,将会导致公司股价的下跌和所有者自身权益的损失,所以代理投票权竞争对公司治理效率的影响也许是负面的。比较而言,公司并购市场历来是资本市场发达国家重点倾注构建的上市公司外部治理机制。尽管代理投票权争夺市场的治理功能有限,其作为对并购市场互补性的外部治理机制,法律也应当适度放开,通过合理的制度改造和完善,以扬其优点而避其流弊。

笔者将从宏观层面上简要讨论我国上市公司控制权市场如何进一步构建和完善,讨论的重心将放在构建和完善上市公司并购市场的问题上。首先,笔者要重点澄清的相关规则构建和完善的基本理念或指导思想。股权高度分散的上市公司有特殊性,其除了容易成为控制权市场被狙击的对象之外,微弱的所有者观念和强势的管理层也是其突出特征。所有者与管理层之间强弱分化的矛盾是内部治理不能发挥作用的积弊所在,也是控制权市场得以发挥外部治理作用的关键契合点。由

---

[42] Dodd Peter and Jerold B. Warner, "On Corporate Governance: A Study of Proxy Contests", *Journal of Financial Economics*, Vol. 11, 1983, pp. 401-410.

[43] See Henry G. Manne, "The Mergers and the Market for Corporate Control", *Journal of Political Economy*, Vol. 73, 1965, p. 119; Michael C. Jensen, "Takeover: Folklore and Science", *Harvard Business Review*, Vol. 62, 1984, pp. 119.

[44] 参见理查德·A. 波斯纳:《法律的经济分析》(下),蒋兆康译,中国大百科全书出版社1997年版,第538页。

此,上市公司控制权市场构建在总的指导思想上要贯彻“强所有者,弱管理者”观念,以改进公司治理效益和宏观经济产业结构为目标,合理把握行为监管的松紧程度,在充分发挥好市场创新能力的同时,严格防控借助控制权市场谋取不合理或不公平利益的行为。规则设计上,以保护公众投资者为重心,鼓励有效率的公司控股或兼并,严厉禁止投机性的上市公司收购。监管思路上,以完善信息披露为导向发挥市场优胜劣汰机制的同时,必须加强监管执行力和提高违法成本,积极倡导合作性、便利化的监管。其次,构建和完善控制权市场纠纷的司法解决机制,赋予法院广泛的司法监控权力,发挥案件裁判的指引功能,合理延伸发展在控制权竞争行为中有关侵权责任法理的规则形成和裁判论证。与此同时,配套跟进与控制权市场相关制度的完善以及在控制权市场建立和完善的基础上,培育发达的经理人才市场同样不可或缺。

1. 代理投票权争夺市场的构建和完善

代理投票权竞争规则的有效实施,核心在于严格执行信息披露的公平、公正和公开的原则。首先,反对派和拥戴派应当充分披露支持其各方主张的相关信息,严厉打击虚假陈述、恶意炒作行为,使投票权委托人在掌握充分、有效、真实的信息条件下作出表决权委托的决定。如在征求代理委托同意时,搭建开放性的平台机制广泛收集中小股东意见,畅通民主评议的表达渠道,让中小股东有机会能够积极参与公司治理的博弈。其次,应规范相关竞争方的承诺机制,建立违背承诺的惩罚和责任机制。即凡依法公开披露的承诺,均应得到及时、全面、适当地履行。且在承诺披露之后,受托人若想改变其公开承诺的内容,则须经股东大会出席股东所持表决权过半数通过。最后,对于使用股权代持协议、信托资管计划等各式各样的金融工具参与行为,应严守信息披露的“穿透核查,穿透披露”准则,具体披露到最终权益持有人和实际控制人。此举目的在于,合理限制管理层利用公司资源参与代理投票权竞争的行为,以保持管理层的客观中立。

鉴于股权分散公司股票的投票权和收益权分离的现实意义,[45]若想代理投票权竞争规则有效实施,立法上可以适当放开代理投票权的有偿征集,但应以保护大众投资者为原则,以杜绝非理性恶性竞争为限。同时,对于不可撤销表决权代理问题,立法上可以通过有限列举的方式限制其适用情况和条件。此外,为防范借助代理投票权争夺市场对公司“敲竹杠”或者频繁骚扰公司的正常经营,立法上必须强制性地要求公司章程必须规定代理投票权征集的使用条件和多次使用的时间

〔45〕 参见李安安:《股份投票权与收益权的分离及其法律规制》,载《比较法研究》2016年第4期。

间隔。

最后,立法上应当同时规定利用代理投票权争夺市场侵害公司、股东利益的特殊侵权责任类型并赋予法院利益矫正的司法裁量权。

2. 收购市场的构建和完善

收购方式的分类规范是收购市场构建的第一步。在现有证券法规定的要约收购、协议收购和其他合法方式收购之外,明确认股收购的独立地位,使其与要约收购、协议收购处于同等地位是有必要的。[46] 认股收购一般是指公司股票非公开的定向增发导致的控制权易主。并购重组交易中的非公开定向发行在我国上市公司再融资市场中已经非常普遍。

目前,国内资本市场最常见的收购方式是协议收购,但其并不适合于股权分散型的上市公司收购。由于协议收购不具有公平性、期限性和排他性的特征,[47] 所以法律应当规定协议收购适用条件为大宗股份的收购。协议收购的持股比例上限保持为目标公司已发行有表决权股的30%,若继续收购,除法律规定的豁免条件外,应当强制采取要约收购。为防范内幕交易,协议收购的协议内容公开披露和协议履行必须前后分开,间隔一定时间让公众投资者消化相关信息。另外,实行预披露制度,如在发起协议收购的T-15日前强制要求收购意向的披露。在协议履行前,法律应当强制要求股票的保管和资金的存放。为防止控制权的频繁轮换给公司造成不当影响,法律应当规定协议收购转让控制权对公司主营业务、持续经营能力、市场竞争环境、未来发展前景、当年每股收益等重大事项产生影响的,应当经原董事会决议,并将该协议收购事项提交股东大会决议批准。对于认购股份收购方式的规制重点在于若向特定投资人发行股票会导致公司控制权发生转移的,该认购股份事项的实施必须经股东大会决议批准。

市场收购,即在证券交易所公开市场上以集中竞价方式收购股份。市场收购是理论界最为担忧的收购方式。笔者认为,市场收购本身是一场竞争性收购,立法的重点应当放在事前的收购标的选择、事中的反收购措施以及完成收购事后掠夺行为的规制。一方面,规则和监管既要保障目标公司的稳定经营,也要保护公众投资者的利益;另一方面,规则设计上也要适当兼顾收购人的利益,防范出现恶意抬高股价损害收购人利益的不公平行为。这两个方面必须做好利益平衡。

---

[46] 《证券法(修订草案)》(2015年4月20日全国人大常委会审议版)第108条增加了"认购股份"的收购方式。

[47] 协议收购对于不同普通股股东而言是不公平的,谈判和执行没有固定期限,可以同时实施其他收购手段,即不具有排他性。参见施天涛:《公司法论》,法律出版社2014年版,第502页。

鉴于市场收购行为具有秘密性，目标公司及投资者无从知道收购人的交易意图，所以法律规定持股达到一定比例时的强制信息披露义务（大额持股变动的信息披露义务）。任何从事市场收购的行为均应严守信息披露规则。同时，立法者应强化相关责任的实质认定标准，以防范内幕交易和操作市场的出现。为防范资本的非理性破坏，以系统性风险防控为原则，合理限制市场收购门槛，限制恶意使用高杠杆资金以及可能引发系统系风险的高风险资金参与市场收购。在保险市场、银行间市场、基金市场及各类交易所市场搭建合理、稳健的资金流通渠道，堵塞类似短债长投、低风险要求资金向高风险市场转移的不合理渠道。在收购过程中，针对信息公开披露前的已经在社会流传的传言或事故风波，立法上应当明确要求相关掌握信息的主体有及时澄清说明的义务。另外，完善“一致行动人”相关规定，确立联合收购行为的“合意”标准。〔48〕同时，严格贯彻信息披露的穿透式准则，惩处规避证券法规定的大股东持股增减变动信息披露义务和强制要约收购义务的行为。对于现行法所规定的5%披露点的合理性问题，一般认为，披露点越低，披露的期限越短，对投资者的保护就越有利，但同时也会增加收购者的成本，削弱收购所能发挥市场资源配置作用的机会。对此，规则制定部门应当进一步开展实证研究，谨慎论证。例如，可以考虑针对不同行业不同体量的上市公司，设置3%、5%、7%、10%等一些列阶梯式的差别化披露点。最后，监管上必须严厉打击利用市场收购进行炒作投机的行为，披露时必须强制说明其有收购意图还是一般财务投资，建立违背披露承诺的惩罚机制。总的来讲，投资人行为一旦触及符合收购的相关因素就必须公开透明。

要约收购作为资本市场发达国家最成熟、最重要的收购机制，也是我国收购市场立法最主要的调整对象。要约收购区分为自愿要约和强制要约两类，立法重点规范的是强制要约收购。要约收购的规则设计应当强调公平性，既包括对目标公司所有股东的公平，也包括对多个竞争性要约方的公平，还应当包括管理层对待所有股东、收购人的公平。强制要约收购是协议收购、认股收购、市场收购以及其他方式收购进行股份增持达到法定比例后的强制性收购执行要求，且具有收购方式的排他性，因而相应配套制度设计应当满足该强制性背后所要实现的利益衡量目标的必要性和妥当性。对于强制要约触发点的设置，“一刀切”地划定为30%并不能体现有针对性的效益化监管。由于上市公司在资本市场上的培育成熟度、股权结构分散程度和流通盘市值等都存在显著的差异，合理的做法是差异化设置强制

〔48〕 参见周正庆等编：《新证券法条文解析》，人民法院出版社2006年版，第220页。

要约的触发点。例如,对于股权高度分散型上市公司也许持股不需要到达30%就能实现控制权易主,对这类公司的强制要约触发点或许降低一点。另外,立法应当进一步放松对收购对价支付的管制,构建符合市场规律的竞争性要约、双层要约、要约变更制度,放松对要约收购价格的管制,依托市场平台建立询价、第三方中立性价格评估机制,以最大限度地保障要约收购各方的意思自治。此外,与要约收购需要相配套重点完善的是强制要约的豁免规定。[49] 对此,规则制定部门需要最大限度地市场调研并总结实务经验,渐进增加豁免的情况,进一步减少监管部门的审批豁免权,逐步增加某些情况下的要约收购豁免权从行政审批让渡给股东大会决议,以此体现"强所有者"理念下更大限度地公司自治。

3. 反收购规则的完善

在国家干预市场理论的主流下,收购市场立法的重头戏在于反收购相关规则的完善。从法律关系上分析,除认购股份收购外,不管何种形式的收购,交易都发生在收购人和目标公司股东之间,而不是与公司的交易。因而,学理上这种收购交易并不需要董事会的同意。但是,这并不意味着目标公司董事会始终应当是消极的。事实证明,反收购是提升目标公司股东收益的有效刺激因素,实证分析并没有证据证明反收购立法会损害股东利益。[50] 从我国立法现状来看,《公司法》《证券法》以及中国证监会2014年修订的《上市公司收购管理办法》均未对反收购问题作出专门的规定,似乎反映出我国立法机关和监管部门对反收购措施采取回避的态度。实际上,收购和反收购就犹如一个硬币的两面,利弊兼具,一味禁止显然得不偿失,正确的做法应是为收购和反收购行为设置规则或标准。

反收购措施基于产生时间的差异,可区分为预防类和防御类。前者是指收购行为发动前,通过法律法规、监管规则和公司章程为收购制造绊脚石或者抬高收购难度的文本规则,以及事前改变公司股权结构或组织经营安排降低收购可能性的措施;后者是在收购行为发动后,通过后续的行为手段增加收购难度的措施。对于收购人而言,预防类具有确定性、透明性的特点,防御类则通常是不确定的、即时见招拆招的。从"法"的作用、规则的稳定性与可预测性以及市场主体的信赖利益等角度考虑,比较而言,政策导向上应当对预防类反收购措施保持适当宽容,合理限制防御类反收购措施。理论上,无论是预防类还是防御类反收购措施,由于其可能

---

[49] 对此,证监会制定的《上市公司收购管理办法》(2014年修订版)第62条和《中华人民共和国证券法(修订草案)》(2015年4月20日全国人大常委会审议版)第120条作了进一步完善,但内容的还不够详尽细致。

[50] 参见沈艺峰:《公司控制权市场理论的现代演变(下)——美国三十五个州反收购立法的理论意义》,载《中国经济问题》2000年第3期。

会降低该公司股票的市场吸引力,可能导致股票价值的减损。

对于预防类反收购措施,理论认识上,反收购条款成立的基础在于该条款能够给公司带来的效益高于其对股东所持股票的价值减损。这也是立法或者公司章程设置反收购条款进行合理性衡量的基本标准。实践操作上,法律、行政法规及监管规则应当原则上明确创立反收购条款的事前审查或报备。为防止管理层在章程中任意设置反收购条款,立法上可以通过列举方式规定功效较强的特殊反收购条款必须经证监会批准,并要求对公司章程中反收购条款的通过实行加强表决。为了在反收购中保障"强所有者",反收购决定权应当强制固定于股东大会,不得下放到董事会。同时,鉴于管理层与反收购行为高度利益相关,监管规则设计必须围绕着弱化管理层对反收购条款决定权的标准进行。

对于防御类反收购措施,无论从行为方式的不确定性还是监管的难度方面考虑,都应当从严把握。具体的监管规则应当符合以下准则:其一,实施防御性反收购措施的前提是对"恶意收购"的认定,其认定标准确立权和反收购动议决定权都必须收归于股东大会。其二,限制动用公司资源卷入反收购战争。管理层不当使用公司资源参与防御性反收购实际上是对股东利益的侵害。其三,信息的披露、报告必须从严执行和从严监管。除披露的一般要求外,披露的内容还应当包括详细的反收购措施细节以及实施该行为合理性的论证。此外,对恶意停牌、大肆举债收购、竞争性现金回购股份、贱卖营业等严重损害股东权益的反收购措施,监管规则应当从行为手段的实质认定上从严防范。实践中,司法在防御性反收购纠纷中起着突出的作用,并在相关规则的确立和发展方面有着不可替代的作用。起诉不合法合规的收购行为、限制收购人所持股份表决权、确认收购行为无效都必须接受的司法监督,完善当前的举证责任规则和司法审查标准,定性和裁判应当以谨慎、必要性为原则。

六、结论

股权高度分散的上市公司是现代公司进行资本社会化改造的产物。随着我国资本市场的发展和成熟,证券市场的上市公司股权结构由集中走向分散是必然趋势,A 股上市公司将迎来股权分散的时代。在股权高度分散的上市公司中,股东的角色和作用、管理层的经营控制权(包括法定控制权和自然控制权)都与公司法所创设的治理模型有较大的不同,现行的内部治理理论及公司法提供的治理机制发生了失灵。无论从微观经济学的角度分析还是对公司法规则运行经验的解读,都可以找到股权高度分散型上市公司内部治理失效的依据。

公司治理机制包括内部治理和外部治理两个部分,两者分别用组织治理机制和市场治理机制解决公司控制代理问题。传统公司治理理论偏重于通过完善内部治理使代理成本最小化的研究路径属于方向性错误,对股权高度分散型上市公司治理的改进收效甚微。因而,在此认识前提下,对这类公司的治理研究应当勇敢地抛弃内部治理为主导模式的信仰,转向"外部治理为主、内部治理为辅"的现代治理模式,用市场治理机制取代组织治理机制去解决公司法规则无法解决的控制代理问题。

公司外部治理起治理的主导作用有赖于控制权市场的建构和完善。建立和维护一个富有竞争性的公司控制权流动市场至关重要。控制权市场规则的构建和完善要充分贯彻"强所有者,弱管理者"理念,立法机关和监管部门要做好统筹规划,既要引导建设高效有序的代理投票权争夺市场,也要培育发达健全的收购市场。但鉴于二者治理效用、发展趋势和对治理环境契合度的差异,规范的重心应当放在收购市场。在现有立法和实践的基础上,从利益衡量的方法出发,在监管和自由的各个角度全面完善各类收购方式的相关行为规范。立法上要重点构建和完善反收购行为规则,正确引导收购市场朝着健康、优益的方向发展。同时借助市场手段培育起职业经理人市场不可或缺。优秀的经理人只有经过市场的大浪淘沙才能浮现,高效成熟的上市公司治理只有经过达尔文式的进化考验才能生成。

(责任编辑:陆剑)

矿股转让解制及其体系效应
——兼评《矿产资源法(修订草案)》(征求意见稿)第29条第2款*

曹　宇**

目　　次

一、问题的缘起:为什么要再谈矿股转让

鉴于矿股转让与矿业权转让之间关系的重要性与牵连性,矿股转让问题得到理论界与实务界相当多的注意力,形成了一系列有益的理论探索。〔1〕矿股转让研究的难点并不局限于"关系认定"本身,其复杂性进一步呈现为矿股转让与矿业权转

---

* 本文系国家社科基金重大项目"新时代生态环境监管体制的法治创新研究"(18VSJ039)的阶段性成果;内蒙古自治区高等学校青年科技英才支持计划资助。

** 曹宇,内蒙古大学法学院副教授,中国政法大学博士后研究人员。

〔1〕李显冬:《中国矿业立法理论与实务》,中国政法大学出版社2015年版,第232~234页;蒋文军:《矿业权典型疑难法律问题解析与操作实务》,法律出版社2016年版,第118~121页;陈静、陈从喜:《矿业公司股权转让法律规则思考》,载《国土资源情》2017年第5期;魏铁军:《矿股关系与矿业规制的研究》,载《中国矿业》2012年第6期。

让制度改革、矿政管理制度革新乃至《矿产资源法》修改等诸多重大问题的联动性。

矿股转让问题的复杂性以及争议性引发了大量的实务纠纷,俨然成为纷争的高频区域。〔2〕最高人民法院针对矿股转让纠纷裁判规则的统一供给与扩容选取了“典型案例”与“司法解释”并行的策略。2016年7月12日,最高人民法院发布矿业权民事纠纷十大典型案例,其中《薛梦懿等四人与西藏国能矿业发展有限公司、西藏龙辉矿业有限公司股权转让合同纠纷案》,〔3〕就一直以来困扰理论界与实务界的矿业权转让与矿山企业股权转让的关系问题,给出了“二者属于不同的法律关系且应区分调整”的明确态度,〔4〕本文将之称为“解制规则”。2017年7月27日,最高人民法院在“典型案例”的基础之上再进一步,颁行最高人民法院《关于审理矿业权纠纷案件适用法律若干问题的解释》(法释[2017]12号)(以下简称《矿业权解释》),集中回应矿业权权属、矿业权出让与转让合同纠纷以及矿业侵权等问题,明确相关司法裁判规则的共识。〔5〕

2019年12月17日,自然资源部正式发布《矿产资源法(修订草案)》(征求意见稿),公开征求社会各界意见。修订草案设置有总则,矿产资源的保护、勘查和开采,矿业权,矿区生态修复,监督管理,法律责任以及附则等七章,共计53条。就矿业权竞争性出让、矿区生态修复、深化“放管服”改革、更新管理制度以及完善收益分配机制等方面进行了系统性的修改。〔6〕2020年1月19日,自然资源部发布关于《矿产资源法(修订草案)》(征求意见稿)(以下简称《修订草案》)公开征求意见情况的公告,完成修订草案报送的关键动作。矿股转让与矿业权转让的关系问题得到了矿产资源法修订的充分重视,早在修法调研阶段就被明确列入修法关键问题的清单。《修订草案》第29条第2款更是直接规定:“矿业权人以股权转让等形式变更矿业权实际控制人的,视为矿业权转让,应当办理登记手续。”〔7〕

显然,《修订草案》与司法实务对于矿股转让的态度发生了激烈的碰撞。前者

---

〔2〕 张忠民:《矿业权纠纷司法救济的学理与裁判》,载《求索》2019年第4期。

〔3〕 参见最高人民法院(2014)民二终字第205号。

〔4〕 江必新、杜万华:《最高人民法院矿产资源案件审判思路与裁判方法》,中国法制出版社2016年版,第335~416页。

〔5〕 郑学林、王旭光、贾清林等:《矿业权纠纷案件的审判理念与最新裁判规则——〈最高人民法院关于审理矿业权纠纷案件适用法律若干问题的解释〉的理解与适用》,载《法律适用》2018年第5期。

〔6〕 参见《关于〈矿产资源法(修订草案)〉(征求意见稿)的说明》。

〔7〕 《修订草案》第29条规定:“矿业权人可以依法转让、出租、抵押矿业权(第1款)。矿业权人以股权转让等形式变更矿业权实际控制人的,视为矿业权转让,应当办理登记手续(第2款)。矿业权转让时,矿业权出让合同约定的权利义务随之转移(第3款)”。

将矿股转让(发生实际控制人变更的矿股转让)纳入矿业权转让的管理框架,后者则对矿股转让与矿业权转让进行明确的区分。围绕矿股转让的一系列争议似乎又回到原点。

下文首先明确矿股转让解制规则的司法确立过程以及基本内容,厘清解制规则的逻辑展开(第二部分)。其次,从矿业权转让与矿政管理的角度观察矿股转让解制规则的体系效应(第三部分)。最后,围绕《修订草案》第 29 条第 2 款的规定,检视矿股转让规则的法理困境与适用难题,并提出可能的完善建议(第四部分)。

二、矿股转让解制规则的司法确立

(一)矿股转让解制规则的确立轨迹

最高人民法院对于矿股转让纠纷的破题采取了渐进式的处理策略。基本步骤呈现为不予表态—判例尝试—公报吹风—典型案例等不同阶段。

2011 年之前,最高人民法院就矿股转让的法律适用难题,采取了不予表态的审慎处理策略。其中,司法权与行政权各自行使的界限是其考虑的重要因素,而矿产资源开发的复杂性以及行政权的深度介入等亦是重要的考量。司法层面的态度转变发生在 2011 年。[8] 《物权法》关于物权变动的规定成为裁判观点的主要支撑,采矿许可证主体是否变化成为矿业权转让与否的判断标准。接下来,最高人民法院的系列案例遵从这一裁判标准,司法层面确认矿股转让不再等同于矿业权转让。[9] 2016 年,最高人民法院在《最高人民法院公报》刊载确立矿股转让解制的裁判文书。[10] 同年 7 月,发布矿业权纠纷十大典型案例对于矿股转让解制规则高调确认。[11]

值得关注的是,最高人民法院"十大典型案例"确认的矿股转让解制规则,并没有在之后的《矿业权解释》当中加以重申,而是被选择性的回避。[12] 基于最高人民法院案例在法律适用层面的指导作用,如此选择并不妨碍矿股转让解制规则的司法确立。

---

〔8〕 参见最高人民法院(2011)民二终字第 106 号判决。

〔9〕 参见最高人民法院(2012)民二终字第 86 号,最高人民法院(2015)民二终字第 236 号。

〔10〕 参见《大宗集团有限公司、宗锡晋与淮北圣火矿业有限公司、淮北圣火房地产开发有限责任公司、涡阳圣火房地产开发有限公司股权转让纠纷案》,载《最高人民法院公报》2016 年第 6 期。

〔11〕 杜万华主编:《最高人民法院审理矿业权纠纷司法解释理解与适用》,中国法制出版社 2017 年版,第 329~331 页。

〔12〕 早在草拟阶段,《矿业权解释》设置专门条文就矿股转让与矿业权转让的关系予以明确规范。但矿业权司法解释并未保留该条文,具体原因则不得而知。基于我国当前案例制度的发展、功能以及效果,最高人民法院以典型案例的方式确认裁判规则,足够有力。

(二)矿股转让解制规则的基本理路

第一步,明确转让标准。裁判意义之上,矿股转让解制条款明确将矿业权转让认定为"变更矿业权主体的行为"。单纯的矿股转让并不涉及矿业权主体的变更。如此,将矿股转让扩张解释并适用矿业权转让的处理模式将不再通达。矿山企业股权转让合同的效力判断,不再扩张性的解释适用矿业权转让合同的效力判断。

第二步,区分法律关系。转让标准的确定,阻隔了矿股转让与矿业权转让之间的混合之路。矿股转让与矿业权转让原本清晰的认定标准将归回本原。如此,二者之间原本清晰的法律关系则再次回归清晰。地质矿产主管部门的审批将不再作为矿山企业股权转让合同的生效要件。

第三步,固定解制效果。严格区分且分别对待矿山企业股权转让与矿业权转让的司法态度,标志着矿股转让不再按照矿业权转让加以规制。解制规则发挥了对矿山企业股权转让适法争议定分止争的功能。此举既是对涉矿类民事纠纷裁判规则供给不足的针对性回应,更是对涉矿类民事纠纷裁判规则适用的一次突破性尝试。

(三)矿股转让解制规则的理论蕴意

围绕矿股转让的规制问题,理论和实务中曾经呈现两种截然不同的处理态度。

第一,管控论。从功能主义的角度考察,矿股转让本质上发挥了矿业权转让的效应,应当作为矿业权转让的"新类型"予以规制,将矿股转让纳入矿业权转让的条件与程序予以管控。〔13〕规制论者的隐藏逻辑是维护既有的矿业权转让条件与程序的正当性。既然矿股交易构成了对矿业权转让条件与程序的有效规避,就应该填补制度缺口,避免矿业权转让的监管措施与程序形同虚设。矿股交易纳入严格规制的框架正是基于公权力就矿业权转让介入的考虑。

第二,解制论。矿股转让与矿业权转让并非同一法律关系,矿股转让的矿业权转让待遇缺乏充分的法律依据,混淆了不同的法律关系。〔14〕此外,就矿股转让产生的规避矿业权转让管控体系的客观效果,有学者创造性的建议引入股权变动披露制度,将矿股变动的信息报备矿政主管部门。〔15〕解制论的证成是遵守现行法律体系与尊重法学基本原理的体现,并不认同规制论扩大适用的正当性基础。

围绕矿股转让的管控论(限制论)与解制论(自由论)的争点,在根本上是对于

---

〔13〕矿股转让限制论持有者,包括但不限于魏铁军:《矿股关系与矿业规制的研究》,载《中国矿业》2012年第6期;李晓峰:《中国矿业法律制度与实务操作》,法律出版社2006年版,第37页。

〔14〕矿股转让自由论持有者,包括但不限于李显:《矿业法律实务问题及应对策略》,中国法制出版社2012年版;蒋文军:《矿产物权疑难法律问题解析与实务操作》,法律出版社2008年版。

〔15〕李显冬:《中国矿业立法理论与实务》,中国政法大学出版社2015年版,第241~244页。

管控本位论的坚持与否的争论。矿产资源的战略性与民生性的特点决定了其超越单纯经济活动,而具有了社会性的特质。其中公共利益的维护确实需要管制的介入。但管制并不意味着管控,管控本位赖以生存的计划经济体制的土壤已经转变,市场要在资源的配置中发挥决定作用。最高人民法院认可或确认的矿股转让解制规则作为一个突破性的司法实践支点,印证着矿产资源开发中公权力从严格管控到有限介入的转变趋势,证实了管控本位理论的逐渐式微。

三、矿股转让解制规则的体系效应:一个革新时代的来临?

矿股转让与矿业权转让之间的复杂关系与牵连性,决定了矿股转让解制规则会不经意间地扇动翅膀引发体系效应:首先会扩展至矿业权转让制度,而由此产生的爆点效应会进一步延伸至矿政管理体制,最后这种扩大之后的影响会继续波及至我国矿产资源开发的立法。

(一)矿股转让解制规则引发矿业权转让解制

矿股转让的讨论无疑还停留于问题表面,矿业权转让制度才是问题的根本所在。因此,矿股转让规制与解制的理解应当上升到矿业权转让制度的层面。矿股转让规制的正当性基础之一在于其实质上完成了就矿业权转让严格管控的“规避”。矿政管理部门植入多元化价值目标的管控机制的效用可能会由于矿股交易的绕行而大打折扣。正如前所述,矿政管理部门在管理实践中以各种形式的规范性文件就矿股转让规制进行了填补漏洞式的努力,其中的规范更多经由地方政府办公厅或者矿政主管部门制定,规范的效力等级也更多地停留于一般规范性文件,尚未上升至地方性法规或者地方政府规章的层级。

矿股转让解制规则的司法确立,完成了其规避之路的正当化。

第一,规范效力。矿政实务中,自然资源部就矿股转让规制与否持审慎态度,并没有以规范性文件或者更高层级的法律渊源形式明确表态,似乎采取各地因地制宜,实验性探索的处理方式。从规范的效力等级以及制定主体而言,“典型案例”无疑是既有规范体系中就矿股转让问题最高层级的法律渊源,具有最高的法律拘束力。

第二,规范类别。最高人民法院系列案例确认,“典型案例”固定的矿股转让解制规则,不同于当前的规范制作主体,非出自矿政管理部门之手,而是从司法的角度对于矿股转让的争议给出答案。

综上所述,矿股转让解制规则确立的效果显而易见:其一,矿股转让的所谓规避之名得以纠正,回归其固有的股权交易的样态。严格管控理念之下的矿业权转让制度对于矿业权市场的有效建设并非积极推动,甚至因为管理权的过度介入阻碍了矿业权的顺利流转。其二,矿股转让规制的松绑将导致矿业权转让制度的进一步放松。既有矿业权转让体系的管控作用将受到矿股转让解制规则的直接冲击。而这种冲击有利于消除矿业权作为商品本应在市场上自由流转的制度障碍,使矿业权在流动中增益财产价值,提高开发利用效率,并最终实现市场在矿产资源配置中的基础作用。[16]

(二)矿股转让解制规则促动矿政管理调整

矿业权转让一直以来都是矿政管理部门投入精力的重地。矿业权市场化改革的目标要求矿业权转让制度的持续跟进。转让类型、转让方式、转让地点等不同维度的改革在矿政主管部门的推动下稳健进行。而矿股转让解制条款则超越了已有矿业权转让的制度革新幅度,甚至存在从根本上突破既有的矿业权转让规制制度的可能性。

鉴于矿股转让与矿业权转让的联动关系,矿股转让解制条款将发挥突破性的撕裂效应。矿股转让所谓的规避矿业权转让审批程序的功能对当前的矿政管理体制产生空前的冲击。

第一,矿业权转让的规制方式:从"合同审批"到"区分原则"的转变。

矿股转让解制规则的基本技术路线:矿股转让无须按照矿业权转让规制,地质矿产主管部门的审批亦不是矿股转让合同的生效要件。因此,合同效力与审批之间的关系成为矿股转让与矿业权转让在法律适用方面的重要区别。地质矿产主管部门对于矿业权转让规制的主要制度抓手是通过对合同效力的干预加以实现。[17]矿股转让解制规则对于矿业权转让规制的路径依赖产生了严重的影响。

既然如此,矿业权转让规制是否仍有必要?回答是肯定的。本文不否认矿业权转让的规制,但否认审批作为矿业权转让合同生效要件这种规制的方式。其一,审批作为矿业权转让合同生效要件的规制效果有限。合同效力层面,审批与合同效力的时间差,会导致矿业权转让合同的效力处于不确定的状态,容易诱发当事人的道德风险。当事人救济层面,尚未生效的合同无法为守约方提供充分的救济。其二,矿股转让的规避正当化效果更是削减了"审批合同"的适用空间。同样作为实现矿业投资的方式,矿业权转让会受到具有比较优势的矿股转让的激烈竞争。

因此,矿政管理应该认真的对待《物权法》第15条确定的"区分原则",将矿业

---

[16] 王旭光:《审理矿业权纠纷案件的基本思路》,载《人民法院报》2016年第8版。

[17] 《探矿权采矿权转让管理办法》第10条规定:"批准转让的,转让合同自批准之日起生效。不准转让的,审批管理机关应当说明理由"。

权转让合同的效力与矿业权物权变动的效力加以区分。“探矿权、采矿权为财产权，统称为矿业权，适用于不动产法律法规的调整原则”[18]是“区分原则”适用的关键通道。[19]“区分原则”的适用可以淡化甚至消除审批对于矿业权转让合同的效力影响，将其中的管理目标植入物权变动的程序当中。

第二，矿业权转让的规制重点：从“强调权利归属”到“重视权利行使”的转变。

考察当前的矿股规制方案，矿政管理部门更具有矿股转让规制的冲动。考虑到最高人民法院已经就矿股转让解制的司法表态，矿政管理部门无疑需要进行适应性的调整，完成矿股转让规制到解制的全面转变。而从矿股转让的解制到矿业权转让的解制，更将是一个逐步推进的改革历程。

当前的矿政管理体制更加偏重管制，其中矿业权转让的管制尤为明显。矿业权转让规制存在“重事前管控，轻事后监督”，“重转让条件，轻权利行使”的体制性偏向。“以禁代管”的矿业权转让管理机制难以适应矿业权市场化建设对于制度供给的需求。具体到管制方式，矿业权转让管制目标的实现更加依赖权利归属的考量。主体的适格性审核成为矿业权转让的核心要素，而权利具体行使的规制则属于弱环。对于矿股转让而言，矿业权的主体并未发生变化。显然，权利的归属不再是规制的第一重点，而如何行使权利才应是规制考虑的首要内容。矿业权转让的监管重心应由权利的归属迁移至权利的行使。嵌入矿业权转让审批登记制中的环境保护、安全生产等非经济价值目标的实现，应从矿业权的行使阶段加以突出。

（三）小结：从解制到管控的剧情反转

矿股转让解制规则的司法确认，使围绕矿股转让与矿业权转让之间的“关系认定”争议在司法裁判的意义之上正式成为过去时，研究的重点也需从“关系认定”扩展或转换至“体系效应”，更加注重体系化思考与联动效应的观察。但《修订草案》第29条第2款的规定并未对矿股转让的解制规则加以确认，“矿股转让视为矿业权转让”的规定更是将方案从解制论切换到了相反的路径。一方面是环境资源审判工作经年累积的裁判经验，另一方面是自然资源主管部门的审慎酝酿的管理经验，矿股转让解制规则从司法裁判到修订草案的剧情反转，要求研究焦点的再一次汇聚。

---

〔18〕参见《矿业权出让转让管理暂行规定》第3条。

〔19〕李显冬、曹宇：《矿业权流转的规范与保护迎来新契机》，载财新网：http://opinion.caixin.com/2017-07-31/101124165.html.，2020年3月15日最后访问。

四、规制抑或解制:《矿产资源法》修订的立法选择

(一)法理证成的逻辑困境

1. 法律关系的杂糅混乱〔20〕

矿股转让与矿业权转让在交易主体、交易标的、交易结果以及债权债务承担等诸多方面差异明显,系两种泾渭分明的法律关系。诚如前所述,二者因矿产资源开发的管控与规避之间的博弈而发生牵连。“视为矿业权转让”的规范设置,无疑是通过法律层面的确认弥合二者之间的区别。股权转让与资产转让之间各自的法理基础与运行规则并不会因为“视同”而直接异化为相同,而“视同”的规范更会引发新一轮的问题。

2. 条文设置的体系冲突

观察《修订草案》,其修法精神、制度创设以及规则设置等诸多方面充分体现了坚持深化“放管服”改革,切实转变政府职能,处理好政府与市场的关系的立法努力。尤为突出的是,对矿产资源法及配套制度中矿业权设置的物权与行政许可因素的松绑。

第一,矿业权转让的制度重构。《修订草案》第29条第1款,规定“矿业权人可以依法转让、出租、抵押矿业权”。“除按下列规定可以转让外,探矿权、采矿权不得转让”,“禁止将探矿权、采矿权倒卖牟利”〔21〕等限制甚至阻碍矿业权转让的规定均被删除。矿业权的转让制度将朝着“有限转让”到“全面转让”的方向努力,法律不再对转让的类型与条件严加限制。

第二,矿业权行政审批的制度重置。《修订草案》仅在第14条压覆矿产资源中保留部分审批权。矿业权转让中,审批的介入空间几乎被压缩殆尽,取而代之的是矿业权登记。《矿产资源法》针对矿业权转让设置的严格管控制度是本次修订的重大突破,非法转让探矿权、采矿权的相关规定亦被全面修订。

综上所述,矿股转让视为矿业权转让的制度基础已经发生了根本性变化,尤其是作为二者关系冲突根源的矿业权转让制度与矿业权审批制度均发生了系统性的修改。因此,矿股转让的规制已经失去了制度基础与体系支持。如此框架下,简单地将二者关系牵连进行法律确认将会引发更多实践层面的难题。

(二)规范适用的实践难题

其实,《修订草案》第29条关于“矿业权人以股权转让等形式变更矿业权实际

---

〔20〕 曹宇:《矿股转让解制规则的司法确认与规范解读》,载《判解研究》2017年第1期;曹宇:《规避与管控:矿业权转让与矿股变动关系研究》,载《北京航空航天大学学报(社会科学版)》2014年第2期。

〔21〕 参见《矿产资源法》第6条。

控制人的，视为矿业权转让”的规定，将监管的对象指向矿业权实际控制人的变更。对于矿业权实际控制人变更的判断则需要直面实体与程序两个层面的界定难题。

1. 实体层面："实际控制人"的界定难题

第一，判断的复杂性。矿业权实际控制人判断的实践操作具备复杂的可能性与现实性。股权转让的判断可以得到当前制度体系的支撑，但实际控制人的变更不仅是股权变动引发的，还存在其他情况。投资关系、协议或者其他情况引发的实际控制人变更的判断则更为复杂，其相对于股权变动的封闭性特征使得实际操作层面困难重重。[22] 此外，矿业权主体的多元性也会导致矿业权实际控制人变更判断的难度增加。

第二，判断的制度成本。矿业权实际控制人变更的多元方式导致其判断方式的多样性。《修订草案》第 29 条第 2 款列举的“股权转让”形式作为常态，可依赖当前的制度体系完成，但“其他方式”引发的变更判断则会明显地受到行权能力的限制，显著地增加制度成本。

2. 程序层面："登记手续"的实践困惑

第一，登记的部门。《修订草案》第 29 条第 2 款规定“矿业权人以股权转让等形式变更矿业权实际控制人的，视为矿业权转让，应当办理登记手续。”那么“登记手续”是应由市场监督管理部门办理还是由自然资源主管部门负责？其一，市场监督管理部门。依照部门职责以及实际操作，股权转让的登记手续由市场监督管理部门办理。实践中矿山企业的股权变动亦是如此。其二，自然资源主管部门。依文意解释，既然法律拟制为矿业权转让，则应按照矿业权转让管理，并办理矿业权转让的登记手续。其三，非因股权转让的矿业权实际控制人变更的登记又成为新的问题。按照矿业权转让管理似乎应由自然资源主管部门负责，若如此则可能出现市场监督管理部门和自然资源主管部门各管一摊的情况。

第二，登记的性质。登记部门的选取作为一个棘手的实践问题，其背后蕴藏着登记性质的理解这一更加棘手的理论问题。具体到股权转让引起的矿业权实际控制人变更，其登记的类型是股权变更的登记还是矿业权变更的登记？不同的类型划分又决定登记性质理解的差异。值得注意的是，税收作为一个联动的问题也随

---

〔22〕 值得注意的是，此处“矿业权实际控制人”的表述以及用法并不同于我国《公司法》对于“实际控制人”的规定。《公司法》第 216 条规定，“实际控制人，是指虽不是公司的股东，但通过投资关系、协议或者其他安排，能够实际支配公司行为的人”，意味着实际控制人并非公司股东，而矿业权实际控制人的用法以及规范用意显然不同于此。另外，矿业权主体为公司时，则涉及到此条规定与公司法相关规定的衔接问题。

之产生。是否需要缴纳税款以及按照资产转让缴纳还是按照股权转让缴纳等一系列追问又在等着回应。

综上所述,不同法律关系混同适用导致规则适用的困惑。《修订草案》第29条第2款的规则运行将面临一系列的实践难题。

(三)小结:矿股转让解制规则的立法确认

1. 规范目标的体系解读

《修订草案》第29条"矿业权转让"由三款构成,旨在共同完成我国矿业权转让的制度重构。第1款作为原则,直指当前矿业权流转制度种种限制的解除。第2款则作为矿业权转让原则的例外,将矿股转让等引起的矿业权实际控制人的变更扩大解释为矿业权转让。而重要的落脚点其实是第3款,矿业权转让之后的权利义务承担,即"矿业权转让时,矿业权出让合同约定的权利义务随之转移"。《修订草案》一方面大幅度地提升矿业权流转的便捷性,另一方面审慎地绑定矿业权出让合同中的权利义务,避免矿业权流转导致的公共管制目标的失效。因此,体系性的观察《修订草案》第29条规定,其第2款的良苦用心在于矿业权出让合同中的权利义务不因矿业权转让而消失。

2. 预设目标的可能落空

综合前文的规范分析,第29条第2款的预设目标大概率落空。矿业权实际控制人变更判断的复杂性使该规范适用的空间大幅度压缩。例如,矿业公司股东的股权变化,显然并未导致矿业公司的股权变化。此外,大量的具有秘密性或者封闭性的协议操作更是难以掌握。

对于《修订草案》第29条第3款对于矿产资源开发中环保责任、安全责任承担的关切,也并非本条第2款一种应对的方案。矿政实践中,总公司担保或者第三方担保等诸多方案亦可以成为环保责任与安全责任承担保障的可选路径。

综上所述,建议《矿产资源法》修订重新审视矿股转让解制规则的司法裁判,坚持矿股变动并非矿业权转让的实践操作,删除《修订草案》第29条第2款。

五、结语

环境资源司法的基本功能之一是法院通过法律的理解适用与个案的裁判立场在效力上获得环境资源公共政策形成的拓展结果。[23] 最高人民法院"典型案例"确认的矿股转让解制规则,就长期困扰理论与实务的矿业权转让与矿股转让之间

---

〔23〕 王旭光:《论环境资源司法的基本功能》,载《人民法院报》2015年第8版。

的"症结"关系,给出了"解制"的司法回应。在规范意义层面,解制规则的基本理路是明确矿业权转让的"主体变动"标准,进而确定矿股转让与矿业权转让属于不同的法律关系,适用各自的法律依据,最终形成矿股转让解制的效果。

2019 年自然资源部发布的《矿产资源法(修订草案)》第 29 条第 2 款的规定并未确认矿股转让的解制规则,"矿股转让视为矿业权转让"的规定更是将解制论切换到了相反的路径。然而"矿业权人以股权转让等形式变更矿业权实际控制人的,视为矿业权转让,应当办理登记手续"的规范设置存在法理证成的逻辑困境与规范适用的实践难题,其预设的价值目标亦因为实践操作的复杂性而存在落空的可能性。因此,《矿产资源法》修订有必要重新审视环境资源司法实践形成的矿股转让解制规则,坚持矿股转让与矿业权转让并非同一法律关系的应对方案。

(责任编辑:李俊)

我国商事侵权制度的现状与未来*

——以连带责任为中心的考察

曹相见**

目　　次

与民事侵权相对应，国内外学界近来兴起一股商事侵权（责任）的潮流。〔1〕但商事侵权是否具有独立意义，其如何与民事侵权相区分？在民法典采民商合一立法体例的背景下，无论是之于立法论还是解释论，这一问题均不可不察。而在商事侵权中，连带责任扮演了至关重要的角色。本文不揣浅陋，以连带责任为中心，展开商事侵权的概念辨析和类型探讨，在此基础上分析其未来立法前景与规则构造，以引起争鸣、就教于方家。

---

* 本文为国家社会科学基金项目“侵权连带责任法定原则及其运行机制研究”（11CFX016）研究成果。

** 曹相见，山东农业大学法学系副教授。

〔1〕 参见张平华：《商事侵权与民事侵权的“形似神异”》，载《法学》2016 年第 11 期；顾功耘：《商事侵权责任法研究亟待重视》，载《上海商学院学报》2013 年第 1 期；杨立新：《侵权责任法应当规定商事侵权责任》，载《法制日报》2009 年 3 月 18 日；刘道远：《商事侵权责任对侵权责任法的挑战及其对策》，载《法商研究》2010 年第 1 期；［美］丹 · B. 多布斯：《侵权法》，马静等译，中国政法大学出版社 2014 年版，第 964～1216 页；［美］小詹姆斯 · A. 亨德森等：《美国侵权法：实体与程序》，王竹等译，北京大学出版社 2014 年版，第 787～838 页。

一、商事侵权的概念辨析

应当承认，虽然商法具有独立的精神和制度，从而表现出与民法不同的品格，但其作为“一只寄居蟹”，[2]缺乏独立的概念体系，商主体、商行为等概念莫不如此。那么，商事侵权能否作为例外，从而与民事侵权区分开来？

（一）商事侵权不具有独立意义

商事侵权概念随着商事交易的复杂化而出现。与民事侵权由来已久不同，商事侵权在世界范围内的商事立法上（无论是首开先河的《法国商法典》，还是紧随其后的《德国商法典》《日本商法典》，以及被学者誉为理性的《美国统一商法典》）均难觅其痕迹。[3] 作为一个尚停留在学理阶段的概念，虽然中外学者均对其有所涉及，但商事侵权并不具备特定的内涵。正因如此，在我国有学者虽提出商事侵权的概念，却又认为行为人应承担民事责任。[4]

关于商事侵权的界定，学界主要存在领域说、主体说、行为或结果说三种。领域说将商事侵权界定为发生于公司、海商、票据、破产等领域的侵权，依该说，同为欺诈、诽谤、通谋，发生在商事领域即为商事侵权，在民事领域则属于民事侵权。主体说则将商事侵权界定为商主体或市场主体在营业活动中发生的侵权行为。行为或结果说则认为商事侵权是采取商业手段侵害了商事权益的侵权，其典型又有妨害经营、证券市场虚假陈述、董事违反信义义务的侵权等。[5]

遗憾的是，上述诸说均未能证成商事侵权的独立性，从而也就无法将商事侵权与民事侵权区分开来。首先，就领域说而言，以领域来界定商事侵权，不具有法律上的可识别性。确实，学界近年来兴起一股“领域法”的思潮，其秉承“问题界定—规范提炼—调整适用”的逻辑方法，[6]体现了法律体系对新兴社会问题积极应对的努力。[7] 但领域法旨在打破法律外部体系的边界，通过交叉研究的方式来解决问题，这并不意味着领域法本身可以与既有法学学科和部门法区分开来。例如，农村土地领域同为经济学、管理学和法学的研究热点，但我们无法说农地领域是经济

---

[2] 参见张谷：《商法，这只寄居蟹》，载高鸿钧主编：《清华法治论衡》（第6辑），清华大学出版社2005年版，第48页。

[3] 参见荣振华：《分析与权衡：商事侵权制度的未来》，载《西部法学评论》2012年第3期。

[4] 参见成星：《商事侵权行为》，载李平主编：《商法基本理论问题研究》，四川大学出版社2007年版，第423页。

[5] Stephen P. Grove, Recent Developments in Business Tort Law, 33 *Tort & Insurance Law Journal* 303 (1998). 转引自张平华：《商事侵权与民事侵权的“形似神异”》，载《法学》2016年第11期。

[6] 参见刘剑文、胡翔：《“领域法”范式适用：方法提炼与思维模式》，载《法学论坛》2018年第4期。

[7] 参见吴凯：《论领域法学研究的动态演化与功能拓展》，载《政法论丛》2017年第1期。

学的,或者说是法学的。且"商事领域宽泛多变,人们并不能精准界定商事侵权,而发生于商事领域的纯粹民事侵权似无归为商事侵权之必要"。[8] 主体说与行为说的共同缺陷是,商主体、商行为概念本身即具有模糊性,在商人阶层已然消失的当下,民事主体与商人之间的区别主要是角色不同,同一主体既可为商人也可为民事主体。商行为也同样如此。事实上,学界在界定商主体和商行为时往往陷入循环论证,即界定商主体离不开商行为,商行为的界定也离不开商主体,二者在主观与客观之间来回穿梭。因此,从主体和行为出发无法真正将商事侵权与民事侵权区分开来。[9]

由此看来,传统商法典未规定商事侵权并非偶然,实在是因为商事侵权(责任)不具有区别于民事侵权(责任)的独立意义。

(二)商事领域的民事侵权

商事侵权概念的不严谨性,还可从商事规范中得到印证:商事领域存在大量与民事侵权匹配的连带责任。在民事侵权,《侵权责任法》建立了"一般"和"特殊"相结合的侵权连带责任类型体系。其中,一般侵权连带责任规定于侵权法总则(《侵权责任法》第1~3章),适用于一般侵权、过错侵权,强调行为的"共同实施",也即构成要件的整体性;特殊侵权连带责任规定于侵权法分则(《侵权责任法》第4~11章)和特别法,主要适用于特殊侵权、无过错侵权,强调政策性。[10] 商法中的民事侵权连带责任主要有如下几种类型:[11]

1. 可归为一般侵权连带责任的类型,此又分为共同侵权连带责任和损害不可分的连带责任。例如:

(1)最高人民法院办公厅《关于印发〈关于审理公司登记行政案件若干问题的座谈会纪要〉的通知》(法办[2012]62号)规定:"因申请人隐瞒有关情况或者提供虚假材料导致登记错误引起行政赔偿诉讼,登记机关与申请人恶意串通的,与申请

[8] 张平华:《商事侵权与民事侵权的"形似神异"》,载《法学》2016年第11期。

[9] 马荣:《商事侵权责任初论》,南京大学法学院2012年博士学位论文,第10页;张平华:《商事侵权与民事侵权的"形似神异"》,载《法学》2016年第11期。

[10] 参见张平华:《侵权连带责任的现实类型》,载《法学论坛》2012年第2期。

[11] 值得注意的是,商法中存在个别违反管理性的禁止性规范的连带责任,在此种责任类型中,行为人违反了强行性法律的规定,但其交易行为又具有私法效力。由于未违反私法上的注意义务,其既非商事侵权连带责任也不是民事侵权连带责任的类型。例如,最高人民法院《关于未取得无船承运业务经营资格的经营者与托运人订立的海上货物运输合同或签发的提单是否有效的请示的复函》([2007]民四他字第19号)规定,货运代理人明知被委托代理的事项违法仍然进行代理的,与违规经营人承担连带责任。但依最高人民法院《关于审理海上货运代理纠纷案件若干问题的规定》(法释[2012]3号)第12条,货运代理人承担连带责任不以明知为要件。

人承担连带责任。”

(2)最高人民法院《关于审理期货纠纷案件若干问题的规定》(法释[2003]10号)第19条规定:“期货公司执行非受托人的交易指令造成客户损失,应当由期货公司承担赔偿责任,非受托人承担连带责任,客户予以追认的除外。”

(3)《证券基金投资法》第146条第2款规定:“基金管理人、基金托管人在履行各自职责的过程中,违反本法规定或者基金合同约定,给基金财产或者基金份额持有人造成损害的,应当分别对各自的行为依法承担赔偿责任;因共同行为给基金财产或者基金份额持有人造成损害的,应当承担连带赔偿责任。”

(4)《拍卖法》第58条规定:“委托人违反本法第六条的规定,委托拍卖其没有所有权或者依法不得处分的物品或者财产权利的,应当依法承担责任。拍卖人明知委托人对拍卖的物品或者财产权利没有所有权或者依法不得处分的,应当承担连带责任。”

(5)最高人民法院《关于审理无正本提单交付货物案件适用法律若干问题的规定》(法释[2009]1号)第11条规定:“正本提单持有人可以要求无正本提单交付货物的承运人与无正本提单提取货物的人承担连带赔偿责任。”

(6)依最高人民法院《关于审理船舶油污损害赔偿纠纷案件若干问题的规定》(法释[2011]14号)第3条规定:“两艘或者两艘以上船舶泄漏油类造成油污损害,不能合理分开各自造成的损害,各泄漏油船舶所有人承担连带责任。”

其中,第(1)类中的“恶意串通”、第(2)类中的“共同行为”、第(3)类中的共同过错,符合《侵权责任法》第8条“共同实施”的要件,应认定为主观共同侵权。第(5)类则构成行为间接结合的客观共同侵权。第(4)类中规定了“明知”,符合《侵权责任法》第9条第1款关于教唆、帮助侵权的要件,属于广义上的共同侵权。第(6)类则属于基于损害不可分的一般侵权连带责任。

2. 因不符合共同侵权构成而归为特殊侵权连带责任的类型。例如:

(1)最高人民法院《关于适用〈中华人民共和国公司法〉若干问题的规定(三)》(以下简称《公司法解释(三)》)第5条规定:“发起人因履行公司设立职责造成他人损害,公司成立后受害人请求公司承担侵权赔偿责任的,人民法院应予支持;公司未成立,受害人请求全体发起人承担连带赔偿责任的,人民法院应予支持。”

(2)依据《证券法》第47条:“上市公司董事、监事、高级管理人员、持有上市公司股份5%以上的股东,将其持有的该公司的股票在买入后6个月内卖出,或者在卖出后6个月内又买入,由此所得收益归该公司所有,公司董事会应当收回其所得收益。董事会不按照第1款的规定执行的,负有责任的董事依法承担连带责任。”

(3)《海商法》第63条规定:“承运人与实际承运人都负有赔偿责任的,应当在此项责任范围内负连带责任。”

(4)依最高人民法院《关于印发〈第二次全国涉外商事海事审判工作会议纪要〉的通知》(法发[2005]26号)第130条规定:“船舶经营人或者管理人对船舶碰撞有过失的,与船舶所有人或者光船承租人承担连带责任。”

(5)最高人民法院《关于审理船舶碰撞纠纷案件若干问题的规定》(法释[2008]7号)第8条规定:“碰撞船舶船载货物权利人或者第三人向碰撞船舶一方或者双方就货物或其他财产损失提出赔偿请求的,由碰撞船舶方提供证据证明过失程度的比例。无正当理由拒不提供证据的,由碰撞船舶一方承担全部赔偿责任或者由双方承担连带赔偿责任。”

(6)最高人民法院《关于审理期货纠纷案件若干问题的规定》(法释[2003]10号)第47条规定:“交割仓库不能在期货交易所交易规则规定的期限内,向标准仓单持有人交付符合期货合约要求的货物,造成标准仓单持有人损失的,交割仓库应当承担责任,期货交易所承担连带责任。”

从政策基础上看,第(1)类是基于发起人的合伙性质,第(2)类是基于董事的专家义务,第(3)类、第(4)类、第(5)类是为了方便受害人求偿,第(6)类是特殊注意义务的共同性。

(三)商事侵权的私法意义

由于商事侵权不具有独立意义,其与民事侵权与其说属于不同概念,毋宁是基于不同角度的观察。首先,自横向视角看,无论是自然人还是组织体(法人或非法人),无论是自然人的行为还是组织体的行为,无论是发生于民法领域还是商事领域,侵害他人绝对权均构成民事责任。换言之,被“打包处理”的商主体和商行为不具有特殊性。其次,从纵向维度理解,除商个体和具有独立性的商行为外,如果涉及组织体与投资人、董事、监事和高管的对外责任,定型化交易的要约人与其股东、董事、监事、高管的对外责任,以及定型化交易的要约人与协作人或协作人的股东、董事、监事和高管的对外责任,则自有其特殊性。最后,商事侵权往往存在团体化构造:一是与交易无关的主体因其违法行为成为责任主体,二是侵权损害通过交易得以体现。正因如此,商事侵权的特性往往在数人责任中得到体现。

1.民事主体具有横向性,商主体则具有团体性(如图1所示)。所谓民事主体的横向性,是指民事主体由独立的自然人或作为整体的组织体构成,因此呈现为一种横向的平面结构。商主体则与之不同,除商个人外,商组织体由于经拟制而成,故在作为一个独立主体之外,还存在拟制过程中必不可少的投资关系和治理结构。〔12〕 通常情况下,商组织体与投资人(发起人、股东等)以及治理结构中的董事、监事和高管,在法律人格上彼此独立,只是股东出资形成组织体的独立财产,股东组成股东会或股东大会并产生组织体的独立意思,董事、监事和高管则组成组织体的执行机关和监督机关。一旦股东未履行出资义务,或者控股股东、董事、监事与高管破坏公司的治理结构,即伤及商组织体作为独立主体的拟制基础,由此产生股东(发起人)、董事、监事和高管与公司的对外责任。可见,商组织体拟制中的关系人(股东、董事等)与组织体形成了一个特殊"团体",当前者行为符合制度目的——形成组织体的独立财产和治理结构——时,行为后果由后者承受;一旦偏离了上述制度目的,则与后者承担连带责任。

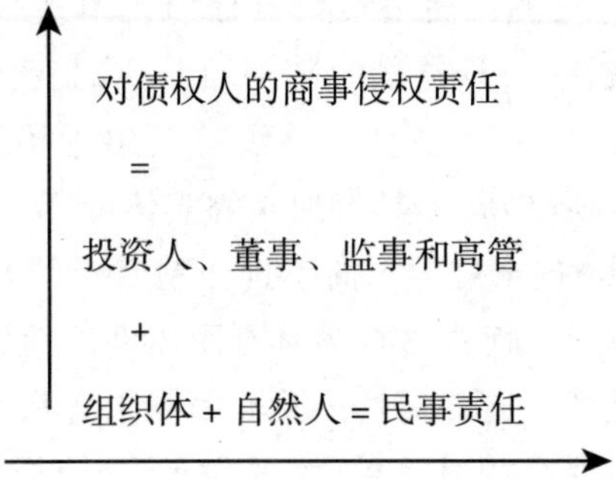

图 1　主体角度的民事责任与商事责任关系

那么,商事侵权责任的团体化构造,是否已超越民事责任范畴? 对此,学界存在两种不同意见:一是主流观点认为商法不存在自己的独立责任,所谓商事责任即民事责任的一种类型;二是认为商事责任是一种独立的法律责任,部分商法学者持此意见。〔13〕 令人疑惑的是,学界在多商事侵权责任特殊性的界定,多从责任目的、责任主体、严格责任、责任豁免、归责原则等方面入手,〔14〕但这或者只是理念上的区别,或者只是具体的规范区别。

---

〔12〕 在商组织体为非法人的场合,由于不存在独立的治理结构,投资人须对企业承担连带责任。由于此种连带责任无法区分侵权与否,故本文不予讨论,而以公司作为典型进行研究。

〔13〕 参见徐学鹿:《商法总论》,人民法院出版社 1999 年版,第 363~375 页;苗延波:《"商法通则"三大基本制度研究》,载《河北法学》2009 年第 5 期;曾大鹏:《从法理到法条的转换:评苗延波先生的〈商法通则〉草案建议稿》,载《河北法学》2010 年第 7 期。

〔14〕 参见樊涛:《我国商事责任制度的缺陷及重构》,载《法商研究》2009 年第 4 期;刘道远:《商事侵权责任对侵权责任法的挑战及其对策》,载《法商研究》2010 年第 1 期;刘建明:《论商事侵权责任的归责原则》,载《上海商学院学报》2013 年第 1 期;王艳萍:《商事侵权责任之内涵论析》,载《湘潭大学学报(哲学社会科学版)》2011 年第 3 期。

本文认为,商事侵权责任未超越民事责任范畴。首先,在团体化的组织体和交易行为中,如果横向"打包处理",则属于民事主体和民事行为;一旦纵向"分解",则投资人、董事、监事、高管与商组织体,要约人与协作人之间,也都是普通的民事法律关系,可以用财产和成员关系来规制。只是在涉及商组织体及其机关成员、要约人与协作人的对外责任时,才因其特殊性构成商事侵权责任。因此,独立于民法的商主体和商行为是不存在的,所谓的商主体和商行为只是具有团体构造的民事主体和民事行为。其次,从性质上讲,商组织体与机关成员、要约人与协作人的对外责任,也未超出民事责任的范畴(下文详述)。商法之所以要纵向规制组织体及行为,是建构市场交易信用的必须,所以虚假陈述才构成"市场欺诈",商事侵权责任才被称为"违信责任"。最后,商事侵权责任与民事侵权责任的其他不同,如连带责任普遍化、过错客观化等,只是量的区别而非质的变化,并且此种区别在民事责任内部也同样存在,因此,商事责任始终没有超出平等主体之间损害填补的范畴,也未在责任方式上有所创新,不具有独立的实体内容。〔15〕从比较法上看,传统大陆法系国家的《商法典》也未催生出商事责任制度。〔16〕

2. 民事行为具有独立性,而商事行为具有团体性。在民法上,主体可独立作出意思表示和行为,合同之债具有相对性。除非第三人恶意侵害债权,否则不得突破相对性原理。因此,民事交易相对简单,意思表示一致即可缔结合同后,合同义务履行完毕即可完成交易。第三人侵权原则上只是独立行为,属于另外一重法律关系,故民事侵权连带责任发生在数个主体侵害绝对权的场合。如果数个商主体侵害绝对权,行为构造亦与民事侵权无异。商行为与之不同,由于行业的特殊性和知识的专业性,同时也是基于效率优先的考量,商事交易广泛地采用了定型化规则。〔17〕在定型化交易中,相对人无法也无须与要约人协商,而只能就接受合同进行意思表示。由于定型化规则割裂了交易的时空性,为保证交易安全与公平,法律一方面规定了要约人的特殊注意义务(如信息公开等),另一方面又规定要约人在发出要约或作出其他影响交易的行为前,应经过专业机构(如保荐人、承销人、评估人等)的认可与协助,并在交易存在违法行为时,突破合同的相对性原理,使要约人的董事、监事等或协作人与要约人一起对相对人负连带责任。

由此可见,在商行为中也存在团体化的构造:要约人的董事、监事、高管等,协

〔15〕 参见王利明:《民商合一体例下我国民法典总则的制定》,载《法商研究》2015年第4期。

〔16〕 参见樊涛:《我国商事责任制度的缺陷及重构》,载《法商研究》2009年第4期。

〔17〕 参见赵林青:《定型化合同的解释》,载《甘肃社会科学》1999年第5期;马静:《定型化契约新探》,载《行政与法》2001年第4期。

作人及其董事、监事和高管等，原本处于交易关系之外，但因与要约人被建构为一个团体，故在整个交易行为存在违法之时，与要约人对相对人承担连带责任，因此行为角度上的商事侵权责任也是一种纵向责任。（如图2所示）也许有人会说，民法上也存在此类关于侵权的三方关系，如依《侵权责任法》第49条规定，因租赁、借用等情形导致机动车所有人与使用人不一致的，于保险公司赔偿之后，不足部分由机动车使用人承担赔偿责任；机动车所有人对损害的发生有过错的，承担相应的赔偿责任。但其与商行为的纵向侵权存在明显区别：前者体现为直接侵害绝对权的行为，后者则是通过交易行为来体现的，但又突破了债权的相对性。

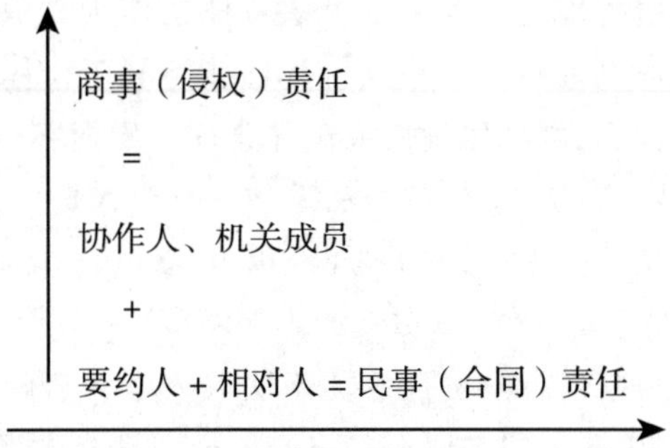

图2　行为角度的民事责任与商事责任关系

二、商事侵权的类型分析

从纵向的团体化角度观察商事侵权，当有其积极意义。那么，商事侵权可分为哪些具体类型，又具有何种特殊性？

（一）商事侵权的发生基础

商事侵权的团体构造与法人机关理论、股东有限责任、合同相对性原理存在紧张关系，其作为商事侵权的法理基础，不可不察。

1. 商事侵权责任与法人机关理论。关于董事、监事和高管与公司对债权人的连带责任，理论与实践均有否定二者为数主体的意见。[18] 下述判词最具代表性："公司董事是公司的机关，董事所做的决议为公司机关之决议，公司机关之行为为公司之行为，即便公司机关之决议违背公司章程规定或违背相关法律法规，公司也

〔18〕 参见李宗录：《董事与公司连带责任的理论基础及适用条件》，载《法学杂志》2005年第5期；李宗录：《对虚假陈述中董事与上市公司连带责任性质的反思》，载《理论界》2007年第2期；另请参见上诉人广州市杉杉牛仔服装有限公司、上诉人戴凌云因与宁波杉杉股份有限公司侵犯商标专用权纠纷案，广东省高级人民法院民事判决书（2010）粤高法民三终字第184号。

应就其机关之决议对外承担法律责任,而不是由公司机关的成员对外承担法律责任,因为公司机关系公司之'大脑',公司之'意志'皆出于公司机关。"[19]

但本文认为,机关成员与公司构成数人责任。公司不同于自然人,自身无法形成意思和作出行为,于是法律拟制其意思与行为机关。虽经拟制,公司与其机关成员在人格上仍然独立,只是后者的意思与行为同时被"投射"到公司而已。一旦机关成员违法,除其意思与行为被"投射"到公司使后者成为违法主体外,机关成员作为独立主体本身也构成违法,故构成数人侵权。实际上,机关理论并不否认机关成员的责任主体地位,只是反对从外部关系解决违反董事、高管违反勤勉、忠实义务的行为。[20] 因此,机关理论与其说是否认责任主体为复数,毋宁是坚守合同的相对性和责任的内部解决机制。而一旦行为性质不属于合同、表面上的合同相对性被打破,外部解决机制又可简化责任追偿并合理分配损害时,坚守内部解决机制就丧失了意义。[21] 从比较法上看,英美法系从完全个人责任向董事与公司连带责任演变,大陆法系则从完全公司责任向董事与公司连带责任发展,二者殊途同归。[22]

2. 商事侵权责任与股东有限责任。关于法人人格否认的连带责任,有人认为否认的是公司的人格,因此公司与股东人格合一,[23]还有学者认为,股东有限责任对股东而言只是一种出资责任,股东一旦履行了出资义务,对公司再无其他的财产责任,因此股东有限责任不能否认。[24] 本文认为,法人人格否认并非否认法人的人格,而是否认股东的有限责任,否则公司将无法继续从事营业行为,也无法承担法律责任,故法人与股东仍属于复数主体;股东有限责任是法律赋予股东的"特权",[25]其以公司基于严格准入机制和资本制度、独立治理结构的主体信用(独立的意思与财产能力)为前提,一旦法人独立地位和股东有限责任被滥用,公司的独

---

〔19〕 案例转引自陈国辉:《公司法案例与评析》,中山大学出版社2005年版,第283~284页。

〔20〕 《公司法》第151条规定了内部救济机制:公司董事、高管执行职务时违反法律法规、公司章程给公司造成损失的,股东可请求监事会或监事向人民法院提起诉讼;监事有此情形的,股东可以请求董事会或执行董事向人民法院提起诉讼。穷尽上述救济又情况危及的,上述股东有权为公司利益以自己的名义直接向人民法院提起诉讼。

〔21〕 在公司财产不足以赔偿债权人时,依据内部解决机制,董事先向公司承担责任,债权人再向公司追偿,徒增司法与维权成本。

〔22〕 参见崔振南、马明生:《虚假陈述中董事对股东责任研究》,载《中国法学》2003年第2期。

〔23〕 参见江平、李国光:《最新公司法疑难释解》,人民法院出版社2006年版,第41~42页。

〔24〕 参见孟勤国、张素华:《公司法人人格否认理论与股东有限责任》,载《中国法学》2004年第3期。

〔25〕 See Solomon & Collins, "Humanistic Economics: A New Model for the Corporate Social Responsibility Debate", 12 *Journal of Corporation Law*, 331, 338, 1987.

立意思与财产能力即被破坏，为确保公司的主体信用，宜否认股东的有限责任而由股东承担连带责任。

3. 商事侵权的违法机理及其类型。由于商事侵权的损害通过交易体现出来，有意见认为，股东、董事、监事和高管虽然构成侵权，但公司只是违约，二者因性质不同而不构成连带责任。[26] 本文认为，在商主体和商行为的团体构造下，违法性具有"传递性"，股东、董事等或协作人违法，组织体、要约人也构成侵权。就组织体与股东、董事、监事和高管而言，由于组织体本身无法形成意思和作出行为，基于法律拟制上的团体构造，后者的违法行为同时"投射"给组织体，违法性因而在团体内进行传递，已如前所述。要约人与协作人的关系也是如此，虽然要约人的意思不受协作人支配，有时候要约人甚至不存在过错，但由于定型化交易的特殊性，为保证交易安全和公平，二者被拟制为一个团体，故违法性仍然在团体内进行传递。只不过，违法性原则上由协作人单方向传递到要约人，例外情况下也可在二者之间互相传递，例如要约人与协作方采取一致行动时。

（二）商事侵权的基本类型

商事侵权的类型化依据宜从商事交易中商主体和商行为的"市场信用义务"中寻找。一般而言，民法注重社会伦理，商法追求市场理性。[27] 与民法保护既定权益不同，商法以保护营业权为要事。营业权即主体自由地、独立地从事营业活动的权利。[28] 它本身不具有既定的财产内容，而是一种得为营利行为的自由。营业自由要求存在良好的交易环境，信用机制为其核心内容。由于主体拟制和定型化交易的原因，一旦股东、董事、监事、高管或协作人违反法定义务，就会破坏营业自由赖以存在的交易信用机制，进而导致相对人的纯粹经济损失。为此，商法通过团体的责任技术，使交易关系之外的主体与要约人承担连带责任，故有学者称为"违信责任"。[29] 与商事交易的市场信用义务原理类似，美国法确立了证券交易的"市场欺诈理论"。该理论以"有效市场假说"为基础，为美国联邦最高法院于1988年创立。"市场欺诈理论"假定证券市场价格受所有公开信息的影响，向证券市场披露虚假、误导性或遗漏的信息，或者交易时不披露信息，都会影响证券市场价格

---

〔26〕 参见彭熙海、曹云野：《质疑〈公司法〉第20条第3款连带责任规定之合理性》，载《求索》2007年第10期。

〔27〕 参见汪青松：《商事主体制度建构的理性逻辑及其一般规则》，载《法律科学》2015年第2期。

〔28〕 参见肖海军：《论营业权入宪——比较宪法视野下的营业权》，载《法律科学》2005年第2期。

〔29〕 参见肖海军：《瑕疵出资股权转让后资本填补义务与违信责任的分配》，载肖洪泳、蒋海松主编：《岳麓法学评论》，中国检察出版社2015年版，第175~185页。

的真实性,从而间接地欺诈了当时所有在市场中从事交易的投资者。[30]“无真实的信息披露,即无诚信的交易市场。”[31]

由于商事交易的市场信用义务分为主体信用义务和行为信用义务,下文以此为据展开商事侵权连带责任的类型化。

1. 基于主体信用义务的商事侵权

民法有行为责任而无主体责任,[32]商法与之不同,除商个人外,商组织体均具有团体化结构,当然也就存在主体责任。[33]所谓主体责任,即违反市场交易的主体信用义务的民事责任。基于主体信用义务的商事侵权连带责任,只是主体责任的一种类型。一般而言,主体信用由独立的意思和财产能力构成。但非法人团体因不具有独立的意思和财产能力,无独立的治理结构,团体成员无特殊注意义务,其侵权行为或者为个人责任,或者为投资人对企业债务的连带(担保)责任所吸收。因此,基于主体的商事侵权连带责任仅限于法人团体。

由于公司股东享有有限责任的特权,故法律对法人的主体信用义务有较高要求。其一,法人具有严格的准入机制,应当进行登记和公示。《公司法》第7条规定:“公司营业执照应当载明公司的名称、住所、注册资本、经营范围、法定代表人姓名等事项。”其二,为确保公司独立的财产能力,《公司法》确立了资本确定、资本维持、资本不变三原则。投资人一旦认购公司股份,即负有出资义务,不得免除,出资完成后不得抽逃出资。其三,为保障公司的独立意思能力,法人应有独立的治理结构,股东会、董事会、监事会各司其职。一旦上述制度被股东、董事、监事和高管破坏,即须承担基于主体信用的商事侵权连带责任。

理论上,基于主体信用义务的商事侵权连带责任可分为妨碍公司财产能力和妨碍公司意思能力两种类型。实践中,侵害公司独立财产能力的情形更为普遍。而要侵害公司的独立意思能力,非得破坏公司治理结构、达到滥用股东有限责任和法人独立地位不可,但此时往往又侵害了公司的财产能力。

(1)股东违反出资义务的连带责任。股东对出资义务的违反包含形式未出资和实质未出资,形式未出资即未按约出资,实质未出资则指形式上足额但出资估价

---

[30] See *Basic, Inc. v. Levinson* 485 U. S. 224 (1988).

[31] *Basic, Inc. v. Levinson* 485 U. S. 224 (1988).

[32] 参见樊涛:《我国商事责任制度的缺陷及重构》,载《法商研究》2009年第4期。

[33] 有人认为,个人独资企业为自然人的延伸,该观点犯了将能否独立承担责任作为民事主体资格先决性条件的错误。参见梁上上:《个人独资企业的几个法律问题》,载《浙江大学学报(人文社会科学版)》2002年第3期;李建伟:《个人独资企业法律制度的完善与商个人体系的重构》,载《政法论坛》2012年第5期。

高于实际价值。《公司法》第30条规定,有限责任公司股东实质未出资时,其他股东与之承担连带补缴责任。但依《公司法》第93条,股份有限公司发起人形式未出资和实质未出资时,其他发起人均与之承担连带补缴责任。不过,按照《公司法解释(三)》第13条第1款规定,有限责任公司股东形式未出资时,其他股东也应与之承担连带补缴责任。因此,股东之间的连带补缴责任适用于一切公司的一切未出资行为。

值得注意的是,《公司法解释(三)》第13条第2款、第3款规定,股东未出资时,被告股东与发起人在未出资本息范围内对债权人承担连带责任;《公司法解释(三)》第18条第1款规定,有限责任公司股东未出资而转让股权时,受让人知道或者应当知道的,与股东分别对公司及债权人承担连带责任。显然,此种针对债权人的连带责任与上述针对公司的连带补缴责任具有功能上的一致性。但公司信用机制保护的是债权人利益,因此由未出资股东、非善意受让人与公司对债权人承担连带责任更为合理,也符合商事侵权连带责任的构造。从比较法上看,上述两种责任类型分别代表资本信用与资产信用,后者才体现了比较法上的趋势。[34]

(2)股东抽逃出资时的连带责任。《公司法解释(三)》第14条规定,股东抽逃出资,其他股东、董事、高级管理人员或者实际控制人有协助抽逃出资行为的,与抽逃出资的股东分别向公司和公司债权人承担连带责任。与股东未出资的连带责任一样,股东抽逃出资时也存在对公司的连带责任和对债权人的连带责任。本文认为,从商事侵权连带责任的构造、保护行为人自由的角度出发,应仅保留抽逃出资的股东与协助抽逃的人员对公司债务的连带责任。

(3)最高人民法院《关于适用〈中华人民共和国公司法〉若干问题的规定(二)》(以下简称《公司法解释(二)》)第18条规定:“有限责任公司的股东、股份有限公司的董事和控股股东未在法定期限内成立清算组开始清算,导致公司财产贬值、流失、毁损或者灭失,债权人主张其在造成损失范围内对公司债务承担赔偿责任的,人民法院应依法予以支持。有限责任公司的股东、股份有限公司的董事和控股股东因怠于履行义务,导致公司主要财产、账册、重要文件等灭失,无法进行清算,债权人主张其对公司债务承担连带清偿责任的,人民法院应依法予以支持。”

(4)法人人格否认的连带责任。《公司法》第20条第3款规定:“公司股东滥用公司法人独立地位和股东有限责任,逃避债务,严重损害公司债权人利益的,应当对公司债务承担连带责任。”此外,该法第63条规定:“一人有限责任公司的股

〔34〕 赵旭东:《从资本信用到资产信用》,载《法学研究》2003年第5期。

东不能证明公司财产独立于股东自己的财产的,应当对公司债务承担连带责任。”值得注意的是,同样是法人人格否认责任,第63条采用了客观化的认定,而第20条则要模糊得多。

2. 基于行为信用义务的商事侵权责任

民法有行为责任,但无法定的行为信用义务。民法中的担保基于合意产生,且对象是已然确定的债。与之不同,商法通过拟制行为团体、使违法者承担连带责任的方式,建构了面相未来债的法定信用机制:或强制从事某种行为提供连带责任担保,或规定要约人、协作人及其股东、董事、监事和高管的特定注意义务,商事侵权责任仅指后者。〔35〕 原则上,基于行为信用义务的商事侵权连带责任,是要约人与协作人及其股东、董事、监事和高管对相对人的责任。从责任构造上讲,基于行为信用的商事侵权连带责任存在如下几种类型。

(1)义务人采取一致行动的连带责任

“一致行动”原本是证券收购中的概念,意指两个或两个以上主体相互合作以获得或巩固目标公司控制权的行为。〔36〕 但该概念具有包容性,广义上还包括在证券交易和股东投票权行使过程中采取共同行动的人。〔37〕 义务人采取一致行动的连带责任多发生于信息披露领域,且义务人往往通过保证协议的方式对信息披露共同负责。在责任主体上,既可能是公司及其董事、监事和高管,也可能是要约人与协作人及其董事、监事和高管。

第一,《证券法》第69条规定:“发行人、上市公司公告的招股说明书、公司债券募集办法、财务会计报告、上市报告文件、年度报告、中期报告、临时报告以及其他信息披露资料,有虚假记载、误导性陈述或者重大遗漏,致使投资者在证券交易中遭受损失的,发行人、上市公司应当承担赔偿责任;发行人、上市公司的董事、监事、高级管理人员和其他直接责任人员以及保荐人、承销的证券公司,应当与发行人、上市公司承担连带赔偿责任,但是能够证明自己没有过错的除外;发行人、上市公司的控股股东、实际控制人有过错的,应当与发行人、上市公司承担连带赔偿责任。”

第二,《股票发行与交易管理暂行条例》第17条规定:“全体发起人或者董事以及主承销商应当在招股说明书上签字,保证招股说明书没有虚假、严重误导性陈

〔35〕 应当指出的是,商事担保责任由于是面相未来债的责任,与民事担保责任存在如下不同:一是责任主体限于第三人,二是担保对象是不确定债权,三是担保形式往往为连带责任担保。

〔36〕 参见吴高臣:《论上市公司收购中一致行动的法律规制》,载《法律科学》2001年第4期。

〔37〕 参见谈萧:《一致行动人的比较法考察》,载《证券市场导报》2006年第6期。

述或者重大遗漏,并保证对其承担连带责任。”此外,公司首次发行股票并上市时,对于招股说明书财务报告审计截止日后主要财务信息及经营状况信息的披露,如果发行人提供未经审计的财务报表,应与其董事会、监事会及其董事、监事、高级管理人员对信息真实性承担连带责任。[38]

第三,上市公司、非上市公司收购及相关股份权益变动中,信息披露义务人采取一致行动的,各信息披露义务人承担连带责任。此外,公司及董事会成员对上市公司重大资产重组报告书的信息内容的真实性承担连带责任。[39]

第四,依据《公开发行证券的公司信息披露编报规则第 20 号——创业板上市公司季度报告的内容与格式(2013 年修订)》《公开发行证券的公司信息披露内容与格式准则第 31 号——创业板上市公司半年度报告的内容与格式》《公开发行证券的公司信息披露内容与格式准则第 30 号——创业板上市公司年度报告的内容与格式(2012 年修订)》规定,公司董事会、监事会及董事、监事、高级管理人员对季度报告、半年度报告、年度报告内容的真实性、准确性、完整性承担连带责任。

第五,保险公司董事会及其全体成员对内控评估报告承担连带责任。中国保险监督管理委员会《关于印发〈保险公司内部控制基本准则〉的通知》(保监发[2010]69 号)第 55 条第 2 款规定:“上报中国保监会的内控评估报告应当附董事会声明,声明内容包括:董事会对建立健全和有效实施内部控制履行了指导和监督职责。董事会及其全体成员对报告内容的真实性、准确性和完整性承担个别及连带责任。”

(2)协作人违反专家义务的连带责任

在此种责任类型中,要约人与协作人虽然不存在主观上的意思联络,但因协作人(主要是律师事务所、会计师事务所、金融机构等)违反特殊注意义务,故与要约人承担连带责任。

第一,《证券投资基金法》第 106 条规定:“律师事务所、会计师事务所接受基金管理人、基金托管人的委托,为有关基金业务活动出具法律意见书、审计报告、内部控制评价报告等文件,应当勤勉尽责,对所依据的文件资料内容的真实性、准确性、完整性进行核查和验证。其制作、出具的文件有虚假记载、误导性陈述或者重大遗漏,给他人财产造成损失的,应当与委托人承担连带赔偿责任。”

---

[38] 参见《关于首次公开发行股票并上市公司招股说明书财务报告审计截止日后主要财务信息及经营状况信息披露指引》。

[39] 参见《上市公司收购管理办法》第 22 条、《非上市公众公司信息披露内容与格式准则第 5 号——权益变动报告书、收购报告书和要约收购报告书》第 3 条;《公开发行证券的公司信息披露内容与格式准则第 26 号——上市公司重大资产重组申请文件》第 13 条。

第二,最高人民法院《关于审理票据纠纷案件若干问题的规定》(法释[2000]32 号)第 75 条规定:"依照票据法第一百零五条的规定,由于金融机构工作人员在票据业务中玩忽职守,对违反票据法规定的票据予以承兑、付款、贴现或者保证,给当事人造成损失的,由该金融机构与直接责任人员依法承担连带责任。"

第三,保险法:其一,依据《保险经纪机构监管规定》第 40 条第 3 款,保险经纪公司非法动用保证金,银行未尽审查义务的,在被动用保证金额度内承担连带责任。其二,依据《保险专业代理机构监管规定》第 40 条第 3 款规定,保险专业代理公司非法动用保证金,银行未尽审查义务的,在被动用保证金额度内承担连带责任。其三,依据中国保险监督管理委员会《关于加强保险公估机构管理的通知》,保险公估机构非法动用保证金,银行未尽审查义务的,在被动用保证金额度内承担连带责任。

第四,国家外汇管理局《关于外汇额度帐务管理和核算暂行规定》(1987 年)规定,账务人员"有权监督和检查外汇额度的使用情况,对弄虚作假,营私舞弊,利用外汇额度投机倒把的违法行为,有权揭发和斗争,发现问题要及时向分局领导或上级报告,如对违法行为既不斗争,又不揭发,应负有连带责任。"

(3)协作人与要约人存在意思联络的连带责任

在此种责任类型中,协作人虽然不未违反法定的专家义务,但因与作出违法行为的要约人存在主观意思联络,故对相对人承担连带责任。

第一,依据最高人民法院《关于审理证券市场因虚假陈述引发的民事赔偿案件的若干规定》(法释[2003]2 号)(以下简称《证券市场虚假陈述解释》)第 23 条规定:"证券承销商、证券上市推荐人对虚假陈述给投资人造成的损失承担赔偿责任。但有证据证明无过错的,应予免责。负有责任的董事、监事和经理等高级管理人员对证券承销商、证券上市推荐人承担的赔偿责任负连带责任。其免责事由同前款规定。"

第二,《证券市场虚假陈述解释》第 27 条规定:"证券承销商、证券上市推荐人或者专业中介服务机构,知道或者应当知道发行人或者上市公司虚假陈述,而不予纠正或者不出具保留意见的,构成共同侵权,对投资人的损失承担连带责任。"

第三,《证券市场虚假陈述解释》第 28 条规定:"发行人、上市公司、证券承销商、证券上市推荐人负有责任的董事、监事和经理等高级管理人员有下列情形之一的,应当认定为共同虚假陈述,分别与发行人、上市公司、证券承销商、证券上市推荐人对投资人的损失承担连带责任:(一)参与虚假陈述的;(二)知道或者应当知道虚假陈述而未明确表示反对的;(三)其他应当负有责任的情形。"

类型是抽象概念及其逻辑体系的补助思考。〔40〕 由前文可知，团体构造是商事侵权区别于民事侵权的关键。正是此种团体构造，决定了商事侵权责任在范畴、性质和要件上的特殊性。

（三）商事侵权的主要特征

1. 商事侵权是违反保护性法律的责任

如前所述，商法以保护营业权为要事，营业权本身不具有既定的财产内容，是一种得为营利行为的自由。营业自由以存在营利的环境为前提，尤其要在市场交易中建立主体、行为的双重信用机制。因此，商事责任规范通常不直接关注权利本身，而是以保护他人的营业自由为本职。为实现此目的，商法特设针对商组织体成员（股东、董事、高管等）以及团体化行为各方的专家注意义务，于其违反义务（而非损害已经发生）时成立侵权责任。因此，商事侵权行为违反的是"保护他人的法律"，此种规范又称为"保护性法律"。相应地，商事侵权责任就属于违反保护他人法律的侵权责任，或违反保护性法律的侵权责任。

所谓保护他人的法律，"指法规范而言，除狭义的法律（公法或私法）外，尚包括习惯法、命令、规章等，而以其是否以保护个人的权益为判断标准。此项个人权益的保护得与一般公益并存，但专以维护国家社会秩序的法律则不属之。"〔41〕违反保护性法律的侵权行为是否为独立的侵权类型，学者间存在不同意见。一说认为《侵权责任法》不仅保护权利，也保护利益，因而否认其独立性。〔42〕 也有学者认为，虽然一般条款已成为侵权法立法模式的重要选择，但侵权法无法直接吸收刑法、行政法等法律的行为规范，宜通过"保护性法律"这一概念，将在特定社会关系中保护特定民事主体的法律规范纳入侵权责任的规范群，从而有效地界定乃至拓宽侵权法的保护范围。〔43〕

本文基本赞同第二种意见。其一，一般而言，民事权益具有既定的内容，只有特定权益受到损害，行为人才应当承担侵权责任。但违反保护性法律的侵权责任与之不同，只要行为人违反了注意义务，即便损害是由他人造成也应当承担责任。如在"儿童模仿《喜羊羊与灰太狼》烧伤同伴案"中，虽然制作公司违反了《未成年人保护法》第 34 条的规定，但损害是由观看其影片的另一孩童作出，不过法院仍判

〔40〕［德］卡尔·拉伦茨：《法学方法论》，陈爱娥译，商务印书馆 2003 年版，第 337 页。

〔41〕王泽鉴：《侵权行为》，北京大学出版社 2009 年版，第 288~289 页。

〔42〕张新宝：《侵权责任法立法研究》，中国人民大学出版社 2009 年版，第 151 页；杨立新：《侵权责任法》，法律出版社 2012 年版，第 14~16 页；孙良国：《违反保护他人的法律的侵权责任及其限度》，载《法学》2014 年第 5 期。

〔43〕参见朱岩：《违反保护他人法律的过错责任》，载《法学研究》2011 年第 2 期。

决制作公司承担赔偿责任。[44] 其二,虽然当前存在公私法交融的背景,但有的保护性法律本身未规定法律后果,《侵权责任法》已有的规范不足以实现引致,因而有在解释上创设违反保护性法律的侵权的必要,以完成公私法在民事责任上的对接。其三,强调违反保护性法律侵权责任的独立性,不是要扩大《侵权责任法》的保护范围,而是明确此种侵权类型在构成要件上的特殊性(下文再述)。如在前述案件中,有学者认为,要判决动画片的制作方承担侵权责任,应适用《侵权责任法》第6条第1款规定,具备违法行为、损害事实、因果关系和过错的要件。"这样距离遥远的因果关系极为微弱,不符合成立侵权责任的因果关系要件的要求。"[45] 这种观点显然未注意到违反保护性法律的侵权责任在构成要件上的特殊性。

2. 商事侵权责任的构成要件具有特殊性

关于侵权责任的构成要件,学者间存在不同意见。不过,就违反保护性法律的侵权而言,由于违法行为本身即意味着过错、违法性,因此其构成要件可简化为如下三项:违反保护性法律的过错行为、损害后果以及两者之间的因果关系。[46] 与一般侵权责任相比,商事侵权责任的构成要件具有特殊性。

(1)过错

在商事侵权责任的责任成立阶段,行为人是否违反了保护性法律的规定,是判断其过错的唯一标准,以至于是否存在具体的侵害后果,并非责任成立的构成要件。当然,在责任承担阶段,具体的损害仍属必要。换言之,与一般侵权责任相比,违反保护性法律的侵权责任发生了"由'权利的侵害'向'法律的违反'"[47] 的转变。就过错的内容而言,其表现为由立法者确定的客观抽象过失,而非一般侵权责任中的具体过失。值得注意的是,法律对此过错的客观规定,有时表现为明确的标准,例如股东未出资、说明报告书不真实等;但有时候也是抽象的,例如滥用股东有限责任和法人独立地位就殊难判断。对于后种情形,宜结合法规范的目的进行类型化的客观确定。如依《公司法》第63条规定,一人有限责任公司的股东混淆公司财产与自己财产的,即构成滥用股东有限责任和法人独立地位。

商事侵权连带责任作为一种纵向责任,通常涉及到商组织体及其机关成员、要约人及协作人的连带关系。此即商事侵权责任在责任主体上的团体性,即只有被建构的特定团体内的主体才能成为责任主体,对其过错认定适用客观抽象规则。

---

〔44〕 参见江苏省东海县人民法院(2013)东少民初字第0057号民事判决书。

〔45〕 杨立新:《判决动画制作方承担侵权责任值得商榷》,载《新京报》2013年12月21日。

〔46〕 参见朱岩:《违反保护他人法律的过错责任》,载《法学研究》2011年第2期。

〔47〕 王泽鉴:《侵权行为》,北京大学出版社2009年版,第285页。

但实际上,负有特定义务的机成员或协作人可能与其他不负有特定义务的其他主体存在意思联络,从而构成共同侵权。对后者而言,其并未违反保护性法律,而是未尽到一般的注意义务,应适用《侵权责任法》第6条规定;而在过错的认定上,其仅为一般的具体过错,依据《侵权责任法》第8条,应与前者承担连带责任。应当注意的是,当此种其他主体为团体成员或协作方的董事、高管等时,法律可能适用过错推定规则,减轻受害人的举证责任。如《证券市场虚假陈述解释》第23条规定:"证券承销商、证券上市推荐人对虚假陈述给投资人造成的损失承担赔偿责任。但有证据证明无过错的,应予免责。负有责任的董事、监事和经理等高级管理人员对证券承销商、证券上市推荐人承担的赔偿责任负连带责任。其免责事由同前款规定。"由此形成了商事侵权连带责任中"双重过错"结构。

就归责原则而言,虽然违反保护他人法律的责任属于过错责任,但法律往往规定举证责任倒置以减轻受害人的举证责任。如我国台湾地区"民法"第184条第2项规定:"违反保护他人之法律,致生损害于他人者,赴赔偿责任。但能证明其行为无过失者,不在此限。"又如我国《证券法》第26条规定的保荐人与发行人的连带责任也是过错推定责任,而前述《证券市场虚假陈述解释》第23条也采纳了该规则原则。本文认为,违反保护性法律的商事侵权责任的归责原则,宜借鉴比较法上的经验,统一适用过错推定规则;而对违反一般注意义务的其他主体,通常无须承担过错规定责任,除非其他主体与团体成员或协作方存在另一层紧密关系。

(2)损害

在一般民事侵权中,损害体现为既定利益的损失(包含直接损失和间接损失)。由于损害可能涉及后续的间接损害(如人身损害中的后续治疗),有学者认为在责任成立阶段仅需要认定第一次损害。至于损害赔偿的范围,属于责任承担阶段的任务,通常为行为人可预见的范围。但在违反保护性法律的侵权责任中,侵权法的保护机制经由立法者的特殊目的而提前介入,责任成立的认定系于违反保护性规范中的行为标准,而无须考察权益是否受到侵害。[48] 有学者称之为商事责任的"间接性"。[49] 关于损害的范围,应斟酌规范目的加以判定。[50] 也有意见进一步认为,须从保护性法律所适用的人的范围与权益保护范围出发作目的性限缩解释:"被害人须为保护性法律所欲保护的人,侵害方式与损害种类须为保护性法

---

〔48〕 参见朱岩:《违反保护他人法律的过错责任》,载《法学研究》2011年第2期。

〔49〕 参见王保树:《股份有限公司的董事与董事会》,载《外国法译评》1994年第1期;[美]丹·B.多布斯:《侵权法》,马静等译,中国政法大学出版社2014年版,第964页。

〔50〕 参见王泽鉴:《侵权行为》,北京大学出版社2009年版,第287页。

律所欲防范的对象。”〔51〕

与一般侵权责任保护既定权益不同,商事侵权责任的损害为纯粹经济损失。所谓纯经济上损失,是指被害人遭受的经济上的不利益或金钱上损失,它并非是因被害人的人身或有形财产遭受损害而间接引起的,或者说,它并非是被害人所享有的人身权或物权遭受侵犯而间接引起的。〔52〕纯粹经济损失不同于间接损失,后者又称为继发(嗣后)损失,发生于初始损失之后,纯粹经济损失则不以受害人的初始损害为前提,而是经由受害人之外的财产与人身损害产生。一般而言,违反保护性法律的侵权责任属于纯粹经济损失,但纯粹经济损失却不限于违反保护性法律的侵权责任。在承认纯粹经济损失的法域里,纯粹经济损失一般不予赔偿。〔53〕我国立法未规定纯粹经济损失,但部分商法规范、行政法规、司法解释规定的损害赔偿实为纯粹经济损失。由于商事侵权损害同时亦属违反保护性法律导致的损害,故在法规目的的范围内获得救济应是毋庸置疑的。

关于商事侵权连带责任的损害范围,因责任类型的不同而存在区别。在基于主体信用义务的商事侵权连带责任中,由于主体信用义务的违反主要体现为公司应有财产的减损,因此债权人(受害人)的损害较容易确定,立法也往往规定了损害的范围。例如,依《公司法解释(三)》,股东未出资的损害赔偿以未出资的本息为限,抽逃出资时的损害赔偿以抽逃出资的本息为限。另依《公司法解释(二)》,有限责任公司的股东、股份有限公司的董事和控股股东未在法定期限内成立清算组进行清算,导致公司财产贬值、流失、毁损或者灭失,债权人可主张其在造成损失范围内对公司债务承担赔偿责任。但是,有些情况下,基于主体信用义务的商事侵权损害也不能事先确定。例如,股东或董事因怠于履行义务导致公司主要财产、账册、重要文件等灭失无法进行清算的,债权人主张的损害范围应以具体的债权来认定。此种情形同样适用于控股股东滥用公司法人地位和股东有限责任的损害赔偿。

基于行为信用义务的商事侵权连带责任的损害要复杂得多。违反信用义务的行为通常与公司财产无关,而是对债权人的嗣后投资产生影响,因此损害既无法事先确定,又须剔除正常的投资损失。例如,内幕交易导致的损失包括两部分:一是因内幕交易行为导致股价变动造成的损失,二是股市正常的价格波动造成的损失。由于正常的价格波动难以确定,侵权损害也就无法精确计算。比较法上存在实际价值计算法、实际诱因计算法、差价计算法、吐出非法获利法四种方式,无一可为精

〔51〕　朱岩:《违反保护他人法律的过错责任》,载《法学研究》2011 年第 2 期。

〔52〕　参见李昊:《纯粹经济上损失赔偿制度研究》,北京大学出版社 2004 年版,第 7 页。

〔53〕　参见张新宝:《侵权责任法立法研究》,中国人民大学出版社 2009 年版,第 427 页。

确赔偿。差价计算法虽然为美国、我国台湾地区采纳,但也只是一种损害推定做法。[54] 此外,操纵市场、欺诈客户也存在同样的难题。

(3)因果关系

在一般民事侵权的构成要件中,行为与损害之间须存在相当因果关系。但在违反保护他人法律的侵权责任中,规范目的保护理论才是因果关系的基本判断方式。[55] 换言之,只要行为人违反了保护他人之法律,受害人及其损害又符合保护性法律的规范目的,即推定违反保护性法律的行为与损害之间存在因果关系,包含责任成立意义上的因果关系和责任范围上的因果关系。实际上,规范目的保护理论在前述损害的认定上也同时存在。因此,规范目的保护理论与其说是一种严格的因果关系理论,不如说是一种因果关系的推定方式,也有学者称为"目的性解释方法"[56]。据此,认为"儿童模仿《喜羊羊与灰太狼》烧伤同伴案"中制作公司的行为与损害之间不存在因果关系的意见,忽视了违反保护他人法律的侵权责任在因果关系上的特殊性。

《证券市场虚假陈述解释》第 18 条规定:"投资人具有以下情形的,人民法院应当认定虚假陈述与损害结果之间存在因果关系:(一)投资人所投资的是与虚假陈述直接关联的证券;(二)投资人在虚假陈述实施日及以后,至揭露日或者更正日之前买入该证券;(三)投资人在虚假陈述揭露日或者更正日及以后,因卖出该证券发生亏损,或者因持续持有该证券而产生亏损。"可见该解释采纳了因果关系的推定方法,即只要上市公司存在虚假陈述,投资者在虚假陈述期间买进或持有股票,在虚假陈述发现后卖出受到损失的,就可认定存在因果关系,原则上不要求原告举证,但是允许被告抗辩。

由此可见,在商事侵权连带责任的构成要件中,保护性法律的规范目的以及违法之行为居于中心地位,过错、损害和因果关系均围绕二者而展开,并与之紧密关联。违反保护性法律即存在过错,并构成了责任成立阶段的损害;而受害人及其损害是否符合保护性法律的规范目的,不仅决定了损害赔偿的范围,也决定了违法行为与损害之间的因果关系。可见,在商事侵权连带责任的救济中,受害人处于更有

---

〔54〕 实际价值计算法以受害者实际交易的价格与证券的实际价值的差额为赔偿额,实际诱因计算法以内幕交易行为造成的证券价格波动为赔偿额,排除其他外来因素导致的证券价格波动损失,差价计算法以股票交易价格与内幕信息披露时或此后一段合理时间内的股票价格差额为赔偿额,吐出非法获利法则以行为人的获利为赔偿额。参见郭峰:《内幕交易民事责任构成要件探讨》,载《法律适用》2008 年第 4 期。

〔55〕 参见朱岩:《违反保护他人法律的过错责任》,载《法学研究》2011 年第 2 期。

〔56〕 朱岩:《违反保护他人法律的过错责任》,载《法学研究》2011 年第 2 期。

利的位置。

三、我国商事侵权制度的立法前瞻

作为发生于商事领域的侵权,商事侵权虽然本质上未超越民事侵权,但有自己的特色也是事实。那么未来立法应如何作出回应?

(一)商事侵权无须单独抽象立法

未来立法如何对待商事(侵权)责任,与民法典对民商立法体例的选择直接相关:如果采取(形式或实质上的)民商分立,商事(侵权)责任自然也就单独立法。而自十八届四中全会提出“编纂民法典”以来,民法典编纂应如何对待商事规则早已是争论焦点。实际上,20世纪八九十年代,民、商法学界曾就民、商法的立法体例展开激烈争论。后来立法机关沿袭历史做法,决定采纳形式上的民商合一体例,在仅制定民法典的情况下,商法作为民事特别法单独立法。这已成为法学界(尤其是民法学界)的主流意见,亦为当前立法所采纳。在此背景下,多数商法学者转而主张制定“超越民商分立”的“商法通则”。〔57〕但从其对立法结构、条文体系和主要内容上看,“商法通则”与大陆法系国家商法典的总则大同小异,并未“超越”民商分立的立法模式。〔58〕换言之,实质上的民商分立意见在当前仍大有市场。

本文认为,民法典应具有开放性,保持与商法乃至国际私法的对接。但应沿袭“民法典单独制定,商法单行立法”的民商合一模式,制定“商法通则”缺乏坚实的理论基础,商事(侵权)责任也无须单独抽象立法。首先,如前所述,商主体是团体化的民事主体,商行为是团体化的民事行为,不存在超脱于民法的商主体和商行为。换言之,商主体、商行为是在民法基础上衍生出来的概念,其核心要素并不属于商法的范畴。〔59〕正因如此,已有的商法典虽然以之为理论框架,但立法与学说对何为商人、何为商行为的问题迄今尚无共识。由此,商法理论遭到“缺乏独特的原则、价值、方法和规则体系”〔60〕的指摘。就商事责任而言,即便“商法通则”建议稿的起草者,亦指其为违反法定或约定义务的责任。〔61〕

---

〔57〕参见王保树:《商事通则:超越民商合一与民商分离》,载《法学研究》2005年第1期;范健:《我国〈商法通则〉立法中的几个问题》,载《南京大学学报》2009年第1期;赵旭东:《〈商法通则〉立法的法理基础与现实根据》,载《吉林大学社会科学学报》2008年第2期;蒋大兴:《论民法典(民法总则)对商行为之调整》,载《比较法研究》2015年第4期。

〔58〕参见赵磊:《反思“商事通则”立法》,载《法律科学》2013年第4期。

〔59〕参见赵磊:《反思“商事通则”立法》,载《法律科学》2013年第4期。

〔60〕王利明:《民商合一体例下我国民法典总则的制定》,载《法商研究》2015年第4期。

〔61〕参见苗延波:《“商法通则”三大基本制度研究》,载《河北法学》2009年第5期;樊涛:《我国商事责任制度的缺陷及重构》,载《法商研究》2009年第4期。

其次,民法典的编纂是一项体系化的工作,采取民商分立体例或制定"商法通则"均不利于民商法的体系化。一方面,当我们否认形式上的民商分立时,即意味着将商法作为民法的特别法对待;如果再立"商法通则",由于商行为、商主体和商事责任无独立内涵,"商法通则"既无法与民法衔接,也无法统摄商事单行法。对此,曾起草过"商法通则"建议稿的樊涛教授也认为,制定"商法通则"弊多利少,并提醒商法学者:不要试图将所有商事关系都纳入商法调整范畴,人为地在商法与民法之间制造一种紧张关系。[62] 另一方面,民法典作为一般法,除对商法规则保持开放性之外,不应规定商事特别法的内容。但《民法总则》在规定主体类型的基础上,还在第三章规定了法人、非法人组织的设立、登记、机关、消灭等。本文认为,这已属于商事单行法的内容,而非民法典的任务。

最后,从历史角度分析,大陆法系商法典在发展过程中,其存在的价值与意义一直没有定论。[63] 更有学者指出:"商法与民法分立,完全是由于历史的原因,而不存在任何客观必然性。""近现代大陆法系的民商分立是历史的、偶然的、没有实质意义的,即使在民商分立的国家,仍主要由民法来调整商事关系。"[64] 而原先采民商分立的意大利、荷兰,后来又都改采民商合一体例,并在其民法典中排除了抽象的商事规则。[65] 就商事责任而言,即便是制定了商法典的国家,亦无独立之商事责任概念,已如前述。

(二)商事侵权责任可融入侵权责任法的体系

由于《侵权责任法》规定了兜底性的一般条款,违反保护性法律导致的纯粹经济损失也可受其保护。在解释上,可借助《侵权责任法》第5条("其他法律对侵权责任另有特别规定的,依照其规定"),将违反保护性法律的商事侵权责任引致到《侵权责任法》。由此导致一种有趣的现象:虽然纯粹经济损失一般不赔,但违反专家义务者一般要赔。从现行立法上看,违反保护性法律的侵权责任显非独立的责任类型。但从解释上看,其在利益范围、构成要件上均有特殊性,有必要将其作为独立的责任类型对待,已如前述。

就类型体系而言,由于商事侵权连带责任因违反市场交易信用义务而生,具有明显的政策性,因此属于特殊侵权连带责任。然则,由于商事侵权责任在过错、损害和因果关系上的特殊性,故其与一般民事侵权连带责任存在显著区别,应作为侵

---

〔62〕 参见樊涛:《商法通则:中国商事立法的应然选择》,载《河南大学学报(社会科学版)》2008年第3期;樊涛:《商事关系的特质与法律规制》,载《甘肃政法学院学报》2009年第6期。

〔63〕 参见赵磊:《反思"商事通则"立法》,载《法律科学》2013年第4期。

〔64〕 史际春、姚海放:《再论商法》,载《首都师范大学学报(社会科学版)》2003年第1期。

〔65〕 参见徐强胜:《民商合一下民法典中商行为规则设置的比较研究》,载《法学杂志》2015年第6期。

权连带责任的特殊类型来对待。未来立法在规范商事侵权连带责任时,应注意如下几点:其一,商事侵权连带责任违反的是市场交易的信用义务,因此责任主体除一方交易人外,其他主体应与交易人存在组织体上的拟制关系或行为上的协作关系,否则不宜随意建构责任主体,以防止过度干涉行为自由。其二,商事侵权连带责任为违反保护性法律的侵权责任,由于违法行为通常由立法者预先设定,故应尽量客观化或类型化,以使其更具操作性、便于司法裁判。其三,商事违法性连带责任应原则上采取过错推定的责任规则。现行法上仅有少数连带责任类型适用过错推定,与比较法上的做法迥异,应予纠正。

(三)商事连带责任应区分不同的责任形态

民事连带责任分为真正连带责任、不真正连带责任〔66〕和补充连带责任〔67〕,除不真正连带责任外,立法者通常对连带责任和补充连带责任予以明确。但在商法中,立法者一般不明确连带责任的形态,例外的是,《公司法解释(三)》规定的连带责任多为补充性连带责任。此外,还有少数依体系解释得出的补充连带责任:一是个人独资企业的投资人对企业债务承担补充连带责任;〔68〕二是合伙人对合伙债务的补充连带责任;〔69〕三是部分基金份额持有人作为非公开募集基金管理人的,管理人对基金债务承担补充责任。(《证券投资基金法》第94条)

有趣的是,司法实践与学界却析出了更多的补充连带责任。最高人民法院在民二终字第26号(2007)案例中确立了股东违反出资义务的连带责任为补充责任。"该案金汇源公司申请将注册资金变更登记时,原股东西北亚奥公司、新股东吴忠仪表公司并没有按公司章程、股东会决议将其承诺的出资到位,故对金汇源公司的对外债务,应在出资不到位范围内承担补充责任。"〔70〕而以黄裕高等诉贵港市旭源投资发展有限公司股东损害公司债权人利益责任纠纷案、北京国际艺苑有

〔66〕 关于不真正连带责任,本文认为,传统大陆法系的连带责任为共同侵权而设;为保护受害人,在不构成共同侵权时才创设了不真正连带责任制度。但我国与之不同,除共同侵权的连带责任外,凡是应当特别保护受害人的,我们直接规定为连带责任。故不真正连带责任在我国不具有生存空间。参见梁慧星:《我国〈侵权责任法〉的几个问题》,载《暨南学报(哲学社会科学版)》2010年第3期。

〔67〕 也有学者认为,所谓"补充"连带责任,并非固有意义的连带责任,而仅仅是补充责任。参见戴孟勇:《连带责任制度论纲》,载《法制与社会发展》2000年第4期。

〔68〕 《个人独资企业法》第2条规定了投资人的无限责任,但依据该法第31条,个人独资企业财产不足以清偿债务的,投资人应当以其个人的其他财产予以清偿。

〔69〕 《合伙企业法》于第2条规定了合伙人的连带责任,但依第38条、第39条规定,合伙债务应先以合伙财产进行清偿,合伙人承担的是补充连带责任。

〔70〕 参见深圳市商业银行宝安支行与湖南长炼兴长集团有限责任公司等返还资金保证合同纠纷案,最高人民法院民事判决书(2007)民二终字第26号。

限公司诉薛雯董事、监事、经理损害公司利益案等为代表的判决则明确了股东(董事)的补充连带责任。[71] 此外,学者认为,股东滥用公司独立人格和有限责任也应承担补充责任。[72]

本文认为,应依据连带责任的主体的不同区分为真正连带责任和补充连带责任。在组织体与股东、董事、监事或高管对债权人承担连带责任,或者协作人与要约人对相对人承担连带责任时,基于责任主体之间的纵向关系应规定为补充连带责任,即组织体负有第一位的赔偿责任,股东、董事、监事、高管、协作人仅在组织体财产不足以清偿全部债务时才承担责任。纵向主体之间之所以为补充连带责任,是因为出资人出资企业目的在于投资,而投资具有风险性,一旦投资失败,当然应先以企业财产进行清偿;董事、监事和高管的行为后果既然归属于企业,理所当然也应由企业先行清偿。至于协作人,由于其并非交易主体,而只是协作进行交易,由其承担第一位的赔偿责任有违公平原则。应当指出的是,在股东、董事监事、高管或协作人之间,由于各自地位具有平等性,则应承担真正连带责任。

(责任编辑:李俊)

---

〔71〕 参见李云:《苏燕芬诉李明星股东出资纠纷案——股东瑕疵出资责任承担要件的认定》,载《人民法院案例选》2013 年第 2 辑;顾克强、何健:《上海铭亭贸易有限公司诉芭拉娱乐有限公司、张欣、季伟明买卖合同纠纷案》,载《人民法院案例选》2012 年第 2 辑;黄裕高等诉贵港市旭源投资发展有限公司股东损害公司债权人利益责任纠纷案,广西壮族自治区高级人民法院民事判决书(2014)桂民提字第 19 号;张珏炜:《董事、高级管理人员对公司侵权的责任承担》,载《人民司法·案例》2010 年第 2 期;李红建:《南京富力精细化工有限公司诉南京四力化工有限公司出资纠纷案》,载《人民法院案例选》2005 年第 4 辑。

〔72〕 参见李中原:《论民法上的补充债务》,载《法学》2010 年第 3 期。

罗马法与欧盟法专题

罗马法中的胎儿

王培君　陈帮锋*

目　次

我国《民法总则》第16条规定："涉及遗产继承、接受赠与等胎儿利益保护的，胎儿视为具有民事权利能力。但是胎儿娩出时为死体的，其民事权利能力自始不存在。"其旨在保护胎儿的利益。学者开始针对其中所涉及的诸多问题展开了讨论。[1] 而在《民法总则》颁布之前，学界在个论题上也有不少质量上乘的研究成果。[2] 其实，在民法学著述中，但凡论及胎儿的保护，学者无不提及罗马法。例如，史尚宽教授、我妻荣教授认为："对胎儿的保护，罗马法采概括主义，凡胎儿之利益为

* 王培君，法学博士，集美大学诚毅学院讲师；陈帮锋，厦门大学法学院讲师，法学博士。

[1] 李永军：《我国〈民法总则〉第16条关于胎儿利益保护的质疑——基于规范的实证分析与理论研究》，载《法律科学》2019年第2期。

[2] 刘召成：《部分权利能力制度的构建》，载《法学研究》2012年第5期；朱晓峰：《民法典编纂视野下胎儿利益的民法规范——兼评五部民法典建议稿胎儿利益保护条款》，载《法学评论》2016年第1期；杨巍：《论胎儿利益的民法保护》，载《环球法律评论》2007年第4期。

问题时,常视为既已出生。"[3]刘得宽教授认为:"关于胎儿的保护,立法例有列举主义(个别主义)与概括主义(一般主义),前者仅就个别列举事项为保护胎儿之利益,视为既已出生,如德、法、日等国民法典;后者以胎儿之将来非死产者为限对其所有的法律关系(包括权利与义务,如瑞士的民法典),或所有有关胎儿利益之保护(如罗马法及我国台湾地区"民法"),视为既已出生。"[4]学者是在研究民法中的胎儿问题时附带地提及罗马法中的胎儿问题的,往往寥寥数语、语焉不详。而研究罗马法中的胎儿问题的专论也仅将关注焦点集中在遗产继承问题上。[5]

因此,仍有必要追问罗马法为何要保护胎儿、如何保护胎儿以及"涉及利益保护时,胎儿视为已出生"的罗马法谚是否如实反映罗马人的法律生活。本文将围绕着这些问题,以原始文献分析方法对《市民法大全》加以分析,以展现罗马法中胎儿的法律地位之全貌。这些问题的解答对我国《民法总则》第16条解释论的展开必将提供丰沛的比较法资源。

一、罗马法对胎儿的关切

胎儿,是指已经受孕但未出生的潜在的人。[6] 罗马法何时开始表现出对胎儿的关切?萨宾认为,"根据《十二表法》,母腹中的胎儿,如果将出世,可以实行法定继承。"[7]也就是说,《十二表法》赋予胎儿以法定继承权。但尤里安却认为:"《十二表》法仅允许在死者死亡时活着的人继承遗产"。[8] 他们的说法存有矛盾。从后人还原得来的条文来看,《十二表法》并无明确规定。乌尔比安所转述的内容也许是萨宾为了适应当时的社会现实而对《十二表法》作扩张性解释的结果。

可以确定的是,允许胎儿染指其生父的遗产源自裁判官告示。[9] 裁判官告示准许孕妇以胎儿的名义占有死者的遗产,对抗死者的遗嘱。这种占有称之为遗产

---

[3] 参见史尚宽:《民法总论》,中国政法大学出版社2000年版,第89页;[日]我妻荣:《新订民法总则》,于敏译,中国法制出版社2008年版,第46页。

[4] 参见刘得宽:《民法总则》,五南图书出版公司1997年版,第59页。

[5] 参见徐国栋:《罗马法中胎儿保佐及其现代运用》,载《东方法学》2010年第6期。

[6] Cfr. Federico del Giudice e Sergio Beltrani (a cura di), Dizionario Giuridico Romano, Edizioni Simone, Napoli, 1995. 111.

[7] D. 38,16,3,9. 黄风译:《民法大全选译·人法》,中国政法大学出版社1995年版,第6页。这是乌尔比安在其著作《萨宾评注》第14卷中转述的萨宾关于《十二表法》的见解(被收录于优士丁尼《学说汇纂》第38卷)。

[8] D. 38,16,6. *The Digest of Justinian*, latin text edited by Theodor Mommsen, English translation edited by Alan Watson, Philadelphia, University of Pennsylvania Press, 1985, Vol. 3, p. 367.

[9] 乌尔比安在他的《告示评注》中详细分析了该裁判官告示的内容,并被收录于优士丁尼《学说汇纂》的第37卷第9题。

占有(*bonorum possessio*)。遗产占有是裁判官出于正义之考虑而在市民法之外创设的。[10] 至于这个裁判官告示的发布时间,学者认为是共和国晚期(至少公元前1世纪以前)。[11] 这是罗马法对胎儿财产利益的关切。

对于胎儿的生命,罗马法在王政时期便有所关切。马尔切勒认为,在王政时期,如孕妇去世,须经手术让胎儿剖离母体,死者方能下葬。[12] 对于堕胎行为,早期的罗马法并无规制,仅被视为不道德,监察官可以给准许堕胎的家父以道义上的谴责。[13] 在古典法时期,自戕导致堕胎者会被判以有期限的流放;[14] 而受替补继承人的指使,孕妇以药物将作为继承人的胎儿堕出体外的,孕妇将被判以死刑。[15] 东罗马列奥皇帝还规定,妻子因为对丈夫怀恨在心而擅自堕胎,丈夫有权离婚。[16]

二、罗马法保护胎儿之意旨

罗马法从王政时期便开始保护胎儿,似乎与罗马人一贯实施的扩充人口数量的社会政策有关。从罗马建城时收留其他部落人口、将被征服的其他部落人口迁到罗马,乃至到帝政初期由于人口锐减而将民众的生育与权利的予夺相挂钩,罗马统治者无不在纠结人口问题。甚至有史家认为,罗马帝国灭亡的主要原因是人口锐减。[17] 在古代,"战争是正常生活的一部分",[18] 而征战则要求人口的量多且质优。将此政策贯彻得最好的当属斯巴达。

罗马法关于胎儿的保护,无不体现出有利人口增长的立法政策。例如,孕妇死亡时,剖出胎儿后方能安葬;孕妇分娩后才能审问、才能执行刑罚、[19] 才能执行死

---

〔10〕 参见徐国栋:《罗马法中胎儿保佐及其现代运用》,载《东方法学》2010年第6期。

〔11〕 参见徐国栋:《罗马法中胎儿保佐及其现代运用》,载《东方法学》2010年第6期。

〔12〕 D. 11,8,2. *The Digest of Justinian*, latin text edited by Theodor Mommsen, English translation edited by Alan Watson, Philadelphia, University of Pennsylvania Press, 1985, Vol. 1, p. 356.

〔13〕 参见黄风:《罗马法词典》,法律出版社2001年版,第1页。

〔14〕 D. 48,8,8.《学说汇纂》第48卷,薛军译,中国政法大学出版社2005年版,第149页。

〔15〕 D. 48,19,39.《学说汇纂》第48卷,薛军译,中国政法大学出版社2005年版,第337页。

〔16〕 Leo C. 31. 理由是因为残害子嗣以及违背神的旨意,即妻子是丈夫身体的一部分,应当对丈夫怀有无限爱意。See *the Civil Law*, Trans. and edited by S. P. Scott, The General Trust Company, Cincinati, 1932, Vol. 17, p. 234s.

〔17〕 参见吴柔曼:《关于西罗马帝国灭亡原因的几个论点》,载《世界历史》1983年第2期。

〔18〕 [英]M. I. 芬利:《古代世界的政治》,晏绍祥、黄洋译,商务印书馆2013年版,第85页。

〔19〕 D. 48,19,3.《学说汇纂》第48卷,薛军译,中国政法大学出版社2005年版,第289页。

刑;[20]孕妇有权不出庭;[21]控告孕妇通奸的程序应中止,以免对胎儿造成伤害;[22]将新生儿闷死或抛弃于街头而拒绝由他人抚养都属杀人。[23]

古罗马的人口战略从娘胎便开始实施,既要防止直接伤害胎儿,也要防止间接伤害胎儿。“为胎儿的遗产占有”(*bonorum possessio ventris nomine*)实质上就是防止因孕妇的生活无着落而影响胎儿的正常发育,此为防止间接伤害胎儿。对此,盖尤斯说:“保佐人给孕妇提供食物其实是给胎儿提供的。”[24]为胎儿的遗产占有得到准许之后,便指定胎儿保佐人以管理遗产,从遗产中拨出孕妇的日常食宿用度。[25]而且,即使胎儿出生后有可能不能继承死者的遗产,[26]或者妇女根本未怀孕、[27]胎儿夭折,为了让胎儿健康成长,慷他人之慨,任由遗产损失,也准许遗产占有。

正出于这一目的,罗马法对胎儿的关切止于权利而不及于义务。保罗说:“当我们说腹中的胎儿被视为活着的人时,所针对的只是胎儿的权利。只有在其出生之后,才涉及他人的权利。”[28]此话道出了罗马法关切胎儿的基点,即“所针对的只是胎儿的权利”,法律只让胎儿享有权利,而无须承担义务。另外,像保罗这样的言论“胎儿被视为活着的人”,较早时期的尤里安也有相同的说法,即“孕育在母腹中的胎儿,在整个市民法上几乎均被视为自然存在的人。”[29]优士丁尼《法学阶

---

[20] 保罗:《意见集》1,12,5。*the Civil Law*, Trans. and edited by S. P. Scott, The General Trust Company, Cincinati, 1932, Vol. 1, p. 264.

[21] D. 2,11,2,4. *The Digest of Justinian*, latin text edited by Theodor Mommsen, English translation edited by Alan Watson, Philadelphia, University of Pennsylvania Press, 1985, Vol. 1, p. 54.

[22] D. 37,9,8. *The Digest of Justinian*, latin text edited by Theodor Mommsen, English translation edited by Alan Watson, Philadelphia, University of Pennsylvania Press, 1985, Vol. 3, p. 302.

[23] D. 25,3,4. [意]桑德罗·斯奇巴尼选编:《婚姻·家庭和遗产继承》,费安玲译,中国政法大学出版社2001年版,第132页。

[24] D. 37,9,5. *The Digest of Justinian*, latin text edited by Theodor Mommsen, English translation edited by Alan Watson, Philadelphia, University of Pennsylvania Press, 1985, Vol. 3, p. 301.

[25] D. 37,9,4. *The Digest of Justinian*, latin text edited by Theodor Mommsen, English translation edited by Alan Watson, Philadelphia, University of Pennsylvania Press, 1985, Vol. 3, p. 301.

[26] D. 37,9,1,3. *The Digest of Justinian*, latin text edited by Theodor Mommsen, English translation edited by Alan Watson, Philadelphia, University of Pennsylvania Press, 1985, Vol. 3, p. 301.

[27] D. 37,9,1,2. *The Digest of Justinian*, latin text edited by Theodor Mommsen, English translation edited by Alan Watson, Philadelphia, University of Pennsylvania Press, 1985, Vol. 3, p. 301.

[28] D. 50,16,231. [意]桑德罗·斯奇巴尼选编:《人法》,黄风译,中国政法大学出版社1995年版,第6页。

[29] D. 1,5,26.《学说汇纂》第1卷,罗智敏译,中国政法大学出版社2008年版,第105页。

梯》也类似的表述,即“在许多其他问题上,遗腹子女被认为如同已出生。”〔30〕

三、罗马法对胎儿的认定

既然胎儿是一个受法律保护的潜在的人,在规则设计上就要解决如何确定胎儿的存在以及胎儿如何转变为人这两个问题。前者涉及是否真的怀孕、究竟怀有几个胎儿,这些问题在没有B超的年代显得极为复杂;后者涉及出生的认定标准。

(一)怀孕的确认和怀胎数量的假定

对于是否真的怀孕这个问题,乌尔比安持“有孕推定”,即在妇女分娩、堕胎或者被确认未怀孕之前,应当认为有孕。〔31〕 也就是说,只要妇女宣称自己怀了谁谁的孩子,对方便要给予回应。由于在婚姻关系存续期间出生的新生儿,无论宣不宣称都处于家父的支配权之下,〔32〕那么,只有不在婚姻关系存续期间出生的新生儿,才需要确定其家庭身份,才需要作出承认或否认的回应,从而才涉及验孕。对此,罗马法有一套成熟的规则,即离婚后发现自己已怀孕时,孕妇须在30天内通知前夫。前夫须派人验孕。如果未派人验孕,则不能否认自己是胎儿的父亲;如果孕妇未通知或者不允许验孕,前夫则可予以否认。〔33〕

妇女被发现未怀孕时,法律区分恶意与善意而做不同处理。妇女慌称怀孕的,将被判罚为不名誉,〔34〕要返还自己所花费的那部分遗产。〔35〕 她还可能构成虚假分娩罪,这种罪行是不受刑事追诉期限制的;〔36〕而妇女并不知道自己未怀孕的,则无须承担任何责任,所花费的遗产也无须返还。〔37〕

胎儿数量的确定涉及遗产分配。继承开始时,应当为胎儿预留的遗产份额取

---

〔30〕 I. 1,13,4.《法学阶梯》,徐国栋译,中国政法大学出版社2005年版,第67页。

〔31〕 D. 37,9,1,27. *The Digest of Justinian*, latin text edited by Theodor Mommsen, English translation edited by Alan Watson, Philadelphia, University of Pennsylvania Press, 1985, Vol. 3, p. 303.

〔32〕 D. 1,5,19. [意]桑德罗·斯奇巴尼选编:《人法》,黄风译,中国政法大学出版社1995年版,第10页。

〔33〕 D. 25,3,1,6; D. 25,3,1,4; D. 25,3,1,10; D. 25,3,1,11. *The Digest of Justinian*, latin text edited by Theodor Mommsen, English translation edited by Alan Watson, Philadelphia, University of Pennsylvania Press, 1985, Vol. 2, p. 736s.

〔34〕 D. 3,2,15; D. 3,2,19; D. 3,2,16. *The Digest of Justinian*, latin text edited by Theodor Mommsen, English translation edited by Alan Watson, Philadelphia, University of Pennsylvania Press, 1985, Vol. 1, p. 85.

〔35〕 D. 37,9,1,27. *The Digest of Justinian*, latin text edited by Theodor Mommsen, English translation edited by Alan Watson, Philadelphia, University of Pennsylvania Press, 1985, Vol. 3, p. 303.

〔36〕 D. 48,10,19,1.《学说汇纂》第48卷,薛军译,中国政法大学出版社2005年版,第183页。

〔37〕 D. 37,9,3; D. 3,2,18.

决于胎儿的数量。法律当如何假定胎儿的数量？乌尔比安、德尔图良、彭波尼等人假定胎儿的数量是一个，认为应留一半遗产给胎儿；而保罗、尤里安等人假定胎儿的数量是三个，认为应留3/4遗产给胎儿。两派都是按常见的情形来立规则，不考虑罕见的情形。只不过，乌尔比安这一派认为一胎一个是常态，[38]而保罗这一派则认为一胎三个才属常见。[39] 似乎乌尔比安的观点较为符合常理，而且他还留有例外规则，即如果孕妇身形较鼓，像是两个，则预留2/3的遗产。然而萨维尼却认为，假定一胎三个是通行规则，到时如果生下一个或四个，这个假定便丧失效力，遗产继承按照实际出生人数来执行。[40]

(二)出生的标准

罗马法对出生的调整，始于奥古斯都。[41] 胎儿的出生标准是什么？意大利学者F. del Giudice教授、S. Beltrani教授认为有三个标准，即胎儿与母体分离(视为出生)、活着(从任何生命迹象来推论则可)以及足月分娩(视为有生命力，足月分娩是指怀胎至少七个月)。[42] 而彭梵得教授认为有四个标准，即胎儿同母体完全分离、活体、足月分娩(非流产)以及具有人的形态。"[43]周枏教授也认为是这四个标准。[44]

第一个标准是胎儿与母体分离。这种分离可以是自然分娩，也可以是剖腹生产。[45] 而"胎儿出生之前是母体的一部分。"[46]第二个标准要求胎儿生下是存活的。普罗库勒学派认为判断存活的标准是啼哭，而萨宾学派则认为是任何生命体

---

[38] D. 29,2,30,6. *The Digest of Justinian*, latin text edited by Theodor Mommsen, English translation edited by Alan Watson, Philadelphia, University of Pennsylvania Press, 1985, Vol. 2, p. 880.

[39] D. 5,4,3. *The Digest of Justinian*, latin text edited by Theodor Mommsen, English translation edited by Alan Watson, Philadelphia, University of Pennsylvania Press, 1985, Vol. 1, p. 198.

[40] Federico Carlo di Savigny, Sistema del Diritto Romano Attuale 2, Traduzione da Vittorio Scialoja, Torino, Unione Tipografico-Editrice, 1888. p. 11.

[41] Cfr. Matteo Marrone, Istituzioni di Diritto Romano, Italia, Plumbo, 2006. p. 188.

[42] Cfr. Federico del Giudice e Sergio Beltrani (a cura di), Dizionario Giuridico Romano, Edizioni Simone, Napoli, 1995, 403.

[43] [意]彼德罗·彭梵得：《罗马法教科书》，黄风译，中国政法大学出版社2005年版，第24~25页。

[44] 参见周枏：《罗马法原论》(上册)，商务印书馆2005年版，第128页。

[45] D. 28,2,12pr. *The Digest of Justinian*, latin text edited by Theodor Mommsen, English translation edited by Alan Watson, Philadelphia, University of Pennsylvania Press, 1985, Vol. 2, p. 821.

[46] D. 25,4,1,1. *The Digest of Justinian*, latin text edited by Theodor Mommsen, English translation edited by Alan Watson, Philadelphia, University of Pennsylvania Press, 1985, Vol. 2, p. 740.

征,不一定是啼哭。[47] 后来优士丁尼采纳了萨宾学派的观点。[48] 第一、第二个标准争议不大。第三个标准要求怀胎至少七个月。这个标准似乎不成立,[49]因为怀胎至少七个月这一论断来自古希腊医学家希波克拉底(Hippocratis),他认为,满七个月出生的婴儿是健康的。罗马法学家以这一论断为基础来设立规则以解决如何确定女方离婚后所产子女的家庭身份这一问题。[50] 这个规则并无意强调新生儿的生存能力。优士丁尼说得很清楚:"如果胎儿出生时是活体,即使是立即死亡,或在接生婆接生时死亡,遗嘱便被打破。"[51]所以,萨维尼认为这个标准"没有任何依据,应当将法律能力赋予活着出生的人,而这与出生后立即死亡以及立即死亡的原因无关"。[52] 第四个标准要求新生儿具有人的形态。[53] 其实,《十二表法》便已确立了这一规则。该法第四表第1条规定,对生来畸形怪状的婴儿,可即杀之。[54] 这个规则的依据也许与罗马人对人与动物的区分的认知有关,在乌尔比安的一个法言中有这样的表述,即"一个畸形儿、怪胎或残疾儿,或者新生儿的模样或声音罕见,与其说是具有人的形象,不如说具有其他动物的形象"。[55] 至于如何确定畸形或怪胎,萨维尼认为,简单偏离正常人的形状(如多了一条胳膊或少了一条腿)并不属于畸形或怪胎。[56] 人的形状这个要素并不体现在人的形体上,而在于头部应当呈现脸部五官这个事实上。这个结论是从涉及到其他主题的原始文

---

〔47〕 C. 6,29,3. *the Civil Law*, Trans. and edited by S. P. Scott, The General Trust Company, Cincinati, 1932, Vol. 14, p. 9.

〔48〕 Cfr. Federico del Giudice e Sergio Beltrani (a cura di), Dizionario Giuridico Romano, Edizioni Simone, Napoli, 1995, 403.

〔49〕 Cfr. Matteo Marrone, Istituzioni di Diritto Romano, Italia, Plumbo, 2006. p. 188; Mario Talamanca, Istituzioni di Diritto Romano, Milano, Dott. A. Giuffre Editore, 1990, p. 73ss.

〔50〕 D. 1,5,12. [意]桑德罗·斯奇巴尼选编:《人法》,黄风译,中国政法大学出版社1995年版,第9页。

〔51〕 C. 6,29,3.

〔52〕 Cfr. Federico Carlo di Savigny, Sistema del Diritto Romano Attuale 2, Traduzione da Vittorio Scialoja, Torino, Unione Tipografico-Editrice, 1888. p. 10.

〔53〕 类似的是,斯巴达的新生儿须经过本部族的元老或长辈详细观察,身体健壮且发育良好者,下令抚养,而孱弱不堪或形体不全者则下令丢到台吉都斯山脚下一个称为阿坡泰提的裂隙里面。参见[古希腊]普鲁塔克:《希腊罗马名人传》(1),席代岳译,吉林出版集团有限责任公司2011年版,第96页。

〔54〕 参见《十二表法新译本》,徐国栋译,载《河北法学》2005年第11期。

〔55〕 D. 50,16,135. [意]桑德罗·斯奇巴尼选编:《人法》,黄风译,中国政法大学出版社1995年版,第10页。

〔56〕 D. 1,5,14.《学说汇纂》第1卷,罗智敏译,中国政法大学出版社2008年版,第97页。

献中间接推断出来的。[57] 另外,值得指出的是,就算新生儿不具人的形态,其母亲仍因此而获得遗嘱继承权,条件是生来自由人母亲生了三胎或解放自由人母亲生了四胎。[58]

四、罗马法对胎儿的保护

罗马法对胎儿的保护主要涉及胎儿的人格、身份(如自由身份、市民身份以及家庭身份)的确认,以及胎儿的财产利益的保护。容分述之。

(一)罗马法对胎儿身份的确认

在罗马法中,身份成为社会资源的分配基准,能够使人得到利益的是正身份,而使人被课加不利的是负身份。[59] 本文所说的"身份"是指正身份。正身份除了自由身份、市民身份以及家庭身份之外,还包括名誉身份及宗教身份,由于后两者对胎儿殊无意义,故仅谈前三者。

1. 罗马法对胎儿自由身份的确认

对于胎儿的自由身份的确认,罗马法将有利自由原则贯彻得极为彻底。以该原则为出发点,在判断胎儿的自由身份的时间点上稍作变通,有时以出生时间为准,有时以怀孕时间为准。

古典法关于这个问题的规则可以总结为:在合法婚姻中受孕的胎儿的自由身份随父亲;而在合法婚姻之外受孕的胎儿的自由身份随母亲,只要母亲在怀孕时或分娩时是自由人,新生儿便是自由人。[60] 后来,在合法婚姻之外受孕的胎儿的身份问题上有了突破。优士丁尼《学说汇纂》的编纂者将在古典法时期支持者较少的解决方案添加到马尔西安的一个法言中来,[61] 即就算母亲在怀孕时、分娩时都不是自由人,但只要在此期间曾经是自由人,新生儿就是自由人。[62] 在信托解放

---

〔57〕 D. 11,7,44. *The Digest of Justinian*, latin text edited by Theodor Mommsen, English translation edited by Alan Watson, Philadelphia, University of Pennsylvania Press, 1985, Vol. 2, p. 355. Federico Carlo di Savigny, Sistema del Diritto Romano Attuale 2, Traduzione da Vittorio Scialoja, Torino, Unione Tipografico-Editrice, 1888. p. 9.

〔58〕 D. 50,16,135. Cfr. Federico Carlo di Savigny, Sistema del Diritto Romano Attuale 2, Traduzione da Vittorio Scialoja, Torino, Unione Tipografico-Editrice, 1888. p. 5; Mario Talamanca, Istituzioni di Diritto Romano, Milano, Dott. A. Giuffre Editore, 1990, p. 73ss.

〔59〕 参见徐国栋:《"人身关系"流变考(上)》,载《法学》2002年第6期。

〔60〕 乌尔比安:《规则集》5,10。*the Civil Law*, Trans. and edited by S. P. Scott, Cincinati, The General Trust Company, 1932, Vol. 1, p. 228.

〔61〕 Giovanni Pugliese, Istituzioni di Diritto Romano, Torino, G. Giappichelli Editore, 1991, p. 359.

〔62〕 D. 1,5,5,3. *The Digest of Justinian*, latin text edited by Theodor Mommsen, English translation edited by Alan Watson, Philadelphia, University of Pennsylvania Press, 1985, Vol. 1, p. 15.

的场合也有了突破。其一,可以信托解放女奴腹中的胎儿。也就是说,胎儿已经是自由人了,即使分娩时母亲还是奴隶。[63] 其二,其信托解放遭延误的女奴怀孕并产下的新生儿也是自由人。[64]

2. 罗马法对胎儿市民身份的确认

根据万民法,子女的市民身份随母亲的身份。但罗马市民法对此规则有所改动,即通婚权使子女的身份随父亲的身份。[65] 依市民法的规定,子女的市民身份会因父母是否有通婚权而不同。父母都是罗马市民的新生儿必然具有市民身份,即使孕妇被俘虏后生下的子女也可适用复境权而使子女获得市民身份。[66] 拉丁人、殖民地拉丁人与罗马人有通婚权,拉丁女人与罗马男人结婚,所生子女是罗马市民。[67] 但也许出于增长人口的考虑,有时拉丁男人与拉丁女人结婚、拉丁男人与罗马女人结婚,所生子女也是罗马市民。[68] 甚至,在不涉及通婚权的情况下,母亲是罗马市民,子女便是罗马市民。[69]

然而,在无通婚权的场合,罗马男人与不能通婚的异邦女人结婚,所生的子女是异邦人;罗马女人与不能通婚的异邦男人结婚,所生的子女也是异邦人。在这种情形下,"所生的子女随母亲的身份"这个万民法规则便被打破。这是《米尼奇法》(*Lex Minicia*)所规定的。[70]

3. 罗马法对胎儿家庭身份的确认

这里所说的"家庭身份"借用自彭梵得教授的概念体系,其实是指胎儿处于哪个家父的支配权之下。确定了家庭身份便确定了继承权以及恩主的权利义务。杰尔苏这个论断足以为这个问题提供一个纲领性认识,即"在缔结了合法婚姻的情况下,子女的地位随父亲;私生子的地位则随母亲"。[71] 私生子是由非合法婚姻所出之子女。[72] 而所谓"合法婚姻"是指有通婚权、非乱伦的男女结合。

---

〔63〕 C. 7,4,14. *the Civil Law*, Trans. and edited by S. P. Scott, Cincinati, The General Trust Company, 1932, Vol. 14, p. 120.

〔64〕 D. 38,16,1,1; D. 38,17,1,3; D. 40,5,26,3; D. 40,5,26,5.

〔65〕 Gai. I. 1,80.

〔66〕 D. 1,5,26.

〔67〕 Gai. I. 1,77.

〔68〕 Gai. I. 1,29.

〔69〕 Gai. I. 1,92.

〔70〕 Gai. I. 1,78.

〔71〕 D. 1,5,19. [意]桑德罗·斯奇巴尼选编:《人法》,黄风译,中国政法大学出版社 1995 年版,第 10 页。

〔72〕 D. 1,5,23. *The Digest of Justinian*, latin text edited by Theodor Mommsen, English translation edited by Alan Watson, Philadelphia, University of Pennsylvania Press, 1985, Vol. 1, p. 17.

彭波尼将受孕时间和出生时间作为判断家庭身份的界线。他认为,如果某家父将儿子交与他人收养,那么他对在养父家中受孕和出生的孙子将丧失了一切权利。[73] 其他法学家无不以这两个时间点为准。[74] 一旦确定了胎儿的家庭身份,知道他是哪家的孩子,他(尽管还在母腹中)便可以被指定为继承人。确定胎儿的家庭身份的另一个意义是恩主的权利义务。"对于他的恩主的还没出生的儿子,解放自由人负有对恩主所承担的义务"。[75]

另外,罗马法对胎儿的阶层身份也有所规制。所谓"阶层身份"是指担任荣誉职务的人给后代带来的身份地位。[76] 元老院议员的儿子、孙子以及地方事务官(*Decurio*)的儿子、孙子都是阶层身份,享受的待遇也是不同的。例如,地方事务官的孙子不能享受对鞭刑以及矿坑苦役的豁免,而地方事务官的儿子则可以。[77] 元老院议员在其孩子受胎后出生前死亡或被逐出元老院,其孩子的阶层身份是元老院议员的儿子。如果该元老院议员是孩子的祖父,则该孩子的阶层身份是元老院议员的孙子。[78]

(二)罗马法对胎儿财产利益的保护

罗马法对胎儿的财产利益的保护体现在遗产继承上。在继承关系中,胎儿被称为遗腹子。遗腹子分为自家遗腹子与外来遗腹子。若出生时处于被继承人的家父权之下(如果被继承人还活着),此胎儿便是被继承人的自家遗腹子。[79] 当自家遗腹子是在被继承人的宗亲中辈份最高的直系卑亲属时,他是被继承人的自权继承人。[80] 自权继承人是法定继承人、当然继承人,不能拒绝继承。而外来遗腹子与被继承人是直系血亲,而非宗亲,因而不处于被继承人的家父权之下(其出生时假如被继承人尚在),例如家父解放儿子,而孙子在此之后受胎、出生时,孙子是

---

[73] D. 1,7,14. *The Digest of Justinian*, latin text edited by Theodor Mommsen, English translation edited by Alan Watson, Philadelphia, University of Pennsylvania Press, 1985, Vol. 1, p. 21.

[74] D. 1,6,8pr.; D. 37,10,8,1; Gai. I. 1,135; D. 50,17,187. [意]桑德罗·斯奇巴尼选编:《人法》,黄风译,中国政法大学出版社1995年版,第2页。

[75] D. 1,5,26. *The Digest of Justinian*, latin text edited by Theodor Mommsen, English translation edited by Alan Watson, Philadelphia, University of Pennsylvania Press, 1985, Vol. 1, p. 17.

[76] 由阶层身份引起的争斗极大影响了罗马社会的走向。参见[美]M. 罗斯托夫采夫:《罗马帝国社会经济史》(下),马雍、厉以宁译,商务印书馆2009年版,第683页。

[77] D. 50,2,2,2. *The Digest of Justinian*, latin text edited by Theodor Mommsen, English translation edited by Alan Watson, Philadelphia, University of Pennsylvania Press, 1985, Vol. 4, p. 908.

[78] D. 1,9,7,1; D. 1,9,7,2. *The Digest of Justinian*, latin text edited by Theodor Mommsen, English translation edited by Alan Watson, Philadelphia, University of Pennsylvania Press, 1985, Vol. 1, p. 27.

[79] Gai. I. 1,147. 另外,乌尔比安也有类似观点(乌尔比安:《规则集》22,15)。

[80] I. 3,1,2b.

此已故家父的外来遗腹子。又如,不在合法婚姻中出生的子女,是其已故父亲的外来遗腹子。[81]

作为血亲,外来遗腹子在早期是没有继承权的。盖尤斯认为,外来遗腹子不能指定为继承人,理由是外来遗腹子是不特定的人。[82] 罗马法中有不确定的人无遗嘱能力的规则。[83] 死者生前也不能通过遗嘱向外来遗腹子实行遗赠,只能通过遗产信托实行赠与。[84] 而裁判官法却允许外来遗腹子成为遗产占有人,变相地抵制这一市民法规则。后来,优士丁尼在敕令中规定,[85]允许将外来遗腹子指定为继承人。[86] 但是,由无通婚权的、乱伦或不名誉的结合所出的外来遗腹子仍被排除在外。[87] 值得指出的是,直至优士丁尼法,对外来遗腹子仍然不能作有效的遗赠。[88]

出生后会成为自权继承人的胎儿,如果在遗嘱中未被指定为继承人或未被剥夺继承权,其出生后该遗嘱无效。[89] 这是由于胎儿的出生导致继承人人数变化而造成遗嘱无效。这种无效被《新律》(113)确定为部分无效,即"该遗嘱仅仅关于继承人的指定属于无效,而其他条款仍属有效。"无效部分适用法定继承。如果胎儿被剥夺继承权,由于剥夺继承权应当在遗嘱中说明原因,而原因只能是属于14种忘恩负义行为之一,[90]否则,胎儿出生后可以就此不合义务的遗嘱提起诉讼。[91]但这14种忘恩负义行为主要是子女冒犯父母或不听父母的劝阻,[92]胎儿不可能存在这些行为。也就是说,只要胎儿未被指定为继承人,不管是否被剥夺继承权,都能取得其遗产份额。然而,如果胎儿被指定为继承人反而存有得不到遗产的可能,因为在被指定为替补继承人时,只要第一继承人健在,胎儿便得不到遗产。[93]

如果遗嘱未指定胎儿为继承人且未剥夺胎儿的继承权,胎儿出生前,其母有权

---

[81] Gai. I. 2,241;I. 2,20,26.《法学阶梯》,徐国栋译,中国政法大学出版社2005年版,第243页。

[82] Gai. I. 1,147;Gai. I. 2,242.

[83] I. 2,20,25. 参见徐国栋:《罗马法中胎儿保佐及其现代运用》,载《东方法学》2010年第6期。

[84] Gai. I. 2,287.

[85] C. 6,48,1.

[86] I. 3,9,pr.

[87] I. 2,20,28.《法学阶梯》,徐国栋译,中国政法大学出版社2005年版,第243页。

[88] I. 2,20,26.

[89] Gai. I. 2,130;D. 29,2,30,2;乌尔比安:《规则集》22,18;乌尔比安:《规则集》23,2;C. 6,12,2。

[90] 《新律》113。

[91] D. 5,2,6pr. ;I. 2,18,2.《法学阶梯》,徐国栋译,中国政法大学出版社2005年版,第209页。

[92] 《新律》115。参见陈帮锋:《溯源与重构:忘恩负义制度研究》,载《比较法研究》2014年第1期。

[93] D. 37,9,1,6. *The Digest of Justinian*, latin text edited by Theodor Mommsen, English translation edited by Alan Watson, Philadelphia, University of Pennsylvania Press, 1985, Vol. 3, p. 302.

申请“根据告示的遗产占有”(*bonorum possessio edictalis*),[94]即“为胎儿的遗产占有”。这种遗产占有比“违背遗嘱的遗产占有”(*bonorum possessio contra tabulas*)还要便利。[95] 违背遗嘱的遗产占有其实就是因为遗嘱既未指定某子女为继承人也未剥夺其继承权,裁判官允许该子女进行遗产占有。[96] 两者的差别仅在于所针对的是现实的人还是潜在的人。潜在的人能否出生并不确定,但为了它的成长,“即使为准许遗产占有而支出无益的费用也要比拒绝支付给即将拥有财产的胎儿以抚养费用公正得多。”[97]也就是说,就算存有胎死腹中或者未怀孕、遗产被花销不能追回的风险,也有批准遗产占有的合理性。

另外,其适用条件的宽松还体现在这两个方面:其一,在遗嘱中剥夺胎儿继承权所采使用的措辞留有余地的,裁判官仍可以准许遗产占有。例如,若措辞为“如果仅仅给我生了一个儿子,则剥夺儿子的继承权”,那么,在生一个女儿或两个儿子时,该剥夺继承权条款便失效。“在胎儿的性别和数量不确定的情况下,给被剥夺继承权的小孩以抚养费用总比让未被剥夺继承权的小孩因饥饿而死要好。即使出生的人被剥夺了继承权,也应当认为财产的减少是认可的。”[98]又如,如果遗腹子被附条件地剥夺了继承权,在条件未成就时,可以准许遗腹子遗产占有,这样有利于胎儿的成长。[99] 其二,胎儿已经被遗嘱指定为继承人,其母也可以申请遗产占有。“因为我们不能不给这个胎儿提供食物,这个胎儿出生后是要占有这些财产的。”但如果是外来遗腹子,则在其母没有其他生活来源时才予以准许。[100]

由此可见,为胎儿的遗产占有的适用是很宽松的。这种遗产占有本质上是一种先予执行,因为既然遗嘱未指定胎儿为继承人且未剥夺其继承权,胎儿甫一出生,遗嘱便归无效,胎儿在法定继承中必定有自己的份额,考虑到胎儿的成长,不妨先由其母亲享有该笔遗产;既然胎儿已经被指定为继承人,胎儿出生后便成为遗产

---

[94] 遗产占有分为根据告示的遗产占有与根据裁决的遗产占有。前者是按照告示列明的条件来申请,可不经调查程序;后者则是告示未明确规定的情况下,经调查后以裁决方式批准的。参见黄风:《罗马法词典》,法律出版社2001年版,第42页。

[95] D. 37,9,1pr. 参见徐国栋:《罗马法中胎儿保佐及其现代运用》,载《东方法学》2010年第6期。

[96] 参见黄风:《罗马法词典》,法律出版社2001年版,第42页。

[97] D. 37,9,1,2. [意]桑德罗·斯奇巴尼选编:《婚姻·家庭和遗产继承》,费安玲译,中国政法大学出版社2001年版,第379页。

[98] D. 37,9,1,3. [意]桑德罗·斯奇巴尼选编:《婚姻·家庭和遗产继承》,费安玲译,中国政法大学出版社2001年版,第379页。

[99] D. 37,9,1,5. [意]桑德罗·斯奇巴尼选编:《婚姻·家庭和遗产继承》,费安玲译,中国政法大学出版社2001年版,第379页。

[100] D. 37,9,6. *The Digest of Justinian*, latin text edited by Theodor Mommsen, English translation edited by Alan Watson, Philadelphia, University of Pennsylvania Press, 1985, Vol. 3, p. 302.

的所有权人,同样也应如此处理。

五、对通说的一点反抗

通说认为,凡涉及利益保护时,罗马法将胎儿视为既已出生。这也许言过其实。这个表述的重点在于将罗马法对胎儿的保护范围设定为所有涉及胎儿利益的场合,称为概括主义立法例。

在这一点上,学者无不将之归为我国台湾地区"民法"的同类。其实,两者极为不同。有几点需要澄清:其一,现代"民法"所保护的是主要是胎儿的财产利益,如赠与、遗赠、继承、侵权损害赔偿请求权、抚养费损害赔偿请求权,而涉及身份的仅有认领请求权。罗马法涉及的却主要是如何确认胎儿的身份,如自由身份、市民身份、家庭身份、阶层身份的认定,所保护的财产利益只有遗产占有。而且作为罗马继承法中的制度,遗产占有涉及的人身色彩比现代法浓重得多,毕竟罗马法的继承主要是身份的继承。罗马法中的身份具有纵向性,是组织社会的工具,〔101〕由此意义上看,关于身份的规定是具有公法性质的。不过,身份的确定是获取、行使私权的前提,这使身份又与私法分不开,因而学者认为关于身份——人格的规定是公私混合的。〔102〕因此,可以说,罗马法关于胎儿的保护是公法上的,而现代法关于胎儿的保护是私法上的。而且,对于胎儿的身份,罗马法重在确认,而对于胎儿的财产,才涉及到保护。在罗马法中,勉强说得上是"保护"的仅仅在遗产继承上。其二,所谓"在涉及其利益时胎儿被视为已经出生"的法谚,其实是中世纪法学家根据尤里安的法言(以及其他类似的法言)炮制出来的。〔103〕尤里安说:"对于那些在母腹中的胎儿,几乎市民法的所有规定都认为他们是自然中已存在的部分。"〔104〕因为罗马法学家在身份认定、准许遗产占有上将出生时间的法律效果提前适用到怀孕时间上,尤里安就以这个表述来指称其他法学家对这类问题的思考模式。但是,他的表述的涵摄范围过于宽泛。〔105〕中世纪法学家以基督教思想为基础,将尤里安的言论再作阐发,越发宽泛,乃至失真。〔106〕其实,"对于基督教理论来说,胎

〔101〕 参见徐国栋:《寻找丢失的人格——从罗马、德国、拉丁法族国家、前苏联、俄罗斯到中国》,载《法律科学》2004 年第 6 期。

〔102〕 参见徐国栋:《寻找丢失的人格——从罗马、德国、拉丁法族国家、前苏联、俄罗斯到中国》,载《法律科学》2004 年第 6 期。

〔103〕 Cfr. Mario Talamanca, Istituzioni di Diritto Romano, Milano, Dott. A. Giuffre Editore, 1990, p. 75.

〔104〕 D. 1,5,26. [意]桑德罗·斯奇巴尼选编:《人法》,黄风译,中国政法大学出版社 1995 年版,第 4 页。

〔105〕 Cfr. Mario Talamança, Istituzioni di Diritto Romano, Milano, Dott. A. Giuffre Editore, 1990, p. 75.

〔106〕 Cfr. Mario Talamanca, Istituzioni di Diritto Romano, Milano, Dott. A. Giuffre Editore, 1990, p. 75.

儿意义重大,因为胎儿尽管未出生,但会在一个确定的时期拥有灵魂,并因此成为永存的实体,就算胎死腹中也是如此。”〔107〕这是关于胎儿法律能力认定的以偏概全的错误表述。〔108〕 其实,在私法范围内,将胎儿视为既已出生而加以保护者仅为遗产利益。〔109〕 其三,罗马法对胎儿的遗产利益以允许遗产占有的方式来加以保护,准许为胎儿的遗产占有本质上是“保存并维护自出生之时起即归其所有的那些权利”。〔110〕 将时间提前、先予执行的合理化基础在于公平原则的贯彻以及有利胎儿成长的考量。其四,尽管先行占有遗产,但胎儿并无人格,“视为已出生”的表述意义不大。有两个法言明确否认胎儿具有人格。〔111〕 意大利学者 A. Guarino 教授认为,在身份确认上,将时间点提前到怀孕时间,是基于有利自由原则所作的考虑,而在遗产利益保护上,则是出于公平的考虑。这几种情形都是原则之例外,而“这些例外的全部被后古典法学以一个不恰当的一般性句式”概括成一般原则。〔112〕

总的来说,罗马法对胎儿的保护是国家主义的,〔113〕为了贯彻其人口政策,在此限度内规制胎儿的身份、保护胎儿的生命、财产。打击堕胎、弃婴行为,推迟孕妇的审讯、行刑,以保护胎儿的生命;以有利自由原则最大限度地为将新生儿确认为自由人;以通婚权为标准来改变万民法规则,尽量让新生儿确认为罗马市民;在家庭身份的认定上,尽量让新生儿有家可归;放宽准许遗产占有的适用条件,就算存有死胎、未怀孕或者被继承人已经在遗嘱中剥夺胎儿的继承权,只要有回旋余地,仍准许遗产占有,让孕妇享有该笔遗产,以求胎儿健康成长。罗马法对胎儿的保护不

---

〔107〕 Cfr. Antonio Azara, Ernesto Eula (a cura di), Novissmo Digesto Italiano 2, Torino, Vnione Tipografia-Editrice Torinese, 1957, p. 871.

〔108〕 Cfr. Antonio Guarino, Diritto Privato Romano, Napoli, Jovene, 2001, p. 273;[意]彼德罗·彭梵得:《罗马法教科书》,黄风译,中国政法大学出版社2005年版,第24~25页。

〔109〕 Cfr. Mario Talamanca, Istituzioni di Diritto Romano, Milano, Dott. A. Giuffre Editore, 1990, p. 75.

〔110〕 参见[意]彼德罗·彭梵得:《罗马法教科书》,黄风译,中国政法大学出版社2005年版,第24~25页。

〔111〕 D. 35,2,9,1;D. 25,4,1,1. 参见[意]彼德罗·彭梵得:《罗马法教科书》,黄风译,中国政法大学出版社2005年版,第24~25页。

〔112〕 Cfr. Antonio Guarino, Diritto Privato Romano, Napoli, Jovene, 2001, p. 273.

〔113〕 一直以来,我们蒙森、耶林等人的影响,以为罗马法是体现个人主义的法,但在70多年前,意大利学者马尔蒂诺已有力作对此作出批判,认为罗马法并不表现出过度的个人主义,相反在许多方面,它非常认真地考虑社会利益,而且将集体利益放在优越于个人利益的位置上。参见[意]弗朗切斯科·德·马尔蒂诺:《个人主义与罗马私法》,薛军译,载徐国栋主编:《罗马法与现代民法》(第4卷),中国人民大学出版社2004年版;薛军:《以历史的名义与还历史以本来的面目——〈个人主义与罗马私法〉译后记》,载徐国栋主编:《罗马法与现代民法》(第4卷),中国人民大学出版社2004年版。

是个人主义的，因为在涉及保护胎儿成长与保护他人利益之间的权衡时，罗马法倾向于前者，不惜慷其他继承人之慨，让胎死腹中、未怀孕或假孕的风险由其他继承人来承担。这种国家主义保护方式贯彻得如此彻底，乃至于胎儿只享有权利，而不承担义务。罗马法对胎儿的保护也不是人道主义的，因为在出生标准的设计上，不具人的形态者无人格，可杀之。

六、关于我国《民法总则》第16条的理解

从立法政策上看，我国法对胎儿的保护也应当是国家主义的，应当从国家亲权的角度来理解对胎儿的保护。[114] 保护潜在的人就是为了更好地保护现实的人，在这点上不会存有分歧。而“提高人口质量”这个标语几十年来在我国随处可见。保护胎儿的立法政策仍然是人口政策的贯彻。但我国法对胎儿的保护也应兼顾个人主义，因为胎儿的健康成长不应当以牺牲他人的利益为代价。首先，由于社会的发展，现代女子已经不像古代社会的“孤儿寡妇”那样孤立无援而只能靠前夫的遗产裹腹。其次，保护潜在的人是为了更好地保护现实的人，在权衡两者利益时若倾向于前者，实乃本末倒置。

以此为前提以解释我国《民法总则》第16条，也许能得到一些新的认识。其一，为了周全的保护胎儿，其保护范围不应当局限于该条文所列举的“遗产继承、接受赠与”，而应当涉及请求侵权损害赔偿、请求抚养费损害赔偿等在实践中常有发生的场合；其二，“涉及遗产继承、接受赠与等胎儿利益保护的，胎儿视为具有民事权利能力”中的“胎儿利益保护”，不应当解释为胎儿只享有权利，而不承担义务，只当原告，而不当被告。而应当解释为“除了权利之外，仅包括因保护胎儿利益而产生的义务、责任”。原由是权利与义务具有的亲密关系导致无法在实践中只享有权利而不承担义务，只当原告而不当被告。正如李永军教授所质疑的那样，在胎儿出生前就赠与合同发生纠纷（如赠与人撤销赠与合同），谁是被告？[115] 势必会产生诸多理论困境。罗马法对胎儿承担义务问题上已经是严防死守。但实际上，孕妇申请遗产占有，是以胎儿的名义所做的申请行为（按照现代法，这是代理，由此产生的责任理当由胎儿来承担）；孕妇获准遗产占有之后，如果胎死腹中或未怀孕，对遗产的花销从母亲的嫁资中扣回或由其他继承人自行消化。其中，必然发

---

〔114〕 关于国家亲权的理解，参见徐国栋：《普通法中的国家亲权制度及其罗马法根源》，载《甘肃社会科学》2011年第1期。

〔115〕 参见李永军：《我国〈民法总则〉第16条关于胎儿利益保护的质疑——基于规范的实证分析与理论研究》，载《法律科学》2019年第2期。

生了义务或责任。只不过,罗马法并不考虑这一点。原因可能有三个:其一,极致的国家主义调整方式,慷他人之慨;其二,法律不理琐事;其三,罗马法不承认母亲的代理人地位,而且母亲本来就是这些花销的责任人。因未怀孕或流产而导致遗产占有的错误成本由其他继承人和母亲来承担。在现代法中,这种国家主义的调整方式已经不适宜,而由于保护胎儿利益而产生的义务、责任也不再是小事、罕见事,理应考虑进来。

(责任编辑:李俊)

私法研究 25 第二十五卷

古罗马嫁资制度的演进及启示*

谢 蔚 陈思豆**

目　次

一、古罗马嫁资制度之规范目的

嫁资(*dote*)是罗马婚姻家庭关系中一项特殊的财产制度，它扎根于罗马的法律以及风俗习惯当中。这一制度在法学和社会学中的重要性及生命力都被罗马法学著作及优士丁尼的法律汇编文本所证实。

嫁资在罗马法原始文献中有两个拉丁词源，〔1〕即"*dos*"和

---

* 本文系湖南省社会科学基金项目"民法典继承编编纂中的'民族性'立法基础研究"阶段性成果(项目编号:17YBQ099)。

** 谢蔚，湘潭大学法学院·知识产权学院讲师，罗马第一大学法学博士；陈思豆，湘潭大学法学院·知识产权学院"法治湖南建设与区域社会治理"治湖南建设协同创新中心研究人员。

〔1〕 通说一般将"dos"和"res uxoria"都视为嫁资(dote)的词源，参见 C. A. CANNATA, Enciclopedia del Diritto, Vol. XIV, Milano, 1965, 1 s; E. VOLTERRA, Istituzioni di diritto romano, Roma, 1958, 685 s。也有学者认为"dos"和"res uxoria"是两种不同的制度，前者视为嫁资，而后者被单独区分为嫁资之外的妻物(嫁资外财产)制度，参见黄风:《罗马法词典》，法律出版社 2002 年版，第 196 页、第 219 页；黄风:《罗马私法导论》，中国政法大学出版社 2010 年版，第 154 页。

"*res uxoria*",分别对应不同的历史时期并且有着不同的含义。"*dos*"一词与"*do*"(给付)和"*dono*"(赠与)有着直接词源关联,因此"*dos*"这一专有名词通常指代"嫁资"的原始内涵,即待嫁女性(或女方家庭的家父)对丈夫(或丈夫的家父)的一种赠与。"*Dos*"一词的使用贯穿了整个嫁资制度的历史;到更晚期时,出现了与之对应的"*res uxoria*"一词,是指因婚姻关系的解除而丈夫负有返还义务的标的物(嫁资)总和。[2] 也正是这一返还义务的出现,才使嫁资制度变成婚姻关系终结后女性保障自己生存的方式之一。整合两个词源的内涵,嫁资可以概括为:因婚姻的缔结,女方给予或者承诺给予男方的某一财产集合,这些财产或者是原属于待嫁女子自己的财产或者是她原家庭的家父所提供,也可能是来自家外人的赠与。[3]

早期的罗马家庭中,嫁资的给付与否仅受习俗和道德约束。在离婚现象极其罕见的罗马共和时期,嫁资存在的主要目的是承担"婚姻的重荷"[4],这份对女方加入新家庭的资助在当时被法律确定为其丈夫的财产。此外,"嫁资"的给付也可视为"婚意"的表达,即有无"嫁资"可以作为区分合法婚姻(*iustas nuptiae*)与所谓"姘合"(*concubinato*)[5]的重要依据。如果某种结合不是结婚,来自女方的任何财产均不得按照有关嫁资的规则处理;反过来讲,正因为缺乏嫁资的婚姻关系不被承认,才使"夫妻间禁止赠与"的规则在缺乏嫁资的"姘合"关系中无效。[6]

慢慢地,随着罗马的对外扩张,原本淳朴的风俗受到影响,社会离婚率上升[7],嫁资设立的目的又逐渐向婚姻关系结束后对妇女提供供养转变,并且为离婚妇女与他人再婚提供了更大的可能性。

如彭波尼《论萨宾》第15卷:"无论何时何地,嫁资的依据总是最首要的理由:

---

〔2〕 C. A. CANNATA, Enciclopedia del Diritto, Vol. XIV, Milano, 1965, 1 s.

〔3〕 E. VOLTERRA, Istituzioni di diritto romano, Roma, 1958, 686.

〔4〕 D. 23. 3. 56. 1; D23,3,7 pr. 保罗:《论普拉蒂》第6编:"那时,哪里有婚姻的重荷,哪里就有嫁资";"出于公正的考虑,应当由丈夫享有嫁资的孳息,因为是他本人承担婚姻的重荷,他本人获得嫁资的孳息是公道的"。参见[意]斯奇巴尼选编:《婚姻、家庭和遗产继承》,费安玲译,中国政法大学出版社2001年版,第79页。

〔5〕 罗马正当婚姻是由"婚意"转变而来的"现实生活共同体",最主要的目的是得到完全合法的后代。其中"婚意"是合法婚姻的必备要素,指的是配偶双方将其婚姻作为一种终身的、一夫一妻的、在家庭共同体中实现的"生活共同体"的故意和意识,通过在所有形式方面以夫妻相互对待得以表达。姘合指无"婚意"的稳定同居生活共同体。参见[意]彼德罗·彭梵得:《罗马法教科书》,黄风译,中国政法大学出版社2018年版,第128页;周枏:《罗马法原论(上册)》,商务印书馆2001年版,第202页。

〔6〕 [英]巴里·尼古拉斯:《罗马法概论》,黄风译,法律出版社2004年版,第87页。

〔7〕 参见[德]马克斯·卡泽尔、罗尔夫·克努特尔:《罗马私法》,田士永译,法律出版社2018年版,第621页。

事实上,妇女的嫁资受到保护也关乎公共利益,因为妇女拥有充足的嫁资以便繁衍后代和增加城市人口是非常必要的。"[8]

随着妇女在嫁资返还上的权利得以固定化,其在婚姻终结特别是非女方过错而终结的情况下,能通过嫁资返还的诉讼请求返还给她自己(或她原家庭的家父)或"家外人"[9]设立的嫁资及丈夫为她设立的"结婚赠与",[10]以此保证婚姻破灭后女性及其子女的生存权益。

嫁资制度从早期被习俗所调整到逐渐被法律所承认,甚至在一定时期内女子在缔结婚姻关系时拥有完整的嫁资被认为是符合国家利益的一种体现。[11] 在家庭层面,古罗马通过由家父为家内待嫁女性设置嫁资,以此来作为其因婚姻关系而丧失的原家庭家产继承权的一种补偿,并以此保障其脱离"原家庭"后的生活能力。

二、嫁资制度演进的历史径路

(一)嫁资制度的演进

在古罗马历史上,婚姻制度的发展经历过两个不同的阶段,第一阶段只存在"带夫权的婚姻"(*con manu*),第二阶段出现了"带夫权婚姻"与"无夫权婚姻"(*sine manu*)并存之情形。而在这两个不同阶段中,嫁资制度呈现不同的特点。

古罗马早期的婚姻都是"带夫权婚姻"。莫德斯丁给早期罗马社会的婚姻所下之定义为:"婚姻是男女间的结合,生活各个方面的结合,神法和人法的结合。"[12]罗马共和国末期之前,这种结合在婚姻中表现为人格吸收制,即家父与丈夫享有特权,妇女一般随着结婚而归顺夫权。结婚之后丈夫对妻子取得近似"家父支配权"的夫权,妻子脱离原家父的支配权,处于其丈夫或丈夫的家父的支配权之下,改夫姓,其人格也被丈夫的人格所吸收。在家庭地位以及继承权的享有上,

---

[8] D. 24,3,1. [古罗马]优士丁尼:《学说汇纂·第二十四卷》,黄美玲译,中国政法大学出版社 2016 年版,第 127 页。

[9] 父予嫁资,即由"家父"设立的嫁资,区别于由"家外人"设立的"外来嫁资"。参见[英]巴里·尼古拉斯:《罗马法概论》,黄风译,法律出版社 2004 年版,第 106 页。

[10] 因为罗马法上禁止夫妻间的赠与,所以罗马人将带子女再婚的妇女对这些子女的财产的用益权视为"赠与",即所谓"婚姻赠与",使之与"夫妻间赠与"相区别。参见[意]彼德罗·彭梵得:《罗马法教科书》,黄风译,中国政法大学出版社 2018 年版,第 139 页。

[11] 参见 D. 23,3,2。[意]斯奇巴尼选编:《婚姻、家庭和遗产继承》,费安玲译,中国政法大学出版社 2001 年版,第 79 页。

[12] [意]彼德罗·彭梵得:《罗马法教科书》,黄风译,中国政法大学出版社 2018 年版,第 117 页。

妻子也与她自己和丈夫所生子女处于同等地位。[13] "带夫权婚姻"中,妻子没有独立的人格,其财产也被丈夫所掌控,丈夫可以自由处分,仅根据嫁资设立人同丈夫达成的要式口约,对设立人或设立人的继承人负有返还义务。直到罗马共和末期,妇女或其原家庭家父可以通过"妻物之诉"(*actio rei uxoriae*)获得对妇女前夫(或其继承人)的嫁资返还请求权。[14] 虽然此时的罗马法规定了嫁资返还义务,但是在夫权的影响下,立法仍倾向于排斥女方的父亲对于"父予嫁资"[15]的此种权利。并且在古罗马很长的历史期间里离婚都是一种罕见现象,而嫁资作为女子的成家的资助数额并不大,古老的嫁资制度延续至优士丁尼时期才有了实质性变化。

优士丁尼时期,随着离婚率的逐渐上升,遭休弃的妻子为此蒙受损失,丈夫似乎也将之作为一种正当的获利手段。因此人们开始设法去解决这一现实中的不公平。于是,"无夫权婚姻"应时而生,其与"带夫权婚姻"的主要不同在于丈夫或其家父不因婚姻的缔结而自然地取得对妻子的支配权,故称"无夫权婚姻"。处于"无夫权婚姻"中的妻子不处于丈夫的支配权之下,其在法律上的地位与未婚时相似。[16] 如果"无夫权婚姻"的妻子本来是处于自己原家庭家父支配权之下的他权人[17],其婚后原支配关系不发生变化;如果妻子是自权人,则在婚姻关系存续及终结后一定程度上都可以保持其人身财产的独立。[18] 在此种情形下,丈夫只是妻子"嫁资"名义上的所有人,嫁资虽仍处于丈夫的管理控制之下,但丈夫必须尽到"勤谨注意"[19]的保管义务,并且对其管理的嫁资承担一定限度的贬损责任[20]。而在解除婚姻关系时,丈夫必须归还嫁资。公元530年,优士丁尼以诏令的形式废除早期"妻物之诉",将妇女或妇女的继承人提起的嫁资诉讼命名为"返还嫁资之诉"

---

[13] 参见周枏:《罗马法原论(上册)》,商务印书馆2001年版,第195~196页。

[14] [德]马克斯·卡泽尔、罗尔夫·克努特尔:《罗马私法》,田士永译,法律出版社2018年版,第632页。

[15] 丈夫可以在此时请求为子女从嫁资中保留一定比例的财产,[德]马克斯·卡泽尔、罗尔夫·克努特尔:《罗马私法》,田士永译,法律出版社2018版,第136页。

[16] 谭建华:《从罗马婚姻制度的演变看罗马妇女法律地位的变化》,载《船山学刊》2008年第1期。

[17] "他权人"(*alieni iuris*)是指处于他人支配权之下的人。其所对应的的概念即"自权人"(*sui iuris*)在罗马法中,一般只有一个家庭的家父才是自权人,M. Brutti, Il diritto private nell' antica Roma, Torino, 2009, 92。

[18] 妇女在婚姻关系终结后可能仍处于家庭中某一成年男性的监护之下,参见 Cfr. E. Volterra, Istituzioni di diritto privato romano, Roma, 1988, p. 686。

[19] [意] 彼德罗·彭梵得:《罗马法教科书》,黄风译,中国政法大学出版社2018年版,第134页。

[20] D. 23. 3. 17; D. 24. 3. 24. 5. [意]斯奇巴尼选编:《婚姻、家庭和遗产继承》,费安玲译,中国政法大学出版社2001年版,第87页;[古罗马]优士丁尼:《学说汇纂·第二十四卷》,黄美玲译,中国政法大学出版社2016年版,第167页。

(*actio dotis*)。不同于原来“带夫权婚姻下”的“妻物之诉”,“返还嫁资之诉”修正了“妻物之诉”在嫁资返还制度中偏向丈夫利益的立法保护倾向,“无夫权婚姻”下的嫁资返还制度则显然是更加强调对女性财产权利的保护。

(二)作为嫁资制度补充的结婚赠与制度

罗马帝国后期立法中出现了“婚前赠与制度”(*donationes ante nuptias*),作为对嫁资的补充。“婚前赠与”是从买卖婚(*coemptio*)[21]中的价金、男方于订婚时的聘礼发展演变而来,并在“无夫权的婚姻”这一形式中日渐盛行。罗马《十二表法》规定,处于“无夫权婚姻”中的妻子不具有对其丈夫的法定继承权,[22]因而“无夫权婚姻关系”当中,丈夫享有对妻子嫁资的占有及收益利益,而妻子却不享有丈夫死后的继承权。

婚前赠与制度就是为了弥补这一不公平状态的制度。区别于“禁止夫妻间赠与”的规定[23],优士丁尼规定婚前赠与不仅可以在婚前实施,结婚后也完全可以进行,因而把原来的“婚前赠与”(*donationes ante nuptias*)更名为“结婚赠与”(*donationes propter nuptias*)。结婚赠与区别于一般赠与,结婚赠与的财产由丈夫保管、处分,因此通常不必正式交付给妻子,只是由丈夫保证在婚姻终结时进行实质交付。[24] 妻子对“婚姻赠与”的请求权与嫁资返还请求权的制度目的十分相似,都是为了保障婚后妻子的生活以及子女的抚养。为了确保“婚姻赠与”的可实现性,“婚姻赠与”财产若为不动产,丈夫不得变卖、抵押或作其他处分,并且妻子对于丈夫的全部财产享有法定抵押权,以此来保障“婚姻赠与”财产权利的实现。[25]

(三)嫁资的返还

罗马社会早期,嫁资作为对丈夫的赠与,婚姻破裂时,妻子无权要求返还嫁资。

---

〔21〕 买卖婚(*coemptio*)是古罗马早期的一种婚姻形式,它要求在至少五名见证人的见证下通过要式买卖(*conventio in manum*)的形式使女性处于“带夫权的婚姻”当中,也即丈夫取得“夫权”的三种传统形式之一,另外还有祭祀婚(*confarreatio*)和时效婚(*usus*),参见 GAI,I,113; E. NARDI,Istituzioni di diritto Romano,Testi 1,Milano,1986,17s。

〔22〕 GAI. 1. 48;M. GARDINI,sviluppi giurisprudenziali intorno a XII Tab. 5. 4,Le dodici tavole dai decemviri agli umanisti,Pavia 2005,313s.

〔23〕 C. 5,3,20,4. “无论婚前或者婚后都嫩那个给妻子带有嫁资职能的赠与。不要将它理解为一般赠与,而要将其理解为是作为嫁资和婚姻发生之际的赠与。因为一般赠与之所以被禁止,并非是由于它在婚姻之际发生而恰恰是因为婚姻的出现。一般赠与是基于其他原因发生,如性欲或者夫妻双方中的一方的贫穷,它不是为了证明婚意”,[意]斯奇巴尼选编:《婚姻、家庭和遗产继承》,费安玲译,中国政法大学出版社 2001 年版,第 121 页。

〔24〕 [英]巴里·尼古拉斯:《罗马法概论》,黄风译,法律出版社 2004 年版,第 95 页。

〔25〕 转引自谭建华、张兆凯:《论〈罗马民法大全〉对妇女权益的维护》,载《政治与法律》2007 年第 2 期。

随着离婚现象增多,嫁资逐渐转变为离婚妇女提供供养,罗马开始出现嫁资返还之诉。最早罗马是以"要式口约之诉"[26]作为嫁资返还诉讼,后逐渐出现了"妻物之诉"以及"返还嫁资之诉"这两类专门的嫁资之诉。"妻物之诉"属于"善良公正之诉",妻子可以在无须任何明确协议的情况下,通过这种诉讼要求返还嫁资,只要出现婚姻关系因离婚或丈夫死亡而终结的情形。[27] 其中,父予嫁资的请求权一般归于妇女且不能被继承,只有当妇女为"非自权人"或者妇女死亡时,其父亲才能针对"父予嫁资"代位行使请求权。《论萨宾》第 35 编中有"如果处于父权之下且嫁资是由父亲提供,则嫁资属于父亲和女儿。父亲不能违背女儿的意愿对嫁资提出返还要求。他既不能独自为之,也不能以代理人身份为之"。[28] 罗马-希腊时代的"妻物之诉"倾向于保护丈夫在诉讼中的利益,既限制妻子仅能在婚姻终结时按嫁资的价值进行返还,又赋予了丈夫一定情况下的嫁资"留置权"。奥古斯都时代颁布了《优利亚嫁妆法》(*Lex Iulia de Fundo Dotali*),从法律上确定了女性对嫁资拥有有限的权利。这一时期的"妻物之诉"逐渐修正了对丈夫的利益保护倾向,设置了妻子相对无担保人的优先权,保障了作为其嫁资的意大利土地的返还。优士丁尼进一步削弱丈夫对嫁资的权利。此时的"返还嫁资之诉"通过变更诉权人范围,[29] 废除丈夫留置权,设置"索要优先权"等一系列嫁资返还诉讼制度上的改动,通过遵循公平原则来平衡嫁资关系中各方的利益。

综观罗马的嫁资制度,早期为补偿女子丧失原家庭继承权以及承担"婚姻的重荷"而设立。但由于其数额不大以及"夫权"的存在,嫁资虽由女方原家庭的家父所设立,但主要功能和目的仍是作为新家庭中家父的财产。极少数的婚姻终结情形下,嫁资归属上的争议也多倾向于保障丈夫对嫁资的取得利益。后期由于离婚率升高以及"无夫权婚姻"的出现,嫁资的设立目的转向在婚姻关系终结后保障妻子及其子女的生活。妻子对嫁资的权利从最开始的几乎无法主张到逐渐限制丈夫对嫁资的任意处分权,直至最终确立丈夫在婚姻关系终结后对妻子的嫁资返还义务及其保障措施,已明显转向了对妇女嫁资权利的认可和保护。为了进一步保障妻子婚姻关系消灭后的生产生活,还出现了与嫁资制度功能近似的结婚赠与制度。

---

[26] "要式口约之诉"并非独立的嫁资之诉,它依据嫁资设立人与丈夫达成的要式口约提起诉讼,要求丈夫在特定情况下归还嫁资,诉权可以传给债权人的继承人。参见罗冠男:《意大利夫妻财产制度的历史发展与现状》,载《比较法研究》2015 年第 6 期。

[27] [英]巴里·尼古拉斯:《罗马法概论》,黄风译,法律出版社 2004 年版,第 94 页。

[28] [意]斯奇巴尼选编:《婚姻、家庭和遗产继承》,费安玲译,中国政法大学出版社 2001 年版,第 105 页。

[29] 废除"妻物之诉",允许妇女将其诉权可以传给继承人;对于"父予嫁资"的诉权由女方父亲变更为直至妇女死亡时仍对其保留父权的"家父"。

这一系列的发展,体现了立法者为提高“失婚”妇女的生活保障以及提高其再嫁机会的立法努力。通过保障其嫁资的返还请求权以实现“生育和喂养子女”等增加城市人口,保持社会持续发展,稳定罗马帝国统治等国家社会利益。

三、近现代法中嫁资制度之归属

(一)社会价值取向变化的影响

古罗马社会中的嫁资虽是因妻子准备加入新家庭而产生的“婚约财产”,但在婚姻关系中其处分权、收益权更多归属于丈夫,此时的立法中出现的财产并吞制与“夫妻一体”观念表明当时的夫妻财产制度属于不平等的“夫妻共同财产制”,强调“家庭共同体”价值,这也与当时“义务本位”的社会立法取向相适应。与之相对应的夫妻财产制是“分别财产制”,现代的婚姻财产法强调“个人意志”价值,与社会变革中“权利本位”立法相适应。

从关于嫁资这类婚约财产规定的变化,可以窥视立法者对夫妻财产制背后的立法考量。一方面,是对夫妻财产关系平等价值的逐步重视。随着父权制大家庭的瓦解,原有的夫妻财产并吞制或管理共通制逐步消灭。夫妻身份关系上的平等被确立,随之而来的是妻子经济能力独立。自此,婚姻家庭财产上的平等价值初步建立。后随着对“主妇婚”[30]中女性家事劳动价值的讨论,出现了新的男女同权论,[31]但本质仍是对婚姻财产关系中平等价值的贯彻。另一方面,立法呈现在“家庭共同体”价值与“个人意志”价值的摇摆。父权家长制下家父(家长)拥有所有家庭财产的观念以及妻人格被吸收的“夫妻一体”都是早期“家庭共同体”价值的体现。随后出现“夫妻别产主义”的分别财产制,则是“个人意志”价值在夫妻财产制上的映射。而新男女同权论下的婚后所得共有则是体现了立法对“家庭共同体”价值的再肯定。当然,现代社会的夫妻财产制并非单一的共同财产制或是分别财产制。从意大利法定夫妻财产制的变化以及中国对现有法定共同所有制的调整、引入约定财产制、颁布一系列婚姻财产司法解释等立法活动,都可以看出现代夫妻财产制立法在“家庭共同体”价值与“个人意志”价值取向上的摇摆与平衡。

(二)近现代意大利嫁资制度的归属

继受于罗马法的《拿破仑民法典》同1865年《意大利民法典》乃至1942年《意

---

〔30〕 主妇婚,是指女性在婚后不再出去工作,而是作为全职家庭主妇负责家庭事务。因而婚后所得共同制其实是保护家庭主妇的一项制度,参见林秀雄:《夫妻财产制之研究》,中国政法大学出版社2001年版,第33页。

〔31〕 该观点认为男女于自然上、生理上有显著的差异,而以此自然差异为前提,给予适当的权利义务才是真正的男女同权。参见林秀雄:《夫妻财产制之研究》,中国政法大学出版社2001年版,第34页。

大利民法典》都沿用了其关于父权、夫权以及嫁资的相关规定。[32] 1942年《意大利民法典》才开始承认妻子的独立人格地位,不再由丈夫代为管理其财产,但是仍然存在嫁资制度。至1975年《意大利民法典》出台,夫权制度才彻底退出意大利的历史舞台,婚姻立法开始强调婚姻关系中的平等以及个人价值。1975年的意大利民法现代化改革在夫妻财产关系上,嫁资制度被废除,将法定夫妻财产制由约定制变为共同制,并且增加了家庭企业的制度,主要目的就在于承认女性在家庭生活以及家庭经营活动中的劳动价值。[33] 由此可见,意大利近代夫妻财产制的发展对平等原则、个人价值的重视。随着妻子在婚姻中的平等地位及价值逐渐得到承认,其在婚姻中被视为独立的个体,虽然处于夫妻财产的法定共有制下,但婚前财产独立于夫妻共同财产之规定也使原本的嫁资制度失去意义,完全被新的夫妻财产制所吸收。

四、罗马法嫁资制度的演进路径对我国的启示

(一)中西方不同历史文化背景下的制度趋同

嫁资(*dos*)制度是罗马婚姻家庭法的重要组成部分,至今仍在影响现代婚姻财产关系及其立法。而中国的嫁妆制度也肇始于古代奴隶社会,并且在现代嫁妆与聘礼仍在作为一种盛行的社会风俗而存在。对比罗马法与中国古代法中的婚姻财产关系,可以发现,两个国家地理位置虽相距甚远,同一时期的历史发展程度也不尽相同,但两地家庭制度的发展变迁有其共通之处,特别是女性在家庭中的地位以及婚姻关系中女性对财产权利之享有等问题,尤为甚之。

考察中西方女子嫁资(奁产)的构成,我们可以发现除了女方家庭为女子准备的陪嫁财产,往往男方在婚前为婚姻缔结赠送给女方的"结婚财产"也会成为女子的随嫁财产的一部分。而如前所述,这一赠与行为在罗马法被称为"结婚赠与"(*donationes propter nuptias*)。

此外,早期中西方两种制度都将女子视为"家长"的附庸,认为女子不具有独立的人格,无论是人身权还是财产权都十分有限。因婚姻加入家族的妇女人格为

---

〔32〕 1865年《意大利民法典》第131条规定丈夫是家庭的领袖,妻子跟随丈夫的民事地位,必须冠夫姓,并且由丈夫决定家庭的居住地;第1388条规定嫁资是妻子带到夫家维持婚姻生活的财产;第1409条规定一旦婚姻结束,丈夫或者丈夫的继承人要返还嫁资。Cfr. M. Bessone e G. Alpa, La famiglia nel nuovo diritto, dai principi della costituzione alle riforme del codice civile, Ⅲ ediz., Bologna, 1991, p. 77.

〔33〕 参见罗冠男:《近现代意大利家庭法的发展阶段与借鉴——从与中国比较的角度》,载《政法论坛》2018年第6期。

丈夫人格所吸收，作为其财产主要来源的嫁妆也一般不被视为其婚内个人财产。比如，在古代中国，妻子（家母）的财产为家庭所吸收成为家产的一部分，此时更加强调夫妻一体，即“女适人，以奁钱置产，仍以夫为户”；作为儿媳，其财产独立于家产，即“妻家所得之财，不在分限”，如滋贺秀三所说“随嫁财产是该夫妻一体的财产，即形成‘房’之财产。由于家产分割，‘房’作为新家独立，夫因分割取得的家产份额，与从来都是‘房’之财产的妻之随嫁财产合并在一起，就形成新家的家产”。[34] 罗马法上，妇女此前作为家女不具备财产能力，婚姻在一定意义上只是更换了家庭的家父，使其处于另一家父支配权之下，女子仍未取得任何财产能力。随着女性自权人的出现，嫁资才有成为女性私有财产的可能性。后期，由于社会变革，父权逐渐衰弱，原有大家庭模式逐渐解体，且女性逐步进入社会生产领域等原因，致使女性地位有所提高，作为女性财产主要来源的嫁资所有权逐渐被女性掌握。古代中国虽有规定“凡无夫无子，则为女户。女适人，以奁钱置产，仍以夫为户”的规定，但是也有“娶妻论财，夷虏之道，大丈夫磊磊落落，肯视妻孥房奁中物为欣戚也”[35]之判例。由此可见，中国妇女的奁产、奁田，由于为妻者多不能作为法律上承认的户主，所以其财产多在丈夫名下，但是嫁资的管理处分收益的权力实际上是归妻子所有。综上所述，可以看出两个共同的趋势，一为嫁资的所有权从家父的支配向女子自主享有所有权转移；而女性的人身也逐步地脱离“家父权”或“夫权”的束缚，女性的人身和财产权利都在社会的发展中逐渐得到尊重。

再者，就是婚姻关系终结后的嫁资（嫁妆）返还问题。在婚姻关系终结后，嫁资（奁产）的归属上，罗马法早期在嫁资返还上对丈夫的权利多有倾斜，至优士丁尼时期则提高了对妇女嫁资财产权的保障，使妇女在婚姻破裂后能取得更多的嫁资。同时期，古代中国也有“弃妻，畀之其财”[36]，即允许离异后的妇女带走原有陪嫁的规定。

（二）制度趋同之原因

从中西方嫁资（嫁妆）制度的历史演变中可以看出，其在古代法上的功能主要体现在通过陪嫁财产返还来保障婚姻关系终结后妇女及可能依靠其生存的子女的生活上。另外，也在一定程度分担了夫家家庭的重荷。古代的人们选择家庭作为族类繁衍的形式，家庭便作为稳定的社会组织承担了养育后代的责任。[37] 家庭作

[34] ［日］滋贺秀三：《中国家族法原理》，张建国、李力译，商务印书馆 2016 年版，第 530 页。

[35] 《名公书判清明集（上）》卷 6《户婚·赎屋》，中华书局 1987 年版，第 185 页。

[36] 《张家山汉墓竹简》，文物出版社 2006 年版，第 61 页。

[37] 曹贤信：《亲属法的伦理性及其限度研究》，群众出版社 2012 年版，第 46 页。

为社会最基本的组织单位,以家族权威的构造来影响包含在夫妻财产关系中的婚约财产。〔38〕家庭权威结构主要受社会规范、家庭成员对家庭经济的贡献能力以及社会地位的高低影响。旧式大家庭的组建主要以"家父权"或"夫权"为核心,便是经社会承认的一种规范。在父权(夫权)制大家庭背景下,女性在婚姻中主要从事家事劳动,经济上依存于丈夫,受其抚养,家庭权威自然也集中在了丈夫手里。为了限制养育家族子嗣的家产的外流,限制家族中女性所拥有的财产权也就成为保持旧式家庭秩序的必要措施。旧式家庭不承认女性为家庭共有主体,家族中女性后裔继承权没有保障且其因出嫁离开家族也并不会为此分割家产。〔39〕嫁资制度在此解决的是女性原家族继承权丧失的代偿以及婚后处于新家父权利下没有个人财产来生活保障的问题。

近现代,由于原本以父权为核心的大家族逐渐解散,个人意识及自由主义兴起,现代家庭趋向于以父母子女组成的小家庭为主导,〔40〕原家族众多成员共同生活的现象显著减少。个人主义思潮的兴起,人们开始关注个人权利,原有封建社会崩溃,崇尚平等与自由的市民社会逐渐建立,父权制家庭失去了原有的社会基础。工商业的不断发展,仅以男性为劳动力无法满足现代生产的劳动力需求,女性投入社会生产,原有一切支出由丈夫负担,家庭财产也归丈夫一人所有的家庭财产制度逐渐崩溃。现代的婚姻家庭制度针对这一现实问题,逐步在婚姻家庭制度中确立了平等的观念,即夫妻间身份人格、具体权利义务方面均是平等的。这一系列变化一方面动摇了家长权,导致原有大家庭逐渐崩溃,另一方面平权运动,开始承认女性在家庭中的地位,作为家庭一分子,女性不仅和男性一样,拥有家庭财产的继承权,且针对夫妻财产也享有权利,这从根本上导致嫁资(嫁妆)制度功能转变为负担婚姻费用,提高婚后生活品质。

(三)罗马嫁资制度的演进路径对我国的启示

我国有关夫妻财产的立法规定,基本上是继受大陆法系的产物,传统法律习惯中没有夫妻财产制的概念。〔41〕诸法合体,民刑不分的法典编纂体例使中国直至清末都尚未出现现代意义的民法,相关民法规定存在于同一时期的刑律中。清末变法图强,才出现了中国历史上第一部民法典草案《大清民律草案》。《大清民律草

---

〔38〕 林秀雄:《夫妻财产制之研究》,中国政法大学出版社2001年版,第47页。

〔39〕 参见魏道明:《中国古代遗嘱继承制度质疑》,载《历史研究》2000年第6期。

〔40〕 参见李树茁、王欢:《家庭变迁、家庭政策演进与中国家庭政策构建》,载《人口与经济》2016年第6期。

〔41〕 杨晋玲:《中外夫妻财产立法比较研究——兼论我国〈民法典·婚姻家庭编〉中夫妻财产立法》,载《现代法学》2004年第2期。

案》在夫妻财产制上规定了夫妻约定财产制,承认了妻子的特有财产权,一改传统法律文化中的夫妻一体,提高了女性地位。最终,该草案尚未颁行清朝便已覆灭,但其中有关婚姻制度的进步性规定仍在民国初期的司法实践中被大理院以“条理”的方式援用。民国时期的《民法典》亲属编中进一步吸收了现代夫妻财产制度,规定夫妻财产制包括联合财产制、共同财产制、统一财产制、分别财产制,其中法定财产制为联合财产制。〔42〕在联合财产制中,作出了类似于罗马“无夫权婚姻”下嫁资制度之规定。在此规定中奁产不属于特有产,〔43〕其作为妻原有财产由夫管理,夫无处分权,且负有报告财产状况的义务;共同财产制中则近似于罗马法“有夫权婚姻”的嫁资制度,嫁妆作为妻之财产,除特有产外,均转移于夫,妻只有估定价额之返还请求权;分别财产制则无特有产设置,但直接保留了女子对其财产的所有权、管理权及使用收益权。该立法推动家庭夫妻关系平等化,打破了封建宗族财产继承制,为妇女摆脱丈夫的人身依附具有很大的现实意义。〔44〕

新中国成立后,废止了包括《民法典》在内的原民国《六法全书》,借鉴苏联的婚姻家庭立法,颁布了我国第一部《婚姻法》并规定了婚姻自由、婚姻关系中男女平等原则,并且“结婚须男女双方本人完全自愿,不许任何一方对他方加以强迫或任何第三者加以干涉”。〔45〕此法使婚姻摆脱了家族责任的束缚而成为纯粹个体之间的事务,男女双方以个人名义实际享有婚姻中权利和承担夫妻间义务。〔46〕在婚约财产上,1950 年的婚姻法规定“禁止任何人藉婚姻关系问题索取财物 ”“离婚时,除女方婚前财产归女方所有外,其他家庭财产如何处理,由双方协议”这两条规定一是限制了婚约财礼的数额不能过大,二是将女方嫁妆规定为女子婚前财产,体现了新时代下原中国传统的奁产制度逐渐被新的婚姻财产制度吸收。我国 2001 年《婚姻法》修正案增加了婚姻关系中个人财产的规定以及引入了约定财产制,进一步呼应社会上逐步发展的个人意识以及自由主义,强调婚姻关系中的平等以及个人价值。2003 年,随着国民经济总数的日益增长、家庭财富的上升,结婚时给付的彩礼、嫁妆等婚约财产这一习俗愈演愈烈,且数额越大,婚约财产纠纷数量也不断增长,对此,最高人民法院颁布了《关于〈中华人民共和国婚姻法〉若干问题

---

〔42〕 郑全红:《中国传统婚姻制度向近代的嬗变》,南开大学出版社 2015 年版,第 167 页。

〔43〕 这里的特有产即“专供夫妻个人使用之物;夫或妻职业上必须之物;夫或妻所受之赠物,经赠与人声明为特有产者;妻因劳力所得之报酬”。转引自黄右昌:《民法亲属释义》,上海法学编译社出版社 1934 年版,第 63 页。

〔44〕 郑全红:《中国传统婚姻制度向近代的嬗变》,南开大学出版社 2015 年版,第 166 页。

〔45〕 《婚姻法》(1950 年)第 3 条。

〔46〕 参见金眉:《婚姻家庭立法的同一性原理》,载《社会科学文摘》2017 年第 10 期。

的解释(二)》,其中第10条规定“当事人请求返还按照习俗给付的彩礼的,如果查明属于以下情形,人民法院应当予以支持:(一)双方未办理结婚登记手续的;(二)双方办理结婚登记手续但确未共同生活的;(三)婚前给付并导致给付人生活困难的。适用前款第(二)、(三)项的规定,应当以双方离婚为条件。”

客观上,现代年轻人仍存在婚姻家庭生存成本较大的问题,且传统的父系家庭双向反馈的代际模式(父母为子女准备聘礼嫁资,子女为父母养老)的保留,双方父母为子女婚姻成立给予一定经济资助的现象在相当长的时间内仍将存在。[47] 司法实践中,婚约财产纠纷在婚姻家庭纠纷中仍占较大比重。如何规范婚约财产赠与是我国的民法典编纂中对夫妻财产制设计中所不能回避的环节。考察近两年的婚约财产纠纷案例,法院通常将嫁资作为女方个人财产,司法实践中将其等同于彩礼,适用彩礼返还的相关司法解释。[48] 此类婚约财产纠纷案例的焦点大多是事实认定问题,且经过法官的调解或是合理裁量均能解决纠纷,但是就相关嫁妆彩礼的返还数额由于没有统一的标准,现实仍存在一定争议。目前的民法体系中以婚姻中的婚前个人财产包括嫁妆、聘礼这类婚约财产,以及设置相关婚约未成就时婚约财产适当返还的司法解释[49]为法官处理当今社会婚约财产纠纷提供了相对具体的裁判思路。

(责任编辑:陈晓敏)

---

〔47〕 马春华、石金群、李银河、王震宇、唐灿:《中国城市家庭变迁的趋势和最新发现》,载《社会学研究》2011年第2期。

〔48〕 陈某、周某因婚约消灭诉请返还相关婚约财产纠纷中,法院将女方因结婚赠与男方的数额较大的赠礼等同彩礼,判令男方返还且将女方因结婚购置的嫁妆判为女方个人财产,判令男方返还;孟某、徐某因婚约消灭诉请返还相关婚约财产纠纷中,法院将女方因结婚购置的嫁妆判为女方个人财产。分别参见裁判文书网(2018)苏06民终2109号、(2018)皖12民终1743号判决书。

〔49〕 最高人民法院《关于适用〈中华人民共和国婚姻法〉若干问题的解释(二)》第10条。

论优士丁尼法对女性财产权益的保护
——以立遗嘱权、遗嘱继承权、无遗嘱继承权为例

周平奇*

目　　次

一、问题的提出

女性权益保护是人类社会发展过程中的重要课题之一,世界各国法律对女性权益的保护大多做出相关规定。就我国而言,或有冠以"女性"的专门法律(如《妇女权益保障法》)加以保护,或有部门法中的相关条文予以保护(如《宪法》第48~49条、《民法总则》第128条、《婚姻法》第2条)。[1] 相对于道德规范等其他方式而言,以法律形式对女性权益予以保护是人类

* 周平奇,厦门大学法学院博士研究生。

〔1〕 当然,我们不能简单认为探讨"女性权益保护"以及诸如"妇女是弱势群体"的问题,就是将女性置于不利地位。基于自然性别的差异,女性生理结构上的不同带来了她们在某些领域的弱势地位,探讨此问题即以梳理制度史来正视女性地位问题,以为实现真正的"男女平等"的目标而奋斗。当代女性权益保护问题仍是一个亟待解决的问题,并非几个简单条文所能为之。

历史的进步。然而,人们往往基于对奴隶社会的传统认识,粗陋地认为处于奴隶制和家父权之下的古罗马女性根本无所谓权益保护可言。产生这种错误认识的原因有二:其一,我们用今人的意识形态检讨过去使用的标准对古人难免过分苛求。在进行某种制度文化分析时,我们应该对“以现今的眼光阅读过去的法”〔2〕保持警惕,应尊重历史概念的自主性,回到历史文献中去。其二,受到进化论的法律观的影响,认为古人茹毛饮血,如今有的制度古人不可能有。〔3〕值得庆幸的是,法学界已有个别学者初步认识到罗马法和现代法一样,也对女性权益进行相应的保护。诚如该学者所言:“优士丁尼法在女性权益保护方面有许多重要举措,彰显古代人文主义,为后世妇女人权的发展和进步奠定基础。”〔4〕这甚至道出了女性权益保护并非近代女权运动的产物。

诚然,摆脱认识上的谬误研究古罗马社会对女性权益保护实属不易,但是对古罗马法如何保护女性权益以及相关法律制度史的变迁及其理论基础等问题的研究则更罕见。古罗马法在不同的历史分期对女性权益保护是有区别的,总体上呈现一个逐步推进的过程,到优士丁尼时期女性权益保护得到升华,甚至可以称为“大有法律原则之意蕴”,大量具体规定贯穿于优士丁尼法之中。众所周知,优士丁尼法即优士丁尼的法典编纂成果。严格来说,它只包括《法典》、《学说汇纂》和《法学阶梯》,合称为优士丁尼法典。后来,优士丁尼又颁布168条新律调整新问题或改变旧规则,被后人汇编为《新律》,也是优士丁尼法的一部分。鉴于优士丁尼法与现代法的密切联系,本文试图从优士丁尼法的原始文本出发,以立遗嘱权、遗嘱继承权与无遗嘱继承权方面的规定为例梳理其法史流变,阐释优士丁尼法对女性财产权益保护的法律规范与制度,分析其确立女性财产权益保护原则的理论基础,力图揭示罗马法在女性权益保护问题上的全貌。

二、女性立遗嘱权的获得

遗嘱是意思表示的证据。〔5〕遗嘱继承是相对于无遗嘱继承而言的,属于市民法的规定内容。从《十二表法》到优士丁尼法的相关规定可以得知,女性在遗嘱继承方面的地位是不断变化的,集中体现在是否享有订立遗嘱的权利(积极主动的遗嘱能力)。

---

〔2〕[葡]叶士朋:《欧洲法学史导论》,吕平义、苏健译,中国政法大学出版社1998年版,第65页。

〔3〕徐国栋教授语。参见赵毅:《罗马体育法要论》,法律出版社2017年版,“序言”第2页。

〔4〕谭建华、张兆凯:《论〈罗马民法大全〉对妇女权益的维护》,载《政治与法律》2007年第2期。

〔5〕徐国栋:《优士丁尼〈法学阶梯〉评注》,北京大学出版社2011年版,第238页。

立遗嘱权是判定遗嘱有效与否的前提条件。盖尤斯《法学阶梯》的记载："如果我们想审查遗嘱是否有效，首先我们应当看看立遗嘱的人是否具有立遗嘱的权能。"〔6〕故立遗嘱权对于"无遗嘱而死感到特殊恐怖"〔7〕的罗马人具有非常重要的意义。

早期罗马法中就确立了遗嘱继承的制度。《十二表法》第五表第3条规定："以遗嘱处分自己的财产，或为其所属指定监护人，具有法律上的效力。"〔8〕此规定将遗嘱继承以正式法条的形式予以肯认，体现了遗嘱自由原则，然而并没有详细规定立遗嘱的具体方式和资格要求。据文献记载，十二表法时期以遗嘱处分自己财产的人应为家父，女子因处于家长权、夫权或监护权之下，没有立遗嘱之能力。〔9〕笔者认为，女性之所以没有立遗嘱权，除了女性不享有独立的财产之外，主要原因可能有二。其一，早期法中，遗嘱的社会功能主要是家族祭祀功能的身份传承，而这是男性的社会角色功能所在，与女性无关。诚如彭梵得所言："妇女，即便是自权人妇女，在最早的法中都绝对无权立遗嘱，主要原因是由于遗嘱的早期功能，立遗嘱是'家父'的专属权利。"〔10〕由此可知，立遗嘱的目的主要是指定继承人来传承其身份以延续家族，其最初的出发点与财产无关，财产的转移只是附带性效果而已，非其本质目的。"在罗马起源之初或前罗马社会，继承人是宗亲集团或家族最高权力的接班人，原始的遗产继承是为这种最高权力的转移而不是为财产的转移服务的。"〔11〕同时说明早期法中有关遗产继承以宗亲为核心，不重视血亲。其二，这是由遗嘱的订立程序所决定的，因为女性不可能出席遗嘱订立的场合。根据优士丁尼《法学阶梯》中的法言可知，早期罗马法将遗嘱分为民会前订立的遗嘱、阵前遗嘱、依铜与衡器的遗嘱。〔12〕前两类遗嘱是依据地点和时间进行的分类，分别在民会前（从军年龄的男子方能参加此会）与上前线之前，妇女是不可能出现在这两种场合的；第三类是依据遗嘱的形式进行的分类。这种形式中参与者为7人，其中5个证人、1个司称、1个家产买受人亦即遗嘱执行人。这些人必须为罗马市民，具备独立的权利能力。显然，这一遗嘱的立遗嘱人也不为女性，因为此一历

〔6〕 Gai. 2,114.［古罗马］盖尤斯：《盖尤斯法学阶梯》，黄风译，中国政法大学出版社2008年版，第84页。

〔7〕［英］梅因：《古代法》，沈景一译，商务印书馆1959年版，第143页。

〔8〕《〈十二表法〉新译本》，徐国栋等译，载《河北法学》2005年第11期。

〔9〕周枏：《罗马法原论》（下册），商务印书馆2014年版，第508页。

〔10〕［意］彭梵得：《罗马法教科书》，黄风译，中国政法大学出版社2005年版，第349页。

〔11〕［意］彭梵得：《罗马法教科书》，黄风译，中国政法大学出版社2005年版，第324页。

〔12〕徐国栋：《优士丁尼〈法学阶梯〉评注》，北京大学出版社2011年版，第239页。

史时期的女性归顺夫权或处于家父权之下。诚如蒙森所言:“裁决奴隶之权直接属于主人,裁决妇女之权属于父亲、丈夫或最近的男性亲属,但奴隶和妇女却都不作为民社成员。”[13]立遗嘱需采用一定的仪式,女子无参与此等仪式之机会,自然在立遗嘱上也受到限制,谈不上立遗嘱权。这也反映出早期法中的遗嘱带有一定的公法性。总之,早期法中,只有家父才享有立遗嘱权。家父作为一个完整人格的拥有者,具备自由、市民、家族的身份,享有罗马法上的各项权利能力,如交易权、通婚权、遗嘱能力等。[14] 家子(包括家母和家女)均无立遗嘱的能力,婚前处于父权之下,婚后处于监护之下,夫死后处于成年儿子的监护下。在监护制度的笼罩之下,妇女的立遗嘱权被掩埋。

共和时期,自权人妇女开始获得立遗嘱权。根据盖尤斯《法学阶梯》的记载,妇女可以信托名义实行买卖婚,实行信托买卖婚解放自我,可以获得立遗嘱权,“妇女实际上不拥有立遗嘱的权利,除非她在实行买卖婚后又被退卖并且被解放”。[15] 这同时也告诉我们以下事实:立遗嘱权与妇女免受监护相配套。女子的立遗嘱能力受到监护制度的影响,监护制度的废除才使女子获得与男子相同的立遗嘱权。后来,阿德里亚努斯皇帝取消将信托买卖婚作为女性获取立遗嘱权的必要形式,部分授予妇女立遗嘱权。立遗嘱的女子的年龄不得小于12岁,未摆脱监护的女性应征得监护人的同意方可获得立遗嘱权。[16] 这样,女性的立遗嘱权摆脱了信托买卖婚的形式束缚,获得更大范围的权益保障。并且,与男性满14岁方可立遗嘱的规定相比较,女性获得了更优的待遇。[17] 另外,根据优士丁尼《学说汇纂》第28卷的记载,乌尔比安亦给出相同看法:“立遗嘱……男性满14岁,女性满12岁显然更为恰当。”[18]

帝政初期的案件亦可佐证女性立遗嘱权的享有与行使。根据小普林尼(约61~113年)在《书信集》第5卷中的记载,他给朋友安纽斯·塞维鲁斯(Annius

---

〔13〕 [德]特奥多尔·蒙森:《罗马史》(第1卷),李稼年译,商务印书馆1994年版,第135页。

〔14〕 徐国栋:《罗马私法要论——文本与分析》,科学出版社2007年版,第44页。后来家父又增加了两种身份,即宗教和名誉,宗教的身份是随着基督教的国教地位的确立而产生,名誉的身份是裁判官法确立的。

〔15〕 [古罗马]盖尤斯:《盖尤斯法学阶梯》,黄风译,中国政法大学出版社2008年版,第31页。

〔16〕 Gai. 2,112. [古罗马]盖尤斯:《盖尤斯法学阶梯》,黄风译,中国政法大学出版社2008年版,第84页。

〔17〕 Gai. 2,113. [古罗马]盖尤斯:《盖尤斯法学阶梯》,黄风译,中国政法大学出版社2008年版,第84页。

〔18〕 D. 28,1,5. [意]桑德罗·斯奇巴尼选编:《婚姻、家庭和遗产继承》,费安玲译,中国政法大学出版社2001年版,第241页。

Severus)的信中如是说:“有人赠我一笔不大的遗产……庞波妮娅·伽拉(Pomponia Galla)剥夺了她儿子阿苏丢斯·库里阿努斯(Asudius Curianus)的继承权,而让我做了她的继承人,还指定裁判官塞多留斯·塞维鲁斯(*Sertorius Severus*)以及其他若干优秀的罗马骑士为共同继承人。”[19]这在一定程度上道出了帝政初期罗马城乡贵族捐赠和遗产继承的风俗,表明实际发生过妇女立遗嘱的真实情形,并且妇女不仅自身享有立遗嘱权,还可以剥夺子女继承权。

优士丁尼《学说汇纂》中也有法言间接指出了女性享有立遗嘱权的事实,如“若有几个孩子的母亲立遗嘱,并有条件地指定其中一个孩子成为她的继承人……”[20]《学说汇纂》有关“信托遗产”的规定中,也对女性的立遗嘱权进行了肯认:

D.31,77,24。帕比尼安《解答集》第8卷:“真诚地为了我女儿的利益,我指示她直到她有了孩子再立遗嘱,以至于她能够毫无忧虑地生活下去。”这意味着遗产不会以信托方式(*fideicommissariam*)遗留给女儿的姐妹和共同继承人,因为遗嘱人并非限制他的女儿通过遗嘱处分她的财产而禁止她立遗嘱,而是他仅仅提供意见,她不应如此行使她的法定权利。[21]

优士丁尼《法学阶梯》第2卷第19题关于“继承人的身份和区别”法言中,亦有相关规定:“……被母亲指定为继承人的人,也属于这一类……”[22]优士丁尼法继续沿袭女性可以立遗嘱的做法,对女性立遗嘱权的规定更加完善,增加了立遗嘱权的限制性规定,而且不再区分性别,采取统一的规制方式。优士丁尼《法学阶梯》中有如下规定:

I.2,16,1。……如果他们不论性别如何、亲等如何的子女、孙子女或曾孙子女心智不健全,根据未成年人的替补继承人的先例,允许他们为之指定某些确定的人

---

〔19〕 Pliny the Younger, *Complete Letters*, Translated with an Introduction and Notes by P. G. WALSH, Oxford University Press, 2006, p. 108.

〔20〕 D. 38,17,1,7.

〔21〕 需说明的是,本文所引用《市民法大全》的原始文献片段都是参照拉丁语,根据英文版本的对照所作翻译(其中部分片段已有有中译版本的则引自中译版本)。See The Civil Law including the Twelve Tables, the Institutes of Gaius, the Rules of Ulpian, the Opinions of Paulus, the Enactments of Justinian, and the Constitutions of Leo, Trans. and edited by S. P. Scott, TheGeneral Trust Company, Cincinnati, 1932; The Digest of Justinian, English Translation Edited by Alan Watson, University of Pennsylvania Press, Philadelphia, 1998; The Roman Law Library (Last Update : January 25, 2015) https://droitromain.univ-grenoble-alpes.fr/, 2018年8月3日最后访问。

〔22〕 I. 2,19,3. 徐国栋:《优士丁尼〈法学阶梯〉评注》,北京大学出版社2011年版,第287页。

为替补继承人,即使这些人已达适婚年龄,亦可如此……[23]

此处规定的是尊亲可以为成年的心智不健全的子女代立遗嘱,相对以往的规定增加了“权利的限制性”规定,对男女两性在立遗嘱权上不再实行区别对待,更加完善地保护男女两性的遗嘱权益。继承法是优士丁尼《法学阶梯》重中之重,全书 98 题中就有 28 题是关于继承法的。《学说汇纂》中的继承问题也占据大量篇幅。立遗嘱权是个人所有权的延伸。优士丁尼法花如此大篇幅对立遗嘱权进行规制,也反映出对个人所有权的尊重。

综上所述,从十二表法到优士丁尼法,妇女的立遗嘱权经历了从无到有的过程。立遗嘱权的性质也发生了变化,从最初家族身份的传承的公法性到后来兼具财产性的公私法混合性。诚如徐国栋教授所言:“罗马的继承有时候是财产继承和身份继承并重。”[24] 立遗嘱权作为财产处分权的延伸,且基于遗嘱的不公开性,使该权利成为遗嘱人用来调节继承人行为的秘密武器。由立遗嘱权的享有、性质及其功能可知,这种法律上权利的取得实质上也表征着妇女的经济权利和政治地位的提升。

三、女性遗嘱继承权的圆满

女性继承权地位改善的体现之一是遗嘱继承权的逐步完善。所谓遗嘱继承权,即被动的遗嘱继承能力,也就是可以被指定为遗嘱继承人或遗赠受赠人。《十二表法》第五表第 3 条规定了遗嘱继承问题,仅仅概括规定了男性的立遗嘱权,但是对哪些人可以被遗嘱指定为继承人未作详细规定。后来,罗马法对女性遗嘱继承权进行了限制性规定。公元前 169 年颁布《沃科纽斯法》(*Lex Voconia*)限制妇女根据遗嘱接受遗产继承的权能,不能被第一等级(拥有 10 万阿斯以上的市民)指定为继承人。[25] 此处对女性在遗嘱继承中的权益限制使其不具备消极的遗嘱能力。那么此一时期的限制性规定,能否推断出以往法律不区别对待男女两性的遗嘱继承权呢？没有相应的材料支撑,不可妄言。然而,笔者认为存在不区别对待

---

〔23〕 徐国栋:《优士丁尼〈法学阶梯〉评注》,北京大学出版社 2011 年版,第 272 页。

〔24〕 徐国栋:《优士丁尼〈法学阶梯〉评注》,北京大学出版社 2011 年版,第 219 页。另外,周枏先生认为:“帝政后期的罗马继承已经由身份继承演变为财产继承,当然继承被继承人的人格以绵延家祀的传统观念仍存在,继承的主要对象已经是遗产了。”此处间接说明了立遗嘱权的性质转变,“主要对象”也说明,并非完全私法性,不排除其公法性。参见周枏:《罗马法原论》(下册),商务印书馆 2014 年版,第 488 页。

〔25〕 齐云、徐国栋:《罗马的法律和元老院决议大全》,载徐国栋主编:《罗马法与现代民法》(第 8 卷),厦门大学出版社 2014 年版,第 235 页。

的可能性。依据逻辑推演可知,若女性遗嘱继承权不属实,那也就没有必须单独立法进行相应限制,但是存在的准确时间和是否有法律明确授权有待考证。学界对于女性继承受限制的原因有不同观点。吉本认为:“罗马人的谱系制度,同宗的族人是用共同的族姓和家族的仪式结合起来,在相同的名字之下,法律加强警觉,以维护宗教和财产永世的世系。”[26]周枏先生认为:“一些女子不得被遗嘱立为继承人,是因为罗马人认为,富豪家庭的女子习于奢侈,又不会管理财产,故古代家长很少有立女子做继承人的。”[27]前者道出了这种继承制度以宗亲为核心的特征,后者道出了女性管理资财的能力缺陷。无论如何,女性在遗嘱继承权方面相比男性而言受到限制,这显然损害了女性的权益。但是《沃科纽斯法》没有实行多久就废弃了。人们可以用诸如信托、寄存、伪造负债、立女子的奴隶为继承人而假装与其友人共有该奴隶等手段进行法律规避。[28] 优士丁尼法明确废除该种限制。[29]《新律》对女性的遗嘱继承权作了积极肯认:

Nov. 38,4。只有作为当地长官女儿的已婚妇女,以及存在于同一城市的其他长官的妻子们,遗嘱人被允许将他的所有的遗产或者遗产的十二分之九以上分给这些女性。

此一新律赋予了女性遗嘱继承权,是女性权益保护又一巨大的历史进步。从《十二表法》中女性遗嘱继承权的模糊规定到有条件的遗嘱继承,再到优士丁尼法对女性限制继承的相应废除,并授予女性遗嘱继承权而使之更加完善,女性权益的保护在遗嘱继承权方面是个曲折进步的过程。

此外,遗嘱继承中遗嘱人指定的继承人必须明确,即继承人必须为“确定的、具体的人”。后来这一形式变得更加宽松,指定的继承人有确定的范围即可。优士丁尼法对“确定的人”规定更加宽泛,立遗嘱时指定的继承人只要是可能确定的,即为有效的指定。[30] 有学者认为,随着遗嘱人指定继承人程式的改变,对指定继承人范围的放宽,遗嘱人可以变相地把财产给予女儿,一方面保留了财产给予宗亲的习俗,另一方面又保障了女儿能够获得财产。[31] 对女性权益保护的改革措施还涉及对遗嘱继承权的细化规定。

与此相关的是,优士丁法对女性在被剥夺继承权问题上的规范也作了改革。

---

〔26〕 [英]吉本:《罗马帝国衰亡史》(Ⅳ),席代岳译,吉林出版集团有限责任公司2011年版,第266页。
〔27〕 周枏:《罗马法原论》(下册),商务印书馆2014年版,第512页。
〔28〕 周枏:《罗马法原论》(下册),商务印书馆2014年版,第512页。
〔29〕 [意]彭梵得:《罗马法教科书》,黄风译,中国政法大学出版社2005年版,第351页。
〔30〕 周枏:《罗马法原论》(下册),商务印书馆2014年版,第513页。
〔31〕 何越:《古罗马妇女在遗产继承中的权利及其社会地位》,载《社会科学战线》2012年第6期。

优士丁尼法之前,若遗嘱中遗漏遗嘱人的儿子,既未立其为继承人也未指名废除,则该遗嘱违法,不能发生法律效力;而被遗漏的是遗嘱人的女儿或孙子女,虽然被遗漏人为当然继承人,但遗嘱不因此而失效。〔32〕 即剥夺儿子的继承权须逐一指名废除,而剥夺女儿和孙子女的继承权则可以用概括废除方式,无须逐一指名。这明显区别对待了两性的遗嘱继承权。后来,优士丁尼法进行改革,规定剥夺无论是男性卑亲属或女性卑亲属的继承权,都须逐一指名废除。优士丁尼《法典》中记载着了这一敕令:

C.6,28,4pr.。依据现行法,我们纠正古人法律制定中存在的最大的缺陷,即男女两性在父母遗嘱中的遗产处分中遵循不同的规则。男女两性在继承上应该享有相同的权利(*simile ius*)……

这里的"遗产处分"即指名剥夺继承权的相关规定。该敕令实现了在这一问题上同等对待两性的目标。除此之外,优士丁尼在《法学阶梯》中也有同等对待两性的改革:

I.2,13,5。朕的所有的卑亲属,无论是自权继承人或已被解放,都要指名地剥夺继承权;而女儿也有权请求宣告其尊亲的遗嘱无效并带走遗产,其地位与作为自权人的儿子或被解放的儿子同……〔33〕

该法言呈现出优士丁尼法对男女两性平等进行改革的措施,具体规定了对于所有卑亲属不再实行性别主义,而必须都要通过指名方式剥夺继承权。这样就逐步拓宽了两性同等对待的领域。

拓宽两性同等对待在遗嘱继承权方面的法效,除了体现为继承权剥夺的指名外,在具体保护措施上也有相应体现,即女性在遗产占有之诉方面的权益与男性相同。如优士丁尼《法学阶梯》中规定:"……女儿也有权请求宣告其尊亲的遗嘱无效并带走遗产,其地位与作为自权人的儿子或被解放的儿子同……"这段法言告诉我们,女儿也能宣告其父亲的遗嘱不合义务,并根据裁判官法占有父亲的遗产,而这曾经是自权儿子继承人或被解放的儿子才享有的权利。〔34〕 优士丁尼通过改革使得男女两性获得了在遗嘱不合义务之诉上的同等权益,由此拓宽了女性的遗嘱继承权方面的法效,更加有利于女性遗嘱继承权的保护与实现。

与遗嘱继承权相关的遗嘱能力还有诸如遗嘱作证能力,亦即能够证明遗嘱是

〔32〕 周枏:《罗马法原论》(下册),商务印书馆2014年版,第537页。

〔33〕 徐国栋:《优士丁尼〈法学阶梯〉评注》,北京大学出版社2011年版,第257页。

〔34〕 I.2,13,5。徐国栋:《优士丁尼〈法学阶梯〉评注》,北京大学出版社2011年版,第258页。

否依法成立的能力，[35]也涉及男女两性权益保护的问题。这方面的权能变化，自然也能体现出女性的权利拓宽。早期法中妇女没有公权，不能从事公务、参与作证，例外的是维斯塔贞女有作证权。[36] 这是特殊女性的作证权，但是以自己其他方面的权能限制为代价换取的。早期法中未赋予女性的作证能力。古典时期女性的作证权利逐步得以承认（特别是在刑事领域），具体为优士丁尼的《学说汇纂》如下法言所记载：

D. 48. 4. 8。帕比尼安《解答集》第 13 卷：在涉及国事罪（*maiestatis*）的案件中，妇女的意见也被听取。一位叫尤利娅的女子揭发了卡提林纳的阴谋，并向执政官马尔库斯·图留斯提供了证据，以此作为起诉的依据。

该法言体现了女性在刑事方面的作证能力，体现出部分授予女性作证能力的趋向。另外，乌尔比安的一段法言体现出对女性遗嘱作证能力的有条件承认，为优士丁尼《法学汇纂》所收录。法言如下：

D. 28，1，20，6。乌尔比安《萨宾评注》第 1 卷：女性不能为遗嘱作证。但是，从有关通奸的《优流斯法》的规定中又可以推断出女性能够作为证人，因为该法禁止因通奸而被判刑的女性被指定为证人或进行作证。[37]

遗嘱证人的规定从早期的单纯由市民法加以规定，到优士丁尼法中由市民法和裁判官法共同规定，使该制度更加完善，也让女性取得一定的作证能力。优士丁尼将古典法学家关于遗嘱作证能力的法言收录进《学说汇纂》，使之继续产生实在法的效果，在一定程度上体现对男女两性遗嘱权的同等对待。

对女性遗嘱继承权法史流变的考察可知其是一个逐步完善的过程，从最初的遮遮掩掩，到优士丁尼法时期得以全面规制，细化到指定继承人的形式、指名剥夺等，凸显了女性在遗嘱继承方面的地位，较合理地保障了女性的权益。此外，对配套制度的规定，逐步放宽女性的遗嘱作证能力，也使女性在遗嘱继承方面的权益得到周延保护。

---

〔35〕 周枏：《罗马法原论》（下册），商务印书馆 2014 年版，第 515 页。

〔36〕 参见 Gell. 7，7，2。《沃尔腾休斯法》为维斯塔贞女塔拉吉娅所定，这部法律给了她作证的权利。中译本可参见［古罗马］革利乌斯：《阿提卡之夜》（6～10 卷），周维明等译，中国法制出版社 2018 年版，第 76 页。维斯塔是古罗马的女灶神，她被古罗马看成是家庭和社稷的保卫者。古罗马每个家宅内都设有祭坛，祭台上燃烧着永不熄灭的圣火。

〔37〕 ［意］桑德罗·斯奇巴尼选编：《婚姻、家庭和遗产继承》，费安玲译，中国政法大学出版社 2001 年版，第 253 页。

四、女性无遗嘱继承权的完善

女性继承权地位改善的体现之二是无遗嘱继承权方面的逐步完善。无遗嘱继承直接源于《十二表法》第五表第4条和第5条的规定:"无遗嘱而死者,又无当然继承人的,其遗产由最近的宗亲享有。""如无宗亲,由族亲享有财产。"〔38〕根据这两条的规定,无遗嘱继承的适用是在遗嘱继承之后,其继承的顺位是:当然继承人、宗亲、族亲。当然继承人即自权继承人,是在家父死亡时处在其权力下,由于其死亡成为自权人的亲属,包括婚生子女、养子女、有夫权婚姻的妻子(她处于女儿的地位)、处于家父权下的孙子女。他们由于处于家父权下无可选择地成为继承人,不存在拒绝或接受遗产问题,因此称为当然继承人。〔39〕

可知在十二表法时期,女性和男性只要是自权继承人,在无遗嘱继承方面的权益是被同等对待的,因为此时的继承法主要是以宗亲为核心建构起来的。但是,在血亲以及女性宗亲的亲等这种无遗嘱继承的延展性权利方面,男女两性则被区别对待。根据优士丁尼《法学阶梯》对古法中相关规定的记载可知,女性宗亲在无遗嘱继承中是受到歧视对待的。"在男性宗亲间,即使亲等很远,都通过宗亲权相互取得遗产。但对女性……更远亲等的女性不取得遗产。但男性,即使亲等很远,被允许取得她们的遗产……"〔40〕此段法言不仅说明女性宗亲的远亲等受歧视,而且道出了男女两性的宗亲之间的继承缺乏相互性、是不公正的。此外,在母亲与子女之间的继承问题上,母亲的遗产只能由宗亲继承而不能由其子女继承,母亲不能继承子女。〔41〕这是血亲方面的性别主义体现。据此,女性遗嘱继承的权益受到极大限制,不仅己身之遗产不可处置、不能继承子女,而且与己身有血缘关系的子女也不能继承她的遗产。盖尤斯说:"通过女性亲属关系联系在一起的血亲,不允许继承,甚至在母亲和儿子或者女儿之间也不存在相互取得遗产的权利。"〔42〕这反映出无夫权婚姻中的继承关系,母亲和子女不可相互继承,从宗亲继承和母亲不可继承子女两方面对女性歧视对待。后来,优士丁尼法进行了如下两方面的革新:

第一,消除宗亲和血亲的区分。市民法的继承完全依据政治性关而排除血缘关系,使具有最密切血缘关系的人被排除继承,导致不公。裁判官基于公平考虑,

---

〔38〕 徐国栋等译:《〈十二表法〉新译本》,载《河北法学》2005年第11期。

〔39〕 周枏:《罗马法原论》(下册),商务印书馆2014年版,第579页。

〔40〕 I. 3,2,3. 徐国栋:《优士丁尼〈法学阶梯〉评注》,北京大学出版社2011年版,第345页。

〔41〕 [意]彭梵得:《罗马法教科书》,黄风译,中国政法大学出版社2005年版,第369页。

〔42〕 Gai. 3,24. [古罗马]盖尤斯:《盖尤斯法学阶梯》,黄风译,中国政法大学出版社2008年版,第142页。

在宗亲权和血亲权之间进行权衡，以消除将血亲排除出继承人范围的不公。继承制度开始兼顾血亲，变革之前以宗亲为核心的继承规定。优士丁尼发布的最后一项改革措施，清除掉宗亲制度的所有痕迹，体现在优士丁尼第118条《新律》之中：

Nov. 118,4。我们不希望在被召集为继承的人（*successione aut hereditate*）之间存在任何区别，如果他们与已故的人（*personam defuncto*）有关，被召集确定为共同的继承人的他们不管是男性还是女性；但是我们指出宗亲和血亲在继承上的区别将被废除，不管这种关系源于妇女（*per femineam personam*）、通过解放（*per emancipationem*）或者其他按照先前的法律规定的任何方式；我们命令所有的人在这方面没有任何区别，根据他们的亲等关系程度，均有权享有其同源的无遗嘱继承（*successionem ab intestato*）。

由该段法言观之，市民法上的无遗嘱继承主要以宗亲为核心构建。裁判官法上的无遗嘱继承对之进行改革，将血亲囊括进来，使两者均可以享有继承权。对继承顺位的改革也扭转了唯宗亲而忽视血亲的不对等格局。优士丁尼第118号新律把宗亲继承彻底废除，完全以血亲为基础。在继承问题上，男性与女性的区别、宗亲与血亲的区别都不再被考虑，任何人都有权按照自己与被继承人血缘的远近关系参与继承。从此也实现了对女性权益的全面保护，保护范围扩展至基于己身的延展性权益。另外，此号新律和第127号新律同时构成对无遗嘱继承的重大改革。继承的依据从此便是自然家庭，亦即带有自己亲等的血亲关系和婚姻。〔43〕

第二，母亲取得对子女遗产的继承权。阿德里亚努斯（76～138年）皇帝颁布了《特尔图鲁斯元老院决议》赋予"母亲继承子女遗产"的继承权，但是该元老院决议的范围是特定的，即"生有3个子女的生来自由人母亲和生有4个子女的解放自由人母亲"，〔44〕但是这就限制了少生或没有子女的妇女享有继承子女遗产的权利。后来，据优士丁尼《法典》记载一项颁布于250年敕令可知："基于血缘关系，妇女们亦被允许通过无遗嘱继承获得遗产。这是一项现行的法律规定。"〔45〕但是此时的"妇女们"仍然为上述特定的女性。直到534年，优士丁尼皇帝致大区长官乔万尼的敕令将无遗嘱继承权赋予全体女性，其辞曰："基于合法婚姻出生的每一个后代，无论男女，都有着进行无遗嘱继承的权利。"〔46〕此外，根据优士丁尼《法学

〔43〕［意］彭梵得：《罗马法教科书》，黄风译，中国政法大学出版社2005年版，第372页。

〔44〕I. 3,3,2. 徐国栋：《优士丁尼〈法学阶梯〉评注》，北京大学出版社2011年版，第350页。

〔45〕C. 6,58,3.［意］桑德罗·斯奇巴尼选编：《婚姻、家庭和遗产继承》，费安玲译，中国政法大学出版社2001年版，第427页。

〔46〕C. 6,58,15pr..［意］桑德罗·斯奇巴尼选编：《婚姻、家庭和遗产继承》，费安玲译，中国政法大学出版社2001年版，第435页。

阶梯》第三卷第 3 题对该元老院决议的法史流变进行了相应的记载,有着更详细的规定:

I. 3,3,5。……朕授予不论是生来自由的还是因为解放获得自由的母亲完全的合法权利,尽管她们未生 3 个或 4 个子女,而只生了被死亡夺去的那个儿子或女儿,即使在这样的情况下她也被召集参加对其子女的法定继承。〔47〕

此规定赋予所有母亲对子女的继承权,并取消了母亲们过去承受的扣除 1/3 的特留份的负担,使其成为第一顺位的继承人。

申言之,《十二表法》中确立的体制是母亲不能继承子女,子女亦不得继承母亲。如此显然不公平,也不利于女性权益的保护,后来出现对不公的纠正。克劳丢斯皇帝授予丧子母亲对子女遗产的无遗嘱继承权;阿德里亚努斯皇帝时期的《特尔图鲁斯元老院决议》授予有 3 个子女的生来自由人母亲以及有 4 个子女的解放自由人母亲对子女遗产的无遗嘱继承权,进一步扩大了主体的范围;优士丁尼时期取消母亲享有对子女继承权附加的条件,授予给所有母亲对子女的继承权。〔48〕至此,妇女在继承方面的权益得以全面保护。此外,对妇女己身遗产的继承允许"子继承母"。公元 178 年的《奥尔菲图斯元老院决议》允许子女继承无遗嘱而死的母亲的遗产,使子女成为母亲第一顺位的法定继承人。这一规定为优士丁尼法所承袭。〔49〕

当然,除了女性的立遗嘱权与继承权,对女性财产权益的保护还涉及其他制度,如嫁资制度的逐步完善,特别是优士丁尼法中嫁资退还的诉讼保障更加科学。共和末期开始,妻子带来的嫁资不再是对丈夫的赠予,丈夫不能获得嫁资的所有权,只能享有占有、使用和收益的权能。婚姻关系解除后,法律规定丈夫有返还嫁资的义务。裁判官由此创设妻财之诉,旨在保护未以要式口约约定嫁资返还事宜的妻子的嫁资追索权。西塞罗认为妻财之诉是"最公平的即为最好的"〔50〕,因为其授权法官作出更好更公平的判决。妻财之诉是真正的嫁资之诉,诉权归属于自权人的妇女己身,这是其进步之处。但是若妇女非自权人,诉权则属于其家父,且该诉权不可继承。后来,优士丁尼于 530 年废除了妻财之诉,允许妇女或她的继承人提起唯一的嫁资诉讼。这样退还嫁资的义务始终与嫁资相伴随,不因女性的死亡而消灭。这具体体现在《法学阶梯》第四卷第 6 题的诉权部分,优士丁尼法将妻

〔47〕 徐国栋:《优士丁尼〈法学阶梯〉评注》,北京大学出版社 2011 年版,第 352 页。

〔48〕 徐国栋:《优士丁尼〈法学阶梯〉评注》,北京大学出版社 2011 年版,第 352 页。

〔49〕 I. 3,4pr.. 徐国栋:《优士丁尼〈法学阶梯〉评注》,北京大学出版社 2011 年版,第 354 页。

〔50〕 徐国栋:《地方论研究:从西塞罗到当代》,北京大学出版社 2016 年版,第 46 页。

财之诉移入要式口约之诉中,赋予妻子的嫁资返还请求权对丈夫财产的抵押权,并赋予此种抵押权优先性。[51] 足见优士丁尼甚至不惜牺牲他人之债权以保全妇女之权益的立法思想。

五、代结语:优士丁尼法保护女性财产权益的理论基础

立法者制定的任何法律要想获得长久的生命力,必有其深厚且正确的理论加以支撑。若理论本身存在瑕疵,该法律必将走向失败与消亡,譬如古罗马法中对通奸进行规制的《惩治通奸罪的优流斯法》。该法颁布的背景是第二次布匿战争后希腊化的影响导致罗马传统家父权的式微,由于女性的独立与自由(包括性自由)的发展威胁到奥古斯都的政权稳定,于是颁布此法。但是该法只苛求女性,注重打击已婚妇女,[52]对男性则睁一只眼闭一只眼,暴露出典型的男性主义色彩。正如有学者研究表明,惩奸法失败的原因在于只对当事人一方课以义务,对人性缺乏基本认识,对妻子和丈夫要求过高。[53] 这在某种程度上说明了法律在对男女两性进行权利义务的配置时,应该尽可能的平衡两性关系,特别注重考量女性的权益。这种将男女两性等而视之的理念是正确的。考察相应史料,笔者认为优士丁尼法确立女性财产权益保护的制度背景和社会基础主要是:

第一,基督教的精神思想。优士丁尼法时代,妇女在私法上有如此的法律地位,财产权益不断得到保护,至少可以说是人类社会发展史中女性权益保护的一次跨越式进步。这种历史性进步的推动者主要是当局者。其中是否像现代女权运动中有女性社会参与的积极助推,有待考证。但是可以说,女性权益不断得到推进式的保护是与当时当局者的基督教政策相关联的。这是女性财产权益保护原则确立的精神史基础。前基督教时期,罗马人将死者称作“马内斯”(*manes*),人们应该将其视作神灵向其致敬。[54] 这种对死者的崇拜为基础的家内宗教,供奉着自己的家神。罗马的家庭有自己的家神,而且每个氏族也有自己的神,再大到部落、城邦,都有自己的神,也正如古朗士所言:“部落的联合或自愿或是强力,但是其纽带则是宗教。”[55] 古罗马的传统宗教是一种威权型宗教,罗马人对神充满敬畏之心,“神之于人正如

---

〔51〕[意]彭梵得:《罗马法教科书》,黄风译,中国政法大学出版社2005年版,第126页。

〔52〕徐国栋:《罗马公法要论》,北京大学出版社2014年版,第267页。

〔53〕马海峰:《重塑贞妇——〈尤里乌斯惩奸法〉述评》,载《现代法治研究》2018年第1期。

〔54〕[法]菲斯泰尔·德·古朗士:《古代城市:希腊罗马宗教、法律及制度研究》,吴晓群译,上海人民出版社2012年版,第46页。

〔55〕[法]菲斯泰尔·德·古朗士:《古代城市:希腊罗马宗教、法律及制度研究》,吴晓群译,上海人民出版社2012年版,第155页。

债主之于债户;每一个神各有其正当权利,可以要求人们做出某种成绩和贡献,尘世有多少事,天上就有多少神。"[56]家庭内部,祭司神乃家父之权利,家神的威权嫁接到家父身上产生了家父的敬畏。家父至高无上,妻儿则要服从家父才能更好地生活。到基督教时代,基督教对罗马社会中的这种传统宗教加以冲击,使家父的权威受到挑战与质疑。基督教于公元1世纪由保罗传入罗马。313年发布的《米兰敕令》明确了基督教的合法地位。[57] 392年,狄奥多西一世将基督教奉为国教。基督教主张人人平等,不分种族、性别、国籍。这种带有人道主义的宗教思想必然渗透到罗马法中。优士丁尼法中有许多关于宗教的规定,也有许多制度也反映了基督教对其影响。[58] 罗马世界皈依基督教使女性地位发生巨变。[59] 诚然,早期罗马法中女性地位十分低下,处于他权人地位。但自共和末期的罗马对外扩张加剧,罗马传统习俗逐渐被东方宗教文化影响,使妇女逐渐摆脱传统道德的束缚和人身的禁锢,为女性法律地位的提升和女性的解放创造契机。到优士丁尼时期,女性的权益保护逐步改革,法律地位几乎与男子持平,这是极其振奋人心的。基督教对女性的态度影响到罗马基督教皇帝对待女性的态度。[60] 此外,随着基督教国教地位的确立和教义的影响,诸如嫁资之诉等女性财产权益保护的诉权最终被全面接受并有所深化。[61] 也诚如学者所考证的,基于特有产制度产生、基督教思想传入和嫁资制度的演进,家父在罗马家庭中财产和身份两方面垄断地位的消解,家父权在古典时期(罗马—希腊时期)出现式微。[62] 足见基督教思想对女性财产权益方面的法律制度的影响。

第二,女性经济地位提升的社会现实。公元1~2世纪罗马农业经济的变革,土地的大规模集中以及行省经济的发展,一种新的以地中海为中心的农业经济模式正在帝国范围内逐渐形成。它改变了地中海地区的社会,也将对罗马帝国的政

---

[56]　[德]特奥多尔·蒙森:《罗马史》(第1卷),李稼年译,商务印书馆1994年版,第158页。

[57]　参见[日]盐野七生:《罗马人的故事13:最后一搏》,麋玲译,中信出版社2013年版,第180页;[英]吉本:《罗马帝国衰亡史》(Ⅱ),席代岳译,吉林出版集团有限责任公司2011年版,第119页。

[58]　周平奇:《"评创新处、"注"疑惑点、"书"罗马法——读〈优士丁尼法学阶梯评注〉》,载《现代法治研究》2018年第1期。

[59]　Balsdon, J. P. V. D., *Roman women: their history and habits*, John Day Co., New York, 1963, p. 283.

[60]　汪琴:《基督教与罗马私法:以人法为视角》,法律出版社2011年版,第273~274页。

[61]　Matteo Marrone, *Considerazioni in tema di iniuria*, in Synteleia Vincenzo Arangio-Ruiz, Napoli, 1964, pp. 476-478.

[62]　滕佳一:《罗马法中家父权盛衰之历史解释——以家子地位的变化为线索》,载《东方法学》2014年第2期。

治产生了巨大的影响。〔63〕经济的变化导致了男女两性社会分工的出现。瓦罗《论农业》是写给他夫人丰达妮娅的,她购买一处地产并准备用于经营获利,瓦罗为此写了这部实用小册子。〔64〕这算是女性在家庭中经济管理方面的地位体现。除对女性管理能力的肯认之外,女性必须有大量可供管理的资财。而布匿战争造成了罗马人的大量伤亡,其结果之一就是使一大批的遗产落入妇女手中。虽然法律规定妇女要受监护人终身的监护,但随着监护制度的衰落,妇女的行为往往只需得到监护人形式上的许可即可,使这些遗产实际归妇女所支配和享有。妻子的嫁资权利即为明证。随着丈夫占支配地位的旧式婚姻逐渐向自由婚姻转变,妇女开始取得了经济上的独立。〔65〕为社会情势的发展必然带来法律的变革。此外,优士丁尼改革女性财产权益保护的法律也是基于巩固其统治的政治需求。

在基督教思想以及回应现实社会情势的理论和实践双重因素的影响下,优士丁尼法采取上述一系列措施来实现男女两性在继承领域的平等地位。女性的财产权益通过立遗嘱权的取得以及继承权的完善加以保障:立遗嘱权从无到有,从最初家族身份传承的公法性质到后来兼具财产性的公私法混合性质;遗嘱继承权从早期的遮遮掩掩,到优士丁尼法时期的明确规定,以及对指定继承人的形式、指名剥夺等的详细规定,并有诸如放宽女性的遗嘱作证能力等配套规定,达到周延保护女性财产权益之目的;对于无遗嘱继承权,优士丁尼法消除血亲和宗亲的区别,实行平等对待两性,并赋予母亲取得对子女遗产的继承权。德国学者奥托·基弗谈到古罗马妇女解放时曾说:"优士丁尼统治下的男女的权利基本相等,妇女最后在法律上和经济上都已发展成熟。获得两性关系自主、经济独立以及政治上的解放。"〔66〕诚哉斯言。人类的繁衍中两性扮演的功能是相似的,甚至可以说女性在生殖中扮演着更为重要的角色。此为优士丁尼法中所持有的常识。社会制度(包括法律)的一切发展的原点可以说是为了人,而人的来源就是两性的生殖。优士丁尼法已经贯彻此种理念。当然,两性平等问题始终是个困扰人类的难题,女性即使在当代社会亦有屈从之表现。两性的平等需要人类通过不断斗争(包括法律制度的完善)全面实现。随着女权运动的展开以及现代女性法律的发展,这种最原初的理念常识必须予以贯彻。优士丁尼法虽为古法,然其贯彻的理念却是历久弥新的,可为我国民法典中婚姻家庭与继承法方面的具体规定提供理念上的启发。

---

〔63〕 杨共乐:《论早期罗马帝国农业的变革》,载《北京师范大学学报》(社会科学版)2004年第4期。

〔64〕 [古罗马]瓦罗:《论农业》,商务印书馆1981年版,第14页。

〔65〕 [德]奥托·基弗:《古罗马风化史》,姜瑞璋译,辽宁教育出版社2000年版,第53页。

〔66〕 [德]奥托·基弗:《古罗马风化史》,姜瑞璋译,辽宁教育出版社2000年版,第53~54页。

欧盟被遗忘权：源流、内涵和立法价值*

刘洪华**

目　次

一、欧盟立法引发的被遗忘权概念之争

大数据开启了人类社会的一次重大时代转型。“遗忘成为例外，记忆成为常态”的数字化记忆规律颠覆了人脑的遗忘功能。“过去”只要轻点鼠标就能重现，挥之不去的记忆使人们受制于自己的过去，失去创新和改造自己的能力，曾经犯错的人们将永远背负沉重的“数字红字”。“网络只能记住，不能忘记”的挑战引领了欧盟个人数据保护法改革的新思潮，被遗忘权应运而生。

法国和意大利率先将保护隐私的传统制度遗忘权（法语 droit à l'oubli，意大利语 diritto al' oblio，英文通常译为 right to

* 本文为教育部人文社会科学规划基金项目“客体论视角下的人工智能法律规制研究”（项目编号：18YJA820008）的研究成果。

** 刘洪华，广东外语外贸大学法学院、华南国际知识产权学院副教授、法学博士。

oblivion)制度理念移植于个人数据保护领域。法国提出必要时个人数据应该有存储期限,[1]并在相关法案中要求网络公司和电信服务公司为电子邮件和短信息提供申请删除或约定期限删除的服务。[2] 意大利数据保护局指出遗忘权应该适用于网络世界,包含删除个人网络数据的权利。[3]

在成员国先行探索的基础上,2010年,欧盟委员会(下文简称欧委会)对个人数据保护现状进行调研,并向欧盟议会提交了《欧盟个人数据保护综合治理方案》的报告,指出:"新的网络技术环境下,个人控制本人网络数据的权利被大大削弱,个人查阅、修改和删除网络数据的权利难以保障,立法应强化个人数据控制权",特别指出:"被遗忘权是当个人数据不再因合法目的被需要时,相关个人具有使这些数据不再被处理并删除的权利",建议未来的立法对被遗忘权制度予以明确。[4]

2012年1月,欧盟发布《欧洲议会和欧盟理事会与个人数据处理有关的个人保护以及此类数据的自由流动条例的建议》[5](General Data Protection Regulation,以下简称《一般数据保护条例》草案或GDPR草案),其中第17条从立法上正式提出了被遗忘权,采用了"被遗忘权和删除权"(right to be forgotten and to erasure)的表述,指出该权利是"数据主体享有要求数据控制者删除与他们有关的个人数据,尤其是数据主体未成年时发布的个人数据,阻止这些数据进一步传播的权

[1] See Pere Simón Castellano, "A Test For Data Protection Rights Effectiveness: Charting The Future of The 'Right To Be Forgotten' Under European Law", *Columbia Journal of European Law Online*, 2013, p. 2.

[2] Charte du droit à l'oubli dans les sites collaboratifs et les moteurs de recherche, October 13, 2010, http://www.aidh.org/Actualite/Act_2010/Images/Charte_oubli_La_Charte.pdf. 转引自 Rolf H. Weber, "The Right to Be Forgotten: More Than a Pandora's Box?", 2 JIPITEC, 2011, p. 120。

[3] See Pere Simón Castellano, "A Test For Data Protection Rights Effectiveness: Charting The Future of The 'Right To Be Forgotten' Under European Law", *Columbia Journal of European Law Online*, 2013, p. 2.

[4] See EC Communication to the European Parliament, the Council, the Economic and Social Committee and the Committee of the Regions, "A comprehensive approach on personal data protection in the European Union", Brussels, 4.11.2010, COM(2010) 609 final, pp. 1-8.

[5] Proposal for a Regulation of the European Parliament and of the Council on the Protection of Individuals with Regard to the Processing of Personal Data and on the Free Movement of Such Data (General Data Protection Regulation), COM (2012) 11 final (Jan. 25, 2012).

利。"[6]作为个人数据保护法的立法风向标,欧盟的被遗忘权概念和制度引发了诸多国家的关注与讨论。"被遗忘权是什么"成为学者们首先关注的问题。欧盟立法提出了被遗忘权这个术语,但是并未明确其概念和实质内容。在诸多法律学者看来,作为法律概念,被遗忘权如同横空出世,有学者指出:"在某种意义上,被遗忘权是一种非典型性的假设,时至今日,它不但缺乏法律规定,也缺乏教义学的支撑",[7]另有学者指出:"被遗忘权字面含义很直观,但作为一个法律概念,其法律形式和实质含义缺乏分析",[8]还有学者则指出:"被遗忘权就是一种删除权,被遗忘权的命名不妥,应该被重新命名"。[9]

在各种质疑与批判声中,2014 年 3 月欧洲议会立法审议一读程序对《一般数据保护条例》(草案)进行了修改,删除了第 17 条条文名称中的"被遗忘权",改为"删除权"(right to erasure),指出该权利是"数据主体享有要求数据控制者删除与他们有关的个人数据,阻止这些数据进一步传播以及要求第三方删除这些数据的链接、副本或复制件的权利"。[10] 此次立法审议,虽然删除了第 17 条条文名称中的被遗忘权术语,但是条文内容几乎未做修改,学者认为第 17 条仍包含着被遗忘权的立法思想。

然而,草案审议后的两个月,欧盟法院的一个案例扭转了被遗忘权的立法格局。2014 年 5 月,欧盟法院在"谷歌西班牙分部和谷歌公司诉西班牙数据保护局和马里奥·科斯特加·冈萨雷斯案"(Google Spain SL, Google Inc. v. Agencia Española de Protección de Datos, Mario Costeja González)(以下简称谷歌诉冈萨雷斯案)案中判决谷歌公司删除其搜索引擎索引的西班牙劳动与社会事务部授权《先锋报》(La Vanguardia)于 1998 年 1 月 19 日和 3 月 9 日发表的两篇关于强制拍卖冈萨雷斯的房产的公告的链接。尽管该两篇公告是由权威机构发布的真实信息,

---

[6] "The data subject shall have the right to obtain from the controller the erasure of personal data relating to them and the abstention from further dissemination of such data, especially in relation to personal data which are made available by the data subject while he or she was a child..." See General Data Protection Regulation, 2012, Article 17.

[7] Patricia Sanchez Abril, Jacqueline D. Lipton, "The Right To Be Forgotten: Who Decides What The World Forgets?" 103 *Ky. L. J.*, 2014, p. 380.

[8] Bert-Jaap Koops, "Forgetting Footprints, Shunning Shadows: A Critical Analysis of the 'Right to Be Forgotten' in Big Data Practice", SCRIPTed, 2011, Vol. 8, No. 3, p. 2.

[9] See Paul A. Bernal, "A Right to Delete?", 2 *European Journal of Law and Technology*, 2011, pp. 1-3.

[10] "The data subject shall have the right to obtain from the controller the erasure of personal data relating to them and the abstention from further dissemination of such data, and to obtain from third parties the erasure of any links to, or copy or replication of, that data..." See General Data Protection Regulation, 2014, Article 17.

但是法院支持了冈萨雷斯要求删除过时的信息的诉求,学界认为该判决预示着被遗忘权在欧洲判例法中的确立。

谷歌诉冈萨雷斯案将被遗忘权立法推向另一个高潮,最终不仅欧洲判例确立了对被遗忘权的保护,2016年5月公布的《一般数据保护条例》正式文本以“删除权(被遗忘权)”的表述将被遗忘权写入了法案。第17条规定,删除权(被遗忘权)是当法定情形出现时,数据主体享有要求控制者不过分迟延地删除与他/她相关的个人数据,控制者有义务不过分迟延地删除这些个人数据。[11]

尽管欧盟立法最终确立了被遗忘权在个人数据保护法上的地位,但是被遗忘权究竟是什么,如此“颇费心机”地将它写入个人数据保护法有何意义,这些问题的解答对于了解被遗忘权制度,甚至对于把握个人数据保护法的发展趋势具有重要意义。被遗忘权是具有欧洲法制传统背景的一个制度,它与欧洲国家产生于20世纪60年代的遗忘权制度以及个人数据保护法上的个人数据删除制度具有密切联系,本文欲通过对被遗忘权的渊源、内涵和立法价值的探索,揭示一个真实的被遗忘权。

二、被遗忘权的历史渊源:隐私法上的遗忘权

被遗忘权是个人数据保护法上的新概念和新制度,但是被遗忘权并非横空出世,查阅被遗忘权的研究文献,多数学者认为被遗忘权是起源于法国和意大利的遗忘权制度(在我国也称“忘却权”),甚至有学者直接将其等同于遗忘权。[12] 在个人数据保护法的实践中,为解决个人过去信息的遗忘问题,法国和意大利首先尝试将本国法中的遗忘权制度移植于网络世界。但是,欧盟法确立的被遗忘权是否就是网络版的遗忘权?它们之间具有怎样的联系和区别?

(一)遗忘权

遗忘权产生于20世纪60年代中后期,是随着传媒业发展对隐私保护的冲击,而在法国以及欧洲其他国家通过判例确立起来的一项制度。[13] 它是法律赋予个

---

[11] “The data subject shall have the right to obtain from the controller the erasure of personal data concerning him or her without undue delay and the controller shall have the obligation to erase personal data without undue delay…” See Regulation(EU) 2016/679, Article 17.

[12] Norberto Nuno Gomes de Andrade, “Oblivion: The Right to Be Different ··· from Oneself Reproposing the Right to Be Forgotten”, Revista de Internet, Derechoy Política, 2012, p. 123.

[13] Alessandro Mantelero, “The EU Proposal for a General Data Protection Regulation and the Roots of the ‘Right to Be Forgotten’ ”, *Computer Law & Security Review*, 2013, Vol. 29, Issue 3, p. 1, Note 1.

人要求他人不再提及本人过去真实发生过的某些事情(尤其针对犯罪事实)的权利。[14]

20 世纪 60 年代中后期,随着广播和电视等视听传媒工具的兴起,新闻报道可以便利地反复播放,曾经的新闻报道,尤其是在事发当时具有一定影响力的事件,在时过境迁后,仍被媒体重播炒作,这给当事人带来了无法忘却过去,重新开始新生活的困扰。为了摆脱这种困扰,当事人纷纷向法院提起诉讼,控诉新闻媒体对过去事件的反复播报侵害了个人私生活安宁,侵犯了个人隐私,阻碍了个人发展。该类诉讼在法国得到支持,法国法院将这种诉讼形象地称为行使遗忘权(exercise of a droit à l'oubli)之诉。[15] 法院指出,因特定事件而成为公众关注焦点的个人,该事件对其隐私权的影响应该受时间限制,一旦公众对该特定私人事件的兴趣因时间的经过而消失了,该个人有权从公众关注中消失,重新获得匿名生活和个人隐私。[16] 实践中,遗忘权主要适用于刑事犯罪事实的再次公开问题,通常是曾经的刑事案件犯罪人在刑罚执行完毕之后,发现媒体并未停止通过电视或广播等媒介报道其犯罪和被监禁的事实,当事人因此提起诉讼请求法律保护的情形。究其本质,遗忘权是在新闻自由和个人权利保护的对立关系中产生的,它通过对媒体活动施加一定的限制,禁止媒体再次公开个人生活中曾经是公众感兴趣的事件,维护个人权利。遗忘权制度的价值在于它维护了个人的自主决定权,满足了个人对本人生活和发展自主决定的基本需求,个人不至于因过去曾做过某事而永久地受指责,尤其是当这些事情是发生在很多年以前并且与当代语境无任何关系时,遗忘权制度使个人摆脱了受制于过去的不公平状况。

(二)被遗忘权对遗忘权的继承与发展

依据欧盟立法,被遗忘权是个人数据保护法上,个人要求数据控制者删除与本人有关的某些个人信息,阻止这些信息继续在网络传播的权利。依据谷歌诉冈萨雷斯案判决,被遗忘权主要是针对过时的负面信息主张删除的权利。尽管产生于不同的时代,被遗忘权与遗忘权存在密切联系。

首先,在产生原因上二者均是传媒业发展推动立法和司法发展的产物。遗忘权是法律应对广播和电视等音像传媒手段的发展对个人权利保护带来的新威胁而逐步确立起来的。被遗忘权是互联网时代网络传媒的发展,尤其是网络传媒发展

---

〔14〕 See Paul A. Bernal, "A Right to Delete?", 2 *European Journal of Law and Technology*, 2011, p. 2.

〔15〕 Hans Graux, Jef Ausloos and Peggy Valcke, "The Right to be Forgotten in the Internet Era", ICRI Working Paper, 2012, p. 4.

〔16〕 Alessandro Mantelero, "The EU Proposal for a General Data Protection Regulation and the Roots of the 'Right to Be Forgotten'", *Computer Law & Security Review*, 2013, Vol. 29, Issue 3, p. 2, Note 1.

到以大数据和云存储为技术支持的自媒体时代,人们对个人权利保护提出新要求的产物。自媒体时代,在大数据、云计算和云存储等网络技术以及社交网络、电子商务和移动通信等网络服务的支持下,人人可以创造网络内容,人人可以发布网络信息,及时删除不相关的网络个人信息对个人权利保护至关重要。被遗忘权应运而生,为人们删除网络个人信息提供法律依据。其次,被遗忘权和遗忘权的产生基础均是"遗忘"具有社会价值且该种价值需要得到保护。在遗忘权产生之前,作为一种公共政策,"遗忘"被适用于违法和犯罪记录的登记管理中。公共机关认为,一个人年轻时犯下的错误和过去的轻微违法犯罪行为不应该成为其未来发展的永恒阻碍。因此,在实践中,公共当局通常在一定期间经过后从官方记录中删除个人的违法记录和情节较轻的犯罪记录,给当事人另一个发展的机会,促进其重新回归社会。随后,"遗忘"制度被编入维护和定期清除官方记录的法规中,随着社会的发展逐步成为一项个人权利,适用于隐私保护和人格保护的案例中。遗忘权和被遗忘权均是在"遗忘具有社会价值,需要得到保护"这个基础和理念上发展起来的。最后,被遗忘权与遗忘权之更重要的联系在于二者价值理念上的一脉相承性。被遗忘权与遗忘权之联系不在于二者均有"遗忘"二字,而在于被遗忘权汲取了内含于遗忘权中"满足人类自主决定其人生发展需求"的价值。该内在价值使遗忘权概念得以扩散,并能对不同法律中的相关权利进行保护。大众传媒的发展和实力上的日益增强,肯定了遗忘权的实用性,并且为其在当代的存续和在数据保护法中的认可提供了正当理由。[17] 再次公开或持续公开某些曾经公开过的个人信息,会对个人现在的生活和未来的发展造成损害,这是遗忘权和被遗忘权在不同的传媒条件下所共同面临的问题。遗忘权在新闻自由和隐私保护的对立关系中,通过对媒体行为的限制,为维护个人对其人生发展的自主决定性提供了法律依据。当个人信息的公开由过去主要通过电视、报纸和广播等传统媒体实现,转变为通过拥有强大传播力的网络来实现时,遗忘权的价值理念向网络空间延伸,被遗忘权继承了该价值理念,以其特有的制度设计,保障网络上"遗忘"价值的实现。

然而,尽管被遗忘权与遗忘权存在密切联系,作为产生于不同时代的两个概念和制度还是存在诸多区别。首先,从权利性质而言,在欧盟法中,遗忘权是作为基本权利的隐私权的一部分,属于《欧洲联盟基本权利宪章》第 7 条"尊重隐私和家庭生活"的内容;被遗忘权属于个人数据保护的内容之一,体现在《欧洲联盟基本权利宪章》第 8 条"保护个人数据"的规定中。该法条规定每个人都有权保护其个

---

〔17〕 Alessandro Mantelero, "The EU Proposal for a General Data Protection Regulation and the Roots of the 'Right to Be Forgotten'", *Computer Law & Security Review*, 2013, Vol. 29, Issue 3, p. 2, Note 1.

人数据,个人数据必须以数据主体的同意或法律的规定为前提而被收集,并依特定的目的而公平的处理,每个人都有权查询与自己有关的个人数据,并有权修订与自己相关的个人数据。随着个人数据保护权独立于隐私权,并在欧盟法中确立其独立权利地位,被遗忘权的权利属性更加明确,即属于个人数据保护权的内容。其次,遗忘权与被遗忘权被援引为权利人提供救济的情形不完全相同。诉请遗忘权被侵犯的情形通常是主流媒体(报纸、新闻广播、广播剧等)对已经公开了的个人私生活的不适宜的或过度的报道或传播。而援引被遗忘权寻求救济的案件,与主流媒体可能没有关系,其中并不存在主流媒体对事件的不当披露或宣传,而主要与网络传播本身的特性有关,所涉及的被遗忘的内容也非常广泛,包括数据主体的隐私数据在内的各种个人数据。最后,二者的规制目的不完全相同。相比于个人隐私,个人数据包含更多公共价值,因此,尽管规制手段上二者都是通过"遗忘"达到保护个人权利的目的,但是,被遗忘权的实现需要进行更多的利益衡量。从本质上而言,被遗忘权的目的在于通过提供一个适当的个人数据控制机制,为个人数据创设并维持一个合理等级的保护。因此,如果说遗忘权旨在为人们的隐私保护提供一个对抗媒体发展带来的挑战的法律依据;则被遗忘权旨在为人们提供一个对自己的个人数据的获取和使用行使更大程度的控制权的法律依据。〔18〕

可见,"遗忘权"是在传统传媒时代,要求媒体对已经公开过的有一定社会影响的事件(对当事人而言是负面事件),自该事件发生后已经经过了很长时间,就不应再次传播和炒作,以使当事人回归正常生活和重新开始。"被遗忘权"是在网络传媒时代,赋予个人有权主张删除某些有关自己的数据,使这些数据不再在网络上传播和被利用,以维护个人权利。被遗忘权与遗忘权存在历史渊源关系,但是,二者在产生背景、规制范围、具体内容、基本原则等方面均存在重大区别,二者分别在不同的领域发挥各自的作用,不能相互替代和混同。

三、网络传媒时代被遗忘权的直接渊源:删除权

被遗忘权与删除权是何种关系一直是一个颇具争议的问题。自欧委会于 2012 年提出 GDPR 草案,在第 17 条将"被遗忘权与删除权"作为条文名称,到 2014 年 GDPR 草案修订稿将第 17 条条文名称更改为"删除权"再到 2016 年 GDPR 最终版本将第 17 条条文名称更改为"删除权(被遗忘权)",立法者在二者关系的处理上的犹豫不决和含糊态度使被遗忘权与删除权的关系更加扑朔迷离。被遗忘权与

〔18〕 Hans Graux, Jef Ausloos and Peggy Valcke, "The Right to be Forgotten in the Internet Era", ICRI Working Paper, 2012, p. 5.

删除权均是个人数据保护法上的概念,且二者实现制度目标的手段都是删除数据,欧盟立法分别提出删除权和被遗忘权概念意义何在?二者关系如何?

(一)删除权

删除权是早已存在于欧洲第一代数据保护法中的制度,是法律赋予个人享有删除某些网络个人数据的权利。在欧盟 1995 年《数据保护指令》实施之前,欧洲一些国家颁布的数据保护法中就已经有删除权的立法例。德国 1977 年实施的《联邦数据保护法》第四节规定:"每个数据主体都有权:……(4)作为封存数据的替代,删除未经允许而被存储的有关自己的数据或者当这些数据被存储时所具备的初始条件已经不再适用,而删除数据"。法国 1978 年实施的《数据保护法》在更正权中规定了数据的毁灭。该法第 36 条规定,如果个人数据不准确、不完整、有歧义或过时了,或如果数据的收集、使用、向第三人披露或储存是被禁止的,数据主体可以对数据进行修订、补充、澄清、使其合时宜或毁灭数据。英国 1984 年《数据保护法》第 24 条规定了修正权和删除权,该条规定,数据主体可以向法院申请修正或删除不准确的数据和数据控制者持有的任何数据,该申请需说明修正或删除数据的理由。荷兰 1989 年《数据保护法》也规定了删除权,该法第 33 节(1)规定,如果根据数据存储目的,某数据确实是不准确、不完整的,或者是不相关的,或者是以与法律规定不相符的形式出现在文件中,数据主体有权书面要求数据使用者更正、补充或删除该数据。综观欧洲各国立法例的相关规定,数据删除通常是与数据的封存、修订、更正、补充等数据处理手段并列规定,并且所针对的数据主要是"不准确的、根据数据收集目的,已经不再必要的或者被非法收集的"。欧盟《数据保护指令》在吸收成员国立法经验基础上,在第 12 条"获取权"(right of access)的(b)项规定了删除权。该条规定:"成员国应保证数据当事人有权从数据控制者处获得:……(b)在适当情形下,更正、删除或封存未依据本指令的规定处理的数据,尤其是不完整或不准确的数据"。从立法形式而言,《数据保护指令》仍然将数据删除与更正和封存并列规定,从删除对象而言,尽管该条特别强调了"不准确或不必要的数据"是删除的对象,但是并不限于这些数据,其中"未依据本指令的规定处理的数据"的表述,为数据主体权益的保护提供了丰富的理由,也给司法实践带来了解释上的疑难和为删除权的进一步发展留下空间。

(二)被遗忘权与删除权关系争议和辨析

被遗忘权是欧盟修订 1995 年《数据保护指令》提出的新概念。但是,不少研究者认为,被遗忘权并非新概念和新制度,《数据保护指令》早已包含被遗忘权的内容。研究者指出,《数据保护指令》第 12 条(b)项中的"依据本指令处理数据"主要指依据指令第 6 条第 1 款规定的五项与数据质量有关的原则和第 7 条规定的六项数据处理的合法依据,这些原则和依据为数据主体行使删除权提供了广泛的基础,包含了所谓的被遗忘权的删除。也有研究者指出,指令第12条(b)项和第6条第1款(e)项联合使用可构成与《一般数据保护条例》第17条规定的被遗忘权类似的权利。[19] 第6条第1款(e)项规定了目的限制原则,即个人数据仅能在符合收集或进一步处理该数据的目的所必需的期限内以可识别数据主体身份的方式保存,而数据的收集和处理是以数据主体同意为前提的,数据主体对数据收集或处理的目的的界定具有主动性,一旦数据主体认为数据处理者对数据的处理与初始目的不相符,则可以援引第12条(b)项行使删除权。另有研究者指出,将指令第12条(b)项与第14条反对权结合使用,即可达到行使被遗忘权的效果。[20] 因此,有学者指出,欧盟2012年提出的被遗忘权并未对数据删除的现有规则做出根本性的改变,它的规制方式与《数据保护指令》第12条规定的删除权是相似的,它只是对具体条件进行了更细化的规定。[21] 另有学者则直接指出,被遗忘权的提法是新瓶装旧酒。[22] 也有学者认为,被遗忘权有一定的创新,但是其创新不在于它赋予了人们一项新权利,而在于它在信息电子化传播面临新形势的情况下,为扩大个人权利保护提供了不一样的规则。[23]

被遗忘权与删除权关系十分密切,二者均是通过数据删除达到个人权利维护的目的。但是被遗忘权与删除权并非完全相同。数据删除制度产生于个人数据保护法立法的早期,欧盟法上的数据删除最初是寄居于“获取权”之下,主要强调对客观上“不完整或不准确的数据”的删除,尽管通过扩大解释也可以适用于其他数据删除的情形,但是这种扩大解释的适用在司法实践中并非轻易可以实现,尤其是将网络信息删除扩展到包括对“真实的和准确的信息”的删除,这可能被认为是违背立法本意的。谷歌诉冈萨雷斯案即是一例,该案最终诉诸于欧盟法院对1995年

---

〔19〕 Ignacio Cofone,“Google v. Spain: a Right to be Forgotten?”,15 *Chicago-Kent Journal of International and Comparative Law*, 2015, p. 6.

〔20〕 Gabriela Zanfir,“Tracing the Right to be Forgotten in the Short History of Data Protection Law: The ‘New Clothes’ of an Old Right”, the Computers, Privacy and Data Protection conference, 2014, Brussels, p. 3.

〔21〕 Alessandro Mantelero,“The EU Proposal for a General Data Protection Regulation and the Roots of the ‘Right to Be Forgotten’”, *Computer Law & Security Review*, 2013, Vol. 29, Issue 3, pp. 8-9. Note 1.

〔22〕 Gabriela Zanfir,“Tracing the Right to be Forgotten in the Short History of Data Protection Law: The ‘New Clothes’ of an Old Right”, the Computers, Privacy and Data Protection conference, 2014, Brussels, p. 4.

〔23〕 Alessandro Mantelero,“The EU Proposal for a General Data Protection Regulation and the Roots of the ‘Right to Be Forgotten’”, *Computer Law & Security Review*, 2013, Vol. 29, Issue 3, p. 9. Note 1.

《数据保护指令》的相关规定进行解释方得到解决。被遗忘权是个人数据保护发展到大数据时代才提出来的概念,是在网络信息即时传播、社交平台兴起以及网络信息被无限量存储等信息技术新发展背景下产生的法律应对之策,其重点在于赋予数据删除一种人格自决的内涵,强调法律对个人数据删除的主观意愿的尊重,大有尊重个人之"我的信息我做主"意愿的意味。

删除权与被遗忘权具有个人信息保护法不同发展阶段的时代烙印。尽管从形式上而言,被遗忘权也是一种删除权,[24]但是被遗忘权是对早期的数据删除制度规制范围的扩展和制度内涵的深化。作为数据保护法上的制度,删除权是被遗忘权的直接渊源。删除为被遗忘提供了手段,被遗忘为删除增添了内涵。概言之,过去的数据删除制度关注重点是"数据的客观状态如何",而非"数据背后的人的主观意愿如何",其保护人格的内涵未被挖掘和发展。被遗忘权是个人数据保护立法发展到一个新时期的标志,即个人数据保护进入一个个人数据权充分独立且内涵得到全面彰显的时代,这也是欧盟《一般数据保护条例》最终没有在第 17 条条文标题中抹去被遗忘权的缘故。

四、被遗忘权的内涵

(一)学界对被遗忘权的不同认识

学界对于被遗忘权的认识存在很多争议。

从对被遗忘权含义的理解而言,有广义和狭义之分。持广义被遗忘权观点的学者认为,被遗忘权是数字世界中个人对与其相关的信息进行完全控制的权利,该权利通过个人申请删除与之相关的数据而得到广泛的体现,其既包含遗忘权意义上的"被遗忘"也包含现代信息社会信息删除意义的"遗忘"。[25] 持狭义被遗忘权观点的学者认为,被遗忘权就是删除权,是在数据最小化原则基础上产生的一项权利,是数据主体要求数据持有者履行数据最小化原则义务即删除不再必要的数据之义务的权利,被遗忘权的核心含义是删除。[26] 还有持更狭义观点的学者认为,被遗忘权是针对搜索引擎的一项权利,可以称为"断链权"或"去索引权"(the right to be delisted/de-indexed/delinked),是指人们拥有要求搜索引擎从搜索结果中删

---

〔24〕 Paul A. Bernal, "A Right to Delete?", 2 *European Journal of Law and Technology*, 2011, pp. 1-2.

〔25〕 See Napoleon Xanthoulis, "Conceptualising a Right to Oblivion in the Digital World: A human rights-based approach", Dr. K. Chrysostomides & Co. LLC, 2012, p. 2, 9.

〔26〕 Paul A. Bernal, "A Right to Delete?", 2 *European Journal of Law and Technology*, 2011, pp. 1-3.

除通过查找个人姓名而搜索到的与之相关的信息的权利。〔27〕

从对被遗忘权权利内容的认识而言,有积极权利说和消极权利说以及兼具积极性权利内容和消极性权利内容说之别。欧委会副主席Reding强调被遗忘权积极的一面。〔28〕 Reding认为,被遗忘权是当相关数据依据其被收集时的目的不再是必要的或当数据主体撤回对数据处理的同意或当数据储存期届满时,数据主体有权要求完全删除这些数据的权利。〔29〕 该种意义的被遗忘权追求一种及时删除数据的效果,体现了欧盟数据改革思想中的加强个人信息自决权的观念。Reding多次强调,加强个人权利需要确保个人得到更高水平的保护并确保个人对其数据的控制权,〔30〕个人数据保护法改革将使个人更好地控制其个人数据。〔31〕 及时删除个人数据的被遗忘权是一种可以被援引为对抗数据控制者的权利,该权利的实现既可以采取事前预防性的措施,即通过设定数据到期日使数据自动删除,也可以采取事后救济措施,即请求数据控制者删除某些已经公开的数据。与之相反,Koops则强调被遗忘权消极的一面。Koops主张立法上的被遗忘权的内涵应当建立在"向社会主张过时的负面信息不应该再被用来针对当事人"这层含义的基础之上。〔32〕 该种含义的被遗忘权着眼于被遗忘权的社会价值,即"促进社会遗忘,有利于社会整体发展",其规制的重点不在于数据的删除,而在于对如何使用数据的规制,即不强调数据的删除或完全删除,而重视数据被怎么用,强调社会对个人数据的妥善处理。该种含义的被遗忘权并不着眼于采取全面性的措施使个人对其个

〔27〕 See Stefan Kulk & Frederik Zuiderveen Borgesius,"Freedom of Expression and 'Right to Be Forgotten' Cases in the Netherlands after Google Spain", *European Data Protection Law Review*, 2015, Issue 2, p. 113.

〔28〕 作为欧洲司法、基本权利和公民权利专员(后为欧盟委员会副主席),Viviane Reding的观点具有官方性。Viviane Reding的言论发表后不久,被遗忘权就在《一般数据保护条例建议稿》第17条中规定了。Viviane Reding因为被遗忘权制度所做的开创性贡献被誉为"被遗忘权之母"。See Patricia Sanchez Abril, Jacqueline D. Lipton,"The Right To Be Forgotten: Who Decides What The World Forgets?" 103 *Ky. L. J.*, 2014, p. 372.

〔29〕 Viviane Reding,"The Upcoming Data Protection Reform for the European Union", *International Data Privacy Law*, 2010, p. 4.

〔30〕 Viviane Reding,"The Upcoming Data Protection Reform for the European Union", *International Data Privacy Law*, 2010, p. 4.

〔31〕 Vivian Reding,"The EU Data Protection Reform 2012: Making Europe the Standard Setter for Modern Data Protection Rules in the Digital Age", speech before Innovation Conference Digital, Life, Design, Munich, Jan. 22 2012, Accessed Nov. 14, 2015, http://europa.eu/rapid/pressrelease_SPEECH-12-26_en.htm.

〔32〕 Bert-Jaap Koops,"Forgetting Footprints, Shunning Shadows: A Critical Analysis of the 'Right to Be Forgotten' in Big Data Practice", SCRIPTed, 2011, Vol. 8, No. 3, pp. 238-256.

人数据的存在进行一般性的控制,而是区分具体情况,采取措施对他人在做出影响数据主体利益的具体决定时应该如何使用相关信息进行控制。Rouvroy 认为被遗忘权包含“被遗忘”和“使自己被遗忘”的利益,〔33〕兼具积极的权利内容和消极的权利内容。“被遗忘”是一种个人期望达到的效果,表示一种消极权利,强调他人具有忘记某人的个人信息的义务;而“使自己被遗忘”或说“使他人忘记自己的过去”,则更强调权利的积极性,倾向于表达个人拥有积极地控制其个人信息的自由或权力。

(二)被遗忘权的内涵

被遗忘权是因应大数据时代之“网络记住了一切,人类的遗忘天性被永久性数字记忆所取代”现状而产生的法律制度,其立法意旨在于赋予人们一项删除个人信息的一般性权利,以构建一个“个人信息被遗忘为常态,永久储存为例外”的网络空间。被遗忘权由积极方面和消极方面组成。积极方面是信息主体积极请求信息控制者删除个人信息的权利,消极方面指不以请求为前提,被遗忘权得到尊重和保护的权利。详言之,被遗忘权具有如下内涵:

第一,被遗忘权是以个人信息控制为核心的个人信息权的内容。个人信息权,欧盟《一般数据保护条例》称为个人数据保护权,是指自然人依法对其个人信息进行控制和支配并排除他人侵害的权利。个人信息控制是个人信息权的核心内容,是个人信息保护的基础。不同于物权人可以通过物理措施对相应的“物”进行控制,个人信息因具有共享性、可复制性和易传播性等特点,信息主体对公开于网络的本人信息无法通过物理手段进行控制,只能通过法定或约定的义务约束信息控制者。个人信息控制也不同于财产所有权人对所有物的控制和支配,鉴于个人信息的公共性和社会性,信息主体对个人信息的控制要受公序良俗和公共政策的严格限制。欧盟个人数据保护法以个人信息控制为基础理论,被遗忘权是在新的网络环境下对《数据保护指令》构建的数据控制理论——“同意理论”的强化,它通过对数据控制者施以数据删除的法定约束力,弥补同意制度的不足,使个人更有效地控制个人数据。〔34〕对被遗忘权的理解不能脱离个人信息控制权这个核心内容。因此,相比较而言,早期的删除权主要强调对事出有因(不准确、不完整、有歧义或存在其他非法情形)的信息的删除,而被遗忘权更关注个人对本人信息的控制力

〔33〕 See Antoinette Rouvroy, “Réinventer l'Art d'Oublier et de se Faire Oublier dans la Société de l'Information?”, April 11, 2008, http://works.bepress.com/antoinette_rouvroy/5/, p. 25, Accessed July 10, 2016.

〔34〕 See Jef Ausloos, “The ‘Right to be Forgotten’ Worth Remembering?”, 28 *Computer Law & Security Review*, 2012, pp. 5-6.

的问题,除了对事出有因的信息的删除,被遗忘权还赋予个人对发布的信息具有"后悔权",只要不违背公共利益和法律的强制规定,个人可以要求删除合法发布的真实的和准确的信息。被遗忘权在"网络无所不能记住"的时代,通过扩充个人信息的删除范围,强化对本人信息的控制,维护受新的信息技术冲击的个人信息权的圆满。

第二,被遗忘权既包含"被遗忘"(being forgotten)也包含"遗忘"(forgetting)的权利内容。被遗忘是一种个人期望达到的效果,表示一种消极权利,强调他人具有忘记某人的过去的义务。[35] 或者从社会价值角度而言,是个人向社会主张清白历史,要求过时的负面信息不应该再被用来针对当事人的权利,是遗忘权(right to oblivion)在大数据时代的进一步延伸和发展。[36] 从这个层面而言,大数据时代,为保证个人被遗忘权的实现,需要国家积极介入建立相应的网络管理规范,规制数据控制者的行为。"遗忘"是"使他人忘记自己的过去",更强调权利的积极性,倾向于表达个人拥有积极的控制其过去的自由或权力。个人数据保护法上的删除权赋予个人拥有删除他人持有的有关自己的个人信息的权利,[37]体现积极意义的被遗忘权。被遗忘权因人格自治或称信息自决而兼具积极性的权利内容和消极性的权利内容,是个人信息权人格权性质的体现,也是个人信息权区别于隐私权的特征所在。隐私权以个人为中心,以所有权的模式赋予个人对其私人空间和私人事务享有专有的和排他性的权利,而个人信息权是在信息主体不对个人信息进行完全和完整的支配和控制的前提下,通过与信息控制者就信息控制的动态互动实现个人数据保护和利用的平衡关系。因此,被遗忘权不能单纯等同于以隐私权为基础的产生的遗忘权,也不能单纯等同于积极删除信息的删除权,它包含广泛的信息自治的内涵,如收回已经披露的信息的权利,改变对数据处理作出的同意的决定的权利,不被永远地提及个人过去的权利,不让过去不公平地损害未来的权利,删除不被合法持有的数据的权利等,"被遗忘权的创设对于个人信息自决权和整个司法思维有积极的意义"。[38]

---

[35] See Antoinette Rouvroy, "Réinventer l'Art d'Oublier et de se Faire Oublier dans la Société de l'Information?", April 11, 2008, http://works.bepress.com/antoinette_rouvroy/5/, p. 25, Accessed July 10, 2016.

[36] Bert-Jaap Koops, "Forgetting Footprints, Shunning Shadows: A Critical Analysis of the 'Right to Be Forgotten' in Big Data Practice", SCRIPTed, 2011, Vol. 8, No. 3, pp. 26-28.

[37] Chris Conley, "The Right to Delete, AAAI Spring Symposium Series", Intelligent Information Privacy Management, 2010, p1, https://www.researchgate.net/publication/221251415_The_Right_to_Delete.

[38] Aidan Forde, "Implications of the Right to be Forgotten", 18 *Tul. J. Tech. & Intell. Prop.*, 2015, p. 84.

第三,被遗忘权具有恢复人类遗忘和促进表达自我的功能。权利的功能,是指权利具体能做什么。被遗忘权首先具有恢复人类遗忘的功能。遗忘通常指使自己忘记自己的过去。当然,作为制度层面上的遗忘,并非指作为人类大脑功能的心理意义上的遗忘,而是指社会和法律意义上的"不面对自己的过去的权利"。遗忘与被遗忘似乎是相互联系难以区分的。例如,一个能够勾起个人沉痛记忆的个人信息如果能够不断被搜索,那将既意味着这些个人信息没有被他人遗忘,也意味着个人无法遗忘这些个人信息。但两者的着重点还是有所区别。前者是单纯地不想勾起一些不好的回忆,而后者除了这一点,还具有免受过时、无关信息困扰的意义。后一种意义上的被遗忘权具有了隐私权在互联网与大数据时代所欲达到而不能达到的效果。被遗忘权包含对人们当下的言论和行为,不作为日后评价的依据的含义,具有促进表达自我的功能。[39] 但是这层含义不是法律权利意义上的含义。笔者认为,这种侧重于人们在当下能自由行事而不用担心自己现在的言论或行为会成为日后生活中的困扰和负担的含义实际上是被遗忘权的一项功能。

五、被遗忘权的立法价值

对人自身的保护是一切法律设计的基础,[40] 个人信息保护法是为应对信息技术带来的风险而产生的。欧盟 1995 年《数据保护指令》指出,"鉴于数据处理制度是为服务人类而设,这些制度必须尊重无论国籍或住所何在的自然人的基本权利和自由"。[41] 欧盟《统一数据保护条例》从制度上延续并完善了保护网络环境下的人的基本权利和自由的立法宗旨。尽管删除权更直观地表达了网络环境下被遗忘权的实现手段,但是被遗忘权从恢复被信息技术破坏的人类自然属性角度拓展了法律对网络环境下的人的保护新内涵,开创了个人数据保护新视角,这对于法律应对电脑取代人脑和人工智能取代人类劳动的信息科技新发展具有重要意义。

(一)被遗忘权是对被信息科技破坏的人类自然属性的恢复

遗忘是人类与生俱来的生理机能。作为进化的最顶级物种,遗忘对人类的意义非同一般。人类有复杂的情感,它使人类感情生活丰富多彩,使人类相互依恋,使人类彼此愉悦,使人类可以从事社交生活,可以彼此扭结成集体,共同面对来自自然界与现实社会的挑战。然而,事物总有两面。复杂的情感固然给人类带来种

---

[39] Bert-Jaap Koops, "Forgetting Footprints, Shunning Shadows: A Critical Analysis of the 'Right to Be Forgotten' in Big Data Practice", SCRIPTed, 2011, Vol. 8, No. 3, pp. 238-256.

[40] 齐爱民:《拯救信息社会中的人格》,北京大学出版社 2009 年版,"前言"第 1 页。

[41] Directive 95/46/EC, Article 1. 1.

种益处,但其另一面的负作用也不容忽视。正如"月有阴晴圆缺,人有悲欢离合",人类时常受负面情绪困扰,而遗忘使人类不必时时面对悲伤,因为悲伤总会随着时间而消逝。

遗忘是人类的自我保护机制。作为一个有意识的人,人类大脑的遗忘能力如同记忆能力一样重要。遗忘使人类能够调整和重建记忆系统,进行概括和建构抽象思维,使人们能排除过去记忆的干扰,专注于当前问题的解决。主动遗忘不愉快的经历和创伤性事件,对于保持个人的身心健康也有重要作用。[42] 如果一个人总是记住各种资料、梦境或者日常经历,那么巨量的信息将冲垮大脑神经网络。选择性记忆适合人类,研究表明,人类会有选择地遗忘一些负面的事情而记住一些更容易让自己愉悦的事情,它使作为信息主体的个人能够摆脱过去,开始新的生活。除了选择性遗忘这种具有指向性和有意性的主动遗忘之外,人类还具有自然遗忘的能力,随着时间的流逝,人类的记忆总会衰减。从进化角度看,遗忘是自然选择的结果,记忆—遗忘是人类生存的生理模式之一,对人作为一个生物体的生理机能的破坏,将危及生物人存在的根基。被遗忘权赋予个人删除本人网络数据的权利,使人类的生理遗忘规律能在互联网与大数据时代得到保护和尊重,是对人类自然属性的保护和尊重,是对人的深层次保护。

(二)被遗忘权是对人是目的的哲学命题的再认识

康德认为,"有理性[43]的生灵叫做'人',因为人依其本质即为目的本身,而不能仅仅作为手段来使用。"[44]人具有至高无上的尊严与价值,不得被自己和别人当作手段。"一个有价值的东西能被其他东西所代替,这是等价;与此相反,超越于一切价值之上,没有等价物可代替,才是尊严。"[45]尊重人为人,意味着尊重他的身体和人格。构成这些人格元素的包括个人信息以及对这些个人信息的遗忘和被遗忘,它们都是人格的构成元素。[46] 正如拉伦茨所言,"从这一立论中可以推导出:每一个人都有权要求其他任何人尊重他的人格、不侵害他的生存(生命、身

---

[42] 杨文静、杨金华、肖宵、张庆林:《负性情绪材料的定向遗忘及心理机制》,载《心理科学》2012年第1期。

[43] 康德的理性哲学是德国民法的哲理基础。康德哲学中的理性,"不仅指人类认识可感知世界的事物及其规律性的能力,而且也包括人类识别道德要求处世行事的能力。"[德]卡尔·拉伦茨:《德国民法通论》(上册),王晓晔等译,法律出版社2003年版,第46页。在实践领域,理性即是指道德能力。

[44] [德]卡尔·拉伦茨:《德国民法通论》(上册),王晓晔等译,法律出版社2003年版,第46页。

[45] [德]康德:《道德形而上学原理》,苗力田译,上海人民出版社2005年版,第53页。

[46] 拉伦茨认为,"这一思想源于基督教,也渊源于哲学。宗教和哲学中凝结了人类的经验,这些经验虽然不同于自然科学赖以形成和发展的经验,但在效力方面并不比后者逊色。"参见[德]卡尔·拉伦茨:《德国民法通论》(上册),王晓晔等译,法律出版社2003年版,第46页。

体、健康)和他的私人领域;相应地,每一个人对其他任何人也都必须承担这种尊重他人人格及不侵害他人权利的义务”。[47]

大数据时代,对无限量数据的驾驭使人类具有了掌握过去和预测未来的能力。与生活在宿命桎梏中的先辈们截然不同,现代人类成为自己的命运的主宰,但是现代人类也落入互联网与大数据的控制之中。人类时刻暴露在互联网与大数据之下:电子商务网站监视着人类的购物习惯,搜索引擎暴露人类的浏览习惯,社交网站知道人类的一切生活细节。[48] 互联网与大数据轻而易举地突破了传统法律制度给人类建造的隐私保护之墙,大数据预测还使人类赖以引以为自豪的自由意志也被否定。“凡是过去,皆为序曲”,大数据通过运算将这句话铭刻,使人类永远受困于过去的行为,这是对人类自由意志的亵渎,但冰冷的科技却毫不退却的向我们逼问:人类的本质究竟是什么?

人类的本质依旧是自由意志。互联网与大数据是人类所发明和发掘,理应为人类服务而不是奴役人类。人类意志神圣不可侵犯,人类的未来必须保留部分空间,允许我们按照自己的愿望进行塑造,否则,大数据将会扭曲人类最本质的东西,即理性和自由选择。互联网与大数据只具有相对的价值,无论科技如何进步,互联网与大数据都无法代替人类思维,人才是目的。科技越发达,越显示“人是目的”这一有关人的本质的哲学判断的伟大意义。

法律可以管控互联网与大数据,同样法律也可以制裁那些滥用互联网与大数据的人类。然而,法律如何管控这些个人数据而保护人类的隐私和尊严?方法无非有二。其一,禁止采集和整理个人信息。但这既不恰当也无法做到。信息技术正在变革人类社会。大数据“会通过产生或处理海量、多样的数据,改进产品设计、研发、销售和管理行动(个性化的产品和服务),推动公司或机构进一步、更完全地进入个人的生活。”[49] 大数据正在改变人类的生活、工作与思维。大数据所囊括的信息无所不包,但最核心最有用的信息依旧是隐含人格特征的个人信息。个性化技术则是大数据最重要的技术。[50] 对于互联网与大数据,目前只能支持而不能简单地否定。事实上简单的否定也做不到。通过社交网络,人类无时无刻不

---

[47] 参见[德]卡尔·拉伦茨:《德国民法通论》(上册),王晓晔等译,法律出版社2003年版,第47页。

[48] [英]维克托·迈尔-舍恩伯格、肯尼思·库克耶:《大数据时代:生活、工作与思维的大变革》,盛杨燕、周涛译,浙江人民出版社2013年版,第193页。

[49] 邱仁宗、黄雯、翟晓梅:《大数据技术的伦理问题》,载《科学与社会》2014年第1期。

[50] 参见[英]维克托·迈尔-舍恩伯格、肯尼思·库克耶:《大数据时代:生活、工作与思维的大变革》,盛杨燕、周涛译,浙江人民出版社2013年版,第17页。

在与他人相互交流。大数据使这些原本微不足道的有关个人的信息都变得有意义。〔51〕 其二,建立新的规范和采取新的保护措施维护人类尊严和自由。被遗忘权是大数据时代维护人类尊严与自由的新规范和新措施,它通过网络数据删除恢复人类被互联网与大数据破坏的遗忘功能。人类既有权利遗忘自己,也有权利要求他人遗忘自己。〔52〕 曾经的违法犯罪信息、出轨离婚整容等各式过去的负面信息,不应成为某人的标签,甚至多年以后还成为他人批判的理由。我们的过去需要遗忘和被遗忘。“没有了某种形式的遗忘,原谅则成为一件非常困难的事情,如果所有的时间都永远是现在,那么所有的时间也都不能够得到拯救。”〔53〕

作为万物之灵,人类有权被作为目的对待。科技进步都不能改变这一点。被遗忘权是新形势下保障人格尊严并发展人格的需要。人不能被当作手段,不应当无限制的成为他人讨论的对象。人的信息是其人格的一部分,它的利用应当受到限制。被遗忘权通过恢复人类被信息科技破坏的遗忘属性,将对现实社会中的人的人格保护内涵拓展到网络社会。

六、结语

被遗忘权是因应大数据时代个人信息保护失控问题而产生的强化个人数据权的新权利和新制度。其渊源可以追溯至欧洲法上的遗忘权制度,它与遗忘权制度在应对新媒体发展以维护个人对其人生发展的自主决定权方面具有理念和价值上的传承性。作为数据保护法上的新制度,被遗忘权从恢复遭受信息技术破坏的人之自然遗忘功能角度,为数据删除制度的完善和发展提供了新的理论依据,为大数据时代的自然人保护提供了新的制度保障,代表个人信息保护法在大数据时代发展的新方向。

(责任编辑:李俊)

---

〔51〕 2006年8月,美国在线公布大量旧的搜索数据以供研究人员研究。为避免隐私泄露,美国在线对用户名称和地址等个人信息都用特殊数字符号代替予以匿名化。但是,《纽约时报》仅在几天之内就通过把“60岁的单身男性”、“有益健康的茶叶”和“科尔本的园丁”等探索记录分析得到“4417749”号代表的佐治亚州利尔本的62岁的寡妇塞尔玛·阿诺德(Telma Arnold)。参见[英]维克托·迈尔-舍恩伯格、肯尼思·库克耶:《大数据时代:生活、工作与思维的大变革》,盛杨燕、周涛译,浙江人民出版社2013年版,第198~199页。

〔52〕 这里的要求他人遗忘是一种形象的说法。事实上,个人并无权要求他人遗忘自己。这里是说,个人有免于他人在互联网上不断提及的权利。

〔53〕 [英]维克托·迈尔-舍恩伯格:《删除:大数据取舍之道》,袁杰译,浙江人民出版社2013年版,第156页。

立法资料专论

文本与语境

——“比较法视角下的立法”研讨会导论*

[德]莱恩哈德·齐默尔曼** 著　陈大创*** 译

目　次

一、研讨会主题

多年以来,每年仲夏之时,汉堡马克思—普朗克研究所都会组织一场研讨会,讨论法律发展和法学方法论的一般基础问题。同时,这些研讨会也是研究所之友协会每年年会的学术重头戏。[1]

2013年研讨会的主题,是比较法视角下的立法。该研讨会并非要列数法律在议会经历的每一个具体阶段,亦非分析国家

---

* 本译文是国家社科基金青年项目《德国判例制度研究》(批准号15CFX004)的阶段性成果。本文翻译已经得到作者本人及Mohr Siebeck出版社授权,特此感谢。

** 莱恩哈德·齐默尔曼(Reinhard Zimmermann),马克斯—普朗克外国与国际司法研究所常务所长,国际著名法学家。

*** 陈大创,中南财经政法大学法学院讲师。

〔1〕去年的情况,可比较以《法律科学与司法的对话》为题在RabelsZ 77 (2013) 300-387发表的Wulf Goette, Martin Flohr, Geneviève Helleringer, Christiaan Timmermans, Paul J. du Plessis和Reinhard Zimmermann等人的论文。

组织法上的框架性条件。其关注焦点,更多是立法材料:在欧洲各法秩序中,立法材料所指者为何,其有何类型?其如何产生,由谁起草,其对法律适用有何意义?此外,尚需讨论,其中影响法律的主要参与者是谁:各部官员、学者、委员会还是政客?是否存在譬如“议会起草者”(parliamentary draftsmen)?是否有“立法委员会”(law commissions),其作用为何?

本研讨会可与 HolgerFleischer 的一系列作品[2]联系起来,包括其中一本名为“‘立法材料’之谜(Mysterium „Gesetzesmaterialien“)”的文集。该文集形成于 2012 年 3 月在本所举行的研讨会。[3] 这些作品可为我们提供最开始的指引。迄今为止,人们关注的重点,一直是立法材料在法律解释中的作用。故而,人们首先也会讨论关于法律解释之目标的原则性分歧,亦即被容易引起误解地贴上了主观解释和客观解释之标签的那两种理论。[4] 而比较法的目光,亦主要是投向英国和美国。[5] 与此相反,我们今天应当在立法的一般语境下阐述我们的主题。此外,关注的焦点,除英国以外,尚应包括法国、斯堪的纳维亚地区以及瑞士[6]和欧盟。我将对德国的情况作一个概括性介绍,以作为开始。

二、德国:程序、立法材料、参与者

法律草案可由联邦政府、联邦议会之成员或者联邦参议院提交至联邦议会。[7] 一般情况下,是由联邦政府向联邦议会提出法律草案。[8] 而这些法律草案,源自

---

[2] Holger Fleischer, Rechtsvergleichende Beobachtungen zur Rolle der Gesetzesmaterialien bei der Gesetzesauslegung, AcP 211 (2011) 317-351; idem, Comparative Approaches to the Use of Legislative History in Statutory Interpretation, Am. J. Comp. L. 60 (2012) 401-437.

[3] Mysterium „Gesetzesmaterialien“, hrsg. von Holger Fleischer (2013); darin u. a. idem, Gesetzesmaterialien im Spiegel der Rechtsvergleichung, S. 1-44.

[4] Bernd Rüthers/Christian Fischer/Axel Birk, Rechtstheorie (2011) Rn. 796 (“令人震惊地错误选择的和令人混淆的”).

[5] Fleischer, AcP 211 (2011) 317, 334-346; idem, Am. J. Comp. L. 60 (2012) 401, 416-428; idem, Gesetzesmaterialien (Fn. 3) 21-34.

[6] 关于奥地利的最新情况,见 Gerhard Hopf, Gesetzesmaterialien: Theorie und Praxis in Österreich, in: Mysterium „Gesetzesmaterialien“ (Fn. 3) 95-109。

[7] Art. 76 I Grundgesetz für die Bundesrepublik Deutschland (GG).

[8] Rolf Herber, Die Vorbereitung eines Gesetzentwurfs innerhalb der Bundesregierung, in: Theorie und Methoden der Gesetzgebung, hrsg. von Werner Maihofer (1983) 31-40; Helmuth Schulze-Fielitz, Theorie und Praxis parlamentarischer Gesetzgebung (1988) 285-292; Hans Schneider, Gesetzgebung 3 (2002) Rn. 93; Rupert Stettner, in: Dreier, Grundgesetz-Kommentar 2 (2006) Art. 76 Rn. 17-25. Armin von Bogdandy 关于“政府在立法程序中的霸权性角色”的一般论述,见 Armin von Bogdandy, Gubernative Rechtsetzung (2000) 56-64 und passim。

负责相关职能的联邦部委起草的专家草案(Referentenentwurf)。此类部委专家草案之起草工作的启动,可能是基于政府申明(Regierungserklärungen)和执政联盟协议(Koalitionsverträgen)中的规定、国际条约、将欧盟指令转化为国内法之义务、联邦宪法法院或者联邦法院作出的判决(判决使对成文法进行修改或者补充成为必要或者受到欢迎)、学界对现有法律状况的批评、新出现的需要规制的问题、技术进步、经济和社会变迁或者利益集团的推动。总而言之,联邦部委专家的任务,是对其职权范围内的法律发展进行批判性的追踪关注,并检查是否需要立法者之介入。〔9〕

部委专家草案应当明确其他参与部委应如何在其职权范围内进行参与。〔10〕此外,法律草案的草稿应当尽可能早地提供给各联邦州、市镇代表机构和各联邦州在联邦的代表,除非不涉及其利益。〔11〕 此外,还要保证“各种全国性协会或者社团总会以及相关利益团体”(Zentral-und Gesamtverbänden sowie interessierten Fachkreisen)得以及时参与。〔12〕 在重要的立法计划情形,采取此种寻求一致意见的方式,是现代“合作型”国家的特征:〔13〕国家之外的、专业的知识群体有助于立法;但同时,亦应当保证立法在一定程度上具有“协会隔离性”。〔14〕 法律草案须进行论证。〔15〕 对联邦政府的法律草案而言,《共同部级程序规则》第 42 条对此已有规定。但是,不存在类似的宪法性命令。〔16〕 在论证部分,须对法律后果进

〔9〕 关于提交议会之前的程序中的所谓的“议程设定”(agenda setting)的过程及其参与者,比较 Peter Blum, Wege zu besserer Gesetzgebung-sachverständige Beratung, Begründung, Folgeabschätzung und Wirkungskontrolle, in: Verhandlungen des 65. Deutschen Juristentages, Bd. I (2004) I 61-I 71; 关于“法律制造动机”,见 Ulrich Smeddinck, Integrierte Gesetzesproduktion (2006) 130-155; 关于提交议会之前的程序,还可以参见 Schulze-Fielitz, Theorie und Praxis (vorige Fn.) 280-292; Schneider, Gesetzgebung (vorige Fn.) Rn. 92-102. 关于立法之动机和新法律制定之准备工作的的话题的法律史角度的分析见 Bernd Mertens, Gesetzgebungskunst im Zeitalter der Kodifikationen (2004) 17-83。

〔10〕 § 45 Gemeinsame Geschäftsordnung der Bundesministerien (GGO).

〔11〕 § 47 I GGO.

〔12〕 § 47 III GGO.

〔13〕 对此的论述,见 Florian Becker, Kooperative und konsensuale Strukturen in der Normsetzung (2005); Gunnar Folke Schuppert, Governance und Rechtsetzung (2011) 60-72。

〔14〕 Becker, Strukturen (vorige Fn.) 113 (其提及 Wilhelm Hennis)。关于国家的专业性咨询的一般论述,见 Andreas Voßkuhle, in: Handbuch des Staatsrechts der Bundesrepublik Deutschland 3, hrsg. von Josef Isensee/Paul Kirchhof, Bd. III (2005) § 43。

〔15〕 对此的论述,见 Ulrich Seibert, Gesetzesmaterialien in der Gesetzgebungspraxis, in: Mysterium „Gesetzesmaterialien“ (Fn. 3) 112-126. 该处(第 119 页)亦讨论了政府草案的独特性。对官方论证理由和其出版这一主题的法律史论述,见 Mertens, Gesetzgebungskunst (Fn. 9) 123-141。

〔16〕 Dreier/Stettner (Fn. 8) Art. 76 GG Rn. 16; Blum, Wege (Fn. 9) I 33; 亦可比较 Christian Waldhoff, Gesetzesmaterialien aus verfassungsrechtlicher Perspektive, in: Mysterium „Gesetzesmaterialien“ (Fn. 3) 75, 78-80。

行阐述。[17] 此外,有意思的是,法律草案应当尽可能早地提交给一个“法律语言编辑委员会”(Redaktionsstab Rechtssprache)以审查其语言上之正确性和可理解性。[18]

若法律草案最终被提交至联邦政府内阁,并获得通过,则接下来将启动形式立法程序,该程序之主体框架已由《基本法》加以规定,故无须在此加以详述。其特别是规定了联邦参议院的参与。[19] 联邦参议院的权力,根据涉及的是须批准法律(Zustimmungsgesetz)还是可异议法律(Einspruchsgesetz)而有所不同。后者是为常态。[20] 此时,联邦议会可以否决联邦参议院的异议。而在联邦议会方面,就法律草案所进行的主要工作,是由各相关负责的委员会承担的。在民法领域,负责的是法律委员会。[21] 依《德国联邦议会工作章程》第 70 条第 1 款之规定,法律委员会(跟其他任何委员会一样)“为获取其咨询工作之对象的信息……可以召集专家、利益代表人和其他知情人士召开公开听证会”。

GerhardWagner 就 2002 年 8 月 1 日生效的《第二次损害赔偿法修订法》(该法对责任法进行了重大改革)所著的文集,[22] 可作为例子,展示今时今日[23] 民法领域的一般法律的起草过程中会涉及哪些立法材料。Wagner 的文集试图能够减轻人们运用新法的难度,故而复印刊载了相关的立法材料。这些立法材料被分别归置在各个条文之下,并以体系性的顺序进行排列。其包括联邦政府草案的论证部分、联邦参议院对该草案的意见和联邦政府对联邦参议院之意见的回应。此外,偶

〔17〕 § 43 Ziff. 5 i. V. m. § 44 GGO;对此的论述,见 Blum,Wege (Fn. 9) I 51-I 60;Smeddinck,Gesetzes-produktion (Fn. 9) 389-418;Schuppert,Governance (Fn. 13) 83-90。

〔18〕 § 42 V GGO. 关于语言对法律的意义的一般论述,以及关于法律语言编辑委员会——该委员会自 2009 年以来,便设置在联邦司法部之下(原来是在德国语言协会之下)——的专门论述,比较 Sabine Leutheusser-Schnarrenberger,Die Sprache der Juristen,die Sprache des Rechts,ZRP 2012,9394。

〔19〕 Art. 76 und 77 GG. 概括性论述,见 Thomas Mann,Gesetzgebungsverfahren,in:Leitgedanken des Rechts,Bd. I (2013) § 33;亦可比较 Schulze-Fielitz,Theorie und Praxis (Fn. 8) 292-354;Smeddinck,Gesetzesproduktion (Fn. 9) 177-207. Rechtshistorisch Mertens,Gesetzgebungskunst (Fn. 9) 166-209。

〔20〕 Dreier/Stettner (Fn. 8) Art. 77 GG Rn. 11 f.

〔21〕 据德国联邦议会主页介绍,法律委员会的 37 名成员为“法政策以及宪法、民法和刑法等所有领域的立法计划”提供咨询。

〔22〕 Gerhard Wagner,Das neue Schadensersatzrecht (2002).

〔23〕 Jan Thiessen 提供了一个“历史的纵向剖析”,见 Jan Thiessen,Die Wertlosigkeit der Gesetzesmaterialien für die Rechtsfindung-ein methodengeschichtlicher Streifzug,in:Mysterium „Gesetzesmaterialien“(Fn. 3) 45,52-74. 关于 19 世纪的“立法材料的问题”,比较 Peter Fischer,Auslegungsziele und Verfassung,in:FS Klaus Tipke (1995) 187,194-196 以及 Eberhard Baden,Zum Regelungsgehalt von Gesetzgebungsmaterialien,in:Studien zu einer Theorie der Gesetzgebung,hrsg. von Jürgen Rödig (1976) 369,373-392。

尔亦有法律委员会的附有论证理由的决议建议(Beschlussempfehlungen),以及上一立法任期内的相关法律草案和政府党派的决议申请(Entschließungsanträge)。不过,其中没有联邦议会全体大会会议记录(Plenarprotokollen)的摘录。[24]

因此,能影响法律的主要参与者,首先是负责的联邦部委中的起草专家。[25]此外,能有机会发挥影响力者,还有联邦议会议员,特别是属于法律委员会或者其他专业委员会之成员的联邦议会议员,以及透过联邦参议院发挥影响的各联邦州政府(其专业上之影响力也是来自作为联邦参议院各委员会成员的各联邦州的部委官员)和各利益团体。[26] 这些利益团体与相关负责的联邦部委有诸多非正式的沟通途径,其在联邦政府为咨询和准备立法而组建的专家组中有代表。[27] 如上所言,他们在部委层面的起草专家草案的过程中,亦会被征求意见。此外,《德国联邦议会工作章程》第70条规定的听证程序,亦是各利益团体在议会立法程序中的核心的参与平台。[28] 最后,律师亦有机会施加影响,特别是在其并非作为顾问而被征求意见,而是律师事务所被委托起草完整的法律草案之情形。但是,这样一种"外包立法"(Gesetzgebungsoutsourcing)在多大程度能实际发生以及可被允许,尚不清楚。[29]

---

〔24〕 该法经全体大会两次咨询,第一次咨询(2001年12月)过程中,报告仅仅是以会议记录的形式作出,而第二次咨询过程中,还实际进行了报告。

〔25〕 按照Hans-Joachim Mengel,Gesetzgebung und Verfahren (1997) 288的说法,联邦各部起草专家在立法过程中,只扮演着"微不足道的角色";可以进一步比较如Herber,Vorbereitung (Fn. 8) 33 f. 关于"立法网络的参与者(其认为该网络亦包括媒体、执法性的行政机关、解释法律的司法机关和审查法律的宪法法院)"的一般论述,见Schuppert,Governance (Fn. 13) 44 f.;亦可比较Smeddinck,Gesetzesproduktion (Fn. 9) 75-101; von Bogdandy,Gubernative Rechtsetzung (Fn. 8) 55-106; Mann,Gesetzgebungsverfahren (Fn. 19) Rn. 4 f。

〔26〕 概览见Schuppert,Governance (Fn. 13) 45-49. Smeddinck,Gesetzesproduktion (Fn. 9) 94-98。更加一般化地将之称为"社会参与者"。

〔27〕 Blum,Wege (Fn. 9) I 69 f.;对此的论述,见Thorsten Anderl,Gesetzgebung und kooperatives Regierungshandeln (2006) 73-96; Smeddinck,Gesetzesproduktion (Fn. 9) 380 f.; Schuppert,Governance (Fn. 13) 60-72。根据Blum所言,在2001年,共有125个"重要的"联邦政府专家组。

〔28〕 对此的论述,见Becker,Strukturen (Fn. 13) 114-117。

〔29〕 Schuppert,Governance (Fn. 13) 77-79 (题为„Die Gesetze der Kanzleien");Julian Krüper,Lawfirm-legibus solutus?,JZ 2010,655-662; Ulrich Battis,Anwaltliche Beratung bei der Gesetzesvorbereitung,ZG 2011,58-68; Michael Klöpfer,Gesetzgebungsoutsourcing:Die Erstellung von Gesetzentwürfen durch Rechtsanwälte,NJW 2011,131134; Mann,Gesetzgebungsverfahren (Fn. 19) Rn. 8 („[...] 由于可能存在利益冲突,以及律师事务所没有维护公共利益之义务,应当仅限在例外之情况下,方可委托外部人士起草完整的法律草案,且该过程无论如何必须要透明化")。

三、德国:学界的作用

学界如何发挥影响力?从形式上的影响方式而言,其很大程度上与各利益团体相同。[30] 这在根据《共同部级程序规则》第47条第3款在部委层面进行立法参与的情形中就非常清楚。譬如,联邦司法部就曾向民法教师协会下发《患者权利法》以及《关于在经济交往中消除支付迟延之法律》的专家草案,以征求其意见。[31] 此外,在根据《德国联邦议会工作章程》第70条举行的听证会上,只要是涉及民法领域的法律草案,也会邀请民法教师(当然,并非通过民法教师协会,而是由部委直接邀请)。其意见常常会被联邦议会公布。[32] 联邦政府偶尔也会委托学者进行比较法研究,如汉堡马克斯普朗克研究所为起草《同性伴侣法》所进行的研究。[33]

最后,学界也会在为准备实施立法而设立的专家委员会中有代表。[34] 1953年建立的德国国际私法顾问委员会,是一个常设的几乎全部由教授组成的专家委员会,其将自身定位为"联邦司法部的咨询机构,并且"在国际私法领域的"所有重要的立法计划中都会被司法部起用"。[35] 而民法领域最著名的临时性专家委员会的例子,则分别涉及1900年1月1日和2002年1月1日生效的《德国民法典》和《债法改革法》。例如,LevinGoldschmidt便属于联邦参议院在1874年为准备起

---

〔30〕 关于利益代表(Interessenvertreter)和专家(Sachverständigen)的区别的一般论述,见 Becker, Strukturen (Fn. 13) 101-103; Voßkuhle, Sachverständige Beratung (Fn. 14) § 43 Rn. 17-20。

〔31〕 征求意见的期限非常短(《患者权利法》是8周,《消除支付迟延法》是6周)。基于这一原因,分别有一名民法教师协会的董事会成员被委托发表意见。关于《患者权利法》的意见经修改后被发表,见 Gerhard Wagner, Kodifikation des Arzthaftungsrechts? Zum Entwurf eines Patientenrechtegesetzes, VersR 2012, 789-802; 而关于《消除支付迟延法》的意见则是一篇小短文,见 Wolfgang Ernst, „Rechtzeitige Zahlung" Reformabsicht des BMJ, ZIP 2012, 751。

〔32〕 譬如关于欧洲买卖法的听证(2011年11月21日);《消除支付迟延法》的听证(2013年1月30日)或者《消费者权利指令》的听证(2013年4月17日)。

〔33〕 Die Rechtsstellung gleichgeschlechtlicher Lebensgemeinschaften, hrsg. von Jürgen Basedow/Klaus J. Hopt/Hein Kötz/Peter Dopffel (2000).

〔34〕 从法律史角度对此进行的论述,见 Mertens, Gesetzgebungskunst (Fn. 9) 104-122。

〔35〕 Dieter Henrich, Gerhard Kegel und der Deutsche Rat für Internationales Privatrecht, in: Akademische Gedächtnisfeier für Gerhard Kegel (2007) 15. 亦可比较 Rolf Wagner, 50 Jahre Deutscher Rat für Internationales Privatrecht, IPRax 2004, 1 (联邦司法部"似乎领养了"该顾问委员会,并且获得了"建立在严格的学术基础上的客观专业的咨询")。

草德国民法典而设立的所谓五人前期委员会(Vorkommission),[36]第一委员会(Die 1. Kommission)则拥有温德沙伊德这一当时处于领导地位的潘德克顿法学家,以及 Paul von Roth 这一当时著名的慕尼黑大学的日耳曼私法和德国法律史大家。[37] 而债法现代化的前期准备工作,则是以 24 份关于债法修订的鉴定意见和建议作为开始,其在 1981 年至 1983 年分三册出版,[38]并在民法教师协会的特别会议上被加以讨论,[39]并最终促成组建一个债法修订委员会。该委员会由四位著名的民法学家组成,并于 1992 年提交了其最终报告,[40]而随着联邦司法部于 2000 年夏末提交了一份债法现代化法讨论稿[41],以及该讨论稿在于雷根斯堡举行的民法教师协会的研讨会上被猛烈批评[42]之后,该项准备工作达到其高潮,其另行设立了两个专家组:一个联邦—联邦州工作组和一个给付障碍法委员会。在联邦—联邦州工作组负责的不同子领域中,都只有一个民法教师代表,而给付障碍法委员会很大程度上是一个教授委员会。[43]

此外,学者当然并非只能通过直接参与,而是还可以通过其著作(只要其被议会议员和各部委官员了解到)对立法过程发挥影响。无论是针对德国民法典第一

---

[36] 关于前期委员会,见 Werner Schubert, Materialien zur Entstehungsgeschichte des BGB: Einführung, Biographien, Materialien, in: Die Beratung des Bürgerlichen Gesetzbuchs in systematischer Zusammenstellung der unveröffentlichten Quellen, hrsg. von Horst Heinrich Jakobs/Werner Schubert (1978) 33-36, 69-72, 160-185; 比较 Walter Boente, Nebeneinander und Einheit im Bürgerlichen Recht (2013) 147 f。

[37] 关于第一委员会成员的简单介绍,见 Schubert, Materialien (vorige Fn.) 72-87。特别是温德沙伊德在委员会中的工作被认为是“非常富有成效的”,见 Deutsche und Europäische Juristen 5, hrsg. von Gerd Kleinheyer/Jan Schröder (2008) 460。

[38] Gutachten und Vorschläge zur Überarbeitung des Schuldrechts, hrsg. vom Bundesminister der Justiz, Bd. I und II (1981); Bd. III (1983).

[39] 报告被发表在 AcP 183 (1983) 327-724; 此外,亦可比较早前的 AcP 181 (1981) 80-125 (在 Bamberg 举行的那届民法教师协会会议)。

[40] Abschlussbericht der Kommission zur Überarbeitung des Schuldrechts, hrsg. vom Bundesminister der Justiz (1992). 除 Diederichsen, Kötz, Medicus 和 Schlechtriem 四位教授外,该委员会还有四位部级公务员、六位法官、一位公证员和一位律师。

[41] 载 Schuldrechtsmodernisierung 2002, hrsg. von Claus-Wilhelm Canaris (2002) 3-347。

[42] 雷根斯堡大会报告发表在:Zivilrechtswissenschaft und Schuldrechtsreform, hrsg. von Wolfgang Ernst/Reinhard Zimmermann (2001)。

[43] 更详细论述见 Claus-Wilhelm Canaris, Einführung, in: Schuldrechtsmodernisierung 2002 (Fn. 41) S. IX-XI; 关于改革的更早阶段的概览,见 Reinhard Zimmermann, Schuldrechtsmodernisierung?, in: Zivilrechtswissenschaft und Schuldrechtsreform (vorige Fn.) 1, 13-22。2001 年 3 月,民法教师协会在柏林再次召开特别会议,该会议上发表的报告见:JZ 2001, 475-560。

草案的暴雨倾盆般的批评,〔44〕还是传统的文献类型如法典评注、专著和论文,还是学者团队的草案文本,如欧洲合同法原则,〔45〕都是如此。传统上,影响力尤为巨大的,还有德国法学家大会的鉴定意见、报告、讨论和决议。1875 年第 12 届德国法学家大会关于夫妻财产法的讨论,便是早期的例子之一。〔46〕不过,一部法律的产生过程,完全有可能比上文描述的一般情况复杂得多,故其立法材料亦具有相应的复杂程度。〔47〕就《德国民法典》的制定过程而言,其不仅有 BennoMudgan 在 1899 年出版的包括第一委员会的立法理由书、〔48〕第二委员会的议事录、帝国司法部的纪念文集、帝国议会第 12 委员会的报告以及帝国议会全体大会的会议记录在内的,并被错误地称为所谓“立法材料全集”的那些立法材料。〔49〕除此之外,尚有特

〔44〕 比较梅兰特的漂亮的描述, F. W. Maitland, The Making of the German Civil Code, in: The Collected Papers of Frederic William Maitland, hrsg. von Herbert Albert Laurens Fisher, Bd. III (Nachdruck 1981) 474, 480 („A tornado broke loose. It rained, it poured books and pamphlets")。关于对第一草案的批评的概括介绍,见 Werner Schubert, Die Entstehung der Vorschriften des BGB über Besitz und Eigentumsübertragung (1966) 35-45。

〔45〕 Principles of European Contract Law, hrsg. von Ole Lando/Hugh Beale, Bd. I und II (2000); Principles of European Contract Law, hrsg. von Ole Lando/Eric Clive/André Prüm/ Reinhard Zimmermann, Bd. III (2003). 关于其对《德国民法典》改革的影响,比较 Reinhard Zimmermann, Ius Commune and the Principles of European Contract Law: Contemporary Renewal of an Old Idea, in: European Contract Law, hrsg. von Hector MacQueen/Reinhard Zimmermann (2006) 36 f。

〔46〕 对此的论述,见 Reinhard Zimmermann, Intestate Succession in Germany, in: Intestate Succession, hrsg. von Kenneth G. C. Reid/Marius de Waal/Reinhard Zimmermann (in Vorbereitung) unter X. 2. 一般论述比较 Barbara Dauner-Lieb/Johannes W. Flume, Über die fachliche Arbeit der Deutschen Juristentage und ihre Wirkungen auf dem Gebiet des Zivilrechts, in: FS Deutscher Juristentag 1860-2010 (2010) 103-125; Lutz Diwell, Der Deutsche Juristentag aus der Sicht des Bundesministeriums der Justiz, in demselben Band, 561-584。

〔47〕 由于数目日益增加的成员国立法[关于数目,比较 Schuppert, Governance (Fn. 13) 56-59]的背后,还有欧盟层面的立法计划,故如今又多了一个额外的复杂层面。如此,欧盟层面法律的立法材料,亦间接地对专为转化欧盟法律而制定的成员国法律具有意义。

〔48〕 这些“立法理由书”以各前草案的立法理由为基础,补充了第一委员会的咨询结论。它们被所谓的“辅助工作人员”(来自各联邦州的司法部)拟定,但是没有被第一委员会通过。完整版的各前委员会的立法理由,直到 1980~1986 年才被出版,第一委员会的议事录刊于 Jakobs/Schubert (vgl. sogleich Fn. 51). 总的来说,辅助工作人员成功地将提交给他们的材料大幅度地缩减了。关于立法理由书和议事录的文献,见 Thiessen, Wertlosigkeit (Fn. 22) 61-65; 关于第一委员会的立法理由书,比较 Schubert, Materialien (Fn. 36) 49 f., 310; 关于辅助工作人员的简短介绍,亦可见该处第 87~91 页。而对立法理由书的价值的强烈批评,见 RG 3. 5. 1902-Rep. V. 59/02, RGZ 51, 272, 274. 而 Boente, Nebeneinander (Fn. 36) 189, 207 认为,仅有部分立法材料被出版,因而导致“对立法者所要追求之东西的认识很快”就消失了。

〔49〕 Benno Mugdan, Die gesammten Materialien zum Bürgerlichen Gesetzbuch für das Deutsche Reich, 5 Bände (1899).

别是编辑委员执笔的前期草案(Vorentwürfe)及其论证理由,[50]以及大量的申请、会议记录、意见和决议,其在1970年代末之后方被陆续出版。[51] 而对债法改革而言,卡纳里斯主编的立法材料文集包含了最重要的那些档案,[52]但是,若要对新的时效法的立法过程进行准确重构,只能借助其他尚未被收录进该文集的材料方有可能。[53]

四、理解文本

有时候人们会要求探明"赋予不同的立法材料不同的意义等级之可能和界限",[54]并为之建立一个位阶秩序。但是,个人认为,这样一种尝试已经被宣判失败。此外,作这样一种尝试亦无必要。因为,在一般层面上,除了认为应当赋予那些其意见实际上构成了法律和其文本之基础的立法过程参与者的意见最重要的分量之外,无法再有什么其他结论。此种意见,既可能是记录在政府草案中的部委专家的观点,但也可能是对特定法律有重大影响的学者(如卡纳里斯对于新的给付障碍法)在论文和教科书中表达的思想。[55] 此外,一项法律的各个具体部分,也有可能有完全不同的参与者。

更重要的是第二点。立法材料的意义这一问题,通常是在不加进一步区分的法律适用过程中被加以讨论:亦即从今天的视角并就具体的待解决问题进行法律适用。因而,便产生了"法律产生之时"和"客观—目的"两种解释之间可能存在冲

〔50〕 Die Vorlagen der Redaktoren für die erste Kommission zur Ausarbeitung des Entwurfs eines Bürgerlichen Gesetzbuches, hrsg. von Werner Schubert, 15 Bände (1980-1986).

〔51〕 Die Beratung des Bürgerlichen Gesetzbuchs in systematischer Zusammenstellung der unveröffentlichten Quellen, hrsg. von Horst Heinrich Jakobs/Werner Schubert, 16 Bände (1978-2002). 关于《德国民法典》的起草过程的附有原始文本的概括介绍,见 Stefan Stolte, in: Historisch-kritischer Kommentar zum BGB, hrsg. von Mathias Schmoeckel/Joachim Rückert/Reinhard Zimmermann, Bd. I (2003) S. XXVII。

〔52〕 Schuldrechtsmodernisierung 2002 (Fn. 41).

〔53〕 进一步介绍,见 Reinhard Zimmermann/Detlef Leenen/Heinz-Peter Mansel/Wolfgang Ernst, Finis Litium?, Zum Verjährungsrecht nach dem Regierungsentwurf eines Schuldrechtsmodernisierungsgesetzes, JZ 2001, 684-686。

〔54〕 Fleischer, AcP 211 (2011) 317, 350; idem, Gesetzesmaterialien (Fn. 3) 41. Fleischer 自己似乎对按照起草者的民主合法性来对立法材料进行阶层划分情有独钟,但是却又在"条约理论(Paktentheorie)"这一关键字之下,提出了一个重要的反对理由:AcP 211 (2011) 330 f.; idem, Gesetzesmaterialien (Fn. 3) 14 f. 在文本的意义上, Fischer, Auslegungsziele (Fn. 22) 187, 205 f 似乎也是此种意见。

〔55〕 比较 Claus-Wilhelm Canaris, Larenz/Canaris, Lehrbuch des Schuldrechts, in: Rechtswissenschaft und Rechtsliteratur im 20. Jahrhundert, hrsg. von Dietmar Willoweit (2007) 419, 430。

突的情况,而这两种解释之中,仅有一种对于解决该问题具有重要性。[56] 然而,为了判定,某项规范是否“适合”某一特定事实,法律适用者必须首先理解该规范。[57] 一项规范就是一个文本,它是由特定商谈集体中的参与者在特定时间表述出来的,跟任何文本一样,其意义通常只有在这一背景之下才能被显示出来。文本与语境是不可分割的。为了探明某一规范的语境,需要对其形成历史进行重构:特定的法律文本是为了解决何种问题?为何法律要像当前这样表述?法律文义是建立在何种想象之上?立法者就其所要解决之规制问题可供选择的解决途径有哪些?其从中所选择的解决途径是什么以及为何作此选择?[58] 若要回答这些问题,就要探寻立法者进行立法活动之时的以及立法者当时因而对其进行确认式或者改革式的介入的法律状态(Rechtslage)是何样子。[59] 而该种法律状态的组成部分,既可以是法律,还可以包括司法裁判和学术文献。需要考虑的,不仅仅是法学上之语境,经济、社会或者政治背景对于理解某项规范,亦具有意义。

因此,为了理解一项法律,首先需要进行法律史方面的基础性工作,理想的形式,是编撰历史—批判法律评注。[60] 如此,关于立法材料的问题,也得以相对化,因为法律史上的重构工作,需要考虑所有对理解法律而言必要的、能解释立法者所选择之解决方案的特殊之处的材料。这当然包括狭义意义上的立法材料:立法参与者所起草的草案、草案的立法理由以及围绕这些草案而在负责立法准备工作之

〔56〕 因此,立法材料在司法裁判中究竟扮演何种角色的问题,实质上等同于法院应当在多大程度上追随“主观解释”或是“客观解释”的问题。对此的进一步论述,见 Holger Fleischer, Zur Rolle der Gesetzesmaterialien in der Rechtsprechung des II. Zivilsenats des Bundesgerichtshofs, in: FS Wulf Goette (2011) 75-95; idem, Gesetzesmaterialien (Fn. 3) 20 f.; Thiessen, Wertlosigkeit (Fn. 22) 50 f. 而 Fischer, Auslegungsziele (Fn. 22) 194 则发现“新近的德国学说明显地减少了立法材料的重要性”,与之相反,Fischer 强调立法材料的重要性;Baden, Regelungsgehalt (Fn. 22) 392-405 亦早已如此。

〔57〕 在类似意义上对此和后文的论述,见 Rüthers/Fischer/Birk, Rechtstheorie (Fn. 4) Rn. 730b-730d, 778-820。

〔58〕 这是《历史—批判民法典评注》中的文章提出的根本问题,见 Historisch-kritischen Kommentar zum BGB, hrsg. von Mathias Schmoeckel/Joachim Rückert/Reinhard Zimmermann, Bd. I (2003); Bd. II (2007); Bd. III (2013)。

〔59〕 对此,亦可比较 Friedrich Carl von Savigny, System des heutigen Römischen Rechts, Erster Band (1840) 214:“历史因素的内容,是法律制定之时通过法律规则而为出现的法律关系所确定的状态。法律应当以某种形式调整该种状态,而此种调整的方式——这是通过法律(Gesetz)为法(Recht)所新增添的东西——应当使那一因素为人所知”; 关于萨维尼的作品中的历史解释的论述,亦可见 Thiessen, Wertlosigkeit (Fn. 22) 57-61。

〔60〕 对此的论述,见 Sonja Meier, Historisch-kritisches Kommentieren am Beispiel des HKK, ZEuP 19 (2011) 537-546; Miloš Vec, Flaggschiffe und Stiefkinder: Rechtsgeschichte als historische Kommentierung des geltenden Rechts, ZEuP 19 (2011) 547-563。

专家组中进行的辩论。但是，其也包括立法参与者自己用以支撑其观点的材料：即对于探寻当时之法律状况有重要意义的材料，包括与之相关的学术文献，以及在他国家施行的法律规范和它们因此而获得的经验。〔61〕 因此，广义上的《德国民法典》的立法材料，还包括德累斯顿草案（在某些部分，该草案甚至直接构成《德国民法典》之立法咨询的基础），〔62〕以及温德沙伊德的潘德克顿教科书〔63〕或者对民法典第一草案的各种批判性意见。对于理解债法改革而言具有重要意义的认知材料，包括《欧洲合同法通则》、《联合国国际货物销售合同公约》以及 Ulrich Huber 在雷根斯堡召开的民法教师大会上〔64〕和卡纳里斯在柏林民法教师大会上〔65〕发表的演讲。那些重要参与者在此之后的意见，譬如部委评注之类的文献种类，也可能有一定程度的认知价值，〔66〕即使我们对那些人迄今为止借助它们所追求之战略目标（法律的政治市场化、并非对实际颁布之法律，而是对评注的撰写者实际上想要追求的法律进行解释）须批判性地加以考虑。〔67〕

只有对规范进行此种严密的理解，才能提供可靠的基础，以对规范从今天之视角进行批判性反思：法律文本是否因编辑性错漏而被扭曲？法律之起草者默示或者明示地作为基础的观点是否有错误？法律究竟是否适合用来达成其所要追求之目标？法律是否存有漏洞？各项规范之间的协调一致是否失败？是否存在价值评

---

〔61〕 例如在德国民法典的前草案中通常令人惊叹地有全面的比较法的概括介绍。对外国法律的考察和吸收的历史性角度的论述，见 Mertens, Gesetzgebungskunst（Fn. 9）63-79。

〔62〕 因为负责债法这一部分的起草者 Franz Philipp von Kübel 于 1884 年 1 月逝世；比较 Historisch-kritischer Kommentar zum BGB/ Stolte（Fn. 51）S. XXVII。

〔63〕 7 Bernhard Windscheid, Lehrbuch des Pandektenrechts（1891）. 这是最后一版由温德沙伊德自己修订的版本；此后，该作品直至第九版（1906 年）都是由 Theodor Kipp 续写的。

〔64〕 Ulrich Huber, Das geplante Recht der Leistungsstörungen, in：Zivilrechtswissenschaft und Schuldrechtsreform（Fn. 42）31-183.

〔65〕 Claus-Wilhelm Canaris, Die Reform des Rechts der Leistungsstörungen, JZ 2001, 499-524.

〔66〕 对此的论述，见 Thiessen, Wertlosigkeit（Fn. 22）69-73。关于对参与立法过程的人员的口头询问的问题，比较 Fleischer, AcP 211（2011）317, 331 f.；idem, Gesetzesauslegung durch Befragung von Bundestagsabgeordneten?, NJW 2012, 2087-2091；idem, Gesetzesmaterialien（Fn. 3）15-18；Thiessen, Wertlosigkeit（Fn. 22）65-69。

〔67〕 但是，即便是狭义意义上的立法材料，也要对其权威性和可靠性进行审查；至少是对于民法典的立法理由书就应当如此（比较 Fn. 48）；Thiessen, Wertlosigkeit（Fn. 22）49（援引 Gerhard Wagner）指出了更新的例子，该例子中，立法理由的起草者"照搬了债法改革委员会最终报告中的一段文字，但其早已经无法再与该论证本所欲指向的法律相协调"。《共同参考框架》的法律条文的评注也使用了这一"复制—粘贴手法"；比较例如 Nils Jansen/Reinhard Zimmermann, Vertragsschluss und Irrtum im europäischen Vertragsrecht, AcP 210（2010）196, 223 f.。关于立法材料的可靠性的问题，亦可比较 Fischer, Auslegungsziele（Fn. 22）206 f.。

价上之不一致？此外:自其制定以来,法律在其实际适用过程中是否被遵守？是否产生了新的当时尚未预见到的问题,以及法律能否为此提供令人满意的回答？自规范颁布以来,社会的或者经济的状况是否发生了变化？对特定事实的一般性的社会评价是否发生了变化？这些都是能够为法律续造(或者改革)提供动机的问题。而这样一种法律续造在多大程度上需要立法者的介入,抑或可以通过司法机关进行,具体尚存争议。〔68〕这一问题并非今天研讨会的讨论对象。这里仅是为了符合理性才加以发问。而当法官清楚认识到立法者当时所言者,与今天人们对其当时所言者所作的理解之间,存在不一致之处,并积极通过论证方式填补两者之不一致时,便能符合理性。〔69〕亦即是说,法官必须公开说明,其基于何种理由而想要对法进行续造。而这一切的前提,是其精确谨慎地重构其法律续造的出发点。

(责任编辑:夏昊晗)

〔68〕关于法律的保留对于法官的法律续造的有限作用,只需比较 Karl Larenz/Claus-Wilhelm Canaris, Methodenlehre der Rechtswissenschaft 3 (1995) 246 f. 。

〔69〕在此意义上,最新的论述亦可见 Thiessen, Wertlosigkeit (Fn. 22) 74。

比较法视角下的立法资料[*]

[德]霍尔格·弗莱舍[**] 著　季红明　蒋　毅[***] 译

目　次

一、引言

"法律实践者似乎应当避免，把自己有限的时间浪费在总

---

[*] 本文的更早版本见 Fleischer, Rechtsvergleichende Beobachtungen zur Rolle der Gesetzesmaterialien bei der Gesetzesauslegung AcP 211 (2011),317. 本文是更新后的版本，加入了作者的下列这些文章的思想：Fleischer, Europäische Methodenlehre: Stand und Perspektiven, RabelsZ 75 (2011), 700; ders. ,Zur Rolle der Gesetzesmaterialien in der Rechtsprechung des II. Zivilsenats des Bundesgerichtshofs, FS Goette, 2011, S. 75; ders. ,Comparative Approaches to the Use of Legislative History in Statutory Interpretation, 60 Am. J. Comp. L. 401 (2012); ders. ,Gesetzesauslegung durch Befragung von Bundestagsabgeordneten?, NJW 2012, 2087. 本文承蒙作者授权翻译，特此感谢！

[**] 霍尔格·弗莱舍(Holger Fleischer)，教授，现为联邦德国马普学会外国与国际私法研究所(汉堡)执行所长，重点研究领域为公司法和资本市场法、商法、法经济学、比较法、方法论。

[***] 季红明，中南财经政法大学法学院教师；蒋毅，中南财经政法大学法学院教师。

归是无用的法理学和法学方法论著作上”,[1]一位瑞士联邦女法官在一本2009年的法律实际适用指南中如是写道。更具毁灭性的是联邦宪法法院的一位前副院长做出的判断:“法学方法论的约束力与其作用,都被过分地高估了”,他强调,“在一个法典化的法律体系中,法学方法论作为法治国式的找法的唯一标准是不合适的”。[2]

人们必须接受这样的批评声音,即当今的方法论已经基本失去了与司法的联系,也因而基本失去了对司法的影响。[3] 不可否认的还有,该专业的经典教科书都长满了铜锈:人们从中所读到的一些东西,特别的苍白;人们想查阅的其他的东西,则根本未曾涉及。一项紧迫且必要的温习尤其许诺,要拓展对方法的比较法(Methodenrechtsvergleichung)的研究。世所公认,实体法之比较研究用益极大。因此,显而易见应当将这一研究路径扩展至法律方法上,探明方法论上的解决方案的存货,把外国的法秩序备好待用。

我们当然不能指望从中产生奇迹。从出发点看,法学方法论是且一直是(bleibt)一门国家性学科。[4] 就如德国联邦最高(普通)法院和法国最高法院的裁判风格不同,[5]德国和法国的解释传统也不同。一些欧陆国家的法典,如奥地利、瑞士和意大利的民法典,但是也包括西班牙或者葡萄牙的民法典,不同于《德国民法典》[6]在引言部分甚至包含了其自身的解释规则。[7] 其他的国家性预先

---

[1] H. Seiler, Praktische Rechtsanwendung. Was leistet die juristische Methodenlehre?, 2009, S. 2.

[2] Hassemer, FS Jung, 2007, S. 231, 233 ; wortlautgleich ders., Rechtstheorie 39(2008), 1, 3.

[3] 如此恰如其分的是 Muscheler, FS Hollerbach, 2001, S. 99 的这一附录:“当人们谈论制定法解释方法时,必须分清三件事:被讲授的诸种方法;被实践的诸种方法;以及被实践者或者第三方描述为得到践行的方法。”;就此也参见 Fleischer, FS Goette, 2011, S. 75, 85:“谁想对此进行补救,必须将方法论的理论与实践的方法重新紧密相结合”。

[4] 在同一意义上,参见 Hesselink, 83 Tul. L. Rev. 919, 936 (2009):“规范性的并且旨在有助于根据具体的法律制度合理解决案件的法律方法,不是普遍性的,根据定义却是地方性的”;类似的参见 Kramer, JuristischeMethodenlehre, 3. Aufl., 2010, S. 42f.; Larenz, Methodenlehre der Rechtswissenschaft, 6. Aufl., 1991, S. 245。

[5] 对于最高法院的裁判风格,参见 Kötz, RabelsZ 37 (1973), 245; Goutal, 24 Am. J. Comp. L. 43 (1976); Markesinis, 34 Am. J. Comp. L. 349 (1986)。

[6] Vgl. Motive zu dem Entwurfe eines Bürgerlichen Gesetzbuches für das DeutscheReich, Bd. I, 2. unveränderte Aufl., 1896, S. 15:“在本草案中对任何相关规定都保持了距离。一个除了承认解释者不应固守文字之外再无其他目的的规定,是多余的,因为这是不言而喻的。但是,为了便利解释和保证解释结果的正确性的特别规定,只能表达出一些引导性的观点,而对它们的研究和阐述属于理论。试图给此类规则穿上制定法条文的立法者,不是支配,而是指导。此外,以制定法的简短形式正确的表述普遍性的法学语句,必须处理难以克服的困难;这样的语句很容易导致解释上的问题,而非对其加以促进。”

[7] Vgl. Grabau, Über die Normen zur Gesetzes- und Vertragsinterpretation. Einerechtsvergleichende Studie zur Geschichte und Dogmatik von Auslegungsbestimmungenin den wichtigsten europäischen Zivilrechtskodifikationen, 1993 ; jüngst auch Wendehorst, RabelsZ 75 (2011), 730.

印迹产生于宪法上的结构差异。

尽管如此,仍然可以识别出跨国的法律方法的连接环节。这首先适用于法学解释(juristische Auslegung)遵循一般诠释学的实质规律(Sachgesetzlichkeiten)的地方:[8] 伽达默尔(Gadamer)的《真理与方法》[9] 不仅以德文原本,也以英文、法文或者意大利文译本被人所研究,[10] 并且在法学解释上也产生了丰硕的成果。[11] 维特根斯坦(Wittgenstein)的语言哲学[12] 和德里达(Derrida)的文字学[13] 也超越法律和国家的界限为法律人所接受。[14] 此外,产生促进统一作用的是源自罗马法的方法论谚语,[15] 这些谚语在很多地方保持着大的一致性:这表现在人们目光在 Detlef Liebs 的"拉丁语的法律规则和法律谚语"列表[16] 和罗兰德/博伊尔(Roland/Boyers)的"法国法谚语"汇编[17] 之间往返流转。最后,国际性的统一法(Einheitsrecht)长期以来促使跨国的方法论的形成。[18] 典型例证是《联合国国际

[8] 就法学诠释学的特殊性可参见 Mastronardi, JuristischesDenken, 2. Aufl., 2003, Rn. 101 ff.。

[9] Gadamer, Wahrheit und Methode. Grundzüge einer philosophischen Hermeneutik, 1. Aufl. 1960, 6. Aufl., 1990.

[10] Gadamer, Truth and Method, 2d rev. ed., 1989; Vérité et Méthode, 1996; Verità eMetodo, 1983.

[11] Vgl. 基于德国方法论视角 Frommet, Die Rezeption der Hermeneutikbei Karl Larenz und Josef Esser, 1981; 基于美国视角 Eskridge, Gadamer/Statutory Interpretation, 90 Colum. L. Rev. 609 (1990); ders., DynamicStatutory Interpretation, 1994, S. 58 ff.; s. auch Dworkin, Law's Empire, 1986, S. 228, 及其对斯卡利亚法官所提倡的文本主义的登峰造极的讽刺,参见 Scalia, A Matter of Interpretation: Federal Courts and the Law, 1997, S. 115:"斯卡利亚法官已经成功地做出了两次关于意义的演讲,而没有提及德里达或伽达默尔或甚至是没提及诠释学循环,他已经以值得称赞的清晰性制定出一个切合实际的制定法解释的账单。这些都是相当大的成就。"

[12] Wittgenstein, Tractatus Logico-Philosophicus, 1921.

[13] Derrida, De la grammatologie, 1967.

[14] 对于维特根斯坦,参见如 Arulanantham, Breaking the Rules? Wittgenstein and LegalRealism, 107 Yale L. J. 1853 (1998); Busse, Zum Regelcharakter von NormtextBedeutungenund Rechtsnormen. Was leistet Wittgensteins Regelbegriff in einer anwendungsbezogenenSemantik für das Interpretationsproblem der juristischen Methodenlehre?, Rechtstheorie 19 (1988), 305; Markell, Bewitched by Language: Wittgenstein andthe Practice of Law, 32 Pepp. L. Rev. 80 1 (2005). 对于德里达,可参见 Amstutz, Der Textdes Gesetzes. Genealogie und Evolution von Art. 1 ZGB, ZSR 2007, II, 237, 245 ff.; Critchley, Derrida: The Reader, 27 Cardozo L. Rev. 553 (2005); Goebel, Rechtsgesprächund kreativer Dissens: Zugleich ein Beitrag zur Bedeutung der Sprache in der interpretativenPraxis des Zivilprozesses, 2001。

[15] 对于一项汇编,参见 Kramer, FS Höhn, 1995, S. 141。

[16] Liebs, Lateinische Rechtsregeln und Rechtssprichwörter, 7. Aufl., 2007.

[17] Roland/Boyer, Adages du droit français, 3°ed., 1992.

[18] Gruber, Methoden des internationalen Einheitsrechts, 2004.

货物销售合同公约》第7条第1款,[19]当然它自身仅仅包含了一项目标条款,而没有将解释方法予以法典化。[20]

然而,下面的考虑所追求的并非如下的狂妄目标,即勾勒出整个欧洲乃至全球的方法论的框架。[21] 这些考虑毋宁是想要在某个具体问题上形象地说明方法的比较法的操作方式。特别适合作为标本的似乎是立法资料之于法律解释的重要性这一既简单又困难的问题。

二、立法资料在德国:从主观理论到客观理论,又从客观理论回归主观理论?

(一)关于法律解释目标的原则之争

1. 主观理论与客观理论

"在法律解释的具体问题中,没有任何问题像对所谓的立法资料的价值和使用的追问这样深入以及部分地如此热烈地加以讨论过",早在1914年菲利普·黑克(Philipp Heck)便如是说。[22] 因此,这一热烈的讨论搅动的是,隐藏于所谓的具体问题背后的对于法律解释的目标的永恒追问,[23]每一代法律人总是重新探究这个永恒追问。[24] 争夺至上地位的是两种矛盾的解释理论,对于这两种理论——术语上不是很成功[25]——主观理论和客观理论的称谓已经变得普遍。[26]

主观理论以不同的变体具体地追问历史上的立法者的意志。主观理论最为声名显赫的代言人之一,伟大的学说汇纂学者伯恩哈德·温德沙伊德(Bernhard Windscheid),使这点变得如此尖锐,他认为法的适用者必须"在考虑所有可以企及

---

[19] 其内容如下:"在解释这一公约时,应考虑其国际性质以及促进统一适用和在国际商事交往中遵守诚信的必要性。"

[20] Vgl. etwa Ferrari, in: Schlechtriem/Schwenzer, Kommentar zum EinheitlichenUN-Kaufrecht, 5. Aufl., 2008, Art. 7 Rn. 28.

[21] 对于欧洲方法论的状况和前景的一个思想纲要,参见 Fleischer, RabelsZ 75 (2011), 700。

[22] Heck, AcP 112 (1914), 1, 105 f.

[23] 深刻的如 Mennicken, Das Ziel der Gesetzesauslegung. Eine Untersuchung zur subjektiven und objektiven Auslegungstehorie, 1970。

[24] 完全类似的是 Engisch, Einführung in das juristische Denken, 10. Aufl., 2005, S. 123:"我毋宁认为,整个问题并未得到最终解决,像所有的真正的基础问题一样不会得到最终的解决。"

[25] 批评意见如见于 Röhl/Röhl, Allgemeine Rechtslehre, 3. Aufl., 2008, S. 631:"'主观的'解释是客观的,'客观的'解释是主观的。"Rüthers/Fischer, Rechtstheorie, 5. Aufl., 2010, Rn. 796 也说到"这些令人吃惊的错误地选择并且误导性的指称"。

[26] 参见如下的介绍:Bydlinski, Juristische Methodenlehre undRechtsbegriff, 2. Aufl., 1991, S. 428ff.; Engisch (Fn. 24), S. 112 ff.; Kramer (Fn. 4), S. 116 ff.; Larenz (Fn. 4), S. 31 6ff.; Rüthers/Fischer (Fn. 25), Rn. 784 ff.; Zippelius, Juristische Methodenlehre, 10. Aufl., 2006, S. 21ff.。

的因素(Momente)的情况下尽可能完整地置身于立法者的灵魂中”。[27] 此后的代言人,尤其是作为图宾根利益法学学派之首的菲利普·黑克,不再以历史上的立法者的实际意志为准,而是诉诸历史上的立法者的规范意志。[28] 就此而言,人们也称为产生时的[29]解释或者历史的—目的论的[30]解释。主观主义者们通常以立法者的目的与评价对法官具有约束力来证立他们的观点,[31]他们偶尔也以这一解释程序更具有科学性来进行论证,因为主观解释程序的结论可以理性地加以批判和证伪。[32] 我们是否也可以将弗里德里希·卡尔·冯·萨维尼(Friedrich von Savigny),这位现代方法论在历史上的先祖,[33]打入主观主义者阵营,对此见解不一。[34] 很多迹象表明,历史上的立法者的主观意志在其解释理论中仅起着次要作用。[35]

与此相反,客观理论认为法律解释的目标在于推究法律自身的固有意义,该固有意义是可客观地—目的论地被查明而且可以随时间的推移而变化。古斯塔夫·拉德布鲁赫(Gustav Radbruch)将这种观点包裹在机智的、但并非全无危险的公式里,依据该公式,“法律[可以]比它的作者更为高明——法律甚至必须比它的作者更为高明”。[36] 对于理据,我们可以在客观主义者[其中包括1885/1886年[37]的

---

[27] Windscheid, Lehrbuch des Pandektenrechts, Bd. I, 7. Aufl., 1891, S. 52.

[28] Vgl. Heck, AcP 112 (1914), 1, 50, 53, 64, 77; 在此追随他的如 Looschelders/Roth, Juristische Methodik im Prozeß der Rechtsanwendung, 1996, S. 46 f.; Rüthers/Fischer (Fn. 25), Rn. 790。

[29] Vgl. Kramer (Fn. 4), S. 116.

[30] Vgl. Bydlinski (Fn. 26), S. 428.

[31] 尖锐的是 Heck, AcP 112 (1914), 1, 62:“谁想赞成客观理论,他就因此将故意破坏立法意图纳入自己的计划。”

[32] Vgl. Baden, Gesetzgebung und Gesetzesanwendung im Kommunikationsprozeß, 1977, S. 186 ff.; Rödig, Die Theorie des juristischen Erkenntnisverfahrens, 1973, S. 181ff.; s. auch Alexy, Theorie der juristischen Argumentation, 2. Aufl., 1991, S. 294, 他将发生学的论证视为经验论证的一种特别情形。

[33] 对于他的解释理论,参见 v. Savigny, System des heutigen römischen Rechts, Bd. I, 1840, S. 206 ff., 212 ff.; 对此深入探讨的是 Baldus, in: Riesenhuber (Hrsg.), EuropäischeMethodenlehre, 2. Aufl., 2010, § 2 Rn. 55 ff.; Huber, JZ 2003, 1。

[34] 持否定观点的是 Rückert, Idealismus, Jurisprudenz und Politik bei Friedrichcarl vonSavigny, 1984, S. 354 ff., 他认为萨维尼的方法从理智上来讲既不能被称为是主观的,也不能被称为客观的;另有 Schröder, Recht als Wissenschaft, 2001, S. 224 ff., 241 f.; 以及 Meder, Missverstehen und Verstehen, 2004, S. 125 ff。

[35] 详见于 Huber, JZ 2003, 1, 12; 追随他的是 Meder (Fn. 34), S. 125。

[36] Radbruch, Rechtsphilosophie, 8. Aufl., 1973, S. 207; 对此进行批评的如 Röhl/Röhl (Fn. 25), S. 629:“更为聪明的当然不是制定法,而是其解释者们自认为更聪明。他们想要因此摆脱历史上的立法者。”

[37] Vgl. Binding, Handbuch des Strafrechts, Bd. I, 1885, S. 450 ff.; Wach, Handbuchdes deutschen Civilprozessrechts, Bd. I, 1885, S. 254 ff.; Kohler, GrünhutsZ 13 (1886), 1 ff. 对于这些作品的历史—政治背景详见 Caroni, Einleitungstiteldes Zivilgesetzbuches, 1996, S. 92 ff.。

“三巨头宾丁(Binding)、瓦赫(Wach)和科勒(Kohler)”[38]]那里听到,法律随着立法活动的完成脱离其创制者并被提升为一个客观的存在:“在法律公布的时刻,随着(最后)一击,法律在智识上的创作者(立法者自身)的意图和愿望的整个下层建筑消失了,法律从此以后立基于其自身,通过自身的力量和重要性(Schwere)得到遵守,为自身的意义所充满。”[39]此外,客观主义者们诉诸法律人的科学性的尊严,并且反对毫无批判地相信(立法)资料:“(立法)资料的寻找”,自由法学学者福克斯(Ernst Fuchs)以其特有的敏锐指出,“仅仅是勤勉的档案管理员的工作,而不是科学”。[40]

2. 早期针对主观理论的异议

针对主观理论,人们很早便提出过多种不同的论据,[41]这些论据也间接地针对援引立法资料。一些人认为,在议会制民主中根本不存在具有意志能力的立法者(willensfähiger Gesetzgeber):[42]现代立法者是一个匿名的存在者,它由众多的个人,因此也由众多的意志方向构成。[43]但是,这种所谓的意志论据没有认识到,此处所涉及的不是一个自然的规范制定者的意志,[44]而是对归属(Zurechnung)问题[45]的解答,该问题可能会引向法哲学的高度(或深度),[46]但接地气的股份法学者对它十分熟悉:就像存在通过股份公司的机关的多数决创立股份公司的规范

[38] Kramer (Fn. 4), S. 121.

[39] Binding (Fn. 38), S. 454 追随 Thöl, Einführung in das deutschePrivatrecht, 1851, S. 150。

[40] Fuchs, Recht und Wahrheit in unserer heutigen Justiz, 1908, S. 53.

[41] 对这些论据的系统列举,见于 Heck, Gesetzesauslegung und Interessenjurisprudenz, 1914, S. 67ff.;黑克谈及意志论据、形式论据、信赖论据和填补论据;追随他的是 Hassold, ZZP 94 (1981), 192, 207 ff.;对于不同的分类,见于 Baden, in: Rödig (Hrsg.), Studien zu einer Theorie der Gesetzgebung, 1976, S. 369, 384 ff.,他提及颁布论据、不确定论据、灵活性论据;追随他的是 Röhl/Röhl (Fn. 25), S. 628。

[42] 对于所谓的“集体表示(Collektiverklärungen)”的问题,已经见于 Bülow, Gesetz und Richteramt, 1885, S. 35 f.;近期的则参见 Thienel, FS Koja, 1998, S. 161, 178 ff.; Schäffer, FS Rill, 1995, S. 595, 602 f.;关于“不存在”集体意志也见于 Kelsen, Hauptprobleme der Staatsrechtslehre, 2. Aufl., 1923, S. 169 ff.。

[43] So Zweigert, Studium generale 7 (1954), 380, 382.

[44] 对此也见于 Röhl/Röhl (Fn. 25), S. 628:“立法者的意志只不过是一个实用的针对历史背景的比喻。”

[45] 令人信服的是 Christensen, Was heißt Gesetzesbindung, 1989, S. 59; 同样令人信服的是 Jestaedt, Grundrechtsentfaltung im Gesetz, 1999, S. 355:“是规范性的归属,不是实际心理学上的归属。”

[46] 对此如 Dworkin (Fn. 11), S. 342 ff.。

性意志,也存在作为思想上的构造〔47〕或者民主理论上必要拟制〔48〕的依据多数决定而形成的规范性的立法者意志。〔49〕

第二个异议在于,由于部分原始资料不完整,因而不能足够确定地确认立法者的意志。这可能完全适用于具体问题,但在立法资料对于法律适用者唾手可得的地方实在是没抓到点上。〔50〕恰恰是对于新近的立法资料,借助电子搜索,法律日常生活中的搜索成本是微乎其微的;在较老的法律,人们可能承认法律实践以要求可行性和可期待的"解释经济"(Auslegungsökonomie)〔51〕为准。〔52〕这一所谓的不确定性论据(Unsicherheitsargument)的一个变体声称,立法资料是易受操控和滥用的。〔53〕这也(令人遗憾地)没有排除下述情况,即要么是因为在利益团体的推动下某些特定表述被"走私"到(立法)资料中,要么是因为法律适用者嗣后没有完整地,而是选择性地评估了(立法)资料。在联邦或州的部委将立法"外包"时,尤其需要警惕。〔54〕但是,所有这些都不能证明自始便抛开立法资料是正当的。

最后,反驳者一再认为,主观理论导致解释的结论不受欢迎的取向于过去,导致"死人统治活人"。〔55〕只有客观的—目的论的解释容许法律不断地适应新的规范情形(Normsituationen)。这一所谓的填补—或者灵活性论据(Ergänzungs-oder Flexibilitätsargument)是基于对主观理论和法的续造的关系的误解:〔56〕主观主义者

---

〔47〕 在此意义上,Hassold,ZZP 94 (1981),192,207:"立法者是一个规范性的概念,一个设想出的主体,制定法的命令被归之于他。"完全类似的是 Rotz,Richterrecht zwischen methodischer Bindung und Beliebigkeit?,2008,S. 80:"规范性的构造"。

〔48〕 So Looschelders/Roth (Fn. 28),S. 47 mit dem Zusatz,dass die natürliche Meinungspluralität der Annahme einer normativen Willenseinheit nicht entgegenstehe.

〔49〕 关于多数决模式或者代理人模式见 MacCallum,in: Summers (ed.),Essays in Legal Philosophy,1968,S. 237 ff.,261ff.;追随他的是 Cramer,AJP 2006,515,516;Müller/Christensen,Juristische Methodik,Bd. I,10. Aufl.,2009,Rn. 361f.。

〔50〕 与此处相同的是 Rüthers/Fischer (Fn. 25),Rn. 791。

〔51〕 Jabloner,FS Schambeck,1994,S. 441,447f.

〔52〕 So von Arnauld,Rechtstheorie 32(2001),465,475.

〔53〕 Vgl. etwa Binding (Fn. 38),S. 472f.

〔54〕 Dazu Battis,ZRP 2009,201;sowie Krüper,JZ 2010,655 在标题„Law firm-legibus solutus(律师事务所——立法者不受法律约束)"之下。

〔55〕 Ehrlich,Die juristische Logik,2. Aufl.,1925,S. 160;最近 Baldus,in: Riesenhuber (Fn. 33),§ 3 Rn. 219. 也认为如此:"我们不必服从于过去的人们,而是必须只服从于制定法,准确地说服从于目前有效的制定法。"

〔56〕 清楚阐述了的是 Hassold,ZZP 94 (1981),192,210:"法官的法律续造权限和立法者的立法特权之间的区分并不是主观解释理论和客观解释理论之争的主题。"

也并非毫无例外地坚持历史上所确定的规范意义(Normsinn),〔57〕它不过要求,法的适用者对可能的调整予以公开且加以证成。〔58〕这个"说理强制"〔59〕并非不必要的负担,毋宁与之相反——用一个被滥用、但仍不可或缺的单词来说——有助于方法的诚实。〔60〕

3. 当前的诸种立场

在长达数十年的意见争论后,战斗人员似乎都精疲力尽了,并且重要的论据都得到交换。〔61〕在文献中客观理论常常被称为占主导地位,〔62〕不过在详细观察之下,折中的观点占据着优势,〔63〕这些折中观点时而从客观解释的地基上,〔64〕时而从主观解释的地基上〔65〕获得进一步发展。禁止或者认为立法资料的使用为无价值的"严格的"客观理论,〔66〕在今日已无人再支持,〔67〕同样,一种将解释者一直约束于历史上立法者的观念的"纯粹的"主观理论,在今日也无人再支持。〔68〕通常

---

〔57〕 Vgl. Röhl/Röhl (Fn. 25),S. 628 :"主观理论并非如此僵化,以至于它永远将法官束缚于制定法。"

〔58〕 Vgl. etwa Kramer (Fn. 4),S. 31f.

〔59〕 Meier-Hayoz,in: Berner Kommentar ZGB,1962,Art. 1 Rn. 155.

〔60〕 So auch Rüthers/Fischer (Fn. 25),Rn. 730d,794,813 und öfter; ferner Neuner,Die Rechtsfindung contra Legem,2. Aufl. ,2005,S. 113; sowie Wank,Die Auslegung vonGesetzen,4. Aufl. ,2008,S. 32:"不过,援引客观理论的前提也包括,证明一部特定的制定法存在这样一个老化过程。不过客观理论的追随者往往根本不会先提供这一证明。"

〔61〕 此种观点已经见于 Stratenwerth,FS Germann,1969,S. 257,258; 近期的见于 Schluep,Einladung zur Rechtstheorie,2006,Rn. 1117,依此整个方法论中的这一争论已经"达到了多余的程度"。

〔62〕 Vgl. etwa Engisch (Fn. 24),S. 113:"目前客观理论——尽管有很多变种——是完全盛行的。Rüthers/Fischer(Fn. 25),Rn. 798 亦是如此认为。

〔63〕 标志性的并且做出了良好的权衡的是 Kramer (Fn. 4),S. 127 ff. ,133 ff. ; ferner Engisch (Fn. 24), S. 114 mit Fn. 25 und S. 123 mit Fn. 47; sowie Hassold,ZZP 94 (1981),192,209:"因此,建议在调和性的学说中将主观的和客观的解释理论的诸要素结合起来,或者首先适用一种,在其失灵的情况下再适用两种理论中的另一种,或者将两种理论在一种可分阶层的找法程序中统一起来";此外,Ott, Juristische Methode in der Sackgasse?,2006,S. 54,依其"在所有的情形中都要对两种视角加以考虑"。

〔64〕 代表性的是 Larenz (Fn. 4),S. 316:"两种理论中的任何一种都是基于局部的真理;因此,没有哪一种可以不受限制地加以接受"以及 S. 318:"但是,否定历史上的立法者的规整意图及其可辨识的规范设想所有的意义,这就走的过头了。"

〔65〕 代表性的是 Rüthers/Fischer (Fn. 25),Rn. 820:"法学方法问题不能还原为法律产生时或者适用时的法律适用的二者选一。'主观的'如同'客观的'解释理论都包含切合实际的方面。"

〔66〕 So Cosack,Lehrbuch des deutschen Bürgerlichen Rechts,Bd. I,4. Aufl. ,1907,S. 38:"作为解释的命令"而无"一丝用处";类似的是 Kohler,Lehrbuch des bürgerlichen Rechts,Bd. I,1 906,S. 131;没那么严格的是 ders. ,GrünhutsZ 13(1886),I,38。

〔67〕 极为清晰的表达此类观点的是 Hassold,ZZP 94 (1981),192,202。

〔68〕 同样清晰的表达见于 Wank (Fn. 60),S. 32。

情况下，法律的年龄被赋予重要意义：相比于较新的法律，历史上立法者的意志在较老的法律具有较轻的权重。[69] 有时这意味着，相较于那些对于如何解决它存在一般性一致意见的实质问题，历史上立法者的意志对于那些不存在达成共识可能的实质问题在规范上更为重要。[70] 结构化法学的代表（Vertreter der Struktierenden Rechtslehre）将参考立法资料理解为体系论据的特别情形，因为通过发生学的解释，最初孤立的规范文本与其它文本的选择联结了起来并且被卷入一个语义网络。[71] 最后还可以发现如下观点，即历史解释不是与其它解释准则并存的解释准则，而是一个磨砺其他的解释准则的一个“横向标准”。[72]

联邦宪法法院传统上拥护客观理论。自从早在1952年的一个判决开始，它对于法律解释的目标的固定公式就宣称：“对于一项法律规定的解释来说，决定性的是立法者在这项法律规定中表达出来的客观化了的意志，恰如从该法律条文的文义及其所处的意义关联中得出的意志一样。相反，不重要的是参与立法程序的机关或者它的个别成员对有关法律条文意义的主观想象（Vorstellung）。对某一条文的解释而言，只有当该条文的产生史确认了一种依照既定原则所查明的解释的正确性，或者提出了用既定的路径无法单独消除的疑问时，其产生史才具有重要性。”[73] 此外，“只有当历史上立法者的意志在法律自身中找到了足够确定的表达时”，历史上立法者的意志才应当“被考虑”。[74] 对于较新的法律，立法者的归整意图被倾向于赋予更大的重要性。[75] 尽管如此，联邦宪法法院在较老的法律中也极为悉心地探讨其前史和产生历史，并且一再追问立法者的意志。[76] 因此，理论

---

[69] Vgl. etwa Kramer (Fn. 4), S. 136f.; Wank (Fn. 60), S. 34; Zweigert, FS Bötticher, 1969, S. 442, 447; ferner Schluep (Fn. 61), Rn. 1119:“亦即若一部法律[……]在昨日已然产生，生效，并且目前要加以适用，那么在高权的保留之下，看不出为何法律适用者从昨日直至今日应当创造一个新的理解世界。”但是 Baden, in: Rödig (Fn. 41), S. 369, 392 持批评意见。

[70] So Schroth, Theorie und Praxis subjektiver Auslegung im Strafrecht, 1983, S. 105.

[71] Näher Christensen (Fn. 45), S. 60 ff.

[72] So Baldus, in: Riesenhuber (Fn. 33), § 3 Rn. 220.

[73] BVerfGE 1, 301, 312; bestätigt in BVerfGE 10, 234, 244; 11, 126, 130; st. Rspr.

[74] BVerfGE 11, 126, 130.

[75] Vgl. BVerfGE 54, 277, 297:“尤其是在时间上较近且实质新颖的规则，只要规范的文义和意义关联留有疑问，基于立法程序变得明确的立法者规整意图在解释时具有相当大的分量。在此种情况下的解释不能忽略可识别的规整意图。”

[76] 详细的判决分析参见 Sachs, DVBI 1984, 73；最新的例子为 BVerfG NJW 2009, 1469, 1471f. Tz. 45 ff.。

方针和实践方法不一致的情形并不少见。[77] 尽管联邦宪法法院的方法论表态并不会产生《联邦宪法法院法》第31条意义上的约束效力，但这也是使人讨厌的。[78] 同样地，方法论的冲突也没能借助依据《法院组织法》第132条呈送于德国最高(普通)法院的大审判委员会或者联席大审判委员会的规定而得到消除。[79]

新近以来，这种意见之争在国家哲学[80]和宪法领域再度爆发。依托于方法问题也始终是宪法问题，[81]有影响力的声音在学说中主张回到主观理论或者至少更为强调历史解释：[82]民主、权力分立和法官受法律约束的宪法基本原则要求法院探究(法律的)产生历史；对于产生历史的探究是每个合宪的法律适用(Rechtsanwendung)不可缺少的第一(并非最后一)步。[83] 若人们赋予立法者的一贯性和体系正义这些基本原则以更大的重要性，历史解释必定经历更进一步的升值。[84]

最近，联邦宪法法院在一个备受推崇的关于刑事诉讼中上诉的萎缩(Rügeverkümmerung)的法庭裁定中处理了这个问题域。[85] 依据表决的多数票，包括选择此处应予适用的方法在内的普通制定法的解释是专门法院的事务，联邦宪法法院不能全面地检视其正确性。即使涉及《基本法》第20条第2款第2句和第3款的权限边界，联邦宪法法院也应当将其审查限制于检查，专门法院在找法时是否尊重了立法者的基本决定以及是否以可资赞同的方式使用了公认的法律解释

[77] 持同样的观点的是 Rüthers/Fischer (Fn. 25), Rn. 800："由法律事实观之，联邦宪法法院在制定法解释上一般赋予历史论据以特别的权重，常常是决定性的权重。就此而言，其对于所谓客观方法的理论公告只是口头上承认。"

[78] Vgl. Rennert, in: Umbach/Clemens, BVerfGG, 1. Aufl., 1992, § 31 Rn. 74："方法语句不是法律语句。"

[79] Dazu Simon, Gesetzesauslegung im Strafrecht, 2005, S. 585："这一程序只用于澄清法律问题，而不是澄清用以解决一个法律问题而被发现的方法路径。这导致了如下难堪的后果，即矛盾的方法陈述可能未予清除地继续并存，即这些不同的观点都未被人注意到。"

[80] Vgl. Zippelius (Fn. 26), S. 23："人们可这样尖锐地说：一个人选择哪种解释，取决于他所具有何种国家哲学"；赞同者为 Schröder, FS Eisenhardt, 2007, S. 125。

[81] Vgl. Rüthers/Fischer (Fn. 25), Rn. 705ff.

[82] Vgl. Depenheuer, DVBI. 1987, 809, 812f.; Hillgruber, Journal für Rechtspolitik 9 (2001), 281; Jestaedt (Fn. 45), S. 328 ff., 338ff.; Neuner (Fn. 60), S. 112 ff.; Rüthers/Fischer (Fn. 25), Rn. 780 ff.; s. auch Auer, ZEuP 2008, 516, 528 ff.

[83] 对此予以特别强调的是 Rüthers/Fischer (Fn. 25), Rn. 812；类似的是 Biaggini, in: Peters/Schäfer (Hrsg.), Grundprobleme der Auslegung aus Sicht des öffentlichen Rechts, 2004, S. 27, 42，据此，历史解释是民主的宪法国家中规范解释的一个"必要的(过渡—)阶段"。

[84] Dazu Mehde/Hanke, ZG 2010, 381, 397："若联邦宪法法院认真对待结果的正确性，那么它必须一直检视立法理由说明并将其作为裁判的基础。"

[85] Vgl. BVerfGE 122, 248 = NJW 2009, 1469; dazu Möllers, JZ 2009, 668; Rüthers, NJW 2009, 1461.

方法。[86] 与之相反的则是由教授—法官们福斯库勒(Voßkuhle)、欧斯特洛(Osterloh)和迪法比奥(DiFabio)所撰写的一份反对意见中的一项方法论的要义:法院在基本法之下历来受公认的进行法律续造的权限是有其界限的。若立法者做出了一项明确的决定,那么法官便不得基于自己在法政策上的观念改变这一决定,也不能借助一项在议会中原本不能达成的、司法上的解决方案取而代之。[87] 立法者是否做出了这样一项明确的决定,只能通过遵照公认方法的解释来查明。解释的出发点是规定的文义,不过它并非总是对立法者(主观的或者客观化的)意志"[88] 给出了提示。对于法律建立在哪一规制构想之上这个问题的回答,除立法资料和法律的体系之外,实践中对规定的理解也具有不可小视的指示作用。倘若立法者在规范颁布之后一直没有作为,我们并不能由这一状况中直接推断出,立法者接受了一种特别的或者更确切地说当前的规范适用实践,也不能由此推断出,立法者放弃了他的优先塑造权而委托司法解决实质问题。就一项规范的效力(Geltung)而言,立法者不负有在特定时间间隔后重新确认自己就此所做的规制意愿的责任。[89]

最后,联邦宪法法院宣布联邦最高(普通)法院关于测定婚后扶养费的新裁判违宪。[90] 该项裁判不能以任何公认的解释方法得到证立。[91] 它脱离了立法者关于婚后扶养的计算的构想,并且以自己的模式取而代之。通过这一体系的变更,联邦最高(普通)法院超越了法官进行法律续造的界限,并且违反了《基本法》第 2 条第 1 款以及法治国原则(《基本法》第 20 条第 3 款)。[92] 依据一名评注者,联邦宪法法院因此给最高法院的无视立法者意志的能动主义,划出了清晰且早该到来的界限。[93]

(二)使用立法资料的若干具体问题

在对法律解释的目标做了这些一般性的初步评论之后,还应当考察立法资料利用上的不同具体问题。

1."立法资料"的选择和位值

如前所述,(联邦)法律现今为众多的协作者以劳动分工的方式制定而成。[94]

---

〔86〕 Vgl. BVerfG NJW 2009,1469,1470 Tz. 30.
〔87〕 Vgl. BVerfG NJW 2009,1469,1479 Tz. 97.
〔88〕 BVerfG NJW 2009,1469,1477 Tz. 98.
〔89〕 Vgl. BVerfG NJW 2009,1469,1477 Tz. 101.
〔90〕 Vgl. BVerfGE 128,193 = NJW 2011,836.
〔91〕 Vgl. BVerfG NJW 2011,836,840 Rn. 68.
〔92〕 So BVerfG NJW 2011,836: Leitsatz.
〔93〕 持此种理解的是 Rüthers,NJW 2011,1856。
〔94〕 就此深入的讨论见 Hopf 和 Seibert,两者都在本书。

参与的通常是负有此责的专业部委(该部负责拟就一份专家草案)、联邦政府(在部门间表决后由联邦政府将政府草案提交议会)以及联邦议会、联邦参议会以及它们各自的委员会。在准备阶段专家委员会也零星地参与。[95] 所有这些准备工作通常以书面记录而且可公开获取的形式存在。其中的哪些准备工作可以作为"立法资料"来使用,以及在何种范围内可以使用?

首先可区分行政文件和立法文件。[96] 支持这一区分的是议会作为依据宪法选任出来的立法者的功能。然而,议会更高的合法性(Legitimation)与它较低的专业能力处于一定的紧张关系之中。在咨询和讨论立法建议时,议会的议员常常只对建议的一般方向发表看法,并且借助尽可能不确定的因而能够由不同的听众填充不同想法的概念。[97] 因此,对于具体规定的法律意义,议员们的演说经常给予不了法的适用者进一步的指点;另外,政见形成的妥协性妨碍了探求立法者在法律上(juristisch)可用的意图。[98] 因此,法院通常考虑立法过程早期阶段的资料也就不奇怪了。[99]

在法理上,人们习惯以所谓的协约理论证成(政府的)说理具有提示立法者意志的特性:据此,在一部新法律的咨询和决议时没有发展出自己想法的议会,是对草案起草者在(政府的)说理中所倡言的那一意义的认可。[100] 这里存在一种稳健的论证路径,当人们将这一构想(Konzept)从他们自己隐含的意志和契约建构(Konstruktion)剥离开来,并把立法过程作为分工程序予以特别强调。[101] 若进一步考虑到,政府和承载政府的议会多数在政治上大多是一致的,那么我们也可以完全合理地认为,政府的说理也决定性地影响了议会中的表决。[102]

---

〔95〕 Dazu Cramer, AJP 2006, 515, 519.

〔96〕 Vgl. Cramer, AJP 2006, 515, 517.

〔97〕 透彻的分析见 Pawlowski, Methodenlehre für Juristen, 3. Aufl., 1999, Rn. 620; s. auch Larenz (Fn. 4), S. 329。

〔98〕 Vgl. Luhmann, Das Recht der Gesellschaft, 1995, S. 420.

〔99〕 Vgl. F. Schmidt, Zur Methode der Rechtsfindung, 1976, S. 24ff.; 赞同的是 Pawlowski (Fn. 97), Rn. 618。

〔100〕 最初的可能是 Wächter, Abhandlungen aus dem Strafrechte, Bd. I, 1835, S. 242 ff.; 近期是 Bydlinski (Fn. 26), S. 431f.; Engisch (Fn. 24), S. 122; Neuner (Fn. 60), S. 104; Säcker, in: MünchKomm BGB, 5. Aufl., 2006, Einl. Rn. 110; 持批评态度的是 Larenz(Fn. 4), S. 329; 以及 Canaris, in: Grundmann/Riesenhuber(Hrsg.), DeutschsprachigeZivilrechtslehrer des 20. Jahrhunderts in Berichten ihrer Schüler, Bd. II, 2010, S. 263, 297 mit Fn. 129, 据此,让立法机关所背负的异议职责(Widerspruchsobliegenheit)以危险的方式影响到权力分立,并且给立法程序的偶然性留有太多空间。

〔101〕 So Müller/Christensen (Fn. 47), Rn. 362, 他们提及立法程序是一个"竞争性的行为游戏"。

〔102〕 令人信服的是 Looschelders/Roth (Fn. 28), S. 159。

2. 口头答复

人们通常仅仅将书面文件理解为立法资料。当然理论上也可想到对曾参与立法的个人的口头询问。德国法院在20世纪初期和中期实际上已经走过这条路。

(1) 柏林高等法院、帝国法院和联邦最高(普通)法院的早期判决

柏林高等法院在1910年就"1908年1月24日的帝国议会的委员会会议中的一些过程"询问了帝国议会议员以及帝国海军局(Reichsmarineamt)的代表、帝国国库的代表和军部(Kriegsministerium)的代表,以便为1906年5月的《军队供给法》的解释获得资料。[103] 柏林高等法院调查证据的裁定在文献中引发了激烈的争论。并非小人物,而是奥地利前司法部长和极富影响力的法律政治家克莱因(Franz Klein)指责柏林高等法院,其将立法者的意志通过形式化的拟制等同于委员会的个别成员的意见:[104] 一部法律如何理解,并不能借助于在法律形成的某个阶段坐在同一张凳子上的5个或者6个人的或多或少准确的记忆来加以确定。[105] 兴许是受到批评的判决的报告人的柏林高等法院顾问萨尔曼(Reinhard Salman)对此回应道,被告提出证据的主张对于裁判当然非常重要的:若人们认为帝国议会的全体大会将筹备委员会的立场变成了自己的,那么这就不是形式化的拟制,而是符合人们的实际经历。[106]

帝国法院在其1913年的上诉判决中首先坚持,当前的案件涉及的不是民事诉讼意义上的证据及其搜集,而是法律解释的问题。尽管如此,帝国法院认可了由柏林高等法院对帝国议会议员的听证:"被选任为适用法律的法官,有权也有义务,以任何对于法官的敏锐感觉而言显得合适的方式,获取为认知和解释法律意志对其显得必要的资料,这种意志可能从法律的产生历史或者其他的状况中得出[……]。法官在活动时并不限于立法的印刷品和其他的文件,必要时也可以通过听询证人或者其他类型提供答复的人员,澄清和确定特定的过程。[……]其结论对于法律解释的有用性问题不是程序上的合法性问题,而是谨慎地进行实质评价的问题。"[107]

在一项1951年的判决中,联邦最高(普通)法院为查明立法者的意志,在上诉审中听取了柏林司法参议员(Justizsenator)就此所做的答复,依据其观点,在法律

[103] 柏林高等法院的这一判决——就目前所见——没有公布,而只在报纸报道中被提到;否定者为Klein,JW 1911,834;赞同者为Salmann,JW 1912,321。

[104] So Klein,JW 1911,834,836.

[105] 尖锐的见解参见 Klein,JW 1911,834,837。

[106] So Salman,JW 1912,321,323.

[107] RGZ 81,276,282.

颁布之前对特定问题的商讨中，“市议员大会成员是唯一重要的立法者”。[108] 但是这一程序没有得到深入的反思。

（2）奥地利最高法院的判决

与此相反，奥地利最高法院（OGH）在1950年的一项判决中认为，将法律草案的起草者作为“关于立法者意图”的证人加以询问是不合法的。[109] 对于法律解释来说，包括法律起草者在内个人的观点绝不是决定性的，即使他们把这样的一个意见，以诸如学术文章的形式，放到法律适用者手边。[110] 把他们作为证人加以询问，是一种不可真正地严肃对待的过分要求：“这种观点[……]以再充沛的精力予以驳回都不为过。它将会导致完全低估司法并且侵犯了法院在宪法上的独立性。一旦一部法律在联邦法律公报上被公布，那么它的解释只归司法管辖。之前的法律的起草者不再参与它的解释。”[111] 奥地利最高法院在其1972年的另一个判决中再度强化了自身的这一观点。[112]

（3）最近的发展和表明态度

在刚由法兰克福州高等法院做出裁判的一个法律争议中，申请人在书面诉状后附上了一位联邦议会议员的表态，该议员作为他所属党团的报告人决定性地伴随了立法程序。法院的审判委员会对此没有什么印象，[113] 未对这个问题予以深入探究。这在结论上是值得赞同的。[114] 反对将联邦议会议员作为证人席上的权威的法律解释者予以询问的，首先是法的安定性和平等对待的考量，更确切地说：证人陈述具有的较低可靠性[115] 以及此类人员作为信息来源所可支配的时间有限。[116] 此外，我们不能排除，作为自己事务的（in eigener Sache）证人的议员或者

---

[108] Vgl. BGH JR 1951,600（在BGHZ 3,82中迄今没有公布）；就此也可参见 Reinicke/Reinicke, MDR 1952,141。

[109] Vgl. OGH JBI. 1950,507 Leitsatz 2.

[110] So OGH JBI. 1950,507,508.

[111] OGH JBI. 1950,507,508.

[112] Vgl. OGH EvBI. 1972/337,634.

[113] Vgl. OLG Frankfurt ZIP 2012,725,727：“申请者所提交的联邦议会议员就他的立法程序回忆录的看法，在这一情形中并无助益。从议员的看法中既看不出当时的报告人的考虑是否真的在党团中得到公开，也看不出，这是在哪一次全体会议进行的以及如有这种情况它引起了什么样的结果。”

[114] 详见于 Fleischer, NJW 2012,2087,2089 ff.；Bydlinski（Fn. 26），S. 449 f. 结论同样如此；Hopf, FS 200 Jahre ABGB, 2011, S. 1051, 1067 mit Fn. 92；Sirnon（Fn. 79），S. 277；abw. Reinicke/Reinicke, MDR 1952,141,142。

[115] Vgl. bereits Klein, JW 1911,834,837；ebenso Bydlinski（Fn. 26），S. 449.

[116] Vgl. Bydlinski（Fn. 26），S. 449：“人类生活的局限性实际上极为反对让一般——抽象的规范的解释可能根据特定的人是否依然可作为信息来源而出现不同的结果。”

部委官员,嗣后地修正一部法律中最初被忽视的法律问题或者不受欢迎的效果。[117] 此外,存在法政策上的意见之争在法庭上继续延续的危险。[118] 再者,对于规范受众而言,参与立法程序的人的嗣后的证人陈述违背了法律认知的可期待性的要求。[119] 最后,议员个人嗣后意见而对于法律解释不具特别的认知价值;这种意见最多可以作为信息[120]或者作为历史研究的手段[121]而加以引用。

3. 暗示理论?

是否只有当历史上的立法者的意志在所颁布的法律文字中得到一种——即使不完美的——表达时才加以考虑,现代的方法论对此意见不一。不同的文献声音时至今日仍然持守这项暗示理论。[122] 暗示理论试图借此驳倒客观主义者所谓的形式或者颁布论据,依据这种论据,约束受众的只有合宪公布的法律文本,而不是任何杜撰的资料。[123] 联邦宪法法院似乎也遵循这种指导思想。[124] 从比较法的视角来看,《葡萄牙民法典》第 9 条第 2 款也指向这个方向,依此,当立法者的意志在文字中未曾被暗示时,它是无关紧要的。[125] 有力的反对意见认为暗示理论在方法论上是过时的[126]或者只赞成其修正后的形式。[127]

实际上,暗示理论赋予文义界限(Wortlautgrenze)以过多的权重。无论如何,“超出法律文义的”(praeter verba legis)(立法)资料[128]可以——即使仅仅具有较

[117] Vgl. Fleischer, AcP 211(2011), 317, 332.

[118] Vgl. Fleischer, FS Goette, 2011, S. 75, 83.

[119] Vgl. Hopf, FS 200 Jahre ABGB, 2011, S. 1051, 1067 mit Fn. 92.

[120] Vgl. Fleischer, FS Goette, 2011, S. 75, 88; Simon (Fn. 79), S. 277.

[121] Vgl. Hopf, FS 200 Jahre ABGB, 2011, S. 1051, 1067 mit Fn. 92.

[122] Vgl. Hassold, ZZP 94 (1981), 192, 208; Schäffer, FS Rill, 1995, S. 595, 615; wohl auchKramer (Fn. 4), S. 129.

[123] Vgl. Röhl/Röhl, (Fn. 25), S. 628; Hassold, ZZP 94 (1981), 192, 208:“对于这一——本身正确的——论据,按照暗示理论从帆中取出风(der Wind wird aus den Segeln genommen)”。

[124] Vgl. BVerfGE 11, 126, 130,据此,历史上立法者的意志“只有当其在法律自身中得到了足够确定的表达时才被考虑。”

[125] 其原文为:„Näo pode, porem, ser considerado pelo interprete o pensamento legislativo que näo tenha na letra da Iei um minimo de correspondencia verbal, aindaque imperfeitamente expresso“。

[126] So Rüthers/Fischer (Fn. 25), Rn. 799 i. V. m. Rn. 734 ff.; 也持批判态度的是 Jestaedt (Fn. 45), S. 340f.,据此,规范创制的形式不能轻易地等同于其内容;以 16 项具体论据对暗示理论进行的一般性批评,见于 Simon (Fn. 79), S. 232-257。

[127] So Wank (Fn. 60), S. 33:“若人们将该理论扩展为,立法者意志的踪迹可以借助所有的解释标准得被发现,[……]那么这种暗示理论可资赞同。”

[128] Kramer (Fn. 4), S. 139.

弱的说服力——为解释提供线索。[129] 对于“违反法律文义的”(contra verba legis)(立法)资料,[130] 情况有所不同,因为否则的话将会基于非规范文本做出一个违反规范文本的裁断。[131] 不过剩下的可能是纠正编辑错误以及进行目的性限缩。[132]

4. 受立法资料的约束?

第四个问题是,法律适用者是否受立法资料中的论述和说明的约束。如今这样一种约束力被以绝对优势地加以否决了;[133] 对此存在广泛的一致意见毋宁认为,立法资料只构成“研究的辅助工具”,[134] 就好像搜寻立法者的历史意志的“轨道”,[135] 它对于法律适用者仅仅具有“引导功能”。[136] 观点差异始于历史的——发生学的解释标准与其他解释标准的顺位关系问题。法律商谈理论的支持者偶尔如此表述顺位规则,即遵循规范制定者的意志的论据,原则上优先于其它的论据。[137] 此外,主张法律适用者尽管没有绝对遵从立法资料的义务,不过有咨询义务的声音在增加。[138]

(三)立法资料在联邦最高(普通)法院的司法中的地位——一个抽样

最后将借助一个小的抽样来阐释,联邦最高(普通)法院的审判委员会(负责公司法的第二民事审判委员会)在哪种使用关联下以及哪种大方向上求助于立法资料。[139] 对该审判委员会从1990年至2010年的判决所做的一个评定,展现了产

---

[129] Abw. Kramer (Fn. 4), S. 139, 对于援引客观主义者们的形式论据的这些考量, 他授之以“不具有真正的规范上的重要性”。

[130] Kramer (Fn. 4), S. 139.

[131] 就此参见 Müller/Christensen (Fn. 47), Rn. 441; 结论也可参见 Kramer (Fn. 4), S. 140。

[132] 对于这两种情形参见 Kramer (Fn. 4), S. 140 f. 。

[133] Abw. aber Gelzer, recht 2005, 37, 45.

[134] Engisch (Fn. 24), S. 123.

[135] Cramer, AJP 2006, 515, 517.

[136] F. Schmidt (Fn. 99), S. 1 9.

[137] Vgl. Alexy (Fn. 32), S. 305: “因此作为实用规则的是这一论证的最终规则: 表达受制定法文义的约束或受历史上立法者的意志约束这样的论据, 优先于其他的论据, 除非举出让其他论据优先的合理原因。”追随者为 Arnauld, Rechtstheorie 32 (2001), 467, 476f. ; Grigoleit, ZNR 2008, 259, 263f. , 270: “相对于客观的——目的论的解释, 推定历史的——发生学的调查结果优先, 但这一优先可以通过占优势的重大的目的论的权衡而取消。”反对意见为 Heun, AöR 116 (1991), 185, 206。

[138] Vgl. Kramer (Fn. 4), S. 138; Raisch, Vom Nutzen der überkommenen Auslegungskanones für die praktische Rechtsanwendung, 1988, S. 32; Rüthers/Fischer (Fn. 25), Rn. 730c, 789, 794; Neuner (Fn. 60), S. 104f. ; Heck, AcP 112 (1914), I, 114f. , 206, 黑克已然走在这个方向上。

[139] 详见下一附有全部例证的文献 Fleischer, FS Goette, 2011, S. 75, 85ff. 。基于更为广泛主题的类似研究, 见于 Th. Honsell, Historische Argumente im Zivilrecht. Ihr Gebrauch und ihre Wertschätzung im Wandel unseres Jahrhunderts, 1982; 也见于 Simon (Fn. 79), S. 204-386 基于刑法视角对(法律)生成史的解释标准的论述。

生历史的论证模式的主要面向：对于该审判委员会而言，立法资料充当用以否定规整漏洞的权威参考，阐明规范目的的定位辅助以及法官进行法的续造的合法性基础。〔140〕有时也借助暗示理论而将其弃置一旁，或者通过其他情况而对其予以相对化。在此，将立法资料引入到裁判中的详细程度也在摇摆：它的范围从满页的原文引用到后置的括号引用，后者只能让人隐约地看出这个证据要证明什么的轮廓。在所进行的抽样中，理论上的方法语句和论证实践常常，但并非总是一致。〔141〕总体上，联邦最高（普通）法院的第二民事审判委员会在主观理论和客观理论的原则争论之间采取了一个调和的、务实的立场。〔142〕

三、立法资料在英格兰："排除规则"的长期阴影

（一）解释传统："排除规则"

长期以来，英格兰为对方法论感兴趣的观察者提供的是一个截然不同的画面：〔143〕自从 1769 年 Milliar v. Taylor 的判例以来，求助于议会讨论的笔录就被认为是不合法的。〔144〕人们习惯上将这一排除规则称为"exclusionary rule"。〔145〕它曾一度被带有讽刺意味地改写为，没有哪个进行法律解释的英国法官，会在床下寻找："No English judge looks under the bed"。〔146〕为了证成该排除规则，人们援引了一系列宪法上的和实践上的考量：〔147〕首先，权利法案（1869）第 9 条规定的议员享有

〔140〕 Vgl. Fleischer, FS Goette, 2011, S. 75, 95.

〔141〕 Näher Fleischer, FS Goette, 2011, S. 75, 95.

〔142〕 Vgl. Fleischer, FS Goette, 2011, S. 75, 95；Simon 的研究就联邦（普通）最高法院的刑事判决委员会得出了相同的结论，参见 Simon (Fn. 79), S. 385。

〔143〕 比较法上的精致整理，参见 Hager, Rechtsmethoden in Europa, 2009, Rn. 138ff.；Vogenauer, Die Auslegung von Gesetzen in England und auf dem Kontinent, 2001, Bd. II, S. 967ff.。

〔144〕 Miliar v. Taylor (1769) 4 Burr 2303, 2332 (Willes J) (KB)："一部国会法案的意义应当从通过时它所言说的进行收集，而不是从它在其所崛起之地的议院所经历的修改的历史中进行采集。那段历史不为其他的议院或者君主所知。"

〔145〕 回顾性的 Pepper v. Hart [1993] AC 593, 6300："在现行法律之下，存在一个普遍规则，即援引议会资料作为制定法解释之辅助是不被准许的（'排除规则/the exclusionary rule'）"。

〔146〕 Herbert, Bardot M. P.？And other Modern Misleading Cases, 1964, S. 167.

〔147〕 概述见于 Pepper v. Hart [1993] AC 539, 633A (Lord BrowneWilkinson)："因此，提出当前的规则的原因在于，首先，它保存了宪政的财产，让议会以言词立法，让法院（不是议会的发言人）去解释最终被颁布的这些言词的意义；其次，如果可以查看这些资料，会出现探究议会资料的费用上的实际困难；再次，市民获知规定其法律权利的已知的被界定的文本的需求；最后，不可能从国会议事记录中找到有用的指导。"详见 Vogenauer (Fn. 1 43), S. 120 8ff.。

不受限制的言论自由,[148]不允许在法庭上讨论甚或批判议会中的表达。[149] 其次,法安定性的诫命要求法律可为民众公开地获知并且不用求助于其它的资料即可理解。[150] 最后,立法资料的搜索被证明是特别耗时的,如同大海捞针:“而且常常是,在那里找不到针”。[151]

新近对排除规则的批评增多了。丹宁勋爵(Lord Denning),或许是20世纪最有影响力的英格兰法官和上诉法院民庭庭长(Master of the Rolls),在1977年和1981年的两个裁判中曾承认,私下翻阅过议会议事录(议会讨论的公报)[152],[153]并且提出了如下修辞学问题,即法官们在探寻一部法律的意义时,若能轻易地开灯,为何应当在黑暗中摸索。[154] 法律委员会在其1969年关于制定法解释的综合性报告中承认议会资料对于法律解释的重要地位,不过基于实际考量并没有完全放弃排除规则。[155]

(二)Pepper v. Hart (1992):“排除规则”的缓和

方法论上范式转变[156]最初是由1992年的Pepper v. Hart这个原则性的判例带来的,[157]该判决涉及一部税法的解释:私立学校曾以契约方式向其教师承诺,以通

[148] 原文如下:„That the freedom of speech, and debates or proceedings in parliament, ought not to be impeached or questioned in any court or place out of parliament“.

[149] Vgl. etwa Davis v. Johnson [1979] AC 264,350 (Lord Scarman):“其次,律师不许在论据中援引国会议事记录。只要这个规则是由议会所维持(它不是法官的创造物),那么法官为了解释制定法的目的对议会记录的任何司法性质的使用,必定是错误的。”

[150] Vgl. etwa Fothergill v. Monarch Airlines Ltd. [1981] AC 25 1,279 (Lord Diplock):“[……]对于法律确定性的需要,要求约束市民的规则应当是可借助援引可公开访问的可识别的来源由他(或者,更为现实的是,由一位胜任的律师告知他)查明的。”

[151] Lord Reid, (1972-73) XII J. S. P. T. L. 22,28 (1972-73):“我们说我们正在试图找出议会的意图。那么我们为何不看看国会会议记录?因为我们会是在大海捞针,而针往往并不在那里。”

[152] 这一指称源于Hansard家族。Luke Hansard从1774到1828年是Journal of the House of Commons(下议院的杂志)的印刷商,他的儿子们和孙子继续做这项业务。

[153] Vgl. Davis v. Johnson [1979] AC 264, 276f. (Lord Denning); Hadmore Producktion v. Hamilton [1983] 1 AC 191,201 (Lord Denning):“但是在极端疑难的案件,我常常敢于做自己的探究。我阅读了国会议事记录,就如同我在就草案进行辩论中置身于议院。而且我不是唯一这么做的人。”

[154] Vgl. Davis v. Johnson [1979] AC 264,276 (Lord Denning):“有人可能会说——而且实际上已经说过——法官不应当对于在议会中所说的话予以丝毫关注。他们应该在黑暗中摸索一部法案的意义,而不打开灯光。我不同意这个观点。”

[155] Vgl. The Law Commission (No. 21) and The Scottish Law Commission(No. 11), The Interpretation of Statutes, 1969, S. 31f.

[156] Dazu auch Brudney, 85 Wash. U. L. Rev. 1,6 (2007):“Pepper v. Hart在宪政和实践方面都是一个分水岭式的判决。”

[157] Pepper v. Hart [1993] AC 593.

常学费的1/5培养教师的子女。依据1976年税收法案,对于这一金钱优惠在税收上的计算,取决于由此而生的“费用”。财政机构以一名(中小学)学生的平均支出为准,负有纳税义务的教师们以低得多的附加费用——或者边际费用为准,因为私人学校的容纳能力没有用完。事实证明,财政部下属部门的负责人在议会讨论期间曾呼吁以附加费用为重要的计算依据。就此,最初希望做出利于财政机构裁断的上议院(作为最高上诉法院,有司法功能),以6∶1的法官投票放弃了排除规则:按威尔金森(Browne Wilkinson)勋爵所撰写的多数意见,判例看不出法院为何不应通过考虑立法资料来实现立法者的意志。[158] 不过上议院要求缓和排除规则需要满足三个前提:首先,应解释的规定必须是多义或者不清楚的或者将导致一个荒谬的结果。其次,只可以将部长或者法律建议的其他推动者在议会的表态纳入考虑。最后,这样的表态必须是明确的。[159] 马凯(Mackay)勋爵在其不同意见里反对到,按照新的解释规则,诉讼的代理人事实上必须在所有案件中详细考察立法资料,这会使诉讼成本发生威胁性地膨胀。[160]

(三)当前的法律发展:对 Pepper v. Hart 的根本性批评和原则性固守

对 Pepper v. Hart 的反应是混杂的。学术上的批判主要是基于宪法上的视角:在法律建议未被改动时,将负责的部长的意见理解为议会意志的表达构成了对权力分立的违反。[161] 此外,这样的解释实践还将刺激政府,将其畏于纳入法律文本

---

〔158〕 Vgl. Pepper v. Hart [1993] AC 593,635A (Lord Browne-Wilkinson):“但是在少数案件中,可能会出现恰好这个问题是议会在通过立法时所考虑到的。为何在这样的情况下法院应该让自己无视一个对于议会在使用这些言词时的意图的清楚表示?”

〔159〕 Vgl. Pepper v. Hart [1993] AC 593,640C (Lord Browne-Wilkinson):“因此,我的结论是,基于受议会特权的约束,在如下的地方:(a)立法是模糊的或者晦暗不明的,或是导致荒谬之处;(b)所依赖的资料由一位部长或者法律草案的其他推动者的一个陈述或多个陈述构成,在必要时,与理解这些陈述及其效果所必要的其他这类的议会资料一同构成;(c)所依赖的陈述是清楚的”,排除规则应当予以放松,以至于准许援引议会资料。

〔160〕 Vgl. Pepper v. Hart [1993] AC 593 614G (Lord Mackay):“我认为,几乎每一个来到法庭上的关于制定法解释的问题都会涉及一个论点,即该案件落入这三人中一人或者多人之下。接着,当事人的法律顾问实际上在每一宗案件中都需要研究国会议事录,看看是否能从中找到任何帮助”;615F:“您的大法官们清楚的知道,诉讼费用是一般公众关注的事项,我个人不希望成为对一个可能会对增加这些费用产生重大影响的既定规则进行改变的一方,而反对法律委员会(Law Commissions)和伦顿委员会(Renton Committee)的意见,除非并且直至有一个新的调查证明该意见不再有效。”

〔161〕 Vgl. Styles, Oxford Journal of Legal Studies 14,151,157(1994):“由于发起人的绝大多权威性发言实际上是由部长们做出的,因此,法院援引这些发言将意味着法院直接援引政府部长们的意见。因此,法院不仅正式地向国会交出了他们的权力,还实际上将其权力交给了政府——交给了通过立法而行动的行政机关。这将构成英国宪法的一个主要的权力转移”;在同样的意义上,参见 Kavanagh, L. Q. Rev. 121,98,102(2005)。

的争议之点,偷偷混入议会的讨论并因而偷偷混入议会议事录之中。〔162〕 再者,上议院没有讨论假定存在统一的立法者意志所引发的认识论上的难题。〔163〕

在法官中,最初对于 Pepper v. Hart 的激情逐渐在一定程度上冷静下来:霍夫曼(Hoffmann)勋爵在这一判决之后抱怨诉讼费用的增加和效率的损失,有了十多年的经验以后,当时持不同意见的马凯勋爵被证明是更好的先知,他曾预言,相比于律师们在评价议会辩论时的巨大负担,这些辩论带来的帮助是多么的少;〔164〕米勒特(Millett)勋爵在衡平法律师公会的一次演讲中说这是一个"令人遗憾的判决",〔165〕斯泰恩(Steyn)勋爵 2000 年在牛津的 Hart 讲座上谋求部分地从 Pepper v. Hart 回归到先前的法律:鉴于实践经验,诉诸议会资料被证明是昂贵的奢侈品,〔166〕它几乎没有带来好处并且在宪法上是值得商榷的:它给予行政机关以自己的注释装备任何的法律建议的权利,并且因此置其于如同可以自己立法一样的地位。〔167〕

尽管有这样的批评和某种程度上的限制,在随后的裁判中,上议院或者说是英国最高法院,就如该法院自 2009 年起的官方称谓的一样,在原则上坚持了 Pepper

〔162〕 Vgl. Kavanagh, L. Q. Rev. 121 (2005), 98, 106f.:"Pepper v. Hart 一案中的这个规则包含着一个明显诱惑,让行政机关绕过繁琐的立法程序,以便通过关于议会辩论中的意图的较不繁琐的表达路径来具体说明立法的细节。"Munday, Justice of the Peace 170 (2006), 124, 127:"同样令人担忧的是,通过这种媒介,解释可以被更狡猾的政治管理人或领导主导政治集团的人所刻意嵌入"。

〔163〕 Vgl. Munday, RabelsZ 75 (2011), 764;深入的探讨也见于 Lord Steyn, Oxford Journal of Legal Studies 21, 59, 64ff. (2001)。

〔164〕 Vgl. Robinson v. Secretary of State, [2002] N. Ir. L. R. 390, 405 (Lord Hoffmann):"对我自己而言,我认为 M 马凯大法官已经被证明是更好的先知。援引国会议事录现在相当频繁地出现在论据中,并且在那些援引之下,必定有一个大量的[议会]资料的弃土堆,这些材料在研究过程中被挖掘出来而没有产生任何有价值的建议";尤其是 Chartbrook Ltd v. Persimmon Ltd [2009] 3 WLR 267, 2810 (Lord Hoffmann):"您的大法官们在类似案件中根据 Pepper v Hart [1993] AC 593 中的该规则诉诸国会议事录的表述的经验表明,此种证据将产生于任何案件中,只要在案件中存在最为微小的可能被接受的机会,甚至这些案件只会是大量的被丢弃但却昂贵的调查的一小部分。"

〔165〕 Lord Millett, 20 Statute L. Rev. 107, 110 (1999).

〔166〕 Lord Steyn, in: Markesinis (ed.), The Clifford Chance Millenum Lectures, 2000, S. 79, 87:"我们法律体系中的昂贵的奢侈品。"

〔167〕 Vgl. Lord Steyn, Oxford Journal of Legal Studies 21, 59, 68 (2001):"这是一个在宪法上具有重要性的规则,它仅仅保障议会而非行政机构的最终立法权;而且法院有义务解释和适用议会所颁布的,没有什么或多或少。给予推动一项法律草案的行政机关以将其光彩放在该草案上的权利,是将立法权从议会转移到行政机关,这是一项对宪政原则的实质侵犯。[……] Pepper v Hart 案件将部长的政策陈述视为准据。它将此种陈述视为法源。用宪法的术语说,它是一种退步:它使行政机关能够制定法律。"另见 Chartbrook Ltd v. Persimrnon Ltd. [2009] 3 WLR 267, 2810 (Lord Hoffrnann):"Pepper v Hart 也鼓励了部长和其他人发表陈述以期影响法院对制定法的解释[……]。"

v. Hart。[168] 最近,一位上诉法院法官甚至以文雅的嘲讽口吻向传统的排除规则的追随者们呼喊,他们那样做就像是公开翻阅立法资料的人,被抓到拿着一本色情杂志一样。[169] 最后,通过首开诉诸产生历史之先例,Pepper v. Hart 裁判同时推动了在英国法的法律解释上的不断挺近的目的方法,这种方法承认主观的法律目的(Gesetzeszweck)是解释的指导方针。[170] 传统的完全固定于法律的文义的文义规则,似乎由此最终被克服。

四、立法资料在美国:在意图主义、文本主义和动态的制定法解释之间

在早期,美国当地法院采用了英国的法律体系,同时也接受了包括排除规则在内的英国法的解释规则。[171] 方法上的解放直到 19 世纪下半叶的美国内战后才开始。[172]

(一)意图主义

1. 解释的目标和解释的方法

随后的所谓古典时代以意图主义的胜利为标志,这种意图主义试图查明历史上的立法者的意志。它在最高法院的不同的判决中有代表性地体现为:"立法者的意图构成法律。"[173]不言而喻,法律的产生历史在这种解释目标中具有关键作用。联邦最高法院 1892 年的 Church of the Holy Trinity v. US. 案件的判决[174]带来

[168] 论证充分的观点见于 Vogenauer, Oxford Journal of Legal Studies 25, 629 (2005); 最近的批评意见参见 Munday, RabelsZ 75 (2011), 764。

[169] Vgl. Cooke, 53 Int'l & Comp. L. Q. 273, 282 (2004):"一些传统主义者的做出反应就如同,被公开看到阅读国会议事录就类似于被抓到看色情作品。"

[170] Vgl. R (o/a Quintavalle) v Secretary of State for Health [2003] 2 AC 687, 700:"钟摆已经朝向目的解释方法发展。这种变化不是由欧洲共同体的目的论的方法和欧洲法律文化普遍影响所发起的,但是它已被欧洲思想加速了。[……] 向目的解释的转变是毫无疑问的。"

[171] Vgl. etwa The Charles River Bridge v. The Warren Bridge, 36 U. S. 420, 545 (1837):"我们采纳并且遵守英国普通法所公认的解释方法。"

[172] 精致的比较法上的整理见于 Melin, Gesetzesauslegung in den USA und in Deutschland, 2005, S. 77ff. und passim; Brudney, Below the Surface: Comparing Legislative History Usage by the House of Lords and the Supreme Court, 8 5 Wash. U. L. Rev. 1 (2007); und Healy, Legislative Intent and Statutory Interpretation in England and the United States, 35 Stan. J. Int'l L. 231 (1999)。

[173] U. S. v. Hartwell, 73 U. S. 385, 396 (1868); Atkins v. The Disintegrating Company, 85 U. S. 272, 301 (1873); Indianapolis & St. L. R. Co. v. Horst, 93 U. S. 291, 300 (1876).

[174] Church ofthe Holy Trinity v. U. S. , 143 U. S. 457 (1892).

了与传统的排除规则的最终决裂。[175] 不过在古典时代的后期,因倾向于更强调忠实于文义的解释,立法资料的重要性有所下降。为了证立这一点,人们指出,法律文义是立法者意图的最佳线索。[176]

2. 批评和反批评

20世纪初,逐渐形成了一股反对运动,该运动尖锐地抨击对立法资料的注重和古典时代后期的形式主义。随着其间广为传播的霍姆斯(Oliver Wendell Holmes)的格言:"法律的生命不在于逻辑,而在于经验。"[177] 法律现实主义者的具体批评在德国视角来看是熟悉的:立法者的集体意志无法确认。[178] 此外,具体议员在议会中会进行策略性地论证,以便使一部政治上想要的法律得以通过或者阻止一部不想要的法律。最后,寻找立法者的意图是如此随意,以至于法官可以通过诉诸所谓的立法者意志挟带自己的评价。

尽管如此,自20世纪30年代以来,产生史的重要性在美国裁判实践中出现了稳定的增长。跟旧时的传统相反,当从立法史中得出,持守法律文义明显不符合立法者的意志或者法律的目的之时,最高法院甚至愿意背离明确的法律文义(Wortlaut)。[179] 与之对立的所谓的明确含义(plain meaning)规则,更多地仅仅被赋予经验价值或者"经验法则"[180] 的地位。然而最近,最高法院再度更为强调法律文义的价值。与德国联邦宪法法院的固定公式[181] 显著一致的是,在一个较近的由肯尼迪(Kenendy)大法官执笔的判决中写道:"正如我们所一再认为的,权威性的表述是制定法文本,而非立法历史或者任何其他的外在资料。外在资料在法律解释中所起的作用,范围仅限于它们可靠地阐明了所颁布的立法术语的理解,若非如此,这些术语就会模糊不清。不是所有的外在资料都是洞察立法理解的可靠资料,不

---

[175] Dazu Baade, 69 Tex. L. Rev. 1063, 1091 n. 644 (1991):"[圣三一教堂一案]明确拒绝法院的排除规则。"并且 Frickey, 77 Minn. L. Rev. 241, 247 (1992):"圣三一教堂案是你在制定法文本无可救药地反对你的时候总是会引用的案件。"

[176] Vgl. The Saratoga, 9 F. 322, 325 (1880):"确定制定法意图的首要准则是首先看看法案自身的语言";从英国的视角来看,先前已见于 The Sussage Peerage, 8 Eng. Rep. 1034, 1057 (1844):"言词自身[……]最能说明立法者的意图。"

[177] Holmes, The Common Law, 1881, S. 1.

[178] Vgl. Radin, 43 Harv. L. Rev. 863, 870 (1930):"某两三个人所起草的、为相当多的人所反对的措辞,而且就此措辞,支持者多数中的很多人可能有并且常常确实有不同的观点和信念;就此种措辞而言,立法机关肯定没有意图。"

[179] Vgl. U. S. v. American Trucking Associations, 310 U. S. 534, 543 f. (1940); U. S. v. Dickerson, 310 U. S. 554, 562 (1940).

[180] Boston Sand & Gravel Co. v. U. S., 278 U. S. 41, 48 (1928) (Holmes, J.).

[181] 参见脚注73。

过,立法历史容易遭受两种严厉的批评。首先,立法历史自身常常是昏暗、模棱两可和自相矛盾的。[……]其次,司法依赖像委员会报告这样的立法资料[……]可能会给不具代表性的委员会成员或者更糟糕,非经选举产生的工作人员和说客以权力和激励,去尝试策略性的操控法律史,以获得他们通过法律文本不可能能达成的结果。"[182]

在文献中,众多声音也坚持产生史的解释的合法性与有用性,即使滥用的可能性无法否认。[183] 人们有时试图,通过诸如赋予议会辩论期间的发言比委员会报告以较弱的证明效力的方式,区分不同形式的立法资料。[184] 随着所谓的意图主义,最终出现了一个其他的,不过与意图主义紧密相关的解释学说:对于该解释理论而言,立法资料只在有助于理解一般的法律目的时才具有重要性。[185]

(二)(新)文本主义

不久前,上文所描述过的倾向于产生历史而排挤法律文义越来越让批评者采取行动。批评者最初将其批评包裹在讽刺的外衣之下:按照他们的诙谐的解释指令,人们在解释时应当请教法律文本,但是仅仅在产生历史有歧义的时候。[186] 当最高法院 1971 年事实上在这一意义上进行判决时,批评者们的嘲笑声就消失了,"立法历史[……]是模糊不清的。[……]因为这种模糊不清,所以很清楚的是我们必须首先查看法律本身以找出立法意图。"[187] 意图主义的反对者们就此发展了一个方法论上的替代草案,对其风行的称谓是(新)文本主义。他们赞同回归到严格以文义为取向的法律解释,并且原则上拒绝其他解释方法。尽管在具体的证成上有所差异,但这也适用于对立法资料的回溯。

---

〔182〕 Exxon Mobil Corp. v. Allapattah Services, lnc. ,545 U. S. 546,568 f. (2005).

〔183〕 代表性的如 Breyer,65 S. Cal. L. Rev. 845,847 (1992):"我应该捍卫古典时期,并使你确信,攻击它的那些人应该要求胜利,一旦他们让法官对滥用法律史的问题更加敏感的话;他们不应完全谴责它的使用。他们应该把攻击限制在郊外,让城堡保持平静。"关于协约理论(Paktentheorie)的美国版本,见 Katzmann,87 N. Y. U. L. Rev. 637,681(2012):"当国会通过了一项法律,它可以说是包括了它或者至少是法律的主要赞助者(和其他的努力确保颁布的人)认为对于解释该法律有用的资料。"

〔184〕 Vgl. etwa Maltz,63 Tul. L. Rev. 1,27 (1988):"与委员会报告和管理层的解释相反,大多数在辩论时要么由支持者要么由反对者做出的陈述并不是一般立法理解的有力证据。"

〔185〕 Vgl. Hart/Sacks,The Legal Process: Basic Problems in the Making and Application of Law (Eskridge/Frickey eds. ,1994),S. 1379:"对历史的探究应当旨在探明一般意图。"

〔186〕 So etwa Frankfurter,47 Colum. L. Rev. 527,543 (1947):"误用立法史不能吞噬立法,以至于这个讽刺显得尤为明显,即仅当立法史有疑问时你才去查看制定法。"

〔187〕 Citizens to Preserve Overton Park v. Volpe,401 U. S. 402,412 Fn. 29 (1971).

1. 斯卡利亚(Antonin Scalia):立法资料和缺位的民主合法性

斯卡利亚,最高法院的法官和文本主义者雄辩的领导者,否认立法资料具有任何的民主合法性,〔188〕并且甚至认为援引立法资料是违宪的。〔189〕他的主要论据与德国客观主义者的形式——或者颁布论据相同:立法历史并不是在为法律所规定的程序中颁布的,因而对于法院不具有约束力。在修改首席大法官马歇尔(Marschall)于 Marbury v. Madison〔190〕的著名格言的基础上,斯卡利亚如此表述:"我们是一个法治政府,不是委员会报告治下的政府(a government of committee reports)。"〔191〕此外,他抨击到,在所有有争议的解释案件中,99.99%的案件不存在立法者意志,以至于从产生历史中得出推论必定是错误的。〔192〕对于认为他的法律理解是形式主义的反对意见,斯卡利亚富有攻击性地回应道:"它当然是形式主义的!法治就是关于形式的。"〔193〕一种严格以文义为取向、并由其它的解释所补充的解释,提升了裁判的可预见性,甚至还有教育功效:一个注意到法院赋予文义更多的重要性的立法者,会对他的表述付出更多努力。〔194〕

2. 伊斯特布鲁克(Frank Easterbrook):立法资料和公共选择理论

伊斯特布鲁克,联邦法官和公司法经济分析的早期拓荒者,主要以公共选择理论的认知,即新政治经济学的认知,来证成他对产生历史的怀疑:〔195〕他从这些认知得出的一个结论是,立法资料特别易受操控,而且为原本在议会中没有获得多数的群体利益提供侵入口。在这一背景下,他将"立法历史"也称为"失败者的历史",因为议员们越来越多地按如下建议行事:"如果你不能让你的提议进入法案,至少

〔188〕 Vgl. Conroy v. A niskoff, 507 U. S. 511, 519 (1993) (Scalia, J., concurring):"立法史的最大的缺陷就在于它的不合法性(illegitimacy)。"

〔189〕 Vgl. Scalia, A Matter of Interpretation : Federal Courts and the Law, 1997, S. 3, 29ff., 35.

〔190〕 Marbury v. Madison, 5 U. S. 137, 163 (1803):"美国政府一直强调所谓的法治政府,而非人治政府。"

〔191〕 Wisconsin Public Intervenor v. Mortier, 501 U. S. 597, 621 (1991) (Scalia, J.).

〔192〕 Vgl. Scalia (Fn. 189), S. 3, 31f.:"然而,对于使用立法历史最令人愤怒的是,它对于那些接受立法意图作为标准的人来说甚至没有任何意义。相对于真正的立法意图,它更可能产生虚假的或图谋的立法意图。第一个也是最明显的原因是,在法院99.99%的案件的解释问题上,没有立法意图,所以立法历史所提供的任何线索必定都是假的。"

〔193〕 Scalia (Fn. 189), S. 3, 25.

〔194〕 Vgl. Summers, 89 Mich. L. Rev. 1302, 1320 (1991):"与此同时,司法上遵守制定法中普通语词的明确含义可能鼓励立法机关更清楚地立法,从而阻止仅仅在委员会报告等等中隐藏的'立法'[……]。"司法上遵守制定法中普通语词的明确含义也可以鼓励谨慎起草,从而不仅服务于合法性和民主性,而且服务于法治特有的价值观。

〔195〕 Vgl. etwa Arrow, Social Choice and Individual Values, 2d ed., 1963; Buchanan/Tullock, The Calculus of Consent, 1962.

书写立法历史以使它看起来好像是你占据上风。”[196] 此外，伊斯特布鲁克警告谨防对法律中所已形成的妥协的伪造：法院不能透过诉诸一个所谓的立法者的真正意志而修订一个有意识地模糊不清的法律表述。[197]

3. 阿德里安 · 沃缪勒（Adrian Vermeule）：立法资料和成本收益考量

阿德里安 · 沃缪勒，曾是斯卡利亚的助理，现任哈佛法学院的教授，最近提出了可能是最激进的方法论新方案。在他的专著《不确定状态下的裁判》（*Judging Under Uncertainty*）中，他主张进行制度上的转向（institutional turn），这一制度转向不仅考虑了找法时的司法错误成本，也考虑到了方法问题中缺乏先例约束。[198] 按他的观点，法官事先并不知道，对产生历史的评价带来的清晰性是否多过混乱；其间确定的是，对产生历史的评价将导致相当大的成本。[199] 因此，当法律文义明确时，在成本收益视角下以及适用决策论中的理由不充分原则，建议放弃所有其他的解释方法，尤其是历史解释方法。[200]

（三）动态的制定法解释

最后还要指出一个反对文本主义的较新流派，该流派高扬动态的法律解释目标这一旗帜。与具有德国特色的适用时的解释相似，它认为违背历史上的立法者的意志，对法律进行法官法上的调整以适应变化了的情况是可能的。该流派的追随者整合了对立法机关的不信任与透过动态解释的方式克服议会瘫痪以及消除立法缺陷的努力。此外，属于动态的制定法解释的代表的是差别如此之大的人，如法哲学家德沃金（Ronald Dworkin），[201] 法经济学家加尔布雷斯（Guido Calabre-

---

[196] In re Sinclair, 70 F2. d 1340, 1343 (7th Cir. 1 989) (Easterbrook, J.).

[197] Vgl. Easterbrook, 11 Harv. J. L. & Pub. Pol'y 59, 63 (1988); ders., 50 U. Chi. L. Rev. 533, 540, 544 (1983)：“几乎所有的制定法都是妥协，许多妥协的基石是通常未表达出来的决定，即留下某些问题未予解决。[……]我的建议是，除非制定法明显地赋予法院创建和修订普通法形式的权力，制定法的范围应当被限于为制定者所预期到的并且在立法程序中明确地加以解决的案件。”最近的概述见于 Manning, 98 Cal. L. Rev. 1287 (2010)：“新一代文本主义认为：立法不可避免地涉及妥协；妥协有时需要折中；如果法官重写一个清晰但又肮脏的制定法，使其与某些所谓的背景目的更加一致，那么法院是在冒打乱立法的利益相关者之间的复杂交易的险。”

[198] Vgl. Vermeule, Judging Under Uncertainty: An Institutional Theory of Legal Interpretation, 2006; dazu die Besprechungen von Eskridge, 119 Harv. L. Rev. 2041 (2006); Nelson, 74 U. Chi. L. Rev. 329 (2007); Siegel, 92 Minn. L. Rev. 387 (2007).

[199] Vgl. Vermeule (Fn. 198), S. 183ff.

[200] Vgl. Vermeule (Fn. 198), S. 193.

[201] Vgl. Dworkin (Fn. 11), S. 313ff.

si),[202] 法理论家艾斯克里奇(William Eskridge)[203] 和行为主义法律经济学的共同创立人桑斯坦(Cass Sunstein)。[204] 为了描述其解释模式,他们也诉诸图画似的比较:按照一幅受航海启发的图画,一部法律就如一艘航船,它由立法者所打造并且被送往旅途;立法者仅仅非常粗略地指定该船的航线;在公海上,主要是海员确定准确的路线。[205] 按照另一个比喻,解释过程等同于由不同作家逐渐地讲完一个故事的连载小说;立法者透过规范制定的行动仅仅写了该故事的第一章。[206]

(四)当下的发展状况

总体上,方法论在美国显得具有很少同质性。因此,即使到了今天,在某种程度上仍适用哈特(Henry Hart)和萨克斯(Albert Sacks)在 1958 年做出的下述令人深省的发现,即"事情的严酷现实是,美国的法院没有易懂的、被普遍接受的,并且得到一致适用的法律解释理论"[207]。[208] 这部分是因为,美国先例体系的严格的先例效果不适用于法庭的方法论陈述。[209] 最高法院 2010 年的一个判决就形象地说明了仍在进行中的方法争论有多么的激烈:在 Samantar v. Youssuf 中,所有的 9 位法官一致得出如下结论,即外国主权豁免法案(Foreign Sovereign Immunities Act)不适用于自然人。尽管如此,共有四个不同的表决被撰写了下来:史蒂文斯(John Stevens)法官撰写了受到其他六名法官支持的多数意见。他的论证立基于相关规定的文义并且确认也参考了立法资料:"至于使用立法史的正当性,常识告

---

[202] Vgl. Calabresi, A Common Law for the Age of Statutes, 1982, S. 1, 87-89, 214-216.

[203] Vgl. Eskridge, Dynamic Statutory Interpretation, 1994, S. 49 ff. und passim.

[204] Vgl. Sunstein, 103 Harv. L. Rev. 405 (1989).

[205] So Aleinikoff, 87 Mich. L. Rev. 20, 21 (1988):"国会建造一艘船并绘制其初始航线,但船舶沿途停靠的港口,安全港和最终目的地可能是船长、天气以及在船舶航行时其他识别的因素的产物。这种模型将制定法理解为一个正在进行的过程(航行),其中船的建造者和随后的导航者都发挥作用。船的大小和结构决定了它能够去的地方,但是当前的航行主要是由船员来设置。"

[206] 在这一意义上,Dworkin, 60 Tex. L. Rev. 527, 541 (1982):"假设一群小说家参与一个特定的项目,并且由他们抽签来确定戏剧的顺序。抽到最小数字的写一部小说的开篇,然后发送给下一个数字的小说家,由其添加一个章节到该小说中,而不是开始一部新的小说,然后由其再发送给下一个数字的小说家,如此类推下去。"

[207] Hart/Sacks (Fn. 185), S. 1169.

[208] Zuletzt in diesem Sinne Foster, 96 Geo L. J. 1863, 1866 (2008):"学者和法官们[……]都一致认为,该论断仍然是对美国法院的准确描述。"

[209] Vgl. Foster, 96 Geo L. J. 1863, 1872 (2008):"许多学者宣称,法院在未进一步分析的情况下没有给予关于制定法的学说以先例拘束效果。"Gluck, 119 Yale L. J. 1750, 1754 (2010):"方法论上的先例拘束,给予司法关于方法论的表述以先例效果的实践,一般不是主流联邦法律解释的判例,但似乎是一些州的法律的判例法的共同特征。"

诉我们,探究将从再检视附加信息,而非对其予以忽视中获益。”[210] 阿利托(Alito)法官部分地支持多数意见,但在一个单独的意见中认为,立法资料在该案中价值不大。[211] 托马斯(Thomas)法官同样支持多数意见,不过在一个独立的意见中强调,其决定并非基于立法资料。[212] 斯卡利亚(Scalia)法官不赞同多数意见,而是只同意其结论。按他的阐述,援引立法资料的“目的无非是在意见中注入一种并非所有法官都视为正当的分析,[213]“除了展示刻苦的法官助理的研究”,[214] 没有给判决增加任何东西。立法史几乎从来不是法院裁判的真正理由,“权衡轻重不值当法庭花费大量的时间”。[215]

抛开在法学商讨中占支配地位的宪法解释,各州法的解释新近显示出了通过法定的解释规则或者法官法的指导方针以求达成对裁判发现进行更好的预先结构化的力图。[216] 按照一些观察者的评估,这些努力归于一种新修正的文本主义,它承认解释方法的清晰层级:“文本分析,然后是立法史,之后是默认的司法假定,它包括法律史”。[217] 德州制定法的解释规则被视为一个特别有名的例子:“第 311.023 条 制定法解释之辅助在解释法律时,不论该法律表面上是否模棱两可,法院可以考虑其他的情况:(1)力图达致的目标;(2)法律颁布之时的境况;(3)立法史;(4)普通法或者之前的法律条文,包括同一或者类似主题的法律;(5)一种特别解释的后果;(6)行政机关对该法律的解释;以及(7)章节标题,序言和紧急条款。”

五、比较法上的结论

从立法资料世界的这一比较法旅程中我们可得出哪些推论呢?

(一)逐步汇流的迹象

1. 首先,到处可观察到对方法论和法律解释问题的兴趣的重新觉醒。[218] 因

[210] Samantar v. Youssuf, 130 S. Ct. 2278, 2287 (2010).

[211] Vgl. Samantar v. Youssuf, 130 S. Ct. 2278, 2293 (2010).

[212] Vgl. Samantar v. Youssuf, 130 S. Ct. 2278, 2293 (2010).

[213] Samantar v. 214 Youssuj, 130S. Ct. 2278, 2294 (2010).

[214] Samantar v. Youssuj, 130 S. Ct. 2278, 2294 (2010).

[215] Samantar v. Youssuf, 130 S. Ct. 2278, 2294 (2010).

[216] Näher Gluck, The States as Laboratories of Statutory Interpretation: MethodologicalConsensus and the New Modified Textualism, 119 Yale L. J. 1750 (2010).

[217] Gluck, 119 Yale L. J. 1750, 1758 (2010).

[218] 具有代表性的是 Eskridge (Fn. 203), S. 1:“制定法的解释是法学界的灰姑娘。曾被嘲笑和忽视,而今它在舞厅中起舞。”最近的出自德国视角的观察见 Fleischer, NJW 2012, 2087。

此,学术上长时间的兴趣缺乏〔219〕似乎已经终结,在美国,人们借鉴钱德勒(Raymond Chandlers)的小说,将这种兴趣缺乏称为“The Big Sleep”(长眠不醒)。〔220〕对于很多法律人而言,法律解释“仅仅是人们所做的一件事情,而不是被讨论和分析的独立主题”。〔221〕在这个国家(德国),恩斯特·拉贝尔(Ernst Rabel)做了相同意义表述:“每个好的法律人都有一种方法”,他自顾行事,“对此却不置一词”。〔222〕这一沉默的誓言在各国正在被打破并且在美国文献中开始了真正的繁荣,〔223〕这是值得赞赏的,而且对于比较方法论的形成既令人欣喜又必不可少。〔224〕

2. 其次,十分谨慎地说,在欧洲大陆和盎格鲁—撒克逊体系中,法律方法呈现一定程度的汇合靠拢:〔225〕诉诸立法资料在今天几乎到处都被认为是准许的。〔226〕然而,基于比较法的视角毫不奇怪的是,相比于存在著名的左右摆动的美国,这里(欧陆)的意见图像更为同质:如斯卡利亚般的认为不准利用立法资料的人,在德国不(再〔227〕)存在;在英国,斯泰恩勋爵承担了首席批评者的角色,尽管其议题不如斯卡利亚那么广泛。〔228〕

---

〔219〕 Vgl. noch Weisberg,35 Stan. L. Rev. 213(1983):“当代美国人对于制定法解释的一般观点是,对于这个话题没有很多要说的。结果,法律中没有其他的像这么重要的东西受到如此少的关注。”

〔220〕 Vgl. den Aufsatztitel von Frickey,From the Big Sleep to the Big Heat:The Revival of Theory in Statutory Interpretation,77 Minn. L. Rev. 241(1992).

〔221〕 Frikey,77 Minn. L. Rev. 241(1992).

〔222〕 复述见于 Fikentscher,Methoden des Rechts in vergleichender Darstellung,Bd. I,1975,S. 10; sowie bei Bydlinski,in:Schilcher/Koller/Funk (Hrsg.),Regeln,Prinzipien und Elemente im System des Rechts,2000,S. 9,23; dazu auch Fleischer,in:Max-Planck-Institut für ausländisches und internationales Privatrecht; Stabwechsel,2009,S. 29,40。

〔223〕 Vgl. aus neuester Zeit etwa Symposium, 76 Brook. L. Rev. 901 (2011); Ard, 120 Yale L. J. 185 (2010); Gluck,47 Williamette L. Rev. 539 (2011); Katzmann,87 N. Y. U. L. Rev. 637(2012); Law/Zaring,51 Wm. & Mary L. Rev. 1653 (2010); Nourse,122 Yale L. J. 7070 (2012); Tushnett,43 Tex. Tech L. Rev. 1185(2010); s. auch Cross,The Theory and Practice of Statutory Interpretation,2009; Eskridge/Frickey/Garrett (eds.),Statutory Interpretation Stories,2011.

〔224〕 Näher Fleischer,RabelsZ 75 (2011),700.

〔225〕 Allgemein dazu Kramer, in:Assmann/Brüggemeier/Sethe (Hrsg.), Unterschiedliche Rechtskulturen-Konvergenz des Rechtsdenkens,2001,S. 31,33 ff.; sowie die monum entale, zweibändige Studie von Vogenauer (Fn. 143).

〔226〕 Vgl. Vogenauer (Fn. 143),S. 1256:“就立法史而言,其间在德国、法国和英格兰的司法中不再存在差别。”另见 Healy,35 Stan J. Int' l L. 231,233 (1999):“文章的结论是,英格兰制定法解释的规则变得更像美国的规则,Pepper 案自身显示了,英国法可以被怎样转变,尽管上议院努力对意图主义者的解释施加原则性的、明确且重大的限制。”

〔227〕 Zu früheren Vertretern die Nachweise in Fn. 66.

〔228〕 Dazu auch Brudney,85 Wash. U. L. Rev. 1,20(2007):“2000年5月在牛津举行的‘哈特讲座’中,斯泰恩勋爵采取了与斯卡利亚大法官在美国联邦最高法院中的角色类似的主要批评家的立场。”

3. 对于方法论在法律思考上的这种逐步汇合靠拢,可能有两个理由:一方面,原始资料的不完整和立法资料难以获取这两个论据,随着时间的推移逐渐失去了说服力。如果说美国最高法院杰克逊(Jackson)法官在20世纪中叶尚能找到一些正当理由认定,只有首都或者大城市的盈利丰厚的律所的律师才能获取到立法资料,[229]那么技术发展已经很大程度上解决了这一问题。瓦尔登(Patricia Walden)法官在1983年就已经贴切地写到,"技术已经让杰克逊法官的哀叹变得过时"[230]。在当今的网络时代,近乎所有新的和许多老的资料都可以轻易地找到并且借助电子数据库在一国最为偏远的地方也可使用。另一方面,为解决有争议的法律问题,审判实践倾向于评估任何可供使用的信息。用马歇尔大法官久负盛名的话说:"在思想致力于发现立法机关的设计的地方,它将利用任何能提供帮助的东西。"[231]这一促使丹宁勋爵放弃排除规则的对完整性的追求,[232]是一个常见的现象。[233] 美国和德国法院常常综合评价立法资料就是证据之一。[234] 在此所涉及的是"仅仅为了完整性而挥霍无度的投入(wasteful overlawyering)"[235]抑或法官责任意识的可喜迹象,对此评判不一。

(二)立法程序中的结构差异

1. 在作进一步的详细分析前,最好再度牢记德国、英格兰和美国的立法程序的结构差异,它不可避免地对法律材料的评估产生影响。[236] 在我们这里(以及在一定程度上也在英格兰),部委官僚机构在法律筹备时起到关键作用:负责的(联邦政府)部委制定一部法律草案,然后由联邦政府将草案提交至联邦议会。[237] 与此相反,新的法律建议在美国常常来自议会及其诸委员会;因此,立法程序受到委员会的影响。夸张的说,我们可以将其中一个称为专业的起草程序,另一个则是更加

---

[229] Vgl. Jackson, 34 A. B. A. J. 535, 538(1948):还有首都的律师或者大城市最繁荣的律所才能拥有所有必要的立法资料。普通的律所负担不起收集、储藏所有这些材料并对其编索引。除了政府和几个律所之外,法院对立法资料的使用让关于法律的知识实际上超出所有人的获取范围。"

[230] Wald, 68 Iowa L. Rev. 195, 200 (1983).

[231] United States v. Fisher, 2 Cranch 358, 386 (1805).

[232] Vgl. die Nachweise in Fn. 153.

[233] Vgl. Brudney, 76 Brook. L. Rev. 901, 911(2011):"如果不是普遍的,那就是跨文化的。"

[234] 就美国,参见 Brudney, 76 Brook. L. Rev. 901, 902 (2011);就德国,参见 Fleischer, FS Goette, 2011, S. 75 ff.。

[235] Jerman v. Carlisle, McNellie, Rini, Kramer & Ulrich, LPA, 130 S. Ct. 1 605, 1627 (2010) (Scalia J., concurring).

[236] Vgl. Fleischer, 60 Am. J. Comp. L. 401, 430-431 (2012).

[237] 就此参见本书 Seibert 所著文章。

业余的起草程序。[238] 不过,这一引人注目的对立,不能掩盖如下事实,即议会的委员会通常都有可供使用的高度专业化的工作人员。[239]

2. 由于这一结构差异,立法资料的数量和范围差别很大。在德国,政府的立法理由(有时为委员会报告所补充)构成立法者意志的最为重要的线索。在英国,立法历史涵盖了之前的规定,进入议会前的资料(比如委员会报告)和议会资料(议会委员会记录,咨询评议和大会辩论)。[240] 与此相反,在美国有大量不同种类的报告、研究、委员会记录和众议院和参议院的全体会议记录。[241] 一位作者统计共有39种的立法资料。[242] 其中大多数仅指向国会(由参议院和众议院组成)全体会议,并不旨在以后供法院使用。[243] 鉴于这一显著的结构差异,下述事实也就不足为奇,即在美国听到了比德国更多的关于谨防不可信的和易受操控的立法资料的警告。[244]

(三)方法争论中的意识形态的意味

1. 更为重要的是正在进行的关于立法资料重要性的争论的政治意味。恰恰是在美国,方法论的"会战"看起来正沿着意识形态的战线进行。[245] 许多"保守的"法官和法学学者对国家的干预抱持怀疑态度,并且是公共选择理论的拥趸。此外,他们相信,法官策略性地使用立法资料,以获得其所期望的结果。[246] 与此不同,"自由的"法官和法学学者较少批判性看待国家规制。[247] 他们坚信,法官在解释多义的规定时,立法资料是一项有用的辅助工具。[248] 合乎逻辑的是,"自由的"法官在其裁判发现时可能更多的诉诸立法资料,这个结论近来为一项对美国最高法院1953年和2006年就法律解释的判决的全面的实证研究所证实。[249]

2. 在欧洲,尤其是在德国,方法论的论争曾经并且现在都较少为意识形态所充斥,即便自由法学学派从前肯定心怀政治抱负,并且保守的法学学者今天为逼退司

---

〔238〕 Vgl. Fleischer, 60 Am. J. Comp. L. 401, 430-431 (2012).

〔239〕 Vgl. Note, 124 Harv. L. Rev. 1507, 1511 (2011).

〔240〕 Vgl. Vaughn, 7 Ind. Int'l and Comp. L. Rev. 1, 7 (1996).

〔241〕 Vgl. Danner, Duke J. Comp. & Int'l Law Special Issue 151, 163 (2003):"因为立法过程鼓励参与,所以文件的类型和来源都是不同的。"

〔242〕 Vgl. Zeppos, 70 Tex. L. Rev. 1073, 1138-1139 (1992).

〔243〕 Dazu Schacter, 51 Stan L. Rev. 1, 51 (1998).

〔244〕 Vgl. Fleischer, 60 Am. J. Comp. L. 401, 431 (2012).

〔245〕 Vgl. Dorf, PLI Order No. 23548, August 3, 2010.

〔246〕 Vgl. Law/Zaring, 51 Wm. & Mary L. Rev. 1653, 1 65 8 (2010).

〔247〕 Vgl. Dorf, PLI Order No. 23548, August 3, 2010.

〔248〕 Vgl. Law/Zaring, 51 Wm. & Mary L. Rev. 1653, 1658 (2010).

〔249〕 Vgl. Law/Zaring, 51 Wm. & Mary L. Rev. 1653, 1739 (2010).

法能动主义倾向于主观理论。[250] 对于国家干预以及立法程序的怀疑在我们这里(德国)也不像在美国那么显著。[251] 这同时也解释了,为何公共选择理论在德国的论争中常年基本上被忽略,[252]不过画面似乎正在逐渐改变。当联邦司法部和联邦财政部在金融危机期间把重要的改革法的初始草案交由经济律师事务所起草时,特别要警惕的是立法外包框架中的准备工作(它已进入更多公众视野)。与这些改革法的解释相关联的似乎是一种双重的协约理论:负责的(联邦政府)某部,全部或者部分地采用外部的草案,联邦议会和联邦参议会又采用了政府草案。这并非从一开始就能排除,不过有时很难摆脱预先形成的思想的引力。现代的行为经济学形象地将其称为所谓的船锚效应(现状偏好)。[253]

(四)类似的具体发现

1. 至于反对使用立法历史的论据武库,法院几乎从未处理认识论上的异议。法院以可以理解的方式回避了对认识论上的问题的回答。[254] 理论上是否可以架构一个集体立法者意志,这是一个极为复杂的问题,仍在期待一项最终的答案。[255]

2. 相反,宪法上的考量在审判实践和法学讨论中扮演着越来越重要的角色。这因应了方法论宪法化的总体趋势。[256] 在德国,人们一再指出,方法问题也始终是宪法问题,[257]而且恰恰宪法学者是为此兜售,即将方法讨论“从其诠释学的头脑中放到宪法的基础上”[258]。[259]

不过,基本法并未对立法资料的使用提供任何明确的行动建议:主观理论的拥趸诉诸立法和司法之间的权力分立,而客观理论的支持者则依据形式或者颁布论据,依据该论据,具有约束力的只有那些在为此所规定的立法程序中通过的规定,而非任何杜撰的立法资料。[260] 该论据的一个变种,所谓的颁布论据,也出现在美国:据此,依据从未曾在众议院或参议院进行表决而且也没有由总统签署的立法资

[250] Vgl. Fleischer, 60 Am. J. Comp. L. 401, 432 (2012).

[251] Vgl. Melin (Fn. 172), S. 320.

[252] 就此持批评意见的是 Melin (Fn. 172), S. 320。

[253] Vgl. Krüper, JZ 2010, 655.

[254] 类似的观察见于 Vogenauer, Oxford Journal of Legal Studies 25, 629, 633 (2005):“所有这些都是高度具有争议性的法学问题和终局性的认识论问题,也许这就是为什么法院不进入这场辩论的原因。”

[255] Vgl. Shepsle, 12 lnt'l Rev. L. & Econ. 239 (1992).

[256] Vgl. Fleischer, RabelsZ 75 (2011), 700, 710f.

[257] Vgl. statt vieler Rüthers/Fischer (Fn. 25), Rn. 705 ff.

[258] H. P. Schneider, DÖV 1975, 443, 452.

[259] Allgemein dazu auch Waldhoff, in diesem Band S. 77ff.

[260] Vgl. Fleischer, 60 Am. J. Comp. L. 401, 433 (2012).

料进行解释,违反《美国宪法》第1条明文规定的两院议会制原则。[261]

3. 严格受立法史约束的论点,当今几乎在任何地方都找不到追随者。立法资料仅仅构成一项辅助工具,就像在 Pepper v. Hart[262] 所述,“帮助”和“引导”,以便更好的理解多义的规定。因此,现代的讨论重心转移到产生历史的权重和不同解释方法的顺位关系。[263] 在德国和盎格鲁—撒克逊体系中,都没有对此形成固定的优先规则:对于法律解释没有对数表,一如伟大的美国法官教授法兰克福(Felix Frankfurt)所言,没有哪个解释标准具有确定的权重。[264]

4. 议员或者部长级官员的嗣后表态,尽管早前为德国司法[265]而且也长期为加利福尼亚州的法院[266]用于法律解释。不过,近期的发展朝向了相反的方向:奥地利最高法院断然拒绝了透过询问参与立法过程的人员来查明“立法者的意图”,[267]而且美国最高法院也把法律颁布后的证词主要归为议员的私人意见。[268]最后,法兰克福州高等法院最近的一个判决也指向该方向。[269]

5. 相比于德国的教条,盎格鲁—萨克逊清醒的实用主义更容易基于成本收益因素去评价立法资料的利用。在(德国)这里,效率的考量更多隐蔽地产生作用:很少得到讨论的是诸如备受吹捧的暗示理论[270]是否关心解释在一定程度上是经济的。

(五)未来需要研究的开放问题

1. 就咨询立法资料的答复义务问题,在比较法上并不存在共识:一些人将其视为宪法上的要求,相反,其他人只在所涉规定具有多义性或者不清楚时才准许利用

---

[261] Vgl. Starr, Duke L. J. 1987, 371, 376.

[262] Vgl. Pepper v. Hart [1993] AC 593, 617D and G (Lord Griffith), 634D and 639F (Lord Browne-Wilkinson).

[263] Vgl. Brudney, 8 5 Wash. U. L. Rev. 1, 60 (2007): “于是,上议院贵族法官内部的立法史的支持者和怀疑者之间的争论就不再仅仅涉及立法史的可准许性。”

[264] Vgl. Frankfurter, 47 Colum. L. J. 527, 543f. (1947): “不幸的是,没有制定法解释的对数表。没有哪个证据具有固定的或平均的重要性。一种或另一种在一组情况下可能是决定性的,而在别处只有些微价值。”

[265] Vgl. die Nachweise in Fn. 107 und 108.

[266] Vgl. Rich v. State Board of Optometry, 235 Cal. App. 2d 591 (1965); dazu auch Perman, 15 U. S. F. L. Rev. 241 (1980).

[267] OGH JBl. 1950, 507, 508.

[268] Vgl. etwa National Woodworking Mfrs. Ass 'n v. NRLB, 3 8 6 U. S. 6 1 2, 640 mit Fn. 34 (1967): “无论如何,这些陈述只能代表这些立法者的个人意见,因为这些陈述是在法案通过后插入国会记录的。”

[269] Vgl. OLG Frankfurt ZIP 2012, 725, 727.

[270] 就此见上文第二部分之(二)第3小点。

立法资料。

2. 针对立法资料的普遍解释规则迄今并不存在。[271] 但是,对于法学而言,探索不同立法资料的区分层级的重要性和界限是一项很有意义的任务,[272] 从专家委员会的筹备报告,经法律委员会的决议推荐,到部委专家评注(Referentenkommentar)中事实上或者被信以为真的一手嗣后评注。[273] 此外,法官和法律适用者应当更深入研究立法者的准备工作的形成,以便能够更好地评估其位值。[274]

3. 在所考察的法律体系中,没有任何一个形成了一个制度上得到保障的清理审判实践中矛盾的方法陈述的程序:在这里(德国),对此既不适用《德国联邦宪法法院法》第 31 条(联邦宪法法院的裁判具有约束力),也不适用《法院组织法》第 132 条(提交于德国联邦最高(普通)法院大审判委员会);在盎格鲁—撒克逊体系中,方法论上的陈述不具有先例裁判的约束效力(遵循先例原则)。这一发现是否要求进行补救,[275] 须在别处加以深入讨论。

4. 评价不一的是,是否能将立法者对法院重要判决的持续性沉默理解为默示

---

[271] Vgl. Schroth (Fn. 70), S. 86:“但是,似乎不存在针对立法资料的一般解释规则。”Simon (Fn. 79), S. 260:“不存在针对立法资料的利用和解释的固定规则。在 19 世纪已经为社会等级性的立法发展出来的说明指引,如何在常规和冲突情形下对待立法的陈述,然而这些指引被遗忘了,没有更新。理论的节制(Enthaltsamkeit)是令人惊讶的[……]”。

[272] Vgl. aus US-amerikanischer Sicht Brudney, 85 Wash. U. L. Rev. 1, 67 (2007):“可以肯定,有一个广泛认可的关于可靠的立法历史来源的等级。会议报告、常设委员会报告和草案发起人或管理人的解释性发言稿被撒布在顶端附近,而立法的不作为、非立法起草者的陈述和制定后的的历史则排列接近于底部。”

[273] Andeutungen bei Alexy/Dreier, in: MacCormick/Summers (eds.), Interpreting Statutes, 1991, S. 87:“例如,认知的来源可以是媒体中的议会会议记录、委员会会议记录、专业委员会会议记录、官方理由和评论性声明。一般来说,一切都可以纳入考虑。评论性声明越正式,其与议会全体会议的关系越紧密,其重要性就越大。最重要的是所有与会者清楚和一致地表示的意愿。”Auch Fischer, FS Tipke, 1995, S. 196, 205 f.

[274] Ebenso Bennion, 14 Statute L. Rev. 149, 162 (1993):“法院和实务人士应在立法起草的技术和实践方面受到更好的教育。然后,当制定法要进行解释之时,他们将更好地理解自己必须执行的任务的性质。”在德国,100 多年来,人们几乎不再关心立法资料的产生和使用的具体问题;值得注意的例外是 Baden (Fn. 32), S. 369 ff.; 以及 Fischer, FS Tipke, 1995, S. 196。

[275] 对于德国法而言,有着谨慎倾向的意见见于 Simon (Fn. 79), S. 588:“也许,可能在 20 世纪 70 年代以来越来越新兴的方法评判讨论的影响下,这种认识获得承认,即在方法问题中很难获得永恒的见解。正因如此,人们可以怀疑,方法问题的约束力效果是否真的值得追求。然而,相应的疑问并未改变,即使在这一领域,也要避免矛盾的言论和做法,也要注意(自己法院的)不同的立场。”对于美国法而言,持赞同意见的是 Foster, 96 Geo. L. J. 1863, 1910 (2008):“法院应当给予制定法解释的学说比给予实体法的学说以更强的先例拘束效力。给予制定法解释的学说以先例拘束效力的净效益大于给予实体法学说以先例拘束效力的净效益。”

的认可。美国最高法院的判决已经多次对此予以了认可。〔276〕通说大多认为这在方法上是错误的。〔277〕不过,相较于司法,也有个别的声音,希望赋予议会在法律通过后所做的非正式表态以更大的重要性。〔278〕(德国)联邦宪法法院的立场是,立法者的不作为不能被推断为对于一种特定法律解释的默示同意。〔279〕然而,司法和学说经常使用该论点,〔280〕迄今却没有在方法上对其进行过深入的思考。〔281〕

5. 在美国,似乎特别是在联邦州的层面,将解释规则法典化的理念获得了支持。重述制定法解释的类似考虑,在美国的文献中已行之有年。〔282〕不过,欧洲对"方法规范"经验相当发人深省:许多欧陆国家的法典,如奥地利的、瑞士的和意大利的,还有西班牙和葡萄牙的民法典,尽管含有自己的解释规则,不过这些解释规则于实践重要性在今天是微乎其微的低。〔283〕

6. 美国法学学者提出了如下命题,即赋予立法资料在不同的学科,比如在劳动法、税法或者刑法中,以不同的功能。〔284〕该命题构成下述概括性问题的一个局部截面,即法学方法论在不同的法律领域是否具有不同的色调。〔285〕除了对于所有法律工作领域的共同的方法论之基本配备外,是否还有针对个别的分支学科的"单

〔276〕 Vgl. Flood v. Kuhn, 407 U. S. 258, 283-284 (1972):"国会通过其积极的不作为,允许这些裁判存立这么久,远远超出了单纯的推论和暗示,这已经清楚地表明了国会不以立法否定这些裁判的愿望。"类似的观点见于 United States v. Rutherford, 442 U. S. 544, 554(1979):"一旦已提请公众和国会注意一项制定法解释,而国会没有试图改变解释,尽管它已经在其他方面修正了制定法,那么大概立法意图已经得到了正确地识别"。

〔277〕 Vgl. etwa Barrett, 73 Geo. Wash. L. Rev. 317, 336f. (2004); Weishaar Jr., 25 L. & Pol'y in lnt' l Bus. 1079, 1096 (1994); Eskridge, 87 Mich. L. Rev. 67, 96 (1988).

〔278〕 Vgl. etwa Gersen/Posner, 61 Stan. L. Rev. 573, 607-612 (2008);在此背景下最高法院的极为保守的判决实践, vgl. United States v. Price, 361 U. S. 304, 313(1960); Massachusetts v. EPA, 127 S. Ct. 1438, 1461(2007).

〔279〕 Vgl. BVerfG NJW 1998, 1902, 1903; ferner BVerfG NJW 2009, 1469, 1477 Rn. 101(Sondervotum).

〔280〕 Vgl. zuletzt etwa KG DB 2011, 2139; dazu Fleischer, DB 2011, 2132ff.

〔281〕 基于奥地利视角的一个简短分析见于 Leitner, ecolex 2008, 417.

〔282〕 Vgl. O'Connor, 7 N. Y. U. J. Legis. & Pub. Pol'y 333 (2004); ähnlich Rosenkranz, 115 Harv. L. Rev. 2085 (2002).

〔283〕 深入的讨论见于 Wendehorst, RabelsZ 75 (2011), 730, 749 ff.

〔284〕 Vgl. Brudney/Ditslear, 58 Duke L. J. 1231, 1260-1265, 1276-1290(2009); Leib/Serota, 120 Yale L. J. Online 47, 54-55(2010).

〔285〕 Vgl. Fleischer, RabelsZ 75(2011), 711, 721;在这种意义上明确确定的是 Müller/Christensen (Fn. 47), Rn. 499:"法学方法论是物本逻辑(Sachlogik)。作为日常事物工作的方法论,它必须按照规范类型、作用类型和具体法律领域的典型规制和裁判情况加以区分。一个抽象、平均地精心拟定的统一的方法论,要么是虚幻的,要么是荒芜的。"也有提示过的是 Kramer (Fn. 4), S. 41 mit Fn. 23.

独的方法论”[286]或者专门的解释视角？我们可以说“解释理论的对象相当性”[287]吗？至少方法上的认知手段必须考虑认知对象及其特性。[288] 从认识论的角度看，实际上众所周知，依据所提出的问题可能要求其他的方法，否则就太容易发生认知扭曲了：“如果一个人拥有的唯一工具是一把锤子，则眼见的所有东西都开始像钉子。”[289]

7. 最后的建议不是指向法官或者法律适用者的，而是指向立法者的：因为基于当前的解释现实，立法资料不再能被忽略而不加考虑，所以我们应当更加深入地反思其功能、目标和详细程度：[290] 立法资料是否构成对个别问题进行规制的法律文本的延伸以及在立法过程中已经变得尖锐的疑难问题的聚集地？抑或说立法资料是否应当，追随意图主义的榜样，只对或者至少优先对一般性的法律目的发表意见？

（责任编辑：夏昊晗）

---

[286] 就此参见 Müller/Christensen（Fn. 47），Rn. 3：“‘特别的方法论’的说法并不意味着，每个大的法学工作领域必须各自从零开始。”另参见 Voßkuhle，in：Hoffmann－Riem/SchmidtAßmann/Voßkuhle（Hrsg.），Grundlagen des Verwaltungsrechts，Bd. I，§ 1 Rn. 1：“但是在法教义学内部也按专业领域（民法、刑法、公法）存在特别的方法论，而且即使在这些具体的专业领域内也存在特别的方法论。”

[287] 正如 Jestaedt，ZÖR 55（2000），133，147 一文之副标题。

[288] Vgl. Fleischer，RabelsZ 75（2011），211，221f. unter Hinweis auf Jestaedt，ZÖR 2000，133，147：“理解的循环运动可以翻译为客体认识的客体确定性：我如何解释，取决于我解释什么”。

[289] Kaplan，The Conduct of Inquiry. Methodology for Behavioral Science，1964，S. 28.

[290] Ansätze bei Schulze-Fielitz，Theorie und Praxis parlamentarischer Gesetzgebung，1988，S. 280ff.，371ff. und passim；ferner Wedemann，in diesem Band，S. 129ff.

立法实践中的“立法资料”*

[德]乌尔里希·赛伯特** 著 蒋 毅 季红明*** 译

目 次

一、基础

法律提案附有说理。当然，宪法原则上对说理并无要求。《基本法》第76条第1款并未规定说理义务。[1] 立法者仅仅

---

* 本文承蒙赛伯特教授授权翻译，特此感谢！

** 乌尔里希·赛伯特（Ulrich Seibert），1954年生于卡尔斯鲁厄，其父为联邦最高法院法官Claus Seibert，祖父Gustav Seibert亦为法官，历任哈姆州高等法院主审法官。其通过第二次国家考试之后于汉堡任职法官，1986年转赴联邦司法部任职，1992年初负责内阁和议会事务部门，1994年起负责公司法和公司章程部门，现为联邦司法部公司法、公司治理业务部门主管，负责当前的公司法改革规划。其曾经经办众多的公司法改革计划，照管诸多委员会。2001年起为杜塞尔多夫大学经济法荣誉教授。

*** 蒋毅，中南财经政法大学法学院教师；季红明，中南财经政法大学法学院教师。

〔1〕 Kersten, in: Maunz/Dürig, Grundgesetz-Kommentar, 62. Ergänzungslieferung 2011, Art. 76 Rn. 22.

负责法律。但联邦议会和联邦各部的事务规程中规定了说理义务:在联邦议会中提出的法律提案,必须包含一项简短的说理(《联邦议会事务规程》第 76 条第 2 款、第 96 条第 3 款)。联邦政府的法律提案也必须说理(《联邦各部共同事务规程》第 42 条第 1 款第 1 句、第 43 条)。欧洲法中的说理义务是更进一步的。依据《欧盟工作方式条约》第 296 条,欧盟的法律行为(Rechtsakt)不仅仅是法律提案均应当有说理。〔2〕

在德国的立法行为中,尤其将出现以下材料:政府草案或动议申请中的说理;联邦参议会对联邦政府的政府草案的意见;联邦政府对联邦参议会意见的答复;联邦议会中负责的委员会的报告;其他可能的听证笔录和德国联邦议会全体大会审读的笔录。

二、功能

(一)对议员的说理(内部的)

下面将处理常规情形:由联邦政府向议会提交的含有说理的法律草案。这种情形中的说理被称为"官方"说理,可能是因为其源于联邦各部。在文献中我们可以读到:联邦政府草案中的法律说理的作用在于,作为国家内部的交流工具,说服立法程序的参与人。〔3〕据此,它们特别指向议员,其作用并非一定在于向法律适用者、从事法律的法官介绍情况。〔4〕

(二)对多元受众圈的说理(内部的/外部的)

然而,在立法实践中,草案起草者的说理在立法程序中便旨在用于向其他有司(联邦各部)与所谓的参与群体(社团、经济活动者、工会、学界、媒体)说明所希望的东西(就此也参见下文第三部分)。因此,它作为法律政策上的营销工具而被使用。这是它在法律通过之前的意义。在法律生效之后,说理所指向的是适用者:它应当给法院和科学提供找寻所希望的解释以线索,并防止解释过早陷入错误的轨道,以至于接下来我们只能耗费巨大才能消除这种错误。下面我将进入所希望的效果的这两个阶段。

---

〔2〕 Vgl. Schwarz/Bravidor, JZ 2011, 653, 657.

〔3〕 Lücke, Begründungszwang und Verfassung, 1987, S. 13 f.

〔4〕 Redeker/Karpenstein, NJW 2001, 2825, 2827.

三、立法资料在立法程序中的意义

(一)目标群体及其发言

认为草案中的说理(正如其他立法资料一样)本不该有任何外在功能的论点[5]不值赞同。这种观点偏离了现实。在对说理进行表述时,起草人始终意识到,该说理将在立法程序中极受重视,尤其是将被各社团和所谓的感兴趣团体(interessierten Kreise)所阅读并且在今后的解释中被援引。说理被精心地依据不同的读者视野予以表述。部委专家草案(Referentenentwurf)的说理,在经有司内部表决与授权公布后,首先将指向议会程序外的已提及的感兴趣的团体、学界和媒体。在此之后并在草案及其说理屡经修改后,草案才会进入内阁并在此后作为政府草案进入形式上的立法程序。

(二)作为政治上的推销手段的说理

说理当然不是中立的,它未经细加思索,也不会展现自我怀疑,并总是在为自己辩护(pro domo)。这类文本对所建议的规整总是得出积极的结论,在一定程度上自我夸赞。[6] 立法计划及其推动之人也都依靠赞同与承认而生活。说理旨在为新产品打广告。有时候,人们也将草案的意义夸张为广告式的。例如,某种观点事实上早就是建立在现行法基础之上的通说,而制定法希望将相应的明确规整作为其成就而将单纯的澄清性质予以淡化。[7]

说理也将非常敏感地迎合不同的读者群,当然,尤其是迎合对各政治上领导班子或政府多数具有意义的目标群体。对特定政治目标群的"刺激性语言"自然是切记要避免的。对于和某项规定有关的、在具有影响力的群体(如工会)中将会引起或已经表达出的恐惧,说理将尝试着予以消解。在一个社会民主政府,对草案规定的说理将会在可能之处加入更多的社会润滑油;而一个更自由的政府将更多地服膺于市场经济的论据——尽管所计划的法律修订在内容上是一致的。然而,这些是不带偏见的读者几乎注意不到的细微差别,就此而言,借由其多元的受众视

[5] Lücke (Fn. 3), S. 13 f.

[6] 自我批评是很少见的;如在《有限职业责任合伙公司引入与律师、专利律师、税务咨询师职业法修改法》(Gesetzes zur Einführung einer Partnerschaftsgesellschaft mit beschränkter Berufshaftung und zur Änderung des Berufsrechts der Rechtsanwälte, Patentanwälte und Steuerberater)的草案说理中阐述:"通过1998年7月2日《重组法、合伙公司法以及其他法律修订法》版本(联邦法律公报第1878页)的《合伙公司法》第8条第2款引入了一项在实践中经受住了考验的行为人责任。"当然现在会有些人认为这种行为人责任并没有那么好的"经受住考验",并且因此建议草案就合伙财产实行一项真正的责任限制。

[7] 这就如在2012年《股票法修订》关于反面可转换债券的误写中所持的主张。

角,立法说理中的撰写艺术与法院判决和律师文书的撰写具有完全不同的要求。[8]

四、说理对已颁布法律之解释的意义

(一)理论争议

一旦法律生效,立法资料的影响便进入了第二阶段。所涉及的就不再是对所希望的规整在政治上进行推销,而是对这种规整进行解释。人们在解释法律时可以或者必须在多大程度上考虑到立法资料以及从中得出的立法者意志,方法论曾经并正在进行着大量的讨论。依据主观理论,在解释时应当查明立法者的历史意志。与之相反,客观理论则仅仅立基于法律自身固有的意义,对于这种所谓的规范性意志,应当客观的、目的论的予以查明。[9] 依据拉德布鲁赫(Gustav Radbruch)的著名公式,“法律可以比其作者更聪明——它甚至必须比其作者更聪明”,[10]而这实际上无非意味着,法律的各解释者认为自己与其个人意见更高明。[11]

(二)艺术解释与法律解释

这样思考的人,可能混淆了解释法律和解释一幅画:艺术家不应当规定自己的作品的解释,作品脱离了作者而仅仅属于各个观察者。当作品说话时,艺术家就应当闭嘴。

艺术作品必须具备谜一样的特性,[12]否则它便是海报。它应当和置身其中并且发现自己生活问题之人交流。艺术作品同时是假象和存在,它为自己创造了一种新的真实。从收藏者的角度出发,艺术作品首先应当体现了一种关于收藏者自己而非关于作者的思想。这也适用于文学文本。小说必须是多义的,正如艾柯(Umberto Eco)所言,“一部制造多种解释的机器”。[13] 小说必须“始终制造……新的不同的解读方式,而从不完全消耗自己”。[14] 因为正如尼采所言,“世界自身包含了无限的解释”。“为了不妨碍文本自己的运动,作者在撰写完毕之后,就必

---

〔8〕 律师文书通常只有三个受众:首先是自己的委托人,其次是法院,必要时还有对方当事人。

〔9〕 关于主观和客观的理论的基础性作品,如 Heck, AcP 112 (1914), 1, 105 ff. 以及联邦最高宪法法院判例中的路线:Fleischer, AcP 211 (2011), 317, 327 ff.

〔10〕 Fleischer, AcP 211 (2011), 317, 322 m. w. N.

〔11〕 Vgl. Fleischer, AcP 211 (2011), 317, 322.

〔12〕 “所有的艺术作品,以及整个艺术都是谜;自古以来这都让艺术理论恼火。艺术作品表达了想法并且以同样的气息将其隐藏起来,这在语言上被称为迷之特性。” Adorno-Ästhetische Theorie, aus dem Nachlass.

〔13〕 Nachschrift zum “Namen der Rose”, München 1984, S. 9 f.

〔14〕 Nachschrift zum “Namen der Rose”, München 1984, S. 17.

须消失。”〔15〕

法律则完全不同。法律的起草确实也是一项极富创造性的过程,所以对于自己为政府和议会起草法律与提供建议的功能,我也非常喜欢并完全准确地赋予其“法律设计者”这种职业称谓。但是法律只是一部高度不情愿的“解释制造机”,即使法学的写作行当在原创性强制之下不时成为其牺牲品。法律不想出谜语,它并不是对现实的描摹,也不创造自己的现实,而是希望直接改变我们的生活现实。立法者在政治上具有一种以行为调控为取向的塑造意志、一种希望得到法律适用者遵守的具体规整使命。因此,他可以而且必须谈及对他作品的正确理解,在解释出现混乱时,他甚至可以进行嗣后的干预。

(三)部委专家的说理文本如何成为立法者的意志的?

换言之,立法者绝对希望,借由法律所希望的东西得到实现,他的说理也得到遵守。鉴于方法论的现状,我们不可能精确的指出后来解释法律时事实上必须在多大程度上使用立法者的说理。〔16〕 考虑到联邦宪法法院颇为倾向客观学说,因此我们今天大概可以将一种折中的观点称为通说:据此,至少当在法律中可以找到立法者的历史意志的充分表达时,应当对其予以考虑。〔17〕 这当然是很灵活的。

一如前述,草案中的说理所涉及的是源自行政机关并且由部委(司职特定领域立法之)专家(Gesetzgebungsreferent)撰写的文本。在查明“立法者意志”时,它们是如何赢得重要性的呢?如果政府草案在未做重大修改时被直接接受,通常可以正确的假定,立法者就此也使草案中的说理成为自己的说理。〔18〕 对于立法者同意的这种拟制,人们在所谓的“协约理论”(Paktentheorie)〔19〕这一关键词下进行讨论。换言之,通过对草案的接受,动议阶段的意志也就和成为法律的决议这一刻的意志相符合了。一旦做出了修改,则修改将会在委员会报告中被予以补充说明。委员会报告通常、其实是例行的会明确涉及政府草案中的官方说理,而且必要时也会涉及联邦政府的反对意见。〔20〕 由此便出现了立法和行政之间的连接。

(四)通过说服力影响法律解释

即使在法律上并不存在要求遵守立法材料的明确命令,但它们还是成功赢得

〔15〕 Nachschrift zum “Namen der Rose”, München 1984, S. 14.

〔16〕 详见 Fleischer, AcP 211 (2011), 317, 333。

〔17〕 所谓的“暗示理论”(Andeutungstheorie)参见 BVerfGE 11, 126, 130。

〔18〕 Redeker/Karpenstein, NJW 2001, 2825 f.

〔19〕 Vgl. hierzu Fleischer, AcP 211 (2011), 317, 330 und dort Fn. 94.

〔20〕《董事会薪酬适当法》委员会报告的多个实例之一(Drs. 16/13433):“只要委员会不加修改的接受了法律草案,则参照对法律草案的相关说理。”

了重要性。在实践中,说理至少通过其权威而产生影响。如果说理中对新规定所做的说明越合理且越可理解,则它们就更可能为评注人士和法律适用者们采纳和传播。在最初还没有判例之时,这些人士很感激拥有第一个线索、第一个可以引用的来源。因此,官方说理经常是通往通说链条的诸多表述中的初始意见,〔21〕而且它自身经常便具有通说地位。

当然官方说理和其它观点并不相同,因为它具有局内人的优势。说理的起草者、部委专家坐在“源头”,坐在法律的根源之上;他是该源头的一部分或者甚至是源头本身,他从内部占有知识。所有的后来解释都是继续从被不断更新的意见表达所澄清或者污染的河流中汲水。

(五)捡葡萄干

然而,官方说理也独立于其智识上的说服力而影响着受利益引导的解释:每个想要论证一项结论的法律解释者,为此恰好碰到该说理时,均会热切的予以采纳,并且将之作为最重要的、甚至是强制性的解释手段。赞成该项说理之人,将立马投向主观理论的阵营,即便是暂时性的。反之,如果他认为说理不适于达成所追求的目的,则将之予以忽略、驳斥或者视为不重要而加以抹去。例如,卢特尔(Markus Lutter)就曾将立法资料贬斥为“起草者的私人意见。”〔22〕

换言之,官方说理中所表达的意见通常同时拥有支持者和反对者。这种说理如果得到贯彻,那么就实现了其目的。如果没有得到贯彻,立法者就必须考虑,是容忍此次失利,因为这对他不那么重要,还是在下一次机会再进行改善并且必要时将说理纳入法律文本之中。〔23〕

(六)方法准则与方法多元主义

埃塞尔(Josef Esser)在其划时代的著作《法律发现中的前理解和方法选择》中将其中的一节〔24〕命名为“方法准则和方法多元主义”,该书是《原则和方法》一书的姊妹篇,书中他开启系统论的思考并将其与伽达默尔(Gadamer)的诠释学结合了起来。在上文提及的一节中,埃塞尔讨论了对解释方法之位阶及射程进行协调的各种观点。对诸最高法院判决的考察,展现出一种对具体解释方法看似随意的

---

〔21〕 因此,其结果是资料在较新的法律被赋予更大的意义,而在旧的法律则褪色了;Sachs,DVBL 1984,73。

〔22〕 Lutter,in KölnKomm AktG,2. Aufl. ,1988, § 58. Rn. 39; ders. ,FS Goerdeler,1987,S. 327,331.

〔23〕 例如,我们在豁免程序(Freigabeverfahren)就这样处理经济上的利益衡量,尽管它早已存在于《企业诚实经营和撤销权现代化法》之中,但却未受到州法院的足够重视,自《股东权益指令转化法》明确规定后,现在再也没有疑问了。

〔24〕 Esser,Vorverständnis und Methodenwahl in der Rechtsfindung,1970,S. 121 ff.

偏好以及一种未加详细说理的方法结合,一种“方法多元主义”。为了补正,人们可以提出一项方法准则,形成一种方法等级、主张一种层级列表但这被判定为失败了。埃塞尔认为:“规范性解释必然受价值判断的引导”,〔25〕价值判断、前理解和利益也将有意或无意的影响到方法的选择及其权重。不断的使之显现出来,已经是一项进步并且构成了一种简单的正确性控制。

从法律使用者的角度来看完全可以理解,他不希望受一件严格紧身衣的束缚,他对一项严格的准则毫无兴趣,宁愿让方法论和解释标准的选择如恰恰合适的那样保持开放。对于在方法上以形式上干净、表面上合理且客观的证成各自所期望的结论而言,这赋予了巨大的灵活性。

五、政府说理的产生

(一)政治上的妥协公式

为了在法律解释的框架内评价立法资料,看一下草案说理的特点和产生是值得的。立法的过程表现为分工并且由政治上的塑造意图所引导。〔26〕例如,处于开端的是附具说理的部委专家草案,该草案先需要和其他各部走完上文提及的表决程序。这样产生的有时是出于政治上的考量而去问题化的表达构成了政府草案的说理。〔27〕政府草案的这种特点,以及它恰好主要着眼于草案在政治上的可行性与政治上的塑造意图,而不是就法律问题进行法教义学上之科学说明的说理,可能导致说理文本中充满了妥协。〔28〕政治上困难的或容易引起反对的问题将在法律文本,也在其说理中被精心地模糊化并且借助润滑的表述而使其不引人注意。在负责和共同参与的有司之间,为了在此做出最为精细的表述所进行的讨价还价可能耗费了大量的时间和精力,后来的读者几乎不可能有所察觉。如果没有其他办法,则我们必须将令人不快的东西表达出来,必要时将其托付于其他机关,最好是生效后托付于法院。

所以,不时的公式化或妥协性是对政治表决过程的表达。要求在政府说理中有更多的“论证诚实性”〔29〕是不符合该表决过程且偏离现实的。

(二)官方说理中对出处的引用

在官方的说理中,我们当然可以找到对欧盟指令和其他国际或国内法源的准

〔25〕 Esser (Fn. 24), S. 128.

〔26〕 Schulze-Fielitz, Theorie und Praxis parlamentarischer Gesetzgebung, Habil. Bayreuth 1988, S. 519.

〔27〕 Schulze-Fielitz (Fn. 26), S. 519.

〔28〕 Schulze-Fielitz, JZ 2004, 862, 867.

〔29〕 Schulze-Fielitz (Fn. 26), S. 519.

用以及对诸最高法院各种裁判的引用。

我们不时发现,官方说理中引用学术文献(可能甚至是部委专家自己的文章[30])、阐述意见争论并且在意见争论中提出赞成一方或另一方的论据。但这并非常规,对此我也不赞成。尤其因为一位著名教授曾打电话告知,我是如何引用了某同事对某一问题仅仅做了非常一般性表述的、不那么重要的论文,而没有提及该教授对同一问题重要得多的作品。[31] 我们应当从中得出的结论是,完全不应当引用学术作品即便要引用,也只引用个别伟大的、已经谢世的作者作为鞠躬,作为仰望,正如我们今天所说。

(三)说理与教义学上体系的形成

法律和说理正如“罗马教廷的权威至上(Roma locuta)”一样绝对。立法者的任务绝非踏入学术讨论的地盘。他无须形成体系,这是科学在实证法基础之上要完成的任务。立法者必须自信:是他,为科学的知识大厦打好了地基,他一笔就可以将该大厦再一次推倒,大厦的墙与角都不能阻止他。法律学者愤怒于立法者没有在由他们建立的思维大厦的框架内活动,混淆了原因和结果。

六、与一项说理有关的特殊目的与意图

(一)填补有意识的漏洞

法律文本应当紧凑且简短。这样,它几乎总是为解释提供了空间。然而:更长的文本可能回答了其中的一些问题,但却通常又制造出新的解释问题。官方说理希望通过详细的说明,弥补由于规范表达的简短性所失去的东西。[32] 骨架应当配上血肉。

---

[30] 在有疑问的情形中,部委(司职特定领域立法之)专家通过援引(出自他的手笔的)其他官方文本间接引用自己并且优雅很多。

[31] Vgl. schon Seibert, FS Wiedemann, 2002, S. 123 f.

[32] 实例:通过1994年的《小股份公司法》对《股份公司法》第186条第3款第4句的“减少了排除优先认购权的条件(Erleichterter Bezugsrechtsausschluss)的说明。法律文本非常简短而且几乎没表达什么,说理才给予这个短句重要的影响和精确性:下面一段出自政府草案的说理(BT-Drs. 12/6721):如果草案规定的减少了的排除优先认购权的前提条件得到了遵守,则既不能要求在其他排除优先认购权的情形中适用的利益衡量(vgl. BGHZ 71, 41, 46),也不需要其他实质正当化事由。对董事会报告义务(《股份公司法》第186条第4款第2句)的要求也大为减轻……《股份公司法》第243条第2款规定的通过股东大会决议的撤销被排除,因为在排除优先购买权的简化前提条件下,不存在对股东的损害……”特别是在法律文本中什么都没有写,但是判例和学说却予以遵循。法律委员会在其接下来的决议推荐(BT-Drs. 12/7848 S. 16)中澄清了,法律文本中仅仅一般性提到的对交易所行情的差价可以是3%,最大为大约5%。这也得到了解释的遵守。当时Zöllner向我喊道:“我们将另行评注”这并没有发生,表述得最为简短的规定符合期待的得到了采纳。

此外,法律文本经常完全有意识的使细节问题和个别问题保持开放。[33] 这里也适用“法律不关心细琐之事”。或者在表达时有意识的接受多义性;因为一项更精确的表达不够漂亮、难以阅读或者变得范围太广。

这些问题及其填补被有意识的留给判例和学说。对于如何填补这些有意留出的漏洞和澄清此类多义性,官方的说理当然可以给出提示。这种策略的缺点可能是,法律中的漏洞可能被说明是有意留出的,而且依据严格学说不能通过类推的方法进行填补,但是还存在足够多的其他解释手段来证成所期待的结论。依据自己的经验,我可以说:这在绝大多数的时候有效的。但是实践通常感谢(法律)说理至少同时给出了澄清。

(二)要求法律续造

说理也可能是提出勇敢的法律主张的场所。这可能在如下情形出现,即当法律上对某种受期待的法律观念并非毫无疑虑,还未完全考虑成熟,并且因此在法律文本中最好对明确的表态保持一定距离,但是却希望将法院和科学导向某一特定的路径和一个全新的领域,以便更深入地阐明该项观点,为其找到和确定[34]一项在教义学上可行的说理时。这在有时候行得通,当然并非总是如此。

(三)说理中对澄清的主张

常见的策略[35]是在说理中将法律上特定的新规整称为“澄清”。这具有什么样的意义呢?就此的主张是,新规定的东西一直就在适用,只是未明确地予以规定。这主要有两个目的:其一,新的规整应当由此溯及既往,以便人们可以在新规定的意义上溯及既往的解释旧法或者至少应当帮助旧法中便已经存在的解释意见获得最终的突破。[36] 其二,这种技术节省了麻烦的过渡条款,因为从旧法到新法不存在过渡。

---

〔33〕 例如,在《有限责任公司法》的公司名单中:停止条件的情形应当如何判断?联邦最高法院已经就此做出了裁判。

〔34〕 可作为实例的是《董事会薪酬适当性法》的政府草案(BT-Drs. 16/12278)关于修订《股份公司法》第116条的说理:依据该项修订,如果监事会确定了一项不适当的薪酬,则其成员负有损害赔偿的义务。说理简单地主张,利益补偿在此不太可能(换言之,如果受支付的董事会主张其工作得很好,而且监事会希望将其和损害予以抵消时)。对损害的计算并不存在一项明确的规则。

〔35〕 Schnapp,JZ 2011,1125,1126, Schnapp提及多个“策略”的实例。一项较新的实例是《股份公司法2012年修订法》,其中规定没有证券化的记名股票也应当登记,这在过去是有争议的,最好是在说理中称为“澄清”。

〔36〕 例如,在《股份公司法2012年修订法》中,通过对《股份公司法》第67条第1款的修订而使建立记名股份登记簿成为义务,即使其没有证券化。法律之说理将之作为澄清来处理;德国律师协会商法委员会对此表示怀疑:NZG 2012,377,381。

有时候，甚至完全不是制定法对象的事物也在官方的说理中被予以“澄清”。例如，官方说理中可以阐述，我们恰好没有规整此一或彼一事项，因为法律状况是这样并因此是清楚的，故而不需要一项规整。人们希望借此给予在论文、诉讼文书或判决中恰恰诉诸这种观点的人以养料。他们将高兴地对此加以采纳和引用。同样，我们在委员会报告中也可以不时发现这样的表述，其中说道，在咨询中讨论了某问题，鉴于现行法律状况（接着肯定会予以阐述），未对该事项予以规整。人们也希望这样可以将学说和司法导向所期望的轨道。当立法者在一项后来的立法资料的框架中诉诸作者的知识来解释一项旧的但依然不明确的规范状况时他有意识到，借此不能溯及既往的约束司法，但却希望司法基于善念而遵循其指示并且考虑到其权威；我们可以将此称为正式的自我解释。[37]

（四）说理作为易于掌握的概念的供应人

当立法者认为没有必要在法律文本中给出一项立法定义时，说理也可以用于对法律中使用的概念进行定义。说理也可以在法律语言中引进新术语，由于法律文本的纯粹性要求，这些新术语不会在文本中出现，如《股份公司法 2012 年修订法》中的“反向可转换债券”或者“5-马克-股份”。说理还可能使用在德国法律文本中避免出现的外来语，如法律中的“监管和透明”的概念和说理中更常用的“Corporate Governance（企业治理）”概念相对。

七、对通过的法律负加说理义务有意义吗？

最后来看一下可能需改变的东西：（类似于欧盟体系中的做法）由立法者对法律提供一项说理，是否对德国法秩序更好，存在不同的考量。借此，人们毫无疑问可以将所有行政的准备资料提升到立法的更高水平。当然这应当以付出速度为代价，如果议会应当对说理进行决议，则它不可能在委员会咨询之后的同一个星期进入二读和三读。

（一）彼处是他者抑或新事？

只要草案在议会的立法程序中未被修改，则一如上文第四部分所述，可以援引草案说理中的详细论述来查明历史上立法者的意志。

但是，如果法律和原来的初始草案相比发生了变化，则也需要参考立法机关的资料，如全体大会的笔录或者委员会的报告。然而，这些资料的内容有人主张可能不精确或者也可能因具体的记录方式而具有偶然性。[38] 在这样的一般性上，这种

〔37〕 Schnapp, JZ 2011, 1125, 1128.

〔38〕 Redeker/Karpenstein, NJW 2001, 2825f.

观点完全是不正确的。大会中的发言将被速记下来而且副本将交由发言人检查和改定。因此,笔录通常正确的再现了发言人所说的和所希望的东西。然而很显然的是,某位议员在发言报告中的评语不可能是议会的意见,而且也仅仅是在大方向上和其党团的意见一致。每一位法律适用者都知道也会考虑到这一点。因此,议员的发言可能只是有趣的拼版和观点的补充。

委员会报告则与之不同。它们是经过更详细的准备,更确切的说,它们通常正是由已制定政府草案的公务员制作。对当然没有联邦各部的专业公务员那样专业的议员及其团队而言,该报告是一种支持。

在咨询过程中,专业公务员之间联系紧密,尤其是通过和报告人(Berichterstatter)的对话,必要时通过参与党团工作小组的会议以及委员会中的讨论。在咨询过程中,他们通常自行对草案提出修改意见。在动议直接来自议员时,他们将根据其意愿以变更表达来为意愿的贯彻做准备。在任何情况下,他们都能精确的理解,修改草案的意图是什么。由他们所准备的委员会报告的草案将交由所有报告人审查和署名。在委员会和议会中,这些议员(通常每个党团一名)是有关法律计划主要的知识承担者。这些议员当然享有进行修改的自由。因此,专业公务员自始就会以如下方式进行表述,这种表述既符合议员的期待也符合在报告人交流中与他们形成的约定。即便在很少出现的情形,亦即修改违背专业部门的明确建议时,他们也能为之提供有说服力的理由。委员会报告当然反映了委员会中承载草案之多数的意见,这一多数和议会中的政府多数是一致的。

(二)便于适用的理由要求对已颁布的法律科以说理义务吗?

我们可以通过古老的格言“法律应当规定,而无须说明(lex iubeat, non disputet)”[39]或者拿破仑所言:“我要么命令要么沉默”[40]对说理的要求加以拒绝;立法者除了法律之外不欠任何东西。[41]

除此之外,对强制规定的说理的增值也存在疑虑。我看不到立法者改善自我审查[42]的依据。一项说理的命令除了事后的增加立法资料外并没有任何其他作用。[43] 认为说理来自参与了立法程序的专业公务员之外的他人之手,是偏离现实的。[44] 这些专业人员当下就已经注意到,在立法资料,尤其是涉及委员会报告的

---

〔39〕 Das Gesetz soll anordnen, nicht erläutern.

〔40〕 Ich befehle oder schweige.

〔41〕 Vgl. Redeker/Karpenstein, NJW 2001, 2825, 2827.

〔42〕 Hierzu ausführlich: Schwarz/Bravidor, JZ 2011, 653, 658 f.

〔43〕 So auch Schulze-Fielitz, JZ 2004, 862, 867.

〔44〕 Looschelders/Roth, Juristische Methodik im Prozeß der Rechtsanwendung, 1996, S. 159.

资料中,议员们的情绪和公共讨论的气氛之描绘被纳入草案。[45] 对于希望通过诉诸法律决议可信赖的说理而减轻工作负担这种可理解的期待,我们可以反对道,就所有立法过程中出现的资料的分类、草案说理、修改申请、委员会报告以及按时间排序的大会笔录对考虑和协商过程提供了全面且非常有启发的概括。[46] 例如,当我们没有弄清楚,某一立法者对之保持沉默的东西是否可能在更早的阶段扮演了一定的角色时,我们如何就该沉默表态。结论是应当怀疑说理在内容上的增值。它将仅仅涉及为了更易读而对论述做出的准备和概括,而这些现在就可以在不同的立法资料中找到,其间在网络上很容易得到,并且在重要的法律修订时通常紧接着由出版社对照着予以阐述。[47] 总之,制造附加的资料更应当被拒绝。

(责任编辑:夏昊晗)

〔45〕 Schneider, Gesetzgebung, 3. Aufl., 2002, Rn. 133.

〔46〕 Kanzler, FR 2007, 525, 528.

〔47〕 Siehe z. B. Ernst/Seibert/Stuckert (Hrsg,), KonTraG/KapAEG/StückAG/EuroEGTextausgabe, 1998; erstaunlich der Materialienband Czerwenka (Hrsg.), Die geplante Reform des Seehandelsrechts-Einführung, Referentenentwurf, Sachverständigenbericht, Synopse, 2011,其早在政府草案之前就从负责的部委立法专家处汇集了资料。

法律说理的构造*

——给立法者的一张许愿条

[德]弗劳克·魏德曼** 著　蒋　毅*** 译

目　次

无论我们赋予法律说理何种约束力,[1]它无疑是极为有用的:它可以提高法律的可理解性,借此确保更大的法安定性并加强法律规整的合法性(Legitimation)。因此,高质量的立法说理极为重要。

一项好的法律说理是什么样的或者说哪种法律说理的架构是值得期待的,该问题迄今为止还很少被研究,这很是奇怪。文献几乎没有钻研这项主题。关于说理架构的规定和指令也

---

* 本文承蒙魏德曼教授授权翻译,特此感谢!

** 弗劳克·魏德曼(Frauke Wedemann),现为德国明斯特大学民法、德国、欧洲以及国际商法和公司法教席教授,曾任职于德国联邦司法部,参与草案的起草。

*** 蒋毅,中南财经政法大学法学院教师。

[1] 就此可参见 Fleischer, AcP 201 (2011), 317, 333 一文所提供的概览。

几乎没有。只有《联邦各部共同议事规则》第43条提出了方针,[2]但该规定仅仅就几个具体面规定了标准值。它并没有为法律说理具体应当如何架构提供实质性与概括性的指导。联邦司法部也仅仅提供了很少的建议。例如,司法部出版的法律构造者的"圣经",《法律规程手册》(Handbuch der Rechtsförmlichkeit)几乎没有对立法说理的架构有所论述。该手册几乎只是专门处理法律文本的架构。在法律说理的问题上(考察其合宪性),手册仅仅建议审查其中是否"以令人信服的方式阐述了对规整具有重要性的观点和衡量"。[3]

本文展现了一些对一项好的立法说理具有重要性的观点。借由这一给法律说理的作者的许愿条,本文主旨有二:一是希望使法律适用者的工作更加容易。二是想要强化立法资料至少事实上具有的效力。因为立法资料具有一项重要的功能:它减轻了法律文本的负担。[4] 法律说理得到的遵守越少,如下的危险就越大,即说理将被转移至法律文本之中并因此导致法律规整的膨胀。因此,立法资料具有大的效力极为重要。

一、确保充分的说理深度

许愿条的第一点是一般性的:确保充分的说理深度。一项充分的说理深度有助于提高法律规整的可理解性、[5]法安定性[6]以及法律说理中意见的效力。

(一)提高法律规整的可理解性

欠缺说理深度的一项实例是2011年的《调解法》的政府草案,这种欠缺加大了

---

〔2〕 彼处的原文是:"(1)说理中应当阐释:1. 法律草案与其具体条款的目的设定及其必要性;2. 法律草案的事实基础是什么以及它建立在何种知识来源的基础之上;3. 是否存在其他解决方案的可能性以及是否可能通过私人解决该项任务,必要时阐述基于何种考量对之予以了拒绝;4. 是否添加或扩大了以相应的国家监督和许可程序科处的告知义务、其他行政义务或许可保留,以及有什么理由反对以规范受众在法律上的自负义务来取代它们;5. 法律后果(第44条);6. 确定生效的考量的基础是什么,如从组织上的、技术的以及符合预算的角度检视草案之执行,以及该法是否可以附上期限;7. 法律草案是否规定了法和行政的简化,尤其是它是否简化了现行法或者使之成为多余;8. 和欧盟法的关系以及符合欧盟法;9. 在转化欧盟指令或其它法律上的行为时,在多大程度上超出它们的方针做出了决策;10. 法律草案是否符合德国签署的国际条约;11. 对现行法律状况的改变;12.《基本法》第72条第3款或第84条第1款第3句是否使其生效具有特殊之处,以及对这些特殊之处是如何考虑的。"

〔3〕 Bundesministerium der Justiz (Hrsg.), Handbuch der Rechtsförmlichkeit, 3. Auflage 2008, Rn. 52.

〔4〕 就此参见本书赛伯特(Seibert)所著立法实践中的"立法资料"一文第六部分之(一)。

〔5〕 因此,被称作法律说理的优点, Redecker/Karpenstein, NJW 2001, 2825, 2831: "对于法的适用者而言,规范变得更为清楚。"

〔6〕 因此,被称作法律说理的优点, Redecker/Karpenstein, NJW 2001, 2845, 2831:"实务人士所如此重点关切的法秩序的可预见性得到了提升。"

理解所建议之规整,如果它以该项内容生效的难度。[7] 该草案既规定了安排一项庭内调解的可能性(《民事诉讼法》政府草案第278条a),也规定了移送给调解法官(Güterrichter)的可能性(《民事诉讼法》政府草案第278条第5项)。这两种程序显示出很大的相似性,[8]以至于人们原本可以期望政府草案的说理中对两种法律制度在功能上的差别予以说明。但政府草案却对此只字不提。[9] 它希望交由适用者提出一项说明,而由此却可能造成了一些理解上的困难。幸运的是,在后来的立法程序中,调解法官和庭内调解(不合理的)分立是无意义的这种认识得到了贯彻。通过(仅仅)规定了移送给调解法官,但调解法官却可以适用包括调解在内的所有解决纠纷的方法,2012年7月26日生效的新规定结合了两种模式(《民事诉讼法》第278条第5项第2句)。

(二)提高法安定性

除此之外,对于欠缺说理深度造成法律的不确定而言,《调解法》也提供了很好的例子:依据政府草案的说理,移送于调解法官由法院裁量。[10] 与之相反,依据德国联邦议会法律委员会决议建议中的明确说明,只有在双方当事人同意时,才可以将案件移送调解法官。[11] 对于这种全然相反的观点,既不能在政府草案中,也不能在决议建议中发现任何说明。对法律委员会决议建议中的全然转向予以说理,本可以赋予那里所持的界限以附加的权重,并因此极大提高引导舆论倾向的可能性,这对法安定性而言将是一项重大收获。

(三)提高法律说理的效力

最后,立法资料中的详细说理将提高定位效力。一项有瑕疵的说理将会导向何方,2002年一篇关于民事诉讼法改革的文章通过参引政府草案说理中的表述而将之表现得特别明显:"所引用的法律说理中的命题仅仅涉及法律起草者主观意

---

[7] Regierungsentwurf eines Gesetzes zur Förderung der Mediation und anderer Verfahren der außergerichtlichen Konfliktbeilegung, BT-Drs. 17/5335.

[8] Vgl. Hess, ZZP 124 (2011), 137, 161,依此,两者并不存在功能上的区别。

[9] Hess, ZZP 124 (2011), 137, 161 mit Fn. 153 尖锐地评论道:"特别明显的是,法律说理没有对这一区分进行研究。"

[10] 彼处对移送于调解法官和进行法院内调解做出了区分,认为一个是属于法院的裁量范围,另一个则取决于当事人的同意,参见 Regierungsentwurf eines Gesetzes zur Förderung der Mediation und anderer Verfahren der außergerichtlichen Konfliktbeilegung, BT-Drs. 17/5335, S. 20。

[11] Rechtsausschuss des Deutschen Bundestages, Beschlussempfehlung und Bericht zu dem Entwurf eines Gesetzes zur Förderung der Mediation und anderer Verfahren der außergerichtlichen Streitbeilegung, BT-Drs. 17/8058, S. 21. 与此不同 Henssler/Deckenbrock, DB 2012, 159, 162,作者没有对法律委员会的论述加以进一步研究就径直认为,可以无须当事人的同意而进行移送。

见的告知。这类意见告知不具有约束力……所引用的源自立法资料的意见,并未证明说理中有深入理解实质问题的努力,这也表现在,说理并没有为确认该命题提出论据,所提出的只是一个针对《民事诉讼法典》第 139 条旧条文的通说的证据。"[12]一项在法律说理中对新规定的深入论证本应可以使得这篇文章的作者难以认为法律说理不重要而将其弃之一旁。

除此之外,2008 年《有限责任公司法改革法》(MoMiG)为较浅的说理深度导致的效力瑕疵提供了另一个实例:在《有限责任公司法改革及防止滥用法》的政府草案中可以发现如下陈述,即股份的合并不需要相关股东的同意。[13] 对此却未作说明。在文献中,这种观点遭到了极大的反对,绝大多数的文献意见认为这样的同意是必要的。[14] 如果政府草案起草者对其观点予以了说理,那么其他人被其立场说服的可能性将更大。

二、局部修订时的规整范围

当规整仅涉及局部时,在法律说理中应予澄清,立法者在多大程度上希望一项终局的规整。在这方面,《有限责任公司法改革及防止滥用法》的政府草案值得明确的表扬,因为它在说明《有限责任公司法》第 64 条第 3 句的新规定时,经理导致公司无支付能力的,其就此负有向股东支付的责任,已经榜样般的满足了这一期望:说理中明确的阐述了,借此规定并非意在对消灭公司存续之责任(Existzenvernichtungshaftung)做终局的规整,所以就此并未干预后续的法律续造。[15]

三、法官法的法典化

在对法官法予以法典化时,对法律说理的谨慎塑造特别值得注意。一般而言,

---

〔12〕 Reischl,ZZP 116 (2003),81,88.

〔13〕 Regierungsentwurfdes MoMiG,BR-Drs. 354/07,S. 102.

〔14〕 持此类观点者,如 Lutter/Hommelhoff/Bayer,GmbHG,18. Aufl. 2012, § 46 Rn. 20; Ulmer/ Hüffer, Ergänzungsband MoMiG, 2010, § 46 Rn. 2; Henssler/Strohn/Mollenkopf, Gesellschaftsrecht, 2011, § 46 GmbHG Rn. 17; Roth/Altmeppen,GmbHG,7. Auflage 2012, § 46 Rn. 16c; Gehrlein/Ekkenga/Simon/Teichmann,GmbHG,2012, § 46 Rn. 26; Baumbach/Hueck/Zöllner,GmbHG,19. Aufl. 2010, § 46 Rn. 32a. Der Ansicht der Gesetzesbegründung hingegen folgend Liebscher,in: Münchener Kommentar zum GmbHG,2012, § 46 Rn. 90; Michalski/Römermann,GmbHG,2. Aufl. 2010,Rn. 180a; Scholz/ K. Schmidt,GmbHG,10. Aufl. 2010,Nachtrag MoMiG, § 46 Rn. 5; Wicke,GmbHG,2. Aufl. 2011, § 46 Rn. 12。

〔15〕 Regierungsentwurfdes MoMiG,BR-Drs. 354/07,S. 106.

立法资料在这种情形中参考相关指导性判例(Leitentscheidung)是值得期待的,〔16〕以便展现其关联性。若立法者希望对原则上为其所同意的司法的具体面予以修改或者完善,则其应当在立法资料中明确提及所追求的修订。〔17〕 在《联邦各部共同议事规则》第43条第1款第9项中可以找到相应的指标,据此,在说理中应当阐释"对现行法律状况的修订"。若法律文本并未1∶1的采纳司法发展出来的公式,而是在语言上做了修订,则立法说理中应当澄清,其借此是否在内容上做了修订。一项没有牢记该要求的实例是《股份公司法》第243条第4款第1句,该条款自2005年起,沿着司法的航线规定了基于信息瑕疵的股东大会决议的可撤销性。在规整时,立法者没有选择联邦(普通)最高法院使用的术语"必要性"(Erfoderlichkeit),而是选择了"重要前提"(wesentliche Voraussetzung)取而代之,由此而导致了这到底是对联邦(普通)最高法院判例的证实〔18〕还是继续发展〔19〕的争论。立法说理中对该术语变更的一项说理原本可以在很大程度上缓和该争议。与之相反,获得成功的是《有限责任公司法改革及防止滥用法》对隐性实物出资(verdeckte Sacheinlage)规定的论述:这里〔20〕清楚的展示了,法律后果受到了修订,而构成要件前提却未予修订。对此,政府草案以模范般的清晰性论述道:"对存在一项隐性实物出资的前提的抽象改写建立在司法中通行的定义之上,就此而言确保了延续性。"〔21〕

四、法官法的废止

给立法者的许愿条上的下一点关涉法官法的废止。毫无疑问,这种废止是容许的,因为立法者并不受法官法的约束。〔22〕 但是立法者应当注意,废止法官法存在损及司法权威的危险。〔23〕 司法权威这样的降级可能持续性的损害立法和司法

---

〔16〕 此种观点已见于 Fleischer/Wedemann, AcP 209 (2009), 597, 613。

〔17〕 对于立法者的此类期望也见于 Fleischer/ Wedemann, AcP 209 (2009), 597, 613 f。

〔18〕 持此类观点者,如 LG München I, AG 2007, 336, 338 f.; Heidel, Aktienrecht, 3. Aufl. 2011, § 243 Rn. 37c; Schmidt/Lutter/Schwab, AktG, 2. Aufl. 2010, § 243 Rn. 27; Spindler/Stilz/Würthwein, AktG, 2. Aufl. 2010, 243 Rn. 250。

〔19〕 在此意义上如 Noack/Zetzsche, ZHR 170 (2006), 218, 226; Spindler, NZG 2005, 825, 829; Veil, AG 2005, 567, 569; Weißhaupt, ZIP 2005, 1766, 1771。

〔20〕 Regierungsentwurfdes MoMiG, BR-Drs. 354/07, S. 90 ff.

〔21〕 Regierungsentwurfdes MoMiG, BR-Drs. 354/07, S. 92.

〔22〕 就此详见 Fleischer/Wedemann, AcP 209 (2009), 597, 617 f. 。

〔23〕 就此详见 Fleischer/Wedemann, AcP 209 (2009), 597, 618 ff. 。

之间的,非常有助于法的质量的[24]对话。在这种背景下,法政策上的智慧要求立法者在干预法官法时予以谨慎的说理。[25]《有限责任公司法改革及防止滥用法》在补充《股份法》第 30 条第 1 款、第 57 条第 1 款时,就符合了这一法政策上的智慧的要求:在政府草案中,这些条款中规定的在资本维持(Kapitalerhaltung)框架内回到"资产负债表上的考察方式"(bilanzielle betrachtungsweise)联邦最高法院在其著名的 11 月判决(November-Urteil)[26]中偏离了这种考察方式,得到了详尽的说理。[27]

五、借鉴其他规整

在一项新规定依赖既有规定时,立法资料应当澄清,解释新规定时应当在多大程度上抽取与既有规定的解释相似之处。未遵守该要求且其适用仍然具有极大不明确性的新规定的一项实例是,通过《有限责任公司法改革及防止滥用法》加入的《有限责任公司法》第 55a 条。该条为有限责任公司,对股份公司早有规定(《股份公司法》第 202 条及以后几条),创造了以授权资本的形式提高资本的可能性。对有限责任公司的规定在内容和表述上均借用股份公司法上的规定,但却明显更加简短并且存在大量漏洞,对这些漏洞的填补存在极大争议。[28] 就此,有关股份公司法的规定和有限公司法上的规定之间关系的说明本应很有助益,但是我们在立法资料中却找不到任何此类说明。[29]

六、法律比较

一些更老的法律草案在其说理中使用了大量的比较法上的考察。[30] 法律比较极为重要而且提供了一种特殊的认知收益。因此,它应当在立法过程中扮演一

---

〔24〕 这种有益的作用也为 Fleischer/Wedemann, AcP 209 (2009), 597, 627 所强调。

〔25〕 就此已有论述,见于 Fleischer/Wedemann, AcP 209 (2009), 597, 620。

〔26〕 BGHZ 157, 72.

〔27〕 Regierungsentwurf des MoMiG, BR-Drs. 354/07, S. 93f.

〔28〕 因此,其中争议很大的问题就比如,是否可以在充分利用过授权资本之后将编辑调整关于成立公司的公司合同的权限按照股份公司法的范例(股份公司法第 179 条第 1 款第 2 句)移转于经理,就此可比较 Lieder, in: Münchener Kommentar zum GmbHG, § 55a Rn. 40 ff. 。

〔29〕 可取的本该是德国联邦议会的决议推荐中的阐述,正是基于联邦议会的动议才引入了在政府草案中所未规定的授权资本。然而,其中的说理极为缺乏,参见 Beschlussempfehlung und Beschluss des Rechtsausschusses, BT-Drs. 16/9737, S. 99。

〔30〕 一个特别令人印象深刻的例子是由德国民法典的编者 Gottfried von Schmitt 所提交的继承法编者草案,参见 Gottfried von Schmitt, Entwurf eines Rechtes der Erbfolge für das Deutsche Reich, dort etwa S. 391 mit Fn. 2, S. 406 mit Fn. 2, S. 487 mit Fn. 1。

个核心的角色。然而,这种考量无须在任何情形下均表达于立法说理中。这类工作耗费巨大,因此需要大量的资源,尽管资源原本就很稀缺。[31]

然而,若法律起草者主要以外国的规定为导向时,应当提及比较法上的考量。就此,《联邦各部共同议事规则》第43条第1款第2项便已经提到了,该条款要求说明"它(法律草案)是建立在何种知识来源的基础之上。这种说明可能对法律的解释极具助益:它打开了借鉴外国法规定已经获得的经验的视野。这可能提供一种有价值的指点,即使鉴于不同法秩序之间的差异,在转借时应当谨慎地予以考察,这可能也提供一种有价值的指点。联邦议会法律委员会对《有限责任公司法改革及防止滥用法》所做的决议建议堪称参考外国法规整模范之典范:在说明《破产条例》第135条第3款关于所谓的替代自有资本的使用转让(eigenkapitalersetzende Nutzungsüberlassung)的规定时,建议提到借鉴了奥地利《清算条例》第26a条。[32]

七、结论

给立法者的许愿条包含了如下几点:

1. 确保充分的说理深度;

2. 在局部规整时澄清,在多大程度上希望一项终局的规整;

3. 在对法官法进行法典化时澄清,想要在多大程度上偏离或延续法官法;

4. 对废除法官法予以谨慎的说理;

5. 在新条款借鉴一项既有规定时澄清,解释时在多大程度上要求抽取相似之处;

6. 在新条款借鉴外国的规定时,对之予以指出。

一般而言,值得期待的是对立法说理架构的要求在将来得到更多的遵守,并由参与立法的机关和科学继续予以讨论和塑造。

(责任编辑:夏昊晗)

---

〔31〕 对于普遍的资源稀缺,比较 Seibert, FS Herbert Wiedemann, 2002, S. 123, 131:"基于联邦部门稀缺的、持续减少的人力资源,以及联邦议会诸委员会有限的咨询能力[……]"。

〔32〕 Beschlussempfehlung und Beschluss des Rechtsausschusses, BT-Drs. 16/9737, S. 106.

法律的制定过程作为比较法的研究领域*

[德]奥立佛·翁格尔** 著　王立栋*** 译

目　　次

在多数欧洲[国家]的法秩序中,法律的制定过程已经成了学术研究和反思的对象。本报告将以德国、英国、法国、瑞士和斯堪的纳维亚国家为例进行说明。[1] 法学家、政治学家、经济学家和社会学家饶有兴味地对立法参与人(Akteure)、立法程

---

* 本文原题为“Der Entstehungsprozess von Gesetzen als Forschungsfeld der Rechtsvergleichung”,载 RabelsZ 78 (2014), S. 415ff.。译文为吉林大学基本科研业务项目“中介类网络平台合同责任研究”阶段成果。

** 奥立佛·翁格尔(Oliver Unger),法学博士,德国马克斯—普朗克外国私法与国际私法研究所(Max-Planck-Institut für ausländisches und internationales Privatrecht)研究人员。

*** 王立栋,德国科隆大学法学博士,吉林大学法学院讲师、法学博士后流动站工作人员,吉林大学司法数据研究中心研究员。

[1] 另一关于“欧盟法律的制定”的报告尚未刊行,其作者是 Ingo Weustenfeld 博士,欧洲委员会,司法总司。他非常友好地向编辑部提供了一份演讲稿供参阅,因此本文根据这一演讲稿参阅了 Weustenfeld 的论述。

序以及立法过程中的文件(die Materialien oder travauxpreparatoires)进行跨学科研究、交换意见且收获颇丰[2]。

立法理论的典型影响曾指向议会制定的正式法律的制定过程,然而近些年来立法理论已经变成了范围广范的规制科学(Regelungswissenschaft),这一规制科学旨在探求如何准确描述现代立法形式的多样性(条例、章程、行政机关的指令等等)。[3] 与此相对,我们在此讨论的比较法的贡献,总的来说尚处于初级阶段:今天,尽管对于几乎所有欧洲法秩序来说,已经或多或少地对法律规范在其各自的法秩序中是如何一步步形式的,以及对具体情况下立法材料是怎么产生的进行过研究。[4] 相反,在纯粹描述法律制定过程的概况之外,专门的比较法研究还相对稀缺。[5] 比较法研究多限于为各自的法秩序提供准确的改革建议,以便"更好地"进行立法。[6]

因此,本研讨会的主题向比较法学者发出了明确的挑战。本文既是对本研讨会的概括总结,同时亦是对该问题进行的首次体系化研究,希望能抛砖引玉。本文分为六部分,其中的比较法研究尤其重要。

---

[2] 有关跨学科,参见 Ulrich Smeddinck, Integrierte Gesetzesproduktion: Der Beitrag der Rechtswissenschaft zur Gesetzgebung in interdisziplinärer Perspektive (2006) 35-62。

[3] Plakativ Gunnar Folke Schuppert, Governance und Rechtsetzung (2011) 96: „Auf dem Weg zur Rechtswissenschaft als Regelungswissenschaft oder Zum Ausbruch aus dem Ghetto der Gesetzgebungslehre".

[4] 有关德国、奥地利、瑞士、美国及英国的文献概览及其所参引的众多材料,参见 Hans Schneider, Gesetzgebung 3 (2002) 1-9. Der dortige Hinweis auf das vergleichsweise „durftige" französische Schrifttum ist nach wie vor aktuell. An dieser Stelle sei lediglich auf eine Reihe neuerer Untersuchungen hingewiesen, die noch nicht in der Übersicht aufgefuhrt sind. 德国的情况: Ortlieb Fliedner, Rechtsetzung in Deutschland, Gesetzgebung in der Demokratie (2013); „Gesetzgeber" und Rechtsanwendung, hrsg. von Christian Baldus/Frank Theisen/Friederike Vogel (2013). 英国的情况: Daniel Greenberg, Craies on Legislation8 (2004) 203 ff.; ders., Laying Down the Law (2011). 瑞士的情况: Lucy Keller, „Runde Tische" in der Gesetzgebung (2008) 39 ff. 欧盟的情况: Robert Thomson, ResolvingControversy in the European Union (2011); Katerina Sideri, Law' sPracticalWisdom: The Theoryand Practice of Law Making in New GovernanceStructures in the European Union (2013); Frank M. Häge, Bureaucratsas Law-makers: Committeedecision-making in the EU Council of Ministers (2013)。

[5] Céline Vintzel, Les armes du gouvernementdans la procédurelégislative. Etudecomparée: Allemagne, France, Italie, Royaume-Uni (2011)。

[6] 从德国的讨论中,曾提及两条改革建议:这样,常有人提出,设置一个与英国国会法律顾问办公室相当的"法律草案辅助机构",仅参见 Peter Blum, Wege zu besserer Gesetzgebung-sachverständige Beratung, Begrundung, Folgeabschätzung und Wirkungskontrolle, in: Verhandlungen des 65. Deutschen Juristentages, Bd. I (2004) I 90 ff. [批评性意见: Schneider, Gesetzgebung (Fn. 4) 66]。另一条建议是,参照[前]欧共体法,将进行衡量的理由纳入其中。参见文集之序言, Hermann Hill 主编,(1988)。两条建议无一得到回应。

一、立法过程中国家参与人的作用

在起草法律时,政府及其行政机构处于绝对的核心地位。在德国,人们常说"部门官僚制(Ministerialbürokratie)的主导地位"。[7] 这是因为,在《德国基本法》规定的全部三种立法类型中,都需要联邦和州的部门公职人员密切配合。[8] 法国和瑞士[9]的专业部门(Fachministerien)以及欧盟委员会总司(Gereneraldirektion der Europäischen Kommission)拥有类似的影响力。[10]

因此,在比较法上,斯堪的纳维亚国家的情况特别有意思,因为在这些国家中,国家参与人对立法程序的核心部分——拟定法律的结构和起草法律的文本——之参与要弱得多。Hans-Heinrich Vogel 是这样描述部门的机构是如何常常让本职工作在"院外"完成的:国家参与人的地位通常只是动议人。然后,由委员会或外部的辅助人员负责法律草案之起草。[11]

与前的面情况相反,英国走的是一条中间道路:尽管国会法律顾问(ParliamentaryCounsel)属于国家参与人,为政府服务并服从政府指挥。然而国会法律顾问办公室(Office ofParliamentaryCounsel)却是一个独立的工作单位,从机构组织上讲,它不是隶属于专业部门,而是内阁办公室(Cabinet Office)的下设机构。[12] 因此,准确点儿说,不能认为在英国是部门行政(Ministerialverwaltung)主导。在欧陆的各法秩序中,政治上的规则目标之界定和法律技术上的转化由部门公职人员一肩承担,而在英国,这两项职能被分配给了部门公职人员和国会法律顾问。

---

〔7〕 参见 Helmuth Schulze-Fielitz, Theorie und Praxis parlamentarischer Gesetzgebung(1988) 285 Fn. 177 及其所引资料:("学术讨论的陈规");亦参见 Reinhard Zimmermann, Text und Kontext-Einfuhrung in das Symposium, RabelsZ 78(2014) 315,319 及其所引资料。

〔8〕 联邦部门的专业报告不仅制定出了政府草案,而且在国会程序中会一直跟进。在拟定联邦众议院的法律草案时(很多时候,联邦众议院的法律草案反正是"乔装打扮之后的"的政府草案,对此参见 Brun-Otto Bryde, Stationen, Entscheidungen und BeteiligteimGesetzgebungsverfahren, in: Parlamentsrecht undParlamentspraxis, hrsg. von Hans-Peter Schneider/Wolfgang Zeh (1989) 859,870,联邦部门亦与政府党团密切合作。最后,联邦参议院的立法动议亦在产生于主管部门的报告。

〔9〕 Jörg Schmid, Die Entstehung von Gesetzen in der Schweiz, RabelsZ 78 (2014) 329,333 f.

〔10〕 Ines Härtel, Handbuch Europäische Rechtsetzung (2006) 344:欧盟委员会在欧洲立法程序中的"关键作用"。

〔11〕 Hans-Heinrich Vogel, Die Entstehung von Gesetzen in Skandinavien, RabelsZ 78 (2014) 383,395 (in diesem Heft).

〔12〕 Jens M. Scherpe, Die Entstehung von Gesetzen in England und Wales, RabelsZ 78 (2014) 361,363 (in diesem Heft).

二、利益团体与私人经济参与人的作用

私人对立法的影响在研讨会上仅仅被一带而过,而从比较法的角度来看,它的意义却并不小。〔13〕

对于立法游说这个大课题,有大量的政治学研究和数据记录。尽管如此,仍然可以考虑和期待有特色的比较法论文。最后,绝无可能仅以纯形式上的、在法律上无法详细说明的方式将团体利益和企业利益纳入其中。其间,不少法秩序中存在部门行政与利益团体之间有序沟通的规矩和制度化的稳定形式。〔14〕

在欧盟层面也存在这类制度化的稳定的合作形式。例如,欧盟委员会已经把最重要的利益团体(消费者、企业和律师团体)邀请过来,希望他们为《欧洲合同法共同参考框架草案》的专家组的工作献策献力。〔15〕 每次在专家组举行会议之前,欧盟委员会的代表与专家组的发言人会一起召开核心利益相关人圆桌会议(Key Stakeholder Round Table),以便讨论专家组的工作成果并提出修改建议。

三、法律的语言

法律的清晰性、简要性以及确定性的理想是启蒙时代留给我们的遗产,这些理想直到今天仍然长盛不衰。〔16〕 所有法秩序的法律文本的起草人员须以上述理想为标准。因此,法律的通俗易懂长期以来早就是学术研究的对象了,法学家、语言学家和心理学家对这些研究的参与程度不分伯仲。〔17〕 偶尔也会有人从比较法的角度来研究这一课题。〔18〕

在很多国家,负责立法的参与人还额外承担了改善法律的语言质量的任务。

---

〔13〕 德国的情况,参见 Zimmermann, RabelsZ 78 (2014) 315, 316 ff. 及其所引资料。

〔14〕 Vgl. etwa Benedikt Olberding, Rechtliche Möglichkeiten der Steuerung von Interessenpolitik: eine Untersuchung am Beispiel der Gesetzgebung des Deutschen Bundestages (2013) 113-128 (关于外国的规则)。

〔15〕 关于欧洲合同法领域内的利益相关人圆桌会议的详细信息,参见 http://ec.europa.eu/justice/contract/cesl/stakeholder-meeting/index_de.htm (1.12.2013)。在2010年9月至2011年4月举行的全部9次会议的结论,亦已在上述网页公开。

〔16〕 关于这一遗产,参见 Kent D. Lerch, GesetzealsGemeingutaller: Der TraumvomverständlichenGesetz, in: Die Sprache des Rechts, hrsg. von dems., Bd. I (2004) 225, 226-228。

〔17〕 国际研究状况之启发性概览,参见 Christian F. G. Schendera, Die Verständlichkeit von Rechtstexten: Eine kritischeDarstellung der Forschungslage, in: Sprache des Rechts I (vorige Fn.) 321-373。

〔18〕 例如,Timothy Millett 从法国与英国国籍法具体规定的适用者的角度,在体系、语言和修辞方面进行了相互比较,参见 A Comparison of British and French Legislative Drafting (with particular reference to their respective Nationality Laws), Stat LR 130 (1986) 130-160。

德国有自己的“法律语言编辑人员”(Redaktionsstab Rechtssprache)。[19] 在欧盟层面,干脆存在一种被称为“法律和语言专家”(Lawyer-Linguisist)的独立职业。[20] 从这这个角度来看,法秩序可以相互学习。在这个问题上,有些国家正面临着特殊的挑战,它们——如瑞士、芬兰和挪威——须让多种法律语言相互之间保持一致。[21] 这些内容以其特殊的方式亦适用于欧盟的立法行为。[22]

有意思的是,恰恰是在英国——比较而言,英国法在传统上较少依赖正式的立法行为——,追求法律语言的统一和内在的一致亦在制度上取得了丰硕成果:如Jens Scherpe 所指出的那样,直到今天,在语言方面的理想追求,仍是议会法律顾问在比较法上具有特殊地位的关键的正当理由。[23] 在别的地方,法律可能是众多参与人员的集体作品,[24]而在英国,法律仅出自各法律顾问的一家之手。

四、立法材料的概念和意义

本报告会想给大家留下这么一种印象,那就是,对法律规定进行解释时可以参考的材料极多。原则上,为理解一条规范所必须[25]或对某法律规定的制定过程有所启发的,[26]全部都可以归到“立法材料”的概念之下。

因此,有必要区分一下广义的和狭义的立法材料的概念。

广义的立法材料包括参与人在立法过程中所依据的所有原始文献。比如,立法计划的初始阶段的文档,立法者所面对的国际法律框架的半成品(CISG,PICC,PECL,DCFR 等),同一时期的学术文献以及其他相关的法秩序里的规范状况。[27]

---

[19] Zimmermann, RabelsZ 78 (2014) 315,318.

[20] 对此,可参见欧盟人事部门的最新招聘启事。从这些招聘启事中可以得出,目前有 630 名法律和语言专家在欧洲法院(EuropäischerGerichtshof)工作,96 名法律和语言专家在欧盟理事会(Rat der Europäischen Union)工作,82 名法律和语言专家在欧洲议会工作。这些专家在欧盟理事会和欧洲理事会常常与立法进程密切想着,并且在非正式的谈判回合中对条例和指令的具体表述常常会发挥关键的影响作用。

[21] 有关瑞士的情况,参见 MehrsprachigeGesetzgebung in der Schweiz, juristisch-linguistischeUntersuchungen von mehrsprachigenRechtstexten des Bundes und der Kantone, hrsg. Von Rainer Schweizer/Marco Borghi (2011)。

[22] 对此亦参见 RékaSomssich/JuditVάrnai/Anna Bérczi, Study on lawmaking in the EU multilingual environment (2010)(受欧盟委员会委托)。

[23] Scherpe, RabelsZ 78 (2014) 361,364.

[24] 德国的情况,参见 Schneider, Gesetzgebung (Fn. 4)。

[25] Zimmermann, RabelsZ 78 (2014) 315,325.

[26] Schmid, RabelsZ 78 (2014) 329,331.

[27] 参见 Zimmermann, RabelsZ 78 (2014) 315,326。类似情况, Schmid, RabelsZ 78 (2014) 329,30:“影响立法项目的其他文件”作为非官方的广义上立法材料”。

因此,在欧盟立法实践的范围内,绿皮书和白皮书以及结果评估报告可以归为广义上的立法材料。绿皮书是由欧盟委员会为特定课题而撰写的讨论文件。绿皮书存在于条例或指令的建议之初,旨在引发对政治目标之设定进行公共讨论和学术讨论。[28] 与此相对,白皮书的内容已经是对特定领域内情况进展之具体建议了。[29] 此外,对于最重要的立法动议,都有欧盟委员会的主管服务机构对结果进行评估。[30] 结果评估应保证,条例和指令之出台系“基于透明、完整且平衡的资讯”。[31] 为这一目的,会充分利用现有数据,并在终局性的报告中对立法建议之利弊作出总结。[32] 任何委员的服务机构都有自己负责结果评估的报告。此外,还有跨机构的结果评估委员会(Impact Assessment Board,IAB),在对“方法或[……]合理的调查深度”有疑问时,可以联系这一委员会。[33]

在狭义的立法材料——也就是说,从具体立法程序自身而产生的文件——内部,需区分已公开和未公开的材料。斯堪的纳维亚国家[34]和欧盟[35]属于例外,它们在实践中对立法材料的公开极为透明,而我们在此研究过的法秩序却倾向于限制公开。这尤其涉及立法程序早期阶段(所谓的日程设置)的草案的公开。这些工作文书——如就部门内部职权之决议而进行的电邮往来——由于可以用于理解争议性问题而非常有说明力,公众或对此感兴趣的专业圈子却终究无法获得它们。[36]

在此,仅举几个一般性的说明,即足以表明这些材料对实践中的法律适用的意义:其一,其重要性取决于其材料究竟可以到达多大的受众范围。只要这些文件既

---

〔28〕 私法领域的绿皮书,如《关于引入消费者与经营者欧盟合同法的意见》[KOM(2010) 348 最终后访问时间:1.7.2010]。对此,参见“马克斯—普朗克外私法与国际私法研究所“,刊于 RabelsZ 75 (2011) 371-438。

〔29〕 白皮书相对较少。欧盟委员会每年会发行10部以上绿皮书,而在过去数年间,每年发行的白皮书只有2~3部而已。比如,对于欧洲合同法的相关计划,从未发行过白皮书。

〔30〕 参见 Anne C. M. Meuwese, Impact Assessment in EU Lawmaking (2008)。

〔31〕 Leitlinien der EuropäischenKommissionzurFolgenabschätzung (SEK(2009) 92 vom15. 1. 2009) S. 4.

〔32〕 关于欧洲共同买卖法,参见近200页的效果估计报告:Commission Staff Working Paper, Impact Assessment, SEC(2011) 1165,2011年11月10日最后访问。

〔33〕 Leitlinien der Europäischen Kommission zur Folgenabschätzung (Fn. 31) 11.

〔34〕 瑞典在1995年加入欧盟时,将记录声明作为附件纳入了入盟协议。附件措辞如下:“行政的公开性、特别是公众获取一官方文件的一般途径以及宪法对人身的保护、将资讯转交给媒体等现在是,将来也是基本原则,这些基本原则是宪法、政治和文化遗产的组成部分”;ABl. 1994 C 241/397.

〔35〕 在欧洲立法的具体阶段的透明性,详见 Christoph Sobotta, Transparenz in den Rechtsetzungsverfahren der EU (2001) 87-276。

〔36〕 参见 Meunier, Les travauxpréparatoires from a French Perspective, RabelsZ 78 (2014) 346, 352 (in diesem Heft)。

不公开亦无法由法院或学术机构就个案进行查阅,它们就无法用于具体法律规范之解释。其二,立法材料之意义取决于,各法律秩序是否承认它们是法律解释之史料(Auslegungsquelle)。GuilanmeMeunier 的报告指出,法国的法院——忽略掉国际法和宪法领域内的重大诉讼案件——很少参考立法材料。[37] 欧洲法院亦是一如既往地反对历史解释,但是有所保留。在欧洲法院的裁决中,法律规范的制定过程仅在极少数情况下可以作为支撑性的论点。尽管欧洲法院会参考立法材料,但是通常只是为了支持业已通过其他方法得到的解释结论。[38] 在文献中,法院的这一克制的立场被与欧洲立法过程中"特有的妥协性和协商性"联系起来。[39] 相反,在其他法秩序中,人们赋与法律规范的制定过程以更大的意义:在这些法秩序中,原则上可以参考所有对规范之解释有益的材料。[40]

大量需要参考的材料从一开始就会撑爆主审法官有限的时间安排,或者,任何适当的权利主张都能在浩如烟海的立法材料中找到依据,这会让判决之作出堕入肆意妄为,上述这两种异议屡见不鲜。[41] 就此而言,对现实中法官的裁判实践进行的实用性的比较法研究,将会深受欢迎。

五、学术的作用

在具体法秩序中,(法学)学术在法律制定的过程中所起到的作用,可谓千差万别。

鉴于实际问题的复杂性以及部门中人手有限,没有哪个国家能够做到不去延纳外界的专业人士。就这样,学术见解通过极为不同的途径进入立法过程:部门的公务人员往往之前就具有相关的学术经历,学术期刊亦被纳入参考范围,就特定具

---

〔37〕 Meunier, RabelsZ 78 (2014) 346, 357.

〔38〕 Bernhard W. Wegener, in: Calliess/Ruffert, EUV/AEUV, Das Verfassungsrecht der Europäischen Union mit Europäischer Grundrechtecharta 4 (2011) Art. 19 EUV Rn. 13 m. w. N.

〔39〕 参见 Calliess/Ruffert/Wegener (vorige Fn.) Art. 19 EUV Rn. 13 及其所引之"参与立法的重要社会团体和成员国常常表达出完全相反的意见"。

〔40〕 这有时会导致非常规方法:在德国,法律争议的一方当事人将曾以通讯员身份参与立法程序的联邦众议院成员的书面表态提交位于缅因河畔法兰克福的州高等法院。在具体案例中,由于没有充分的理由说明,法院不会遵循联邦参议院成员的意见。有关这一案例及与对议员们进行的"证人询问"相关的方法上的疑问,参见 Holger Fleischer, GesetzesauslegungdurchBefragungvon Bundestagsabgeordneten?, NJW 2012, 2087-2091。

〔41〕 有关这一异议,亦参见 Meunier, RabelsZ 78 (2014) 346, 356 f.。

体问题和法律问题请他人出具专家意见,[42]将学术辅助人员整合到国家行政管理结构中[43]或延请大学教授作为专业鉴定人员参与议会听证。这些手段和方法数量之多,从极为宽泛的意义上来讲,这使学术对立法产生难以估量的影响。这让内容丰富的比较法研究而临某些困难。

在某些法秩序中,学术的作用却不仅仅是间接延纳学术上的专业人士。在这些法秩序中,具体法律规范条文之制定和起草却委诸学界人士。在这些情况下,这都是通过所谓专家委员会来完成的。[44] 此处,学术以极为有效和透明的方式影响立法。因为委员会在立法程序的早期阶段就就已经开始工作,在早期阶段任何可能的形式都尚未被复杂的政治协商和妥协所排除,因为它们(至迟)也得等到立法项目的议会程序开始之时才会发力。因此,对于比较法上研究而言,委员会事务是一个值得研究的对象。

综观各具体法秩序的情况,会发现有这些委员会也千差万别。大体上可以分为常设委员会和非常设委员会,后者只在制定特定法律时才会被召集起来,随后又会被解散。

普通法的法秩序为我们提供了常设委员会有绝佳范例,这些委员会影响巨大而深远。英格兰和威尔士法律委员会[45]以及苏格兰的法律委员会[46]之贡献还不能直接归功于制度化意义上的学术界:委员会成员们绝非仅仅有大学教授,多数成员其实是法官、出庭律师(barristers)和其他实务界人士。此外,承担责任的不是法

---

〔42〕 比如,特别是在立法动议牵扯面较小的情况下,欧盟委员会常常不会考虑绿皮书和白皮书,而是考虑外界的专家鉴定意见。在结果评估程序中,欧盟委员会——每次都是通过公开招标——也会委托科研机会和咨询机构出具预备性的专家鉴定意见,在需要提出和评价经验数据的情况下,更是如此。例如,2010 年 11 月,比利时 IBF 国际咨询机构接到对欧洲共同买卖法进行研究委托:“研究之目标系协助欧盟委员会对已识别出来的问题收集进一步的证据,并对绿皮书中主要的政治意见之影响进行经济分析。受托人进行经济分析并建立模型,并以对商界代表、消费者机构深度和法律专家的深度访谈作为补充”;Commission Staff Working Paper, Impact Assessment (Fn. 32) 61。

〔43〕 在德国,学术服务是德国联邦众议院一个独立的行政单位(学术部)。然而,学术服务并不认为自己是“立法辅助服务“,而是向议员们提供经过整理的独立而客观的信息,并通过这一方法而对部门行政的专业能力在议会里进行制衡。学术服务部直接参与法律起草。参见 Wolfgang Zeh, Die WissenschaftlichenDienste des DeutschenBundestages-ein Gesetzgebungshilfsdienst?, in: Studienzueiner-Theorie der Gesetzgebung, hrsg. von JurgenRödig (1976) 173-187。

〔44〕 与此相对,仅委托一名大学教授作为一项立法项目的专家,在斯堪的纳维亚国家并不多见。对此,参见 Vogel, RabelsZ78 (2014) 383, 395。在瑞士早期如此,参见 Schmid, RabelsZ 78 (2014) 329, 334。

〔45〕 参见 Scherpe, RabelsZ 78 (2014) 361, 370, 374。

〔46〕 关于苏格兰法律委员会,参见 George Gretton, Of Law Commissioning, Edinburgh LR 17 (2013) 119-151。

律委员会成员自己，而是被委派到法律委员会的国会法律顾问以及本来就起草好的法律草案。[47] 学术方法同样值得注意，法律委员会在制定和起草法律草案时对学术方法之运用，其他委员会难出其右。在直接政治运作之外，法律委员会所处的地位它对所有法律领域从根本上进行体系化，并为新的法律问题提供毕其功于一役的解决方案，[48]这需要必要的时间和审慎，往往也要将比较法上的材料纳入其中。对这一方法之运用，使法律委员会成为学术与政治创造意志（politischemGestaltungswillen）水乳交融的绝佳范例。

非常设委员会要广泛得多。在有些法律秩序中可以发现，非常设委员会主要设置在极为根本的、在法律上极为苛刻的重大法律改革项目中。比如，《法国民法典》的重大改革就是在 Pierre Catala 教授和 François Terré 教授领导的委员会的推动之下完成的。[49] 对于德国而言，近年来可资参考的只有 2002 年债法改革时的准备工作。[50] 在其他法秩序中，委员会直接属于立法者的日常工作，也就是说，亦与累积下来的其他立法程序同步推进。诸如斯堪的纳维亚国家即是这样，在这些国家中委员会事务的传统源远流长。[51] 欧盟委员会为不同类型的立法动议设置专家组。[52] 这些专家组绝非常常由大学教授们占据，尤其是在牵范围广泛的立法项目中且取决于待规制的事实情况。比如，在 2010 年为《欧洲合同法共同参考框架草案》召集的专家组的 17 名成员中，有 13 名学术界的代表。

然而，亦可观察到相反的发展趋势。瑞士就是一个很好的例子，瑞士在 19 世纪和 20 世纪的重大法律编纂还是出自重要民法学家之手。Jörg Schmid 在其报告中证实，现在瑞士已经很少使用专家或专家委员会了。[53] 专家委员会的时代是不是真的已经过去了呢？或者在瑞士专家的自我克制是出于其他具有地方特色的理由，而这些理由又无法直接适用于邻国的法律秩序呢？这些问题尚需要进行深入的探讨。

---

〔47〕 对使用这样的工作部门的质疑，Gretton，Edinburgh LRev 17（2013） 119，141－143："有时，我感觉像是元神出壳的灵魂在会议上试图进行沟通。"

〔48〕 对此以及关于苏格兰法律委员会在方法论上的运作，参见 Gretton，Edinburgh LRev 17（2013） 119，128－133，138－143。

〔49〕 参见 Meunier，RabelsZ 78（2014） 346，349 f.。

〔50〕 Zimmermann，RabelsZ 78（2014） 315，321 f.

〔51〕 参见 Vogel，RabelsZ 78（2014） 383，394 f.。

〔52〕 欧盟委员会的登记情况，参见 http://ec. europa. eu/transparency/regexpert/index. cfm，目前（1. 12. 2013）记录在册的一共有 754 个"活跃"专家小组。然而在此处，不少在列的专家小组仅仅或大多数系由成员国代表组成。

〔53〕 Schmid，RabelsZ 78（2014） 329，334.

六、比较法的意义

比较法在法律制定过程中的作用亦值得仔细观察。因为,对于比较法来说,立法过程——前文已经述及——并非仅仅是一个值得研究的对象。而是说,比较法自已亦已成为立法参与人在起草法律草案时运用的重要工具。

在立法实践中,会以各种形式、频率和强度来运用比较法上的见解。其动因可能是:待规制的问题具有跨境的性质,某一特定问题的复杂性,专家委员会的产出能力,特定议题在社会政治上的迫切性以及期待通过比较法上的观察,为规制计划(Regelungsvorhaben)提供有力的论据支持。根据具体情况,法律草案制定的参与人充分利用既有的比较法文献,重新委托他人出具专家鉴定意见,或者干脆通过外交途径查询特定国家的法律状况。[54] 对于这些问题来说,就具体法秩序进行的研究尚不多见。[55] 在这一基础之上的比较研究,也还有待展开。

就此而言,在欧洲层面的立法程序有别于国内法的立法程序,因为后者对此不需要以特殊事由来求助于比较法。以从属性原则为表现形式,欧洲法拥有自己的保障机制,这一机制保障比较法在法律制定过程中有持续意义。因为,从属性原则敦促欧洲议会、欧盟理事会以及欧盟委员会在颁布任何条例或指令之前,要对各成员国已有的法律方案就其效果进行研究并进行相互比较。

比较法作为立法者的工具的意义可以追溯到比较法这一学科诞生之初:自19世纪初起,在很多欧洲国家的法秩序中,邻国同时期的立法特别能引起学术上的兴趣,并通过专著和论文而被纳入自家期刊中。大家的兴趣集中在需要新方案的——受这一时期的技术和社会变迁制约的——领域(铁路法、专利和知识产权法、不动产抵押法等)。[56] 于是产生了明确以适用为导向的“比较立法”(legislationcomparée),比较立法不仅将纯粹介绍外国法作为自己的使命,而且认为

---

〔54〕 在这方面,由联邦司法部提出的《割礼男童人身照顾法草案》值得关注(BT-Drucks. 17/11295 vom 5. 11. 2012)。除世界近二十国法律状况的详细介绍之外,此处亦有其他文献的相关提示,法律的起草人员可以参考之:比如,通过德国大使馆向土耳其健康部咨询而获悉的土耳其法律状况(第11页)。

〔55〕 德国的立法实践,参见 Ulrich Drobnig/Peter Dopffel, Die Nutzung der Rechtsvergleichungdurch den deutschenGesetzgeber, RabelsZ 46 (1982) 253, 263-271; Ulrich Drobnig, RechtsvergleichendeVorbereitung von Gesetzgebung in der Bundesrepublik Deutschland, in: Gesetzgebung und Rechtskultur, hrsg. von Heinz Schäffer (1987) 141-144。

〔56〕 参见 Helmut Coing, EuropäischesPrivatrecht, Bd. II (1989) 56-63; 亦参见 Stefan Vogenauer, Rechtsgeschichte und Rechtsvergleichung um 1900, RabelsZ 76 (2012) 1122, 1130-1133。

自己亦为"国家立法之灵感"。[57] 这在当时的立法者们——从《西班牙民法典》的起草者到《德国民法典》的编纂者——那里引起了巨大反响,立法者们大规模地参考和利用比较法的作品可以为证。[58]

以适用为导向的比较法在当代亦有其稳固的一席之地。现在的外部环境在某种程度上已经不同于19世纪初。然而,外部环境能为比较法提供的生存土壤同样肥沃:社会各个领域的数字化,不断地为提出各种新问题,只能利用比较法的基础研究才能从法律技术上克服这些问题。[59] (私)法的欧洲化是比较法的持久动力,已经有人指出过这一点。因此,绝不能说"比较立法"的时代已经过去。

(责任编辑:夏昊晗)

---

〔57〕 例如,Ralf Michaels, Rechtsvergleichung, in: Handwörterbuch des EuropäischenPrivatrechts, hrsg. von JurgenBasedow/Klaus J. Hopt/Reinhard Zimmermann, Bd. II (2009) 1267。

〔58〕 Coing, EuropäischesPrivatrecht (Fn. 56) 62.

〔59〕 例如,有关如何处理消费者合同中的电子内容(digital content),可参见受欧盟委员会委托由Marco Loos/Natali Helberger/Lucie Guibault等人执笔的300页的比较法研究:Analysis of the applicable legal frameworks and suggestions for the contours of a model system of consumer protection in relation to digital content contracts (2011)。

宪法视角下的立法材料*

[德]克利斯提安·瓦尔德霍夫** 著　谭莺莺*** 译

目　次

《基本法》里(几乎)没有关于法律论证和立法材料的明确规定。因此,在考量国家实践的同时,本文探讨的更多的是一种宪法期待,而非明确的法律规范。文中将指出,宪法规范中的法律功能和议会法律制定的特殊性构成了本文所设问题的宪法性决定因素。对此,要恳请各位谅解一位宪法学者在文中不时流露的宪法监督观点,即便议题并不局限于此。[1] 为了便于说明,让我们先来看实践中的两个案例。

---

* 该文原载于 Mysterium "Gesetzesmaterialien" Bedeutung und Gestaltung der Gesetzesbegründung in Vergangenheit, Gegenwart und Zukunft, Hamburg 2011, S. 75-93。本文是作者在同名研讨会上所做的演讲原文,因此正文在形式上也保留了演讲稿的风格。

** 克利斯提安·瓦尔德霍夫(Christian Waldhoff),现为柏林洪堡大学公法和财政法教授。研究重点主要集中在宪法、行政法、国家法以及税法领域。

*** 谭莺莺,德国明斯特大学博士研究生,研究方向为宪法、行政法。

〔1〕 参见 Schlaich/Korioth, Das Bundesverfassungsgericht, 7. Aufl., 2007, Rn. 539 ff.。

一、导论:两个案例

(一)核燃料税的转嫁可能性和立法论证

有关2010年所引入的核燃料税[2]是否合宪的问题,目前仍存在争议。[3] 两个财政法院否认了联邦的立法权限,[4]并认定该税项不属于消费税,因为无法将税负转嫁给电力用户;另一个财政法院则在两份判决中否决了上述理由。[5] 这场争论将最终由联邦宪法法院进行裁决。就法教义学意义而言,在《基本法》第105条和第106条中用作权限概念的"消费税"(Verbrauchsteuer)类型按照传统学说解释是指将向交易中生产商所征收的税费转嫁(Überwälzung)或者至少继续转移(Weiterwälzung)给最终消费者,即税费由负税人转移至纳税人是消费税的必要特征。[6] 财政法院诉讼程序中的原告——4家核电生产商——在本案中驳斥了在实际可查阅的立法论证中有关税费无法转嫁给电力用户的说法。[7] 对于这场悬而未决的诉讼而言,判决还可能会取决于立法论证中的表述含义是什么?在本案中,一方认为税费可以转嫁,而税收反对者则从反面以理据争。在就立法材料对于法律解释的(宪法)意义首先发问后,此案又很好地引申出了另一个问题:当立法论证中的表述/说法与法律或事实不符、"错误"时,应适用什么?这对立法材料在法学方法中的整体意义是否有普遍影响?

(二)联邦宪法法院在口头审议程序中探询《德国联邦财政平衡法》法条意义的尝试

1999年,我作为学术助理和我已退休的大学老师克劳斯·伏戈尔(Klaus Vogel)一道从慕尼黑驱车前往卡尔斯鲁厄,在那里他将代表自由城邦巴伐利亚州出席(第三次)财政平衡法讨论,而我则在整个议程中为他提供实务协助。1999年

---

〔2〕 BGBl. I,1804.

〔3〕 相关资料仅参见 Jatzke,ZfZ 2010,280; Wernsmann,NVwZ 2011,1368; Seer,DStR 2012,332; Waldhoff,ZfZ 2012,57。

〔4〕 FG Hamburg ZfZ 2011,Beilage Nr. 4,56; FG München ZfZ 2012,Beilage Nr. 1,8.

〔5〕 FG Baden-Württemberg BB 2012,222.

〔6〕 仅参见 BVerfGE 27,375,384; Förster,Die Verbrauchsteuern,Diss. Münster 1989; Jatzke,Das System des deutschen Verbrauchsteuerrechts,Diss. Berlin 1997。

〔7〕 BT-Drs. 17/3054 S. 1,2.

11月11日的判决[8]最终促成了所谓的《标准法》[9]——一种在此期间被视为失败的解决方式。在这场为期两天的口头审议中,法学讨论最终落脚于《财政平衡法》(FAG)中饱受质疑的法条细节规范。报告人声称,他竭尽全力也无法理解一项条款的涵义。法条中的相关规定字面意义不详。对此,他咨询了在场的联邦财政部的联邦议会主席。议会主席虽然微笑着进行了解释,但谁也不能指望她当场就能对此类细节规范给出释义,甚至对出席会议的、在其任职期间签署通过《财政平衡法》的部门负责人横加指责。那位不幸的官员看起来不太舒服地向前移动到了法官席。在那里他也必须承认,他即使倾尽全力也不可能再回想起,当时的财政部通过此项措辞原本可能想要表达的是什么,而且,时至今日他也无法给出任何有说服力的解释。卡尔斯鲁厄的法庭里混杂着嘲笑和骚动。在官方的决议文件上,这一事件并未记录在案。

这两个较新或较旧的有关立法材料的重要实例证实了此项问题的多面性:一项法律是否必须进行论证?如果是,立法材料是否应该或必须在解释中加以考虑?解释者是否对立法材料负有责任?所有立法材料是否效力同一?如何在立法材料中避免冲突或是"错误的"表述?所有已知规则在所有法律中是否保持一致,或者必须依照法律类型加以区分——立宪前/立宪后法律;议会/官方材料;其他材料,如将立法草案工作"外包"时;民法典/措施性法律(Maßnahmegesetze)等。在接下来的25分钟,我将从宪法角度对这一系列问题进行分析。对此,我会通过与相关问题的区分(第二章)进一步明晰该问题,然后在宪法的主要章节中去探询,宪法规范对立法材料有哪些明确的或隐讳的表述即期望,这对法律解释又会产生哪些后果(第三章)?以上研究结果将引导出有关前景展望的进一步思考(第四章)。

二、与相关问题的区分

在提出上述问题时,我们会遭遇一系列首先应加以区分的相关问题。

---

[8] 判决参见 BVerfGE 101,158;有关口头阐释法律意义的问题,参见 Fleischer,AcP 211(2011),317,331 f.。

[9] 《标准法》全名:Gesetz über verfassungskonkretisierende allgemeine Maßstäbe für die Verteilung des Umsatzsteueraufkommens,für den Finanzausgleich unter den Ländern sowie für die Gewährung von Bundesergänzungszuweisungen(Maßstäbegesetz-MaßstG)vom 9. September 2001,BGBl. I,2302。

(一)立法论证的宪法义务

“立法者……仅对法律负责”[10]——这是宪法法官威利·盖格尔(Willi Geiger)广为人知的说法。盖格尔想借此表明,立法者至少不应在宪法层面被要求进行立法论证或动机说明。[11] 在规范审查(Normenkontrolle)情形中,这意味着,只有法律,明确地说只有其文本,是宪法法官应考察的对象。然而,这一标语式的表述需要从两方面进行补充和澄清。同时应指出的是,议会立法程序会依情况要求就立法草案进行特定的最低限度论证(Mindestbegründung)。此外,联邦宪法法院也曾在特殊情形中明确了一定的实质性论证义务(materielle Begründungpflicht)。此情形常发生在宪法审查标准缺失时:如预算立法者有义务就《基本法》旧文本第115条第1款第2句后半句中的“阻碍整体经济平衡”(Störung des gesamtwirtschaftlichen Gleichgewichts)和第二次联邦制改革引入的所谓“债务刹车”(Schuldenbremse)进行解释,以及在第二参议院提出半分原则(Halbteilungsgrundsatz,也称半数原则)之后,立法者就与税负额度相关的合比例原则之适当性(Angemessenheit)或妥当性(Zumutbarkeit)的次标准(Untermaßstab)适用问题所负的解释义务。在这两个案例中,如果审查法院摈弃文本说明,将议会立法者取而代之,分权体制将会产生严重倾斜,宪法可诉性的功能法界限也将会被冲破。类似情形还包括,联邦立法者在行使其竞合立法权(konkurrierende Gesetzgebungskompetenz)时,依赖于高龄看护一案(Altenpflegeentscheidung)是如何就《基本法》第72条第2款中的必要性条款(die Erforderlichkeitsklausel)进行详细论证并在之后的判决中又如何加以沿用。[12]

(二)“事后的”立法论证:宪法规范审查程序中联邦议会有关法律的论证和说明

当联邦议会在宪法层面不负有法律论证义务时,在规范审查程序中将出现事

---

〔10〕 Geiger, in: Berberich/Holl/Maaß (Hrsg.), Neue Entwicklungen im öffentlichen Recht, 1979, S. 131, 141; 全文如下:“立法者不对宪法机构和国家机构,也不对宪法法院负责,仅对法律负责。立法者既不负有论证义务,对其动机、考量以及权衡也不负有说明义务。”(Der Gesetzgeber schuldet den Verfassungsorganen und Organen im Staat, auch den Verfassungsgerichten, nichts als das Gesetz. Er schuldet ihnen weder eine Begründung noch gar die Darlegung einer Motive, Erwägungen und Abwägungen.)

〔11〕 进一步参见 Schlaich/Korioth, Das Bundesverfassungsgericht, 7. Aufl., 2007, Rn. 539 ff.; Waldhoff, FS Isenesee, 2007, S. 325 ff.; Kischel, Die Begründung. Zur Erläuterung staatlicher Entscheidungen gegenüber dem Bürger, Habil. Mannheim 2003, S. 260 ff.。

〔12〕 BVerfGE 106, 62, 135 ff.; 111, 225, 242 ff. u. a.; 也可参见 Waldoff, in: Henneke (Hrsg.), Föderalismusreform in Deutschland, 2005, S. 55, 61 ff.。

后论证(Nachschieben von Gründen)的问题。[13] 法律在此时已制定完成。立法动机不能在事后被替换为解释目的,因此也不能对法律的合宪性产生影响。随着法律的公布(Verkündung),议会对此已失去了影响力。[14] 在联邦法律公报上公布的文本代表的并不是议员或多数议员的"意图"(Willen),而是作为法律文本的议会法。议会的事后解释是有问题的。法律一经公布即生效(《基本法》第82条第1款第1句和第20条第3款)—— 除非对其进行修订或撤销。"联邦议会在规范审查程序中发表意见,要么只能重复立法决议(Gesetzesbeschluß)中的已知理由,但这是不必要的,因为这些理由已被人所知;要么只能补充提供其他对法律裁决无关紧要的理由,因为这些事后补充的理由无法再对法条理解产生任何影响。因此,在联邦宪法法院司法实践中持续着有关法律的政治争议;多数派和少数派再次就已知意见进行交换。但这一程序对于宪法争议而言并无助益。由此可知:如果立法机关仅对法律负责……那么依照《基本法》,也根本不存在原本能够依靠立法论证在宪法诉讼中捍卫其法律的立法者。这一说法只有在联邦议会需要对非自身通过的、也非由其协商制定的立宪前法律(vorkonstitutionelles Gesetz)进行说明时,才是有意义的。"[15]

(三)立法材料、立法者意图以及合比例性审查

合比例性审查——由(但非仅由)宪法法院进行——是指建立一种目的—手段—关系(Zweck - Mittel - Relation),并依照所追求之目的对所设手段进行权衡。[16] 审查在此基础上分为四步:首先确定被审查法律的合宪性目的;接着审查为实现目的所使用手段的适当性(Geeignetheit)、必要性(Erforderlichkeit)以及狭义

---

[13] 联邦高等法院的相关刑法司法实践,参见 Simon, Gesetzesauslegung im Strafrecht, Diss. Mainz 2005, S. 276 ff.。

[14] 也可参见 Simon (Fn. 13), S. 276。

[15] Gusy, in: Schneider/Zeh (Hrsg.), Parlamentsrecht und Parlamentspraxis, 1989, § 60 Rn. 35. 联邦宪法法院在司法实践中明确了有关控制税(Lenkungssteuer)的事后论证禁止,当行政机构在规范审查过程中依据税法对其不平等处理行为以遵循控制目的为由提出违法抗辩时。从1995年的财产税判决(Vermögensteuerentscheidung, BVerfGE 93, 121, 147 f.)以来,法院就要求行政机构提供有关控制目的论证的事前记录和"立法者的明显决定"(erkennbare Entscheidung des Gesetzesgebers)。换言之:为排除不平等行为之违法性,控制目的必须至始存在,而不得事后"强加"。相关内容详见:Wernsmann, Verhaltenslenkung in einem rationalen Steuersystem, Habil. Münster 2005, S. 240 f., 250 ff.

[16] 参见 Hesse, Grundzüge des Verfassungsrechts, 20. Aufl., 1995, Rn. 317 ff.; Pieroth/Schlink, Grundrechte, 27. Aufl., 2011, Rn. 283; Hillgruber, in: Isensee/Kirchhof (Hrsg.), Handbuch des Staatsrechts, Bd. IX, 3. Aufl., 2011, § 201 Rn. 51; 有关合比例性审查与立法材料问题的关联,参见 Schulze-Fielitz, Theorie und Praxis parlamentarischer Gesetzgebung, Habil. Bayreuth 1988, S. 516。

合比例性[均衡性(Angemessenheit)或妥当性(Zumutbarkeit)]。[17] 目的违宪,则法律规范不合比例。合法目的受宪法约束:在职业自由权(Grundrecht der Berufsfreiheit)所谓的三阶理论(Dreistuffenlehre)中,"只有出于极为重要的('突出的')社会公益保护之强制要求",针对客观职业选择阶层的限制才具备合法性。[18] 为基本权设限的立法者在该法条中应遵循的合法目的被称为特别法律保留(qualifizierte Gesetzesvorbehalte)。[19] 针对无特别法律保留的基本权限制,其合宪性目的应通过基本权的内在限制加以保障,这意味着,限制必须考虑与其相冲突的第三人基本权或者处于宪法位阶的相关法益。[20]

基本权限制条款的论证,即让基本权限制合法化之公共利益的确定,由不受宪法前置目的或目标约束的立法者负责:"但原则上是指定义此项利益并将其在法律上加以确定的民主立法者。在设置其所追求目的时,立法者基本是不受拘束的。"[21] 在确定对比例和权衡必不可少的被审查法条之目的时,产生了这样的问题:审查法院是否受立法材料所确定的目的导向约束,或者"真实"目的是否重要?在药房案判决中(Apothekenurteil),依照刊登的判决书,联邦宪法法院在其诉讼辩护书里引用了巴伐利亚州总理内务办公厅的说明,并在口头协商程序中了引申了合比例性审查中所设置的法律目的。[22] 这些表述可进一步追溯至第三届德国联邦议会有关联邦药房法草案的论证,虽然当时饱受诟病的是巴伐利亚药房法。

(四)其他"官方"声明针对法律文本解释的重要性:以经济与合作发展组织范本协议的"官方"解释为例

同样超出本文讨论议题的还有针对法律规范的所谓官方注释的问题。这些文献的创设者意图通过这样的注释进行立法解释。经济与合作发展组织对于双边税收协定样式协议的"官方"注释就是一个例子;需要进一步明确的是,该样式协议并非典型的法律规范,而只是作为国际法双边协商合同的一种草案类型。[23] 此

---

〔17〕 参见 Hufen, Grundrechte, 3. Aufl., 2011, § 9 Rn. 15。

〔18〕 BVerfGE 7, 377, 405——药房案;也可参见 Hufen (Fn. 17), § 9 Rn. 19。(译者注:三阶层理论将国家对于职业自由的限制分为三个阶层:职业开展阶层之限制、职业选择阶层的主观限制和职业选择阶层的客观限制。)

〔19〕 Hillgruber, in: Isensee/Kirchhof (Fn. 16), § 201, Rn. 59.

〔20〕 BVerfGE 28, 243, 261——拒绝履行职务案(Dienstpflichtverweigerung); BVerfGE 30, 173, 188——魔菲斯特案(Mephisto);进一步参见 Hillgruber, in: Isensee/Kirchhof (Fn. 16), § 201 Rn. 13 ff.。

〔21〕 Hillgruber, in: Isensee/Kirchhof (Fn. 16), § 201 Rn. 54;进一步参见 Kischel (Fn. 11), S. 281 ff.。

〔22〕 BVerfGE 7, 377, 413.

〔23〕 有关经济与合作发展组织范本协议的意义和功能,参见 Vogel, in: ders./Lehner (Hrsg.), Doppelbesteuerungsabkommen, 5. Aufl., 2008, Einleitung Rn. 34 ff.。

外,这些注释总是以持续更新的活页本形式集结出版,以致那些在注释中多次被提及的双边税收协定已过多滞后于相关解释。针对经合组织的做法,我已在其他文章中进行了驳斥。[24]

三、吸收立法材料为法律解释的宪法框架

(一)民主立宪国对法律功能性的宪法"期待":法教义学和法学方法论作为宪政化补充的宪法内涵[25]

法作为规范的强制性应然规则始终以适用为导向。法律规范并非自我生成,而是在具体期待中得以制定,以求依靠其去实现某事。[26] 法学首要以实用为其任务核心和出发点。[27] 政治考量被注入法条之中,以便借助法律的事实逻辑,和平地、但有拘束力地处理社会纷争。[28] 此理念贯穿于所有部门法领域:在公法和刑法中,立法者即国家处于有约束力的、决定性的调控位置;而民法规则则为社会私人自治习俗提供了一个由国家法律执行力加以保障的法条规范基础和法律模型基础。如今这两个领域正逐渐融合。[29] 法以社会调控为目的[30]——这里的"调控"(Steuerung)概念并非近期调控议题[31]中所提及的具备丰富内涵的调控概念。在民主议会制宪法国中,调控意味着依靠法律规范进行的民主合法的社会调控。法律是其核心调控资源,核心调控媒介。[32] 我们的宪法以此为基础构建了一套统治模式。在此统治模式中,调控和纷争解决以民主合法化的法律形式进行。这种依靠法律的社会"民主调控"(demokratische Steuerung)采取了从一般抽象法条到

〔24〕 Waldhoff, in: Fachinstitut der Steuerberater (Hrsg.), Steuerberaterjahrbuch 2005/2006, S. 161 ff.

〔25〕 文中说法参照瓦尔德霍夫有关法教义学功能的相关考量: Waldhoff, in: Kirchhof/Magen/Schneider (Hrsg.), Was können wir über Rechtsdogmatik wissen?, 2012, S. 17 ff。

〔26〕 有关法律的构建功能和调控功能,参见 Röhl/Röhl, Allgemeine Rechtslehre, 3. Aufl., 2008, S. 251 f.; Rüthers, Rechtstheorie, 1999, Rn. 72 ff.; 有关民法中行为控制的意图,参见 Wagner, AcP 206 (2006), 352。

〔27〕 Larenz, Methodenlehre der Rechtswissenschaft, 6. Aufl., 1999, S. 234; Harenburg, Die Rechtsdogmatik zwischen Wissenschaft und Praxis, Diss. Darmstadt 1986, S. 154 und öfter.

〔28〕 宪法层面参见 Luhmann, Verfassung als evolutionäre Errungenschaft, Rechtshistorisches Journal 9 (1990), 176; 其他参见 ders. Das Recht der Gesellschaft, 1993, S. 470; ders., Die Politik der Gesellschaft, 2000, S. 390 f. und öfter; Di Fabio, Das Recht offener Staaten, 1998, S. 3 f., 38 ff. Und öfter。

〔29〕 参见 Hoffmann-Riem/Schmidt-Aßmann (Hrsg.), Öffentliches Recht und Privatrecht als wechselseitige Auffangordnungen, 1996; Röhl/Röhl (Fn. 26), S. 426 ff。

〔30〕 Röhl/Röhl (Fn. 26), S. 251 f.

〔31〕 Voßkuhle, in: Hoffmann-Riem/Schmidt-Aßmann/Voßkuhle (Hrsg.), Grundlagen des Verwaltungsrechts, Bd. 1, 2. Aufl., 2012, § 1 Rn. 18 ff.

〔32〕 Schulze-Fielitz (Fn. 16), S. 152 f.

单独适用和单独执行的思路。[33] 具体的法律适用行为由此从事实上获得了其合法性,即首先内容上通过民主立法得以合法化,其次依靠,虽然只是间接民主形式,但同样具备合法性的所谓法律权杖成员(法官或公务员)得以实现。[34] 上述模式可以在所有层面进一步细化区分;但其基本思想始终不变。无论是象征性规范(symbolische Normen)[35]或目的性规范(final programmierte Normen)[36]、不同的立法位阶及其相对应的下位法、[37]法律适用和法律实施的间接私人形式、[38]传统法律领域界限的模糊和融合[39]以及在超国家和国际体系中的嵌入,[40]都无法改变这一模式的核心。在此语境下,一个至关重要,在我看来,迄今仍被忽视的观点是:法律适用,即规范应用的方法论,也归属于此模式。如果一个民主宪法国无法对法律的个案实现施加影响,那么他也将丧失自己的调控地位和建构地位。法律中蕴含的一般抽象规范是上述统治模式进行内部调控的出发点和关键内容。基本法将这一问题在联邦层面进行了区分,并通过第 83 条和第 108 条确立的执行权限对此进行调控。每一位法官都很清楚,执行权限以及政府适用程序对于实现法律内容设置的重要性。

对法教义学和法学方法论而言,不存在明确的规定。立法者规定法律适用方法的做法很罕见——除了一些著名的例外(《瑞士民法典》第 1 条、《普鲁士国家一般邦法》第 46 条[41])。简单地从监督角度考虑,就可以获知理由:如果解释法条存在,人们就会陷入一种无穷的思维循环,因为解释法条同样也需要解释,而它不可能有约束力地进行自我解释。因此,民主的法律实现也大多包含了潜在的法学

---

〔33〕 Waldhoff, Staat und Zwang, 2008, S. 16 ff.;类似参见 Schulze-Fielitz (Fn. 16), S. 139 ff.;有关法条与单独使用之间的紧张关系,参见 Röhl/Röhl (Fn. 26), S. 151 f.;有关规范特征和"制裁的国际特征"见于前书, S. 218, 268.

〔34〕 关于民主合法性的不同互补方式,参见 Böckenförde, in: Isensee/Kirchhof (Hrsg.), Handbuch des Staatsrechts, Bd. II, 3. Aufl., 2004, § 24 Rn. 14 ff.。

〔35〕 概念解释参见 Aubert, in: Hirsch/Rehbinder (Hrsg.), Studium und Materialien zur Rechtssoziologie (Sonderheft 11 der Kölner Zeitschrift für Soziologie und Sozialpsychologie), 1967, S. 284;体系分类参见 Lübbe-Wolff, in: Hansjürgens/Lübbewolff (Hrsg.), Symbolische Umweltpolitik, 2000, S. 25。

〔36〕 概念解释参见 Luhmann, Recht und Automation, Diss./Habil. Münster, 1966, S. 35 ff.; dens., Das Recht der Gesellschaft, 1993, S. 195 ff.;体系分类参见 Breuer, AöR 127 (2002), 523。

〔37〕 仅参见 Lepsius, in: Jestaedt/Lepsius (Hrsg.), Rechtswissenschaftsthorie, 2008, S. 1, 27 ff.。

〔38〕 仅参见 Waldhoff, in: Hoffmann-Riem/Schmidt-Aßmann/Voßkuhle (Hrsg.), Grundlagen des Verwaltungsrechts, Bd. 3, 2009, § 46 Rn. 13 ff.。

〔39〕 仅参见合集 Hoffmann-Riem/Schmidt-Aßmann (Hrsg.) (Fn. 29)。

〔40〕 仅参见讲稿 Kadelbach/Tietje, in: VVDStRL 66 (2006), S. 7 bzw. 45。

〔41〕 类似法条参见 K.-F. Röhl, in: Gedenkschrift Wenz, 1999, S. 445, 447 ff.。

方法论[42]以及由此衍生的教义学结果。这里的方法论一方面是指解释和适用规则;另一方面也是指所得结果如何被加工,被体系化,在适用过程中被再加工,即最终:被教义学化的类型和方式。法学方法论以及指向适用的教义学既以宪法,也以一般法为前提,否则他们的上述功能将无法得以实现。在德国传统常见的有关方法问题的自主讨论中,人们总是忽视这一点。从多方面来看,往年的权威著作只会顺带提及方法论回归宪法的话题。[43] 核心原则,类似新法优于旧法规则(lex-posterior-Regel),直接源于宪法基本原则中的民主原则:依此原则,新的民主多数能够替换或修改旧的民主多数所制定的规则;当同一批民主多数获得新的认识或自身政治意愿发生改变时,他们也能实施上述行为。但并非所有用于法律适用的方法论工具都可以直接回溯至宪法。尽管如此,在民主宪法国内,我们仍须以其为出发点,即由形式逻辑引申出的法条和法律适用步骤更应以宪法和法律规则为前提。通过法律方法论、法律事实逻辑产生的法律理性是法律模式及其统治模式的必要条件。此类模式被德国宪法视为前提并加以吸收。若非如此,之前所构想的民主调控和建构将无法实现。此观点明确了立法材料解释的宪法重要性。至此我们也已明晰,宪法未能为此问题提供适用于所有情形的明确表述,而仅为其提供了一种框架秩序(Rahmenordnung)[44]。

(二)以立法者意思或法律意思为解释目的?

在此之后,有关立法材料对于法律解释之意义的“经典”核心问题是关于解释目的的问题。[45] 此处存在——不那么使人愉悦的术语——主观和客观解释(sub-

---

[42] 同样参见 Müller, Recht-Sprache-Gewalt, 1975, S. 28 ff.。

[43] 参见 Larenz (Fn. 27), S. 360,拉伦茨在本书中将宪法解释问题视为“特殊问题”一笔带过;类似观点也出现在以下著作:Pawlowski, Methodenlehre für Juristen, 2. Aufl., 1991; Conig, Juristische Methodenlehre, 1972,以及 Schnapp, Hauptprobleme der juristischen Methodenlehre, 1983;与此相对的是:Müller, Rüthers und Röhl/Röhl (letztere [Fn. 26], S. 603:“法学方法论是法律渊源理论的延续……方法问题也是宪法问题。”[Die juristische Methodenlehre bildet die Fortsetzung der Rechtsquellenlehre... Methodenfragen sind insoweit Verfassungsfragen])。也参见 Schenke, in: Dreier (Hrsg.), Macht und Ohnmacht des Grundgesetzes, 2009, S. 51。

[44] 有关宪法作为框架秩序的理念(主要是针对立法者和法律适用),参见 Böckenförde, Staat, Verfassung, Demokratie, 1991, S. 11, 13 ff.。

[45] Mennicken, Das Ziel der Gesetzauslegung, Diss. Göttingen 1970; Larenz (Fn. 27), S. 316 ff., 328 ff.; Kischel (Fn. 11), S. 267 ff.; Röhl/Röhl (Fn. 26), S. 627 ff.; Kramer, Juristische Methodenlehre, 3. Aufl., 2010, S. 116 ff.; Fleischer, AcP 211 (2011), 317, 321 ff.;有关立法材料意义的追问与起源解释,而非历史解释相关;起源解释探寻的是立法程序中的动机,即“立法者”的动机,而历史解释目的在于通过不同时期的法条对比,对法律意义进行论证。具体参见 Simon (Fn. 13), S. 208 f.; Looschelders/Roth, Juristische Methodik im Prozeß der Rechtsanwendung, 1996, S. 153 ff.; Depenheuer, DVBl. 1987, 809, 811 ff.。

jektive und objektive Auslegung）：应遵循“历史立法者”〔46〕（historischer Gesetzgeber）的意志——不管此概念到底是什么意思——或应遵循在时间发展中客观化的法律意义？这一提问在宪法语境下蕴含民主理论背景。〔47〕当我们将法律——如之前所示——直接视为民主调控的核心资源，只有当为法律负责，为法律背书之人的目的基本得以保存，这一模式才得以存续。这当然也首先意味着，源自另一部宪法合法性关联的遗留法律（“前民主的”，诸如《德国民法典》核心部分）就不能或至少不能以同一程度置于该前提之下。《德国民法典》——最著名的德国实例——效力在《基本法》之下，因为《基本法》第 123 条第 1 款就此进行了规定：“联邦议会第一次会议召开前生效的法律继续有效，只要其内容与《基本法》不相抵触。”由此，后宪法时期的立宪权将德国民法典纳入了自身意志之中。可是，单独规范的具体动机应建设性地被采纳到何种程度，看起来是有问题的，也大概很难进行论证。〔48〕这意味着，对前宪法法律进行主观解释时，应特别慎重。尤其是纳粹时期制定的法律，只有其规定与《基本法》一致时，即不能包含任何特殊的纳粹主义内容，才得以继续生效。〔49〕而可能更难回答的是，民主立法者又应如何处理依据魏玛宪法生效的法条？

在这一问题上，单靠宪法和民主理论无法处理。我认为，极端化主观主义，无论其多么民主理论化，并非法条的本质，规范性结构才是。一般抽象规范附带的面向未来的、开放性规范请求权与其所包含的立法主体过于定点假设的主观意志咬合在一起。换言之：每项法律规范内固有的实然—应然—二元论（Sein-Sollen-Dualismus）也包含了有限的、被审查的规范客观化的内容。或许《德国民法典》第 133 条（译者注：意思表示的解释），第 157 条（译者注：诚实信用原则）经过多次演变，在完全不同的（译者注：合法性）关系中仍具有普遍适用性，就可以说明这一点。〔50〕

---

〔46〕有关“立法者意志”与“法律意志”的区别，参见 Simon（Fn. 13），S. 215 ff.；有关基于帝国国家法教义学的国家法视角下的意志隐喻的界限，参见 Waldhoff，in：Schmoeckel（Hrsg.），Psychologie als Argument in der juristischen Literatur des Kaiserreichs，2009，S. 237。

〔47〕尽管说服力不够，其他观点参见 Simon（Fn. 13），S. 210 f.，258 f.。将分权视为宪法核心意义的人，所讨论的无疑是所有宪法历史时期中法条的主观历史解释。合宪性说法首先涉及的是依据基本法、在同一民主合法关系中所制定的法条。

〔48〕有关《民法典》的制定历史以及相关的方法推论，参见 Zimmermann，in：Schmoeckel/Rücker/Zimmermann（Hrsg.），Historisch-kristischer Kommentar zum BGB，Bd. 1，2003，S. 1 ff.。

〔49〕较极端的方式是完全不考虑纳粹时期立法者的历史意思。此观点参见 Simon（Fn. 13），S. 258，279 f.。有关规范国（Normenstaat）文件和政策国（Maßnahmenstaat）文件的经典区分，参见 Fraenkel，Der Doppelstaat，1941，deutsch 1974。

〔50〕同见 Simon（Fn. 13），S. 213，218 ff.。

因此,反对主观—历史解释的常见抗辩理由——到底谁才是立法者?如果立法者意思无法查明,应遵循何意?等等——常被视为不可实践[51]而被置之一旁。

(三)联邦议会立法程序和立法材料的关系

议会立法是一个分阶段的过程。[52] 民主合法性作为法律生效和法律可接受性的核心来源在立法程序中得以确立。[53] 对此——所谓的外部立法程序(das äußere Gesetzgebungsverfahren)——宪法本身有所规定,但有关自我组织的议事规程权(das Geschäftsordnungsrecht)则交由参与立法的合议机构制定。为了确立联邦立法的不同程序步骤,在宪法层面不仅确立了团体权限(Verbandskompetenz),也确立了行政机构权限(Organkompetenz)。[54] 此分阶程序以各个参与机构的交流为前提;交流以决议事项相关的信息沟通为基础。[55] 沟通过程虽不强制要求提供有关相应提议的书面论证,事实上却导向此结果。[56] 基本法在此程序法背景之下,也在个别情形就立法程序中的论证义务进行了规定:如果联邦机构提出立法动议,立法草案应首先转交联邦参议院,《基本法》第76条第2款第1句。此条款第2句规定:“参议院有权在6周内就该提议提出意见。”同样地,针对政府提议,本条第3款规定:“联邦参议院的法案在6周内由联邦政府提交联邦议院。联邦政府应在提交法案时陈述自我意见。”作为议会的德国联邦议院是最终决定法律制定的国家机构。

在反向进行的分阶段—分部门的议会评议程序中,将“生成”更多的立法材料,因为议会商讨不仅对外公开,也将以会议记录形式进行记载。由此产生了议会就立法进行商讨的宪法义务;约尔格·鲁克(Jörg Lücke)称其为“国家内部议会论证义务的另一形式”。[57]

其他有关法律提案的论证规则规定在议事规则法(Geschäftsordnung)中:依据

---

〔51〕 参见 Simon (Fn. 13), S. 213 f.; Seiler, Praktische Rechtsanwendung, 2009, S. 43 f.。

〔52〕 Schulze-Fielitz (Fn. 16), S. 153 f., 206 ff., 255 ff.; Stern, Staatsrecht, Bd. 2, 1980, S. 613 ff.; Schneider, Gesetzgebung, 3. Aufl., 2002, S. 80, 施耐德在书中称之为“立法工作”(Gesetzgebungsarbeit);有关分阶段立法程序和法学方法相关联系的不同看法,参见 Bydlinski (Fn. 45), S. 631 ff.; Looschelders/Roth (Fn. 45), S. 119 f.。

〔53〕 总体参见 Zeh, in: Isensee/Kirchhof (Hrsg.), Handbuch des Staatsrechts, Bd. III, 3. Aufl., 2005, § 53; Ossenbühl, in: Isensee/Kirchhof (Hrsg.), Handbuch des Staatsrechts, Bd. V, 3. Aufl., 2007, § 102。

〔54〕 参见 Schneider (Fn. 52), Rn. 85 ff.。

〔55〕 参见 Schulze-Fielitz (Fn. 16), S. 277 ff.。

〔56〕 参见 Schneider (Fn. 52), Rn. 134; Masing, in: v. Mangoldt/Klein/Starck, Kommentar zum Grundgesetz, Bd. 2, 6. Aufl., 2010, Art. 76 Rn. 62; Fleischer, AcP 211 (2011), 317, 329。

〔57〕 Lücke, Begründungszwang und Verfassung, 1987, S. 35.

《联邦议院议事规则》第76条第2款内容，法律草案“必须”由联邦议会附作“简短论证”。法律注释文献表明，有关简短论证的说明只是应该避免误解，论证一般而言并不限制在特定范围之内。[58] 国家法领域也就议事规则能将基本法要求细化到何种程度进行了讨论——这一问题我们现在并不感兴趣，因为这一问题的答案多半取决于以下问题，即如果法案未包含议事规则所要求的论证说明，能否基于此原因就判定其违宪，以及联邦议会长能否或者必须基于该理由驳回法案？[59] 当联邦参议院议事规则仅为法律提案设置了论证前提，并没有对此进行细化规范的同时，有关法律论证的提纲格式（Gliederungsschema）已出现在联邦政府各部门的共同议事规则附件中了。[60]

人民请愿（Volksbegehren）[61] 范畴中的论证义务却与此不同，因为（译者注：请愿受理机构）需要履行与公民表决权相对的信息公开义务（Informationspflicht），因为在此情形中，提请法案的意义和目的不能通过议会评议进行公开。[62]

所有这些通过沟通进行理解的分阶段立法过程中的“程序法上的论证需求”共同表明了一个事实，论证实际是指参与立法程序的部门、机构或者分支机构的意见表示。因此，论证并不能确保法律理解的真实性。[63] 得以论证的不是“法律”，而是法律草案以及法律的其他中间形态。[64] 立法材料通常只与分阶立法程序中的部分步骤相关。与“外部论证”（externe Begründung）相对，约尔格·鲁克称其为“内部论证”（interne Begründung）。[65]

如果目前探讨的是论证义务以及——要么是法律上，要么是事实上——强制的法律论证作为程序进程的理性结果，那么还应注意一点，即法律论证以及立法材料的制作过程也可以视为实在的政治工具或是“机会”，以便对今后有关规范纯文本的法律适用进行非正式的、但有效的调控和影响。在经典的“间接”权力（in-

---

〔58〕 Troßmann/Roll, Parlamentsrecht des Deutschen Bundestages, Ergänzungsband, 1981, § 76 Rn. 8; Roll, Geschäftsordnung des Deutschen Bundestages, 2001, § 76 Rn. 2.

〔59〕 BVerfGE 1, 144, 158 ff.; Troßmann, Parlamentsrecht des Deutschen Bundestages, 1977, § 97 Rn. 4; Masing, in: v. Mangoldt/Klein/Starck (Fn. 56), Art 76 Rn. 62; Schulze-Fielitz (Fn. 16), S. 178, 516 ff.

〔60〕 Reuter, Praxishandbuch Bundesrat, 2. Aufl., 2007, § 26 GO Rn. 18 f.

〔61〕 Art. 59 Abs. 2 S. 1 Verf. BaWü; Art. 74 Abs. 2 BayVerf.; Art. 60 Abs. 1 S. 2 Verf. MeckVp.; Art. 48 Abs. 1 S. 2 NdsVerf.; Art. 68 Abs. 1 S. 2 LVerf. NW; Art. 99 Abs. 2 S. 1 SaarlVerf.; Art. 71 Abs. 1 S. 2 SächsVerf.; Art. 81 Abs. 1 S. 2 VerfLSA; Art. 41 Abs. 1 S. 2 SchlHVerf.

〔62〕 参见 Möstl, in: Lindner/Möstl/Wolff, Verfassung des Freistaates Bayern, 2009, Art. 74 Rn. 3, 10。

〔63〕 参见 Simon (Fn. 13), S. 265 ff.。

〔64〕 Lücke (Fn. 57), S. 33.

〔65〕 Lücke (Fn. 57), S. 35.

direkte Gewalt)意义下,立宪者将对所涉事实有阐释指引性的论证写成文本。之后的所有阐释都必须至少重视此文本,不得直接“绕过”(vorbei kommt)。论证责任也由此转向立宪者。相对地,严格贯穿始终的客观解释就必须禁止对法律文本进行论证。

(四)区分不同立法材料和法律类型的必要性

前述内容可以得出这样一个结论:在宪法视角下,立法材料的意义既要根据法律类型,也要根据具体的材料类型有所区分地加以确定。法律文本作为“法的多变固态”(variabler Aggregatzustand)(赫尔穆特·舒尔策—菲利茨 Helmuth Schulze-Fielitz)以多元化形式存在,就像立法材料——类似在序言中〔66〕——作为法律内容本身(作为设置了例外情形的并入式立法材料)〔67〕、作为独立文件、作为草案论证说明、作为议会评议记录存在。〔68〕 立法材料作为宪法价值规则的第三种类型必须将必要的议会立法妥协性纳入考虑之中。在此,过多的合理性期待从一开始就受到了限制。

从时间角度来看,法律类型〔69〕首先可以作以下区分:民主理论依据以及源自民主宪法原则的依据仅适用于同样的合宪关系。具体而言:合宪理由首先以利于主观历史解释的方式,适用于已依据《基本法》成立的法律。就立宪前法律而言,依其生效的合宪关系即使没有被废除,也会从实质上遭到削弱(此划分因超越了《基本法》第100条第1款具体法律规范审查框架下的宪法法院的规范驳回垄断权的适用范围而为人熟知〔70〕)。

同时,法律类型也可以按其内容进行划分。民主调控作为本文论据的出发点单独在公法规范关系中更能发挥作用:给付行政范围中的税法、安全法、规划法以及社会建构法(sozialgestaltende Gesetze)的立法意图总是不断地受到追问,因为这些法律的“调控请求权”(Steuerungsanspruch)正根植于此。对于经典的民法典编纂而言,则适用另外的条件。民法典编纂旨在为私人自治法律体系——在理想状态下——提供一个拘束力更强或更弱的规范基础。我个人认为,不能忽视这一法学

〔66〕 Häberle, FS Broermann, 1982, S. 211 ff.;有关论证考量在欧盟法的解释指引作用,参见 Riesenhuber, in: ders. (Hrsg.), Europäische Methodenlehre, 2. Aufl., 2010, § 11 Rn. 36 f.。

〔67〕 Schulze-Fielitz (Fn. 16), S. 521 ff.:“法律中的目的规定”(Zweckbestimmung in Gesetzen)。

〔68〕 参见 Fleischer, AcP 211 (2011), 317, 329 ff.。有关立法材料的不同类型,参见 Simon (Fn. 13), S. 259, 317 ff.;有关立法论证和国家单一行为(譬如行政行为[Verwaltungsakt])论证的不同功能性,参见 Kischel (Fn. 11), S. 262 ff.。

〔69〕 有关法律类型学考察的问题,参见 Schulze-Fielitz (Fn. 16), S. 39 ff.;更多参见 Schneider (Fn. 52), S. 137 ff.。

〔70〕 基础判决参见 BVerfGE 2, 124, 128 ff.;更多参见 BVerfGE 66, 248。

方法论上的区分。当前有关将结论正确(Folgerichtigkeit)和体系公正(Systemgerechtigkeit)作为立法和宪法审查标准合理化补充(Rationalisierungsreseven)的讨论同样也应以此为出发点:侵入权(Eingriffsrecht,也称干涉权)中的体系期待与民法典编纂的体系期待不同。[71] 当然,我也认为这一区分相当理想类型化,而且公私法作为"互补规则"(welchselseitigen Auffangordnung)——不仅如此,还有欧盟法的融合影响——其界限正日渐模糊。[72]

(五)有关作为宪法期待的立法材料阐释指引作用的一种务实办法

综上所述,立法材料既不必强制遵循,也并非无关紧要。对此,只能用一句古老的法律俗语作总结:这得看情况(Es kommt ganz darauf an.)。立法材料是法律解释的惯用习语。其重要性不能抽象地加以确定,而只能依据具体的解释情境而定。[73] 此情境既包括"材料"(materials)本身的类型,也包括被阐释法律。由此规则(arrangement)——如果不使用那么陈旧的概念,也可以直观地称其为"灵活的体系"(ein beweglihes System)或者更准确地说,"灵活的范围"(bewegliche Rahmen)——产生了用于排除材料观点的论证负担度(der Grad an Argumentationslast)。这一过程可以视为立法材料的自我解释/阐释过程。它属于法律解释整体过程中的分步骤。此步骤中的解释方法与传统的法律解释方法并非必然相同。与此同时需要注意的是,对于具体的法律而言,历史上的立法者意思究竟还占据多少分量,以及立法材料还在多大程度上应受到尊重。这是——从远距离来看——为了把立法材料纳入法律解释的一种务实的宪法角度。此方法在一定程度上使人联想到联邦宪法法院在所谓 Görgülü 问题中的做法。在此案判决中,欧洲人权法院判决作为"习惯法"(üblicher Methodik)也应得到德国法的注意。[74]

四、结论

还有哪些其他需要总结的内容?局部的、受约束的立宪化以及法学方法论在比较方法的应用层面构成了方法比较的界限。[75] 本文认为:由于日益增强的宪法

---

[71] 更多参见 Lepsius, in: Axer u. a. (Hrsg.), Das Europäische Verwaltungsrecht in der Konsolidierungsphase, Beiheft 10 zu "Die Verwaltung", 2010, S. 179, 194 ff.。

[72] 参见脚注 29 说明。

[73] Simon (Fn. 13), S. 265, 西蒙称为"有价值的考察"(wertender Betrachtung)。持同样观点的也包括 Bydlinski, (Fn. 45), 他重点强调了此解释过程的公开性;也同见 Kischel (Fn. 11), S. 269 ff., 他的实践方法只涉及有关主客观解释相对的基本问题,因而仅间接涉及有关立法材料考量的方式和方法。

[74] BVerfGE 111, 307, 323.

[75] 有关本文所设问题的比较研究,参见 Fleischer, AcP 211 (2011), 317。

联系,相比法律比较展示法律内容直观材料,即解决常见社会问题的功能,方法移植(Methodentransplantation)可能更加危险。关于重要立法材料的类型学仍需要不断完善。回到本文最开始引入的两个例子上:“错误”的立法论证观点可以通过立法材料解释得以纠正;因此,这些错误在相关情形中是无关紧要的(核燃料税)。如果过去立法者的意思确实无从知晓,那么历史—主观解释法也会失灵(财政平衡/标准法)。我们不仅需要法律解释的相关回应,更加需要作为法律回应组成部分的相关立法材料所包含的事实回应。

(责任编辑:夏昊晗)

法国视角下的立法准备与起草：探寻法律的本意*

[法]纪尧姆·默尼耶** 著　朱博文*** 译

目　次

一、引言

只有我们谨记法律为谁而设计，探究立法准备工作理论或者设法确定它们是否受特定规则的约束才是有意义的。据孟德斯鸠所言："法律不是精微玄奥，它是为具有一般理解力的人们制定的。它不是一种逻辑学的艺术，而是像一个家中父亲作出的简单平易的推理。"〔1〕这种看法不仅仅只是一种哲学的指

---

* 本文原题为"Les travaux préparatoires from a French Perspective：Looking for the Spirit of the Law"，载 RabelsZ 78（2014），S. 346ff.。

** 纪尧姆·默尼耶（Guillaume Meunier），现任法国敦刻尔克大审法院院长，此前曾于司法部负责民法修正工作。

*** 朱博文，中南财经政法大学法学院硕士研究生。

〔1〕 Les lois ne doivent point êtresubtiles：ellessontfaites pour des gens demédi-ocre-entendement；elles ne sont point un art de logique，mais la raison simple d'un père de famille"（emphasis added）；Charles Louis de Secondat de Montesquieu，De l'esprit des lois，book XXIX，ch. 16. The translation is taken from The Spirit of Laws，transl. from the French by Thomas Nugent（London 1750）. 法语部分英文翻译采自托马斯·卢根特所翻译的《论法的精神》1750 年版。

导准则,也是在法律构成方式上明智的建议。事实上,为了提高公民接受法律的程度,宪法法院(法国宪法法院)将宪法的价值归于使法律更加易为接受和理解。[2]

同样,欧洲人权法院规定:(1)法律必须能够被充分地理解,即公民在特定案件中适用法律规则时有充分的指引;(2)除非规范(norm)足够精准,能使公民规范自己的行为,否则不能将其视为"法律"。[3] 宪法委员会宣告了这一原则源于1789年8月26日的《法国人权和公民权利宣言》,所以无视保护公民的重要性是错误的。法律的可接受性和可理解性保证了法律的确定性。法律的确定性是安全权的核心要素,也是与生俱来的和不可剥夺的人权。[4] 法的可接受性和可理解性的主张被视为自由民主国家的基础性原则。[5] 的确,《人权宣言》第16条规定:"一切社会,凡权利无保障或分权未确立,均无丝毫宪法之可言",如果公民无法知道或了解对其个人自由施加的限制,宪法将不会产生任何法律效果。

因此,立法者必须遵守两个原则:首先,法律必须是明确的;其次,法律必须是完整的。[6]

如果满足了这两个要求,法官们必须适用这两项法律,无须考虑立法者本意。就像最高法院曾经规定,"禁止任何通过解释以寻找立法者本意的行为,当从法律文本来看,法律的含义既不模糊也不含糊,就必须认为其含义是确定的。"[7] 换句话说,"当法律规定明确时,不能以确定其本意为借口而逃避法律文本的含义"。[8] 毕竟,孟德斯鸠认为,"一个民族的法官,只不过是宣布法律字词的喉舌,

---

[2] Conseil constitutionnel 16. 12. 1999, Décision n° 99-421.

[3] European Court of Human Rights 26. 4. 1979 (Sunday Times v. United Kingdom), Application No. 6538/74, para. 49.

[4] Art. 2 French Declaration of Human and Civic Rights of 26 August 1789.

[5] Jean-Manuel Larralde, Intelligibilité de la loi et accès au droit, Petites Affiches, 19 November 2002, No. 231, p. 11.

[6] François Luchaire, La sécuritéjuridiqueen droit constitutionnelfrançais, Cahiers du Conseil constitutionnel 2001, No. 11, p. 67.

[7] "Toute recherche de la volonté du législateur par voied' interprétationestinterdite aujuge, lorsque le sens de la loi, telqu' ilrésulte de sarédaction, n' estniobscur, niambigu, et doitparconséquentêtretenu pour certain"; Trib. de la Seine 24. 4. 1952, JCP 1952. II. 7108.

[8] "Quanduneloiestclaire, il ne faut point enéluder la lettre sous prétexted' enpénétrerl' esprit"; Jean-Étienne-Marie Portalis, Projet de Code civil présenté par la Commission nommée par le Gouvernement le 24 thermidor an VIII (1801), Livre préliminaire: Du droit et des lois, Titre V: De l' appliacion et de l' interpretation des lois, Art. V.

是没有生命的人,他们既不能改变法律的效力,也不能修正其严格性"。[9] 我们也应当记住罗伯斯庇尔曾经想要在法语中消除"法律制度"这个词。因此,从1790年至1813年,最高法庭(最高法院的前身),它的成员被看做法国旧君主制的遗产,受到立法会的控制,当需要对法律进行解释时,通过临时立法程序提交议会议员。

但是当法律条文模糊、含糊不清或不完整的时候,否认法官的寻求立法本意的权利被看作构成拒绝司法裁判。[10] 尽管,根据波塔利斯(Portalis)所言,"对于立法者来说,这是一种艺术,对于司法裁判者来说也是一种艺术,不过这两者并不相像。立法者的艺术存在于在每个领域寻找最有利于共同利益的原则,裁判官的艺术就是贯彻这些原则,对这些原则进行分析和扩展,能够明智而合理地应用于个案"。[11]

波塔利斯(Portalis)对裁判官的艺术进行阐释时,当法律文本无记载时,探究法律的本意,而不是让自己面临奴隶和背叛法律的风险以及不服从法律的本意。

裁判者能在立法准备阶段中找到法律本意的完美表达?这是一个有争议的问题,试图对这个问题给予恰当的回答,首先要从法律的角度来界定什么是立法准备工作,其次是要总结其实际用途。

二、什么是立法准备工作?

试图找到从法律角度确定什么是立法准备工作,需要对法国起草法律的实践进行解释。

(一)法律的起草

即使到现在作者不能准确地对立法的过程做一个完整的展现,从一项改革诞生之时开始到权威的法令生效,总结在这个过程当中的的不同步骤和区分两个独立的阶段是非常重要的。

1. 非正式阶段

首先,法律起草从非正式阶段开始。先由个人利益相关者,智囊团或学者撰写

---

[9] "Les juges de la nation ne sont [...] que la bouche qui prononce les paroles de la loi, des êtreinanimés qui n' enpeuventmodérerni la force ni la rigueur"; Montesquieu, De l' esprit des lois (n. 1) book XI, ch. 6; transl. by Nugent (n. 1).

[10] Jean-Étienne-Marie Portalis, Discourspréliminaire sur le projet de Code civil, 1er pluviôse an VIII (1801).

[11] 立法者的科学存在,但与法官的科学不尽相同。立法者的科学是找到对于社会各方共同利益最有利的原则;法官的科学是通过明智且合理的应用实践把这些原则应用于诉讼,将这些原则分门别类、发散拓展;在文字死去时探究立法的精神,但不能反过来为它奴役或是对它叛逆。——波塔利斯(Portalis)(previous note)。

一项提案,然后提交给部门或议会议员。部门或者议会议员也可以主动起草提案。随后,这些初步工作的成果将通过相关的部门或机构进行分析,包括以下几种方法:(1)建立一个工作组,由来自不同领域的专家(行政部门、法学家、协会等)组成;成员的选择将取决于这项官方提案的机构希望予以保密的程度。(2)有关部门可以对这项提案通过电子邮件进行讨论,相互提出修改建议。(3)展开私人或公共咨询。选择何种方法取决于多种因素:事务的复杂性、改革的紧迫性等。

这里举两个例子,以阐明两种截然相反的方法。

第一个例子,我们可以来看一下法国司法部制定债法的立法准备工作。在债法办公室对法国法律进行雄心勃勃改革之前,首先由皮埃尔·卡塔拉(Pierre Catala)主持工作的一组学者拟定草案。30多个教授和少数几个法官参加了会议,而不涉及商界人士。在2005年9月,他们将草案递交给司法部长皮埃尔·克莱门特先生(Mr. Pascal Clément)。然后将其草案出版,以便进行广泛咨询。在这个过程中专家和其他有关人士能够表达他们的观点。

在2006年年末,弗朗索瓦·泰雷(François Terré)在此过程中提出了推进这项工作不同的方法。这包括在特别工作组之间分享工作成果,这个特别工作组不仅有学者也包括律师和其他法律专业人士组成的。这些小组不仅仅纂写观点和分析,也提交他们自己"交予投票"的议案。对最终版报告,这种方法有助于使其保持同质性和一致性。

建立几个工作组是为了去探讨未来法典汇编的三大支柱:合同法、侵权法和债的一般规则。"合同法小组"包括教授、来自最高法院的法官和公证员,也包括律师事务所和法国工商业协会的代表。"侵权责任法小组"也包含来自保险公司的代表。之后,这三份报告被提交给了司法部长,然后将其出版。债法办公室对这个提案的分析,然后基于数百页理论性和实践性的材料编写出了他们的草案,目前仍未出版。

在另外一个实例当中,非正式阶段非常短暂:议会议员会提出废除民法典当中的某一条文,而没有与相关的行政办公室进行任何的对话。在这个案例当中,很明显,非正式阶段对法学家搜寻立法工作是毫无帮助的。"废除民法典第1386条和第1384条第2款"议案就是一个最近的实例。[12]

2. 正式阶段

一旦非正式阶段完成,议会议员或者相关的部门就必须准备官方制定。虽然

---

〔12〕 Bill no. 178, submitted to the Assemblée nationale on 12 September 2012 by the Member of Parliament, Jean-Luc Warsmann.

议员们向自己的议会提交了他们的议案,在他们向总统主持的部长理事会提交之前,部长们必须遵循特定的程序。首先,要进行非公开跨官方部门磋商。这次磋商总理办公室的成员指导下进行,为了解决部门间的争议,他们将组织部门间的会议。这次讨论的结果必须将提交给国会,即最高行政法院。就像他的名字所表示一样,传统上议会也如传统地扮演着政府顾问的角色。在实际过程中,这意味着草案将由四个行政部门之一所审查。将举行有多种的议员和行政官员之间会议。在这项工作过程中,后者被部门之间团结原则所约束。如果上述礼节得到尊重,这个原则也将更加容易得到尊重。

在这个阶段,政府官员和国务会员也能请求外部法律顾问的帮助。

议会将会检查草案尊重规范的程度和检查文本与法国制定法一致性。它将会提出修正案,但是它并非是基于政策的原因而做出的提案。它的建议将不会被出版。在某种程度上,过程的保密性保证了政府行为的效率。

这项草案将会在接下来被部长会议审议(不会被国民议会的建议所限制),在提交给议会之前。每个草案之前都有一个"揭示图案",一个解释性备忘录,它对提交表决的各项规定作了相当抽象的解释。

接下来,官方议案将会由议会委员会审查。将会在议会议员中指定一名"报告员",以便根据现行的法律法规和相关的外国法律材料编写综合报告。重大的研究常常不仅仅行政官员和利益相关者的也包括教授在内的帮助下做出。然后文本将会被逐条地被讨论,并向大会提交最终的版本。该文本的公开将引发公众讨论和参议院与国民议会之间的交换意见。

当然,对于那些未经议会没有审议的法令,法律程序要简单得多,甚至国务委员会对他们也经常不予以分析。

因此,总而言之,前期工作是多方面的。当需要解释立法者的本意之时,对法官和律师来说,分析前期工作的有用性是很困难的。结果,仅仅通过描述通常所说的准备阶段是不足以充分评估法律意义的。有必要试图通过诉诸立法者必须遵守的规则来界定立法者本意。

(二)获取立法背景资料的路径

即使在现在的上下文当中,我们不是为了描述成文法的写法,像"编纂"在规范现行法律文件写作方法论[13]中一样,并在总理的许多通告[14]中详细说明,描

---

〔13〕 See <http://www. legifrance. gouv. fr/Droit-francais/Guide-de-legistique>.

〔14〕 E. G. Circulaire du 17 février 2011 relative ὰ la simplification des normesconcernant les entreprises et les collectivitésterritoriales, JO no. 0041 of 18. 2. 2011, p. 3025.

述立法者在工作过程中的工作方法仍然是有用的。

1. 获取政府立法背景资料的路径

根据自从1978年开始法国政府和法国公民之间的关系的法令,[15]任何人都能获取由官方保存的所有政府文件,只要这些文件被存档和未出版。但是拥有知情权的公民并不能查阅文件。例如,那些讨论会将会破坏国家安全或者政府机密。[16] 因此,当立法准备工作仅仅只存在于不同政府部门的信息交换,那么对政府意愿的分析将是困难的。

呈递至议会的政府草案并不能说明其是公开透明的,因为这里规定除非政府特别允许,[17]否则议会的意见将不会被准予公开。

因此,那些想要解释成文法的人不能获取大部分行政机关通过官方法案公布过程中的材料。然而,从实践的观点来说,其中很多文件是相当重要的。每天都有许多部长级会议在总理公馆马蒂尼翁府,为了确定政府的政策和决定提交哪种版本的草案予以公开讨论。当会议接近的尾声,政府总秘书处(称为政府总秘书处)应当提交由政府首脑所决定使用的哪个版本文件。然而它也是将不会被公开的。[18] 因此这些文件被叫作"蓝本"(它们被打印在蓝色的纸张上),是政府意愿的表达,也是议会法令的部分来源。相同的报告书能做成由议长所做之决定。因此,政府工作的记录[19]并不是集体共有的。

但是这里有违反保密规定的:在非正式阶段,哪些文件被能够出版公开,如(学术团体)学术的报告或公众讨论的结果。就上面1978年法规所记录,公民不允许要求相关文件的出版。但是当行政办公室决定仅仅公开部分文件时,困难出现了。在这种情形下,规则规定未公布的部分也必须披露。法国司法部在2012年之时面临着这样的处境。在2011年,弗朗索瓦·得让的关于债法的报告[20]被发表了在没有解释说明的情况下在部门的网站上发表。一位律师成功地从法国获得行政文件委员会(CACD)[21]获得了公开部分当中所缺少的一部分。

---

[15] Loi n° 78-753 du 17 juillet 1978 portantdiversesmesuresd' amélioration des relations entrel' administration et le public et diverses dispositions d' ordreadministratif, social et fiscal, JO of 18. 7. 1978, p. 2851.

[16] Art. 6 Loi n° 78-753.

[17] And by administrative courts, the Public Finances Court, the Competition Authority etc. , Art. 6 Loi n° 78-753.

[18] Pascal Petitcollot, La mémoire du travail gouvernemental, RFAP 2002/2, no. 102, p. 285.

[19] Petitcollot, RFAP 2002/2, no. 102, p. 285.

[20] Pour uneréforme du droit de la responsabilitécivile, ed. by François Terré (2011).

[21] Commission d' accès aux documents administratifs, Avis n° 20120230, séance du 26 janvier 2012, Ministre de la justice et des libertés; accessible on the Commission' s website <www. cada. fr>.

如果我们把重点放在议会的筹备材料上,立法准备工作的标准就可以更容易地被确定。

2. 获取议会立法背景材料的途径

下议院和上议院的相关程序由法国宪法[22]和一些成文法[23]所规定。根据法国宪法第33条,议会两院的会议应公开举行。会议记录全文由“政府公报”发表。但是它们并不是必要的立法准备材料中最有意义的部分。为了准备议员将要讨论的文本在上下议院之间的讨论,且更富有成果地征求意见。委员会对议会或者政府成员提案的意见,也包括各种各样其他的文件(如影响评估),都能在上下两级议议院的网站上获取。[24] 委员会和他们所任命的报告员可以举行听证会。每一个委员会都能建立它自己的对外公开的规则,[25]允许公众通过广播或者报告的方式进行审议。虽然并不具有充分的的透明度,但是对议会筹备阶段的广泛公开无疑是立法者意志的工具。

考虑政府管辖范围内的法令和其他法律——如果不是议会的意志,法律的本意是什么呢?如果不是通过理解在上议院和下议院里所说的,我们又怎么能理解这种意志呢?但是因为大多数立法准备工作是保密的,从法律的观点可以说,立法工作仅仅只存在包括公众,也包括法官、学者、律师等所能获取的资料。

三、立法准备阶段的作用

公共讨论参与者经常与政策事务相关,但是它们也可以是带有一定的技术性质,其中一些议会成员也是经验丰富的律师。结合两院在处理此事之前所公开的法律意见,对法律解释而言,它们能成为一项有用的工具。但是,尽管在最近几年被频繁使用,在解释法律的过程中涉及立法准备工作仍然是一个具有争议的问题。

(一)有争议的立法准备工作的价值

如果我们记得波塔利斯(Portalis)的话,一个不完整或者模糊的立法就必须遵照法律的精神进行解释,就像立法材料中所表达的一样。然而,即使这被认为是理解立法者想要什么的最好方法,但是这个方法离完美仍有一段距离。

---

〔22〕 Guy Carcassonne, La Constitution12, Préface de Georges Vedel (2013).

〔23〕 Ordonnance n° 58-1100 du 17 novembre 1958 relative au fonctionnement des assembléesparlémentaires, Loiorganique n° 2009-403 du 15 avril 2009 relative à l' application des Arts. 34-1, 39 et 44 de la Constitution, Règlementintérieur du Sénat, Règlementintérieurdel' Assembléenationale etc.

〔24〕 Impact assessments are mandatory in case of a Government's proposal (Art. 8 Loin° 2009-403).

〔25〕 Art. 46 Règlementintérieur de l' Assembléenationale, Art. 16 Règlement du Sénat.

1. 立法材料的用处:理解法律精神的途径

民法典的立法材料就是一个典型的,特别是因为两个世纪以后,在皮埃尔·安东尼·菲内特(Pierre Antoine Fenet)[26]的努力下,在上文所提到的波塔利斯(Portalis)早期演讲得以公开,[27]我们才能够研究我们最著名的立法是如何被构思的。

由于掌握了那些先前的立法背景资料,因为法国法律缺乏如何解释议会法令的一般条款(考虑到英国有1978年的《法律解释法》),[28]当面对着制定法之不完美时,法国法学家自然倾向于研究立法材料。然而像德莫隆贝(Demolombe)这样的作者是坚持严格适用法律文本的支持者,认为在法律中(特别是民法典)之中的一切,法律注释方法并不和法律字面解释相混淆,是基于以下三个原则的。上文中已经提到了两项原则,在我的观点看来,每种解释方式都是共同的:(1)当法律是明确的,它必须得以适用;(2)当法律是不明确之时,其本义必须通过立法背景资料来予以确定;(3)当没有法律以适用某一具体问题之时,则必须参考习惯或者衡平法。

民法典自身提供了一套有效的解释合同的方法。民法典第1156条规定:"关于解释契约应需求缔约当事人的共同意图,而不是拘泥于文字意思。"[29]经过必要的修正后,这项规则能被运用于解释成文法。[30] 如果不是在立法材料中,我们又去哪里找到立法者的目的呢?[31]

律师和法官有任何其他的观点吗?一旦没有书面的规则确定正确的解释方法(当然,除了在刑事法律当中,贝卡里亚的传统严禁背离法律文义的严格解释方法)从理论性的视角来看,没有将法律完全从主观方式上解释合法化,就去寻找其他思想的源泉是很苦难的,这也将损害法律的权威性。

2. 该方法的缺陷

在1935年,亨利·卡比唐(Henri Capitant)[32]批评了立法材料的用处,认为议

---

〔26〕 Pierre-Antoine Fenet, Recueilcomplet des travaux préparatoires du Code civil (1836).

〔27〕 Portalis, Discourspréliminaire (n. 10).

〔28〕 Nicolas Molfessis, La prétendueliberté des juges du fond dans le choix des méthodesd'interprétation, RTDC 2003, 154.

〔29〕 英语版翻译源于<www. legifrance. gouv. fr>; the French original provides: "On doit dans les conventions rechercher quelle a été la commune intention des parties contractantes, plutôt que de s'arrêter au senslittéral des termes"。

〔30〕 Molfessis, RTDC 2003, 154.

〔31〕 Michel Couderc, Les travaux préparatoires de la loiou la remontée des enfers, RecueilDalloz (D) 1975, Chronique, 249.

〔32〕 Henri Capitant, L'interprétation des loisd'après les travaux préparatoires: RecueilDallozhebdomadaire (DH) 1935, Chronique, 77.

会的双重性、建议的多样性以及讨论中所出现的矛盾破坏了任何给定意见的权威性。这个观点是部分正确的,但是我们必须避免夸大其词的引诱,[33]因为有时公共辩论能够在高技术水平上进行。然而,关于技术专家起草立法保密规则(无论他们是为议会成员工作还是为政府工作),使那些必须适用和解释法律的人丧失了获取技术本质的材料的途径。

通常,理解议会投票基于何种理由将是很困难的。疲惫、紧张、辩论的速度、将技术问题转换为政治争论[34]的诱惑,将会使立法准备工作丧失本质,在最坏的情况下甚至会破坏法令。[35]

然而,学者不应该被对下层社会的提议而沮丧,像奥菲斯(Orpheus)[36]一样,他们可以逃避,遵循弗朗索瓦·盖尼(François Gény)开辟的道路。[37] 盖尼(Gény)[38]试图用文本主义的方法现代化。因为批评荒谬地尊重法律文本含义,他提出超越文义范围。他试图说明法律不能总是为自己说话,教义学和历史学的方法能够提供给律师以更好的工具去理解法律。此外,他的"自有科学研究学派"是建立在简单而有力的想法之上的:法律只不过是一个法令的意愿,而且有一个解释的门槛。因此,不仅仅是在正在准备的材料和已经公开的材料当中,而且应在当时社会的、经济的和心理学的环境当中去寻找到法律的本意,这种方法被认为是可能的。这种学术的方法不允许律师、学者和法官试图去捕捉到某些种时代精神。这也不是一种法兰西式的德国自由法学派,它更加主观,更加倾向于在人们的共同意志当中去寻找答案。[39]

当然,依靠这种方法来解释这个条文将会花费一些时间。一些人会说,许多实务工作者特别是面临大量案件的法官和律师没有足够的时间去找出在这个或者其他夜间会议时议员们陈述了什么,或者将他们已经找到的材料和现代社会的要求相比较。的确,这也是盖尼(Gény)所做的工作不能根本上代替解释学方法的主要原因。[40] 但是也没有很好地能够去明确区分这两种方法的理由;它们被混杂起来

---

[33] Couderc, D 1975, Chronique, 249.

[34] Bernard Beignier, Pacte civil de solidarité et indivision: visite aux enfers, Defrénois2000, No. 10, p. 620.

[35] For a good example, Hubert Groutel, Le recours des tiers payeurs: uneréformebâclée, Responsabilitécivile et assurances 20 (2007) No. 1, Étude 1, p. 6.

[36] Beignier, Defrénois 2000, No. 10, p. 620.

[37] Couderc, D 1975, Chronique, 249.

[38] François Gény, Méthodesd'interprétation et sources en droit privépositif: essaicritique(1899).

[39] Capitant, DH 1935, Chronique, 77.

[40] Philippe Malaurie/Patrick Morvan, Droit civil-Introduction générale3 (2009) No. 411.

一起使用。法官们能够自由地先选择他们自己的解释方法,[41]他们也是这样做的。但是这不意味着自由裁量权的支配。相反,这种受控制的自由是良好司法管理的一部分,也是实用主义的一种标志。[42]

(二)立法材料的探究(the renewed interest in travaux préparatoires)

即使它们在法国的判决中并不常常被提及,但是立法工作在法国的法学理论当中也具有着相当重要的意义。在国际法领域当中,立法工作被认为是审查国内法和国际条约一致性的一种途径,立法材料的作用在宪法领域中也有着十分强大的影响。

1. 立法准备工作的用途和审查与国际条约的一致性

国际公法在立法准备工作当中十分常见。1969年《维也纳条约法公约》[43]包含解释规则,在其第31条第1款中载明:"条约应依其用语按其上下文并参照条约之目的及宗旨所具有之通常意义,善意解释之。"紧接着在第32条指出:"为证实由适用第三十一条所得之意义起见,或遇依第三十一条作解释而:(甲)意义仍属不明或难解;或(乙)所获结果显属荒谬或不合理时,为确定其意义起见,得使用解释之补充资料,包括条约之准备工作及缔约之情况在内。"

在此基础上很容易发现,国际法庭并不害怕参考已经提交给他们审查的国内法立法材料。例如,在一个案件中一名被诊断为艾滋病的法国公民被多次输血后,寻求向法国要求赔偿,在这种情况下,欧洲人权法院[44]不得不分析成文法然后将其适用。根据相关法规,被害人无权对赔偿基金委员会采取任何法律行动,除非他对侵权行为人的请求被驳回了,赔偿基金委员会没有提出涉及相关法律的时间限制,或者他也没有接受对他做出的提议。因为他已经接受了委员会的提议,申请人补充赔偿的请求也被拒绝了。结果是,他认为他自己被剥夺了向法院提出诉请的权利。发现违背《维也纳条约法公约》第6条第1款。事实上,法院把其大部分的裁决用于"法律的立法历史"。

---

〔41〕 Cass 1ère civ 29. 1. 2002, n° 00-10. 788 (SociétéFrance 2 c/ Société EMI Records Ltd. UK), Bull. civ. 2002, I, n° 33, p. 25; comments by Philippe Bonfils, Méthoded' interprétation de la loi, Droit et Patrimoine 107 (2002) 97; Molfessis, RTDC 2003, 154.

〔42〕 "The use of preparatory works by the administrative courts can hardly be systematized[...]. There are many situations where courts make travaux préparatoires prevail over an apparently clear letter. In that matter, the courts show great pragmatism, and their appreciation of the clarity of a provision is subject to variations"; Conseil d' État, Section, 27. 10. 1999 (Commune d' Houdan) req. n° 188685, RecueilLebon, Conclusions of Christine Maugüé, commissaire du gouvernement.

〔43〕 United Nations Treaty Series, Vol. 1155, p. 331.

〔44〕 European Court of Human Rights 4. 12. 1995 (Bellet v. France), Application No. 23805/94.

2. 立法准备工作和合宪性审查

当采取合宪性诉讼程序在其颁布之前,为了准确地确定立法者的本意,宪法议会经常使用立法背景资料。当分析一项关于法国城市住房比率的法令时,为了确定议会所用之本意是否和已经建立的目标相适合,参考了立法背景之后,议院认为立法者倾向于加强之前所已经确定的社会多样性之目标,在住房供求严重失衡的城市中增加社会性租房,〔45〕在得出结论之前,立法者所用之方法和其原本之目的相称。

2010 年生效的一项法律条文创设了一项权利,根据法律规定,只要在开庭之前,无论何时,涉及法律程序的相关人员希望主张成文法条款侵犯了宪法所赋予他的权利以及自由,其可在合宪性事项上可以提出优先初步裁决的申请。〔46〕这种性质的诉讼,允许宪法议会能够充分使用立法背景资料。例如,在一个涉及宗教团体的金融业务法律规定的案件当中,议院认为"根据 1946 年 10 月 27 日宪法草案的相关立法背景资料,在 1958 年 10 月 4 日的宪法草案当中一再强调了这个条款,在其中表明:法兰西是一个世俗的非宗教的共和国,然而宪法并没有有关于某些宗教组织的具体法律规定和行政法规提出任何质疑,尤其是包括了宗教首领的报酬,当宪法生效时,适用于共和国领域内的一切地方"。〔47〕

当宪法法院不得不确定公共利益的强制性动机,允许立法者限制由宪法所保护的权利与自由时,立法资料的分析似乎特别重要。例如,议会废除了限制土地所有权者在他们的土地上打猎权利的条款。第一,打猎的权利与这项财产权的使用相关。例如,这也是所有权的属性。这种权利仅仅只能因为公共利益的目的而限制,只要这些限制没有严重到破坏所有权的含义和范围。第二,规定本身和无论是条款本身还是在它生效之前的讨论都没有提供任何这样的关于公共利益的信息。〔48〕

四、结语

法国宪法法院认为宪法的价值在于使制定法律的目标更加容易获得(accessible),更加容易理解,以促其被本国之公民所接受。欧洲人权法院同样已经规定法

〔45〕 Conseil constitutionnel 17. 1. 2013, Décision n° 2012-660, Loi relative à la mobilisation du foncier public enfaveur du logement et au renforcement des obligations de production de logement social.

〔46〕 "Question prioritaire de constitutionalité", transl. Conseil constitutionnel.

〔47〕 Conseil constitutionnel 21. 2. 2013, Décision n° 2012-297, Question prioritaire de constitutionnalité, Association pour la promotion et l'expansion de la laïcité.

〔48〕 Conseil constitutionnel 20. 7. 2000, Décision n° 2000-434, Loi relative à la chasse.

律必须能够充分可获得,规范(norm)不能被认为是法律,除非它能够被足够准确地被创制,使公民能够规范他们的行为。

然而,当法律的文本是模糊、模棱两可或者不完整之时,否认法官有寻找立法理由的权力也许会被看做是拒绝裁判。但是如果不是在立法背景资料里,我们在哪里找到立法理由呢?

立法背景资料理论的查明首先要求对这个术语的定义。其次,这需要对立法过程的概览,从非正式部门起草阶段到正式的上下两院讨论。当然,法律之真正的本义,即议会的精神,仅能建立在公众能获取的文件之上的。由于掩饰了部分立法过程,保密规则带来了相当大的障碍。

通过参照立法背景资料解释制定法的优点是具有争议的。对制定法立法历史包括历史文本的综合调查,这将会那些花费繁忙的实务工作者通常所能有的更多的时间。无论如何,当法院必须确定国内法和国际条约或者宪法之间的一致性之时,立法背景资料已经将自己确立为一种重要的解释工具。

(责任编辑:夏昊晗)

立法资料：奥地利的理论和实践*

[奥地利]格哈德·霍普夫** 著 蒋 毅 季红明*** 译

目 次

一、导论

(一)“立法者的意图”作为《奥地利民法典》第6条规定的解释标准

与《德国民法典》不同,《奥地利民法典》的一个特点是,对法律解释规则含有一项可追溯到1811年版本[1]的规范性明

---

* 在外国私法和国际私法马克斯·普朗克研究所的2012年3月29日举行的研讨会“立法资料的奥秘——立法理由的重要意义和形成:过去,现在和未来”报告的框架内,本版本增加了脚注。该报告以报告人的旧文为基础:Hopf, Gesetzesmaterialien und Rechtsanwendung im Zivilrecht, in der FS 200 JahreABGB (Verlag Manz, Wien 2011) 1051. 本文承蒙霍普夫教授授权翻译,特此感谢!

** 格哈德·霍普夫(Gerhard Hopf),曾供职于奥地利联邦司法部,领导民法部门,参与过30多年的民事立法,现为奥地利格拉茨大学民法荣誉教授。

*** 蒋毅,中南财经政法大学法学院教师;季红明,中南财经政法大学法学院教师。

[1] 在普通民法典草案第18条已经能见到,Ofner (Hrsg.), DerUr-Entwurf und die Beratungsprotokolle des Österreichischen Allgemeinenbürgerlichen Gesetzbuches, 1889, Bd. I, S. IV und 22ff.。

文规定:

“第六条　在解释一项法律时,除处于整体中的本意与立法者的清楚意图外,不得附加其他理性。

第七条　若一项案件既不能从法律的文词,亦不能从其自然意义中做出裁判,则必须考虑类似的、法律中明确规定的情形以及其他相关法律规范的理由。若案件仍有疑问,则必须在考虑到仔细搜集并经成熟权衡的情势的情况下,依据自然法律原则予以裁判。”

在奥地利旧文献中,存在一些批判这些条文的声音,其论据是,这些条文的内容涉及的是一般的法学方法论的规则,法律适用者的工具,而这些方法论规则的发展和确定更多的是法学而非法政策的任务。打个这样的比方,一名作家肯定也不能自己创设其句法。[2] 因此,在这样的关联中,人们也可以这样的指责《奥地利普通民法典》第6条、第7条,即这种(对方法的)列举从当今的视角来看绝非是穷尽的,比如缺少了合宪性解释和合指令的解释,比较法的解释,以及第7条中缺少目的性限缩。

当然,在今天奥地利的学说和实践中,对实证法只涵盖部分解释规则并不存在原则上的疑虑。《奥地利普通民法典》第6条、第7条的语言上简练且简单的规则被视为是对理解法律基本原则的表达,这些规则迄今均未丧失其有效性,它们作为法教义学工作的普遍方法规则原则上也适用于民法之外的领域。[3] 这就是经典的解释工具,语义或者语法解释、体系解释、历史解释和客观—目的解释以及作为填补性的法之续造方法的类推和对“自然的法律原则(natürlicheRechtsgrundsätze)的援引”。

虽然第6条规定的“立法者的清楚意图”不仅仅涵盖历史上的立法者的真实意志,也可以被理解为一个理智的立法者的假定意志,不过就如皮思科(Pisko)在Klang-评注(科朗评注)第一版中所言,语义主要被认为是历史解释的基础。[4] 这将我们引到了本次研讨会的主题:立法资料作为查明历史上立法者意志的重要

---

〔2〕 Pfaff/Hofmann, Commentar zum Österreichischen allgemeinen Gesetzbuche, 1877, S. 167f., insbes. Fn. 6; v. Mayr, FS zur Jahrhundertfeier des allgemeinen bürgerlichenGesetzbuches, Bd. 1, 1911, S. 398.

〔3〕 可参见 F. Bydlinski, in: Rummel (Hrsg.), Kommentar zum Allgemeinen bürgerlichenGesetzbuch, 3. Aufl., 2000, § 6 Rn. 2; P. Bydlinski, in: Koziol/P. Bydlinski/Bollenherger (Hrsg.), Kurzkommentar zum ABGB, 3. Aufl., 2010, (im Folgenden: KBB) § 6 Rn. 1; Posch, in: Schwimann (Hrsg.), Praxiskommentar zum Allgemeinen BürgerlichenGesetzbuch, 3. Aufl., 2005, § 6 Rn. 1。

〔4〕 Pisko, in: Klang (Hrsg.), Kommentar zum Allgerneinen bürgerlichen Gesetzbuch, 1. Aufl., 1933, S. 117.

手段以及立法资料对于法律理解的重要性。

(二)立法资料的概念

立法资料是什么,我们从任何法律规定中均无从得知。毋宁说它所指的一直以来都是学说[5]和判例[6]中对一种法学习惯用语的表达,该习惯用语在确认历史上的立法者意志的脉络中被加以使用。

对于探索立法者的意志而言,原则上可考虑所有的东西,只要它有助于在立法者当时的意图的意义上促进对法律的理解。[7] 奥地利的司法也曾经面临如下问题,即就此是否不可以参考曾参与法律筹备的部委官员的相关文章,[8]以及在一个涉及相关规范的解释的法院程序中,是否也不能为了探究法律所立基的意图和评价而询问法律文本的起草人(这个问题显然已被奥地利最高法院明确加以否定)。[9]

在奥地利,通说认为立法资料对历史方法意义上的法律解释极为重要。[10] 人们所理解的立法资料包括立法筹备工作的书面文件,如包含说明在内的草案,尤其是部门草案,政府提案,议会委员会的报告和议会会议记录。尽管有些不太精确,但人们可以一般且实用地这么表述:立法资料是那些"在立法程序中"附带产生的资料(Unterlagen)。[11]

二、立法资料作为解释工具

(一)立法资料在历史上和当下对于解释的教义学意义

对于立法资料对一部法律之解释的决定性作用这个问题,法学在《奥地利民法典》迄今的200年的适用历史中一直进行着研究,更准确地说其结论并不总是一致。在蔡勒(Franz Zeiller)(人们通常把他——与他的老师马蒂尼(Anton Martini)一起——称为《奥地利民法典》之父)的评注中,在第6条的解读中还找不到关于

---

[5] 可参见 Pfaff, GrünhutsZ 2 (1875), 254:"立法资料这个表达早已成为一个技术性的表达。"

[6] 在奥地利联邦法律信息系统(RIS)的裁判文书中输入"Gesetzesrnaterialien(立法资料)"这个概念作为搜索词,会得到2119命中的结果(2012.8.9访问)。

[7] F. Bydlinski, Juristische Methodenlehre und Rechtsbegriff, 2. Aufl., 1991, S. 449.

[8] OGH 1 Ob 90/74 SZ 47/65.

[9] OGH3 Ob53/72 EvBl 1972/337, 634;见针对这一主题的最新文献 Fleischer, Gesetzesauslegungdurch Befragung von Bundestagsabgeordneten, NJW 2012, 2087。

[10] P. Bydlinski in: KBB (Fn. 3), § 6 Rn. 5;不过同样观点也已见于 Pfaff, GrünhutsZ 2 (1875), 254("默示的解释工具")。

[11] Jabloner, Die Gesetzesmaterialien als Mittel historischer Auslegung, in: FSSchambeck, 1994, S. 448.

立法资料的提示。〔12〕 这并不奇怪,因为今天意义上的立法资料在当时并未提供给法律适用者和法学。但当时是存在通过援引与产生历史紧密关联的原始资料为法律理解提供定位帮助这种需求的,以下事实即为佐证,即学说和判例在《奥地利民法典》生效后最初十年里,由于缺少其他的历史资料,一再就解释问题求助于《奥地利民法典》最为重要的编辑者蔡勒的评注。

在19世纪下半叶,随着刊载《奥地利民法典》资料的档案开放,因此它们也可以为法学以及法律实践的目的加以利用时,情况开始起了变化。〔13〕 在这一背景下,至关重要的是律师、后来的司法和社会政治家奥芬纳(Julius Ofner)在1889年公开出版了负责立法事项的皇家委员会(Hofkommission)在会议中就《奥地利民法典》的征询意见的笔录。该出版物的序言就以下面的话开场:"征询意见笔录对于解释《奥地利民法典》的价值,无需多言。"这是一项清楚的提示,立法资料对于解释的重要意义于当时在很大程度上是没有异议的。

当然,在奥地利的学说中后来也曾一再有声音反对在法律解释时以历史上的立法者意志为取向。在第二次世界大战后多年的文献中,这一立场表现得特别明显,这显然是受到当时来说不久之前对纳粹——不法国家之立法的痛苦经验的影响。〔14〕

如今,法学中的历史方法作为法律解释的工具在奥地利被普遍承认,因而立法资料对于法律理解的重要性也广受认可。〔15〕 依比德林斯基(Franz Bydlinski),〔16〕 由立法机构的成员所通过的法律是抽象的立法者意志的表达。它的基础是法律筹备过程中作为决定性意见得到贯彻的诸多评价和目的。在解释法律时,没有什么妨碍也援引参与立法程序的当事人的意见作为理解立法文件的认知源泉。查明立法者的意图只不过是多种解释方法中的一种,这从《奥地利民法典》第6条、第7条就可以非常清楚地看出来。因此,在法教义学的考虑中,所主要涉及的,较少的是关乎历史方法根本是否正当这个问题,更多毋宁说是关乎历史方法的位值、排序、

〔12〕 作为可最终获得立法者意图和理由的源泉,他列举了"内容上或多或少是实证的"法律,"偶然的动因、特殊情况以及历史的或统计的数据"。

〔13〕 Pfaff, GrünhutsZ 2 (1875), 254, 261.

〔14〕 特别参见 Zingher, ÖJZ 1947, 41; A. Ehrenzweig, JBl 1947, 506; Wolff, in: Klang (Hrsg.), Kommentar zum Allgemeinen bürgerlichen Gesetzbuch, 2. Aufl., 1964, S. 90。

〔15〕 参见基础文献 F. Bydlinski (Fn. 7), S. 428ff.; weiter siehe ders., in: Rummel (Fn. 3), § 6 Rn. 15, 19; Koziol/Welser, Grundriss des bürgerlichen Rechts, Bd. I, 13. Aufl. 2006, S. 24; Posch, in: Schwimann (Fn. 3), § 6 Rn. 16; P. Bydlinski, in: KBB (Fn. 3), § 6 Rn. 5; Schauer, in: Kletečka/Schauer, ABGB-ON 1.00, § 6 Rn. 14。

〔16〕 F. Bydlinski (Fn. 7), S. 431.

因此也关乎立法资料在整个解释方法体系中的重要性的问题。[17]

(二)立法资料在当今解释工具体系中的位阶

在奥地利的法学文献中,目前对此问题基本上持如下立场,即在不同的解释方法之间原则上并不存在严格的等级关系。为了探索一项规定的意义原则上应当援引所有可使用的解释工具。[18] 如果法律适用者就此得出了不同的结论,那么一项解释论据具体享有的权重应当在案件的解决上起到决定作用。在这一背景下,一些人谈及辩证的程序,[19]另一些人则援引由威尔伯格(Walter Wilburg)发展出来的动态体系。[20]

比德林斯基深入思考了不同方法的相互协调,就此得出了一种实用的做法。[21] 因为在实践中很少出现使用不同的解释方法导致不同结果因而随后必须权衡具体论点的轻重的情况。因此,在每个解释任务中,似乎并无必要动用所有可用的工具,以澄清一项规定的意义。合乎目的且经济的是,在具体的法之获取(Rechtsgewinnung)过程中逐步地从抽象地测量费用,较为简单的方法挺进到更加复杂的方法,一旦找到了一个令人满意的解决方案就中断解释进程。与原则上投入全部的装配相比,这种解释工具的使用顺序也更贴近实践。

若人们在此意义上援引简便标准作为解释工具顺位的基础,那么人们会达致一种排序,它既符合第6条、第7条的目录,也为大多数的学说所支持:[22]语法解释(从规范的语义出发)先于体系解释(该解释专注于规范和其他规定的实质关联),在这两种解释之后才是历史解释(也包括援引立法资料)以及客观—目的方法(以此方法推究作为法律之基础的一般性评价和目的)。然后在这一层面,经常有必要权衡迄今的解释努力的诸种结论,以至于对解释问题的解答取决于解释论据的说服力的权重。

有时候,法律适用者在希望于历史解释的框架中援引立法资料以解答疑难问

[17] 就此特别参见 F. Bydlinski (Fn. 7), S. 553; E. A. Kramer, Methodenlehre, 3. Aufl., 2010, S. 170。

[18] 就此参见 Mayer-Maly, JBl 1969, 413, 415; F. Bydlinski (Fn. 15), S. 553; Koziol/Weiser (Fn. 15), S. 26; Posch, in: Schwimann (Fn. 3) § 6 Rn. 25; P. Bydlinski, in: KBB^3 § 6 Rn. 9; Schauer, in: Kletečka/Schauer (Fn. 15), § 6 Rn. 25。

[19] Koziol/Welser (Fn. 15), S. 25; Pasch, in: Schwimann (Fn. 3), § 6 Rn. 26.

[20] F. Bydlinski, in: Rummel (Fn. 3), § 6 Rn. 25; P. Bydlinski, in: KBB (Fn. 3), § 6 Rn. 9; Schauer, in: Kletečka/Schauer (Fn. 15), § 6 Rn. 27.

[21] F. Bydlinski (Fn. 7), S. 556.

[22] 此类观点特别参见 F. Bydlinski (Fn. 7), S. 562; Posch, in: Schwimann (Fn. 3) § 6 Rn. 25; Schauer, in: Kletečka/Schauer (Fn. 15), § 6 Rz 25。

题(Zweifelsfrage)时,会面临资料利用的结论之间彼此矛盾的难题。用于鉴定的草案(Begutachtungsentwurf)的解释说明和政府提案的解释说明可能彼此并不一致,或者从司法委员会的报告中推出的评价,不同于作为政府提案根基的评价。在这种情况下,就出现了立法进程中不同文件对于理解法律决议的权重的问题。就我所见,奥地利的文献迄今尚未深入探讨这个难题。

在我看来,此类疑问的消除一方面取决于材料的充裕性:材料对一项法律规定的目标和内容讨论越是广泛和细致,它对于问题的解决就越富有教益,越多产。例如,在奥地利国家参议会的专门委员会的报告中,被深入处理的通常是只有在委员会讨论过并且导致法律草案被补充或修正的问题。在国家参议会的全体会议的辩论中,也极少穷尽性地讨论法律草案。相反,更富有说服力上的大多是政府部委附加于一部法律草案(要么是送去进行鉴定的法律建议,要么是政府提案)的说明。

另一方面,资料在立法进程中占据的位置对其权重也具有一定的作用。立法资料越靠近法律决议,它就越直接表达立法者的意志并且对于法律的理解越重要。在此意义上,比如在部门的草案和政府提案间存在冲突时,更应遵守后者(政府提案),而在委员会报告中对规制目的的评价存在偏离时更应遵守委员会的偏离。

时间上与立法活动的接近,也在另一种意义上对立法资料的权重起着一定作用。立法活动发生在越久以前,立法资料就越旧,其对于法律适用的直接意义就越小。经验表明,文献和司法随着时间推移常常深入地(尤其也通过援引立法资料)讨论对一项法律规定的解释并且找到了可接受的解决方案,以至于不必直接动用立法资料。在一定情况下,也会增添新的法律材料,基于体系上的考量,该新材料使得对先前的立法活动的理解与其所处时代立法资料相比而言发生了改变。最后也要考虑的是,立法资料是在一定的政治、社会、经济和技术的条件下起草的,在将立法资料用于法律适用时须注意这些条件的变化,这些变化可以减损立法资料之于解释的价值。在学说中时而出现的认为很久以前的立法资料对于解释原则上毫无意义的立场,〔23〕在我看来是无法接受的。即便在今天,司法在解释《奥地利民法典》时,也不时地诉诸民法典的产生历史或者20世纪初帝国参议会关于《奥地利民法典》部分修正案的征询意见的笔录。〔24〕 这导向了如下问题,即司法,尤其是奥地利最高法院,在解释法律时赋予立法资料怎样的地位。

(三)司法中的立法资料

在奥地利最高法院的司法中,很少发现有对法律解释的原则性问题进行深入

〔23〕 可参见 Posch, in: Schwimann (Fn. 3), § 6 Rn. 20 (unter Berufung auf OGH 5Ob 6/80 SZ53/109)。

〔24〕 可参见 OGH 9. 5. 1985, 6 Ob 549/85; 24. 3. 1998, 1 Ob 394/97; 19. 5. 1998, 1 Ob412/97p。

讨论。最近,一如前述学说所支持的那样,奥地利最高法院至少对逐级渐进地使用具体的解释方法予以了承认。[25]

当法律的表述方式有疑问并且所关乎的问题为,是否应首先诉诸于在(特别是借助于立法资料)确定历史上的立法者意志的意义上的历史解释方法,抑或援引法律在当前客观意义内涵具有决定性的意义上的客观的—目的论方法的时候,奥地利最高法院经常会处理立法资料的意义这一问题。奥地利最高法院的司法实践路线(Judikaturlinien)更加倾向于在客观的—目的论方法的意义上回答这一问题,因此它似乎对立法资料的价值持怀疑的态度。[26] 据此,原则上不是以历史上的立法者的意志为准,解释者毋宁必须独立地继续发展和贯彻始终地思考立法者的规整以及其中所表达的价值标准。[27] 按照一个指导性判例(Leitentscheidung),[28] 法律应按照其固有的理性,即目的论地,按照规整的可辨识的目的和基本思想来加以理解。解释目标始终仅仅是寻找规范在今天的法律上具有的决定性的意义内涵。

一些判决系列在根本上与刚刚引用的对历史解释的判决大略一致明确地处理了立法资料及其解释价值。据此,只有在法律自身的表达方式有疑问时,才能援引立法资料进行解释。[29] 一项在法律中并未被暗含而仅仅存在于立法资料中的法律语句(Rechtssatz),不能透过解释而获得效力;[30] 特别是立法资料既非法律本身也不能权威性的解释法律。[31] 依据立法资料进行历史解释,需要特别谨慎,因为立法资料并未成为法律而且不必定与立法者的真实意志一致;[32] 不过,奥地利最高法院终归也宣称:历史解释具有一定的正确性推定。[33]

为了获得立法资料在最高法院判决中的意义的完整图像,我们当然不能忽略,判决援引历史性解释资料,特别是援引政府草案的说明,作为裁判的说理,尤其在适用新法律时对其进行了大量且详细的援引和评价,但却不提及解释原则或其他方法上的考量。在此首先被审查的是,对法律文义的字面理解是否与由立法资料

---

〔25〕 参见 9 Ob 241/02k JBl 2003,936。

〔26〕 只用参考 1 Ob 211/2 JBl1974,99; 4 Ob 56/75 EvBl 1976/53 ; 9 Ob 241/02kJBl 2003,936; RIS-Justiz RS0008874。

〔27〕 RIS-Justiz RS0008836.

〔28〕 1 Ob 374/97z SZ 71/57.

〔29〕 RIS-Justiz RS0008800,RS0008806; jüngst etwa 4 Ob 131/08f ecolex 2009/ 122,339 (Schumacher).

〔30〕 RIS-Justiz RS0008799.

〔31〕 Siehe zuletzt 6 Ob 4/08v EvBl 2009/2,27=GesRZ 2008,385 (Nowotny).

〔32〕 RIS-Justiz RS000876; siehe zuletzt 2 Ob 173/08tJB 1 2009,320.

〔33〕 6 Ob 670/82 SZ 56/116 = EvBI 1983/174,665.

得出的目的设定保持一致。[34] 这样看来,我认为不能把司法赋予客观的—目的论方法相对于历史方法的优先地位,理解为是降低立法资料之于法律解释的重要性的评价。奥地利最高法院在找法时是完全参照立法资料的,但人们不能因此当然地将文献中不时所声称的"立法资料信仰"或者"立法资料崇拜"[35]加诸于最高法院。只有当这种论证步骤不能得出令人满意的结论时,最高法院才使用客观的—目的论的方法。若人们希望以一种便利的表达评价奥地利最高法院对于立法资料之于解释的意义的立场,那么人们可能最好将最高法院的解释路径称为"方法实用主义"。[36]

三、立法资料作为认识法律的源泉

奥地利最高法院参考立法资料的实践,却不就此提出或者解决解释上的疑问,这促使我指出立法资料在法教义学中的一项几乎不受重视的功能。

立法资料的首要目的在于,在通往法律决议路上,借由告知立法程序的参与机关其所要审议的事项,为接下来的每一步做准备:在包含说明的部门草案以及鉴定程序的基础上,由职权单位预备政府草案,政府草案又构成部长会议上决议版本以及后续的委员会征询、评议的基础,委员会报告乃为全体会议的辩论而预备,全体会议的辩论最后进入,以一致或者多数决通过采纳草案为法律。因此,立法资料也记录了立法程序的(部分)法律行为以及法律合宪的产生。[37]

此外,在一定程度上构成立法资料的次要作用的是,一旦立法资料在内容上与成为法律的草案产生争议,其对于新法知识的传播也具有相当的重要性:作为法律决议的内容及其理解的认知源泉,立法资料(还独立于具体案件中提出的解释问题)适宜于促进对新法的认识,由此也有助于对新法的遵守。奥地利联邦总理府的实践也考虑到立法资料对于法律认识的这种重要性,依据其实践,在联邦法律公报上公布联邦法律时,将注明政府草案或者议员动议的申请以及国家参议会和联邦参议会的委员会报告的出处。

此外,立法资料还有一项功用:在一个到处都在抱怨规范泛滥以及法秩序不可概览的时代,行政的重要任务也包括,在其影响范围内促进对法律适用具有决定性作用的法律规定的认识,一方面尽可能保护规范的受众免受法律上的不利,另一方

---

〔34〕 可参见 7 Ob 204/07m EvBI 2008/75,403。

〔35〕 这一表述参见 Leitner,RdW 2007,203。

〔36〕 Vgl. E. A. Kramer (Fn. 18),S. 122,在和奥地利联邦法院的关联上被称之为"实用的方法多元主义"。

〔37〕 Jabloner,FS Schambek (Fn. 11),S. 449,Fn. 2.

面避免法律争议。在实践中,一个部门进行相应告知活动的基础就是立法资料,特别是政府提案中的说明。同样地,法律通过后直接在专业书籍市场上首次发行的法律的内容很大程度上建立在这些立法资料之上。除了法律的文辞之外,法学最初讨论新素材时的对象也是立法资料。

立法资料对传播法律知识的这种意义,对于规范受众获取涉及其生活领域的规定的原则性要求并非没有影响。按照学说和判例,违反《奥地利民法典》第2条规定的这种义务,〔38〕在具有轻过失时就将导致一项重要的过错非难,〔39〕而且在有些情况下对规范受众的要求也不仅仅限于查阅相关的法律公报。尤其是也可能需要阅读相关的信息文档或者征求专业的建议。在更为复杂的法律问题或出现了一个新的或发生变化的法律状况时,可考虑作为这样的顾问的主要是进行法律咨询的职业,如律师和公证员,也可考虑专门提供法律咨询的机构,比如承租人或消费者保护协会。〔40〕 对这些提供咨询者的要求是,他们获得有关提交给他们的法律问题的学说和重要的判例的知识,在某些情况下,尤其是在新的法律规定或者在缺少特殊的判例时,也一如奥地利最高法院已经指出的那样,通过查阅立法资料,获得相关的知识。〔41〕

四、立法资料的形成作为法律文本起草者的任务

一如上文所强调,在文章开篇的概念描述意义上的立法资料中,法律起草者附加在以供鉴定的部门草案后以及政府草案后的说明,不仅对于一般的法律理解,也对于法律适用者的解释任务,具有非凡的意义。大家普遍期待,立法资料含有对法律草案及其在规范的具体化全面而细致的讨论。对于立法资料的塑造,奥地利联邦总理府发布了通知,即所谓的法律起草指令。〔42〕 联邦政府通过部长会议决议宣布指令对联邦各部的活动有约束力,因此具有行政法规的法律性质。依此,所有的政府提案,同样适用于鉴定草案都应附加说明;该说明对涉及草案所立基的诸多情况和动因、草案的内容以及法律的影响给出详细的信息。说明应当分为总则和详细说明具体条文的分则。当然,在法律草案说明的内容的塑造上,还缺少更为详细

---

〔38〕 据此,法律一旦公布,任何人均不能以不知法为理由免责。就此参见 F. Bydlinski, in: Rummel (Fn. 3), § 2Rn. 1ff.; Schauer, in: Kletečka/Schauer (Fn. 15), § 2 Rn. 6f.。

〔39〕 RIS-Justiz RS0013253, RS0118363; OGH 10 ObS 243/93 EvBI 1994/140, 698; 2Ob 205/09z Zak 2010/237, 137.

〔40〕 关于律师责任,参见 W. Völkl/C. Völkl, Handbuch der Beraterhaftung, 2007, Rn. 562, 566。

〔41〕 OGH 9 Ob 508/94 JBl 1995, 371 = eco1ex 1995, 173.

〔42〕 网上链接为 www. austria. gv. at/DocView. axd? Cob1d= 16058。

的指示。

这种说明究竟在何种程度上符合为其所预设的功能,也即立法资料的质量,部分地取决于规整对象,部分取决于法政策上磋商立法计划的过程,部分取决于鉴定程序的结论,部分取决于并非最不重要的草案编辑知识状况、经验视野及问题视野。

至于法律草案及其说明的起草者的专业能力,就奥地利司法部的法律草案而言,可以说,在负责立法事务的机构团队中工作的都是训练有素的法官。他们似乎是在“操作中”学习法律起草者的“手艺”,即通过他们在司法部的框架内实际工作。对此并不存在专门的培训;尽管有时也邀请法律教授拟定草案及其说明,但大学也没有为此开设课程。因此,除了法学知识和法学思维能力之外,法律起草工作的质量也主要取决于法律起草者的语言天赋、表达技巧。

在多人合作一部法律草案时,与个体工作人员的能力无关,肯定可能出现文本的脱节、矛盾和其他缺陷。立法资料的产出能力有时尤其会被法律起草的缺陷所妨害,而这种缺陷的根源在于现代议会制共识民主的立法实践。对于法律起草者而言,可能引发问题的主要是政治家在解决立法者的任务时达成妥协的必要努力,以便在政党或利益代表之间达致对于法律通过所必要的协议。[43] 这可能会导致将人们不能达成一致的问题剔除出法律文本或者说明,或许也抱有这样的希望,即法律实践大概将会借由解释在其中一方或另一方所期望的意义上解决这些难题。立法资料中的这类漏洞或者对特定问题的沉默,当然也可能有其他原因,特别是诸如在撰写说明时完全未重视或者忽视了某个问题。[44]

政治方针也可能导致法律和立法资料中存在体系性的缺失,比如通过将一部法律草案相当大地限制于一个较小法律的子领域,而不考虑更大的脉络便对该领域加以重新塑造。[45] 有时,法政策上的方针自始便与一个法律领域的重要评价和基本原则不一致。最后,对于法律起草者的工作来说,一个普遍的、常常被抱怨的困难往往是在政治决策者的时间规划的基础上实现立法项目的压力,而这种压力自然也会影响到说明的质量。

---

〔43〕 就此参见 Tomandl, Im juristischen Methodendschungel, ÖJZ 2011, 539, 544。

〔44〕 因此,必须警惕从资料的沉默中推导出对法律的特定理解或者对某一现存判例的同意。就此比较 Leitner, ecolex 2008, 417; ders., RdW 2007, 200; vgl. auch 5 Ob 148/07m JBl 2008, 521 = ecolex 2008, 322 (Wilhelm)。

〔45〕 就该难题详见 Noll, Gesetzgebungslehre, 1973, S. 218。

五、结论

正如人们所见,法学和司法中对立法资料之于法律适用的用益的评价存在一定的矛盾。一方面,毫无争议的是,立法资料在实施新法时具有重大的实践意义:立法资料是有关新法的一般信息的基础,并且它为文献和司法理解法律提供初步的导向。在接下来的解释中,它也在历史方法的框架内扮演着重要的角色。诚然,当与其他解释方法冲突时,立法资料往往只被学说和判例赋予了次要地位。一些人也抱持如下立场,即立法资料对于解释的重要性随着一部法律的适用期限的推移而不断降低。对立法资料缺陷的抱怨也并不少见。尽管在民主立法程序中工作的法律起草者面对诸多困难,但是尽可能避免这些缺陷,必定是立法机关的工作者的不懈追求。

在这一背景下,也要特别指出过去所进行的讨论,即立法方法与改进立法工作结果的目标也渗透到了法学中。[46] 位于这种努力前沿的主要是改善法条架构的考虑和建议。立法资料在这一讨论中仅仅扮演次要的角色。在我看来,就立法资料对于立法本身和法律适用的重要性而言,值得期待的是更为深入地讨论法律起草者对法律进行论证和说明的任务,尤其是在民事立法领域。

(责任编辑:夏昊晗)

---

〔46〕 就奥地利的情况,可参见 Winkler/Schilcher (Hrsg.),Gesetzgebung,1981; Öhlinger(Hrsg.),Methodik der Gesetzgebung,1982; Schäffer (Hrsg.),Theorie der Rechtssetzung,1988; Bachmann/Jahnel/Kienbacher(Hrsg.),Gesetzgebungsverfahren und Gesetzqualität,1992。目前关于这个主题的讨论似乎是已经变得比较平静了。

瑞士的法律制定过程*

[瑞士]耶尔格·施密特** 著　任倩霄*** 译

目　次

一、导论

本文从瑞士的角度介绍和分析议会的制定法——主要以私法为例[1]——制定过程的意义。立法过程中的文件,即所谓的立法材料,是我们讨论的出发点(二、)。随后探讨了立法

---

* 本文原题"Die Entstehung von Gesetzen in der Schweiz",载 RabelsZ 78 (2014),S. 329ff. 译文为吉林大学基本科研业务项目"中介类网络平台合同责任研究"阶段成果。

** 耶尔格·施密特(Jörg Schmid),瑞士卢塞恩大学私法与比较私法教席教授。

*** 任倩霄,法学硕士,瑞士弗里堡大学法学博士研究生。

〔1〕 然而,按照瑞士的观点,原则上,私法规范应当与公法和刑法规范按照相同的原则进行解释。跟许多人观点不一致,BGer. 27. 11. 1990,BGE 116 Ia 359,367 f. E. 5c;Susan Emmenegger/Axel Tschentscher,in:Berner Kommentar,Schweizerisches Zivilgesetzbuch,Einleitung und Personenrecht,Bd. I:Einleitung und Personenrecht,1. Abt.:EinleitungArtikel 1－9 ZGB(2012) Art. 1 ZGB Rn. 92 und 108;宪法解释的特殊性,参见 UlrichHäfelin/Walter Haller/Helen Keller,Schweizerisches Bundesstaatsrecht8(2012) Nr. 77 ff.。

的重要参与人(三、)。然后重点探讨了立法过程(材料)在法律解释和续造中的意义(四、)。最后对本文的几点论题进行了概括,作为结语(五、)。

首先要指出的是,绝大部分瑞士私法系由联邦层面的法律作规定,[2]因此下文的论述仅限于私法,准确点说是仅限于国内规范。国际条约以及各州私法解释中的特殊问题,在此不作讨论。

二、立法材料的概念和类型

(一)概念

在瑞士立法中并不使用,或者仅在例外情形下才使用立法材料(德文:Gesetzesmaterialien;法文:les travauxpréparatoires)这一概念,[3]但是它对于学说和判例却不可或缺。按照常见的观点,立法材料系指,"立法者的准备工作中的以及立法过程本身的官方文件(比如预草案、草案、专家意见、动议报告、联邦报告、指令、各个委员会和议会的会议记录)。"[4]从广义上讲,其他影响到法律项目的文件也属于立法材料,它们可以是"行政机关内部的"[文件](行政机关的报告,亦即各部会提交给联邦委员会的提案,或者联邦委员会(Bundesrat[5])和主管的行政单位提交给联邦议会下设的各个委员会的报告),或者也可以是行政机关外部的[文件](比如外界的法律意见书、专家报告、研究和专业论著)。[6] 据此,(立法)材料这个概念的特征并不在于它的(官方)来源,而在于文件本身是否具备说明法律或法律规定之产生过程的能力。可以大而化之地将其称为"立法的书面凭证"。[7]

---

[2] 按照1999年4月18日的《联邦宪法》(BV)——联邦法律体系汇总(SR)101——第122条第1款的规定,民事立法属于联邦事务。联邦州可以在联邦法律允许的范围内颁布本地的私法规范;1907年12月10日的《瑞士民法典》(ZGB)——SR210——第5条第1款。

[3] 参见1968年6月7日在伦敦签订的《关于外国法查明的欧洲公约》,SR 0. 274. 161,第7条规定:"答复旨在以客观公正的方式向发出查明请求的司法机关告知被请求国家的法律。根据案件的情况,该答复必须包含相关的法律和条例的文本以及相关的司法判决。若对于发出查明请求的司法机关是有必要的,则应在答复中附加补充材料,比如对学术作品和立法材料的摘录。必要情况下,也可以在答复中附加解释性的意见"。

[4] Arthur Meier-Hayoz, in: Berner Kommentar, Kommentar zum schweizerischen Privatrecht, Bd. I: Einleitung und Personenrecht, Einleitung: Artikel 1-10 ZGB (1966) Art. 1 ZGBRn. 215;类似观点,参见Peter Tuor/Bernhard Schnyder/Jörg Schmid/Alexandra Rumo-Jungo, Das schweizerische Zivilgesetzbuch13 (2009) § 5 Rn. 16。

[5] 在德国,Bundesrat系立法机关,通常译为"联邦参议院";在瑞士,Bundesrat是行政机关。——译者注

[6] Laurenz Rotach, Zugang zu den Materialien des Gesetzgebungsverfahrens, Gesetzgebung& Evaluation (LeGes) 19 (2008) 245 f.

[7] Berner Kommentar/Emmenegger/Tschentscher (Fn. 1) Art. 1 ZGB Rn. 312. ——此处所为之概念界定依其意涵也适用于(本文未予考虑的)具有私法上的规制内容的国际公约。

(二)类型

除可将立法材料分为官方的和非官方的之外,在此首先应当以是否向外界公开为标准对立法材料再作区分:

立法过程的部分文件是向外界公开的。特别是联邦委员会(政府)的预草案(及其说明性的报告)、对意见征询(听证程序)所作的总结、联邦报告和联邦委员会的草案以及联邦议会的谘议,但以联邦议会全体大会上所作之谘议为限。多数情况下,学术论文和专业论著亦向外界公开。

与此相反,另一部分立法材料不向(或者至少不是直接向)外界公开。通常情况下,专家委员会的会议记录、具体的意见征询文本以及联邦议会中的各委员会(连同可能会有的听证会)和联邦委员会的会议记录等皆属此类。专家的报告和研究亦有可能不向外界公开。

哪些官方文件是可向外界公开,应以立法本身为标准作判断,特别是要按照《公开法》[8](Publikationsgesetz)和《行政公开法》[9](Öffentlichkeitsgesetz)。联邦委员会针对将由联邦国会颁布[的法律]作出的联邦报告(Botschaft)和草案属于通过联邦公报(Bundesblatt)(作为联邦的官方公开机构)向外界公开的文件(《公开法》第13条第1款字母a)。

(三)联邦委员会的联邦报告之重点介绍

"联邦报告"系联邦委员会(政府)对提交给联邦议会的文件,旨在对法律草案作出立法说明并且在必要的情况下对具体条文加以评注(《议会法》第141条第2款[10])。联邦报告"浓缩"了立法过程的前期步骤并对其结果作出说明。[11]

---

[8] 2004年6月18日《关于联邦法律的汇总和联邦公报的联邦法律》(简称《公开法》,PublG),SR 170.512。

[9] 2004年12月17日的《关于行政公开原则的联邦法律》(简称《行政公开法》,BGÖ),SR 152.3。该法虽以公开为原则(更准确地说,每个人都有查阅官方文件并且从机构中获得官方文件内容的信息的权利;《行政公开法》第6条),但是亦为此设置的重要的例外情形(《行政公开法》第7~9条)。比如,不存在获取所谓共同报告程序(Mitberichtsverfahren)之官方文件的权利(《公开法》第8条第1款)。关于官方文件在网络上的公开,参见2006年5月24日《行政公开原则条例》(简称《行政公开条例》,VBGÖ)第19条,SR 152.31。联邦议会(包括议会下属的各个委员会)和联邦委员会不受行政公开法的拘束——2003年2月12日关于《行政公开法》的联邦报告;2003年,1985年和2013年的瑞士联邦的联邦公报(BBI)。关于联邦州的立法材料之公开,参见 Ivanov Daniela, Die Veröffentlichung von Materialien in den Kantonen, LeGes 24 (2013) 105 ff.。

[10] 2002年12月13日《关于联邦议会的联邦法律》(简称《议会法》,ParlG),SR 171.10。

[11] Berner Kommentar/Emmenegger/Tschentscher (Fn. 1) Art. 1 ZGB Rn. 313.

因具备前述特性——作为法律草案的第一评注，[12]至少在联邦议会未对联邦委员会提出的规定作修改而径直将其纳入法律的情况下，联邦报告作为法律解释的辅助文献在立法材料中具有特殊地位。如上文所述，联邦委员会的联邦报告都会刊载于联邦公报(《公开法》第13条第1款字母a)并且因此而向外界公开。

鉴于瑞士的多语言情况，联邦公报同时以联邦的三种官方语言刊行，即德语、法语和意大利语(《联邦宪法》第70条第1款)。对于由联邦发布的法律文件，法律明文规定，三种语言文本具有同等效力。[13] 在[法律文本]存在疑义时"文本批评方法"以法律草案所采纳的某一种语言文本为基础，基于前述理由[各文本具有同等效力]，不宜采纳"文本批评方法"。[14]

三、立法的重要参与人

由于在国家机构的框架内，将法律草案提交给联邦议会并以联邦报告的形式对草案作说明属于联邦委员的基本任务，故应将联帮委员会视为立法过程中的重要参与人之一。联邦委员会确定立法计划的政治目标(《议会法》第146条)，故而它在每个立法项目之初就已参与其中，主导立法的预备程序(《行政机构组织法》第7条[15])，并且因此——纯粹从现实的角度来看——而对计划颁布的法律的政治安排起到关键的推动作用。此外，联邦委员会的联邦报告(始终向外界公开)在拟定之时即已具备高度的专业性，并且通常会有细致的论证。联邦报告的内容中亦有对提案与上位法之间一致性的说明及草案与欧洲法关系的说明(《议会法》第141条第1款字母a)。

无论如何，在[拟定法律]草案及草案附带的应提交给联邦议会的联邦报告之前，联邦委员会(或者相应主管的部会)都会拟定预草案及相应的报告，并且将其

---

〔12〕 Berner Kommentar/Emmenegger/Tschentscher (Fn. 1) Art. 1 ZGB Rn. 313，甚至称其为"法律的第一评注"，这当然需要满足以下条件：联邦议会未作重大修改就通过了联邦委员会草案中的相关规定。

〔13〕 《公开法》第14条第1款的规定如下："应同时以德语，法语和意大利语三种官方语言进行公开。对于所颁布之法律，三种语言的版本具有相同的拘束力。"该规定位于《公开法》的第5章("一般性规定")，并且因此不仅涉及法律汇总(联邦法律的官方体系性汇总)，还涉及联邦公报。关于三种官方语言的同等效力，亦参见2007年10月5日《关于国家的多语言和语区之间的协调沟通的联邦法律》(简称《语言法》)第5条和第10条，SR 441。

〔14〕 Heinz Hausheer/Manuel Jaun, Die Einleitungsartikel des ZGB (Art. 1-10 ZGB) (2003) Art. 1 ZGB Rn. 26.

〔15〕 1997年3月21日的《政府和行政组织法》(RVOG)，SR 172. 101。一般情况下，由联邦委员会来领导立法的预备程序，即便《政府和行政组织法》第7条保留了议会的提案权(das parlametarische Initiativrecht)(《联邦宪法》第160条)，亦然。

提交给旨在"征询意见"[的听证程序]。通过这一听证程序,政党、利益团体、各州以及其利益相关人(如大学)等有机会对预草案发表意见。因此,这样既可以利用专业知识,亦可试探政治上的阻力,并且可在必要时调整预草案。

从形式上看,联邦议会(国民院和联邦院)是联邦立法机关(《联邦宪法》第 163 条及第 164 条;《议会法》第 22 条及第 23 条)。联邦议会负责处理联邦委员会的草案(经由两院——国民院和联邦院——分别进行立法辩论,并经两院负责预先谘议的委员处理之后),通过联邦法律。[16] 因此,在处理立法项目之时,国民院和联邦院所发表的意见系"历史上的立法者"的意见之重现。在很多情况下,明示或默示地接受联邦委员会的提案(以及其理由说明书)即为立法者意见之表达,有时亦可通过明确修改提案并附上独立理由的方式为之。然而,仅全体大会所作谘议之记录会向外界公开;预先进行的谘议之记录虽然亦有可能记录了观点的变化过程,却不会以全文的形式向外界公开(但是会由相关委员会的发言人在委员会全体大会中以简短的形式作总结)。

在立法项目的起草阶段,(行政机关之外的)专家可能会起到重要作用。因此,这些专家报告或解释说明亦以书面形式记录了法律的制定过程。近来,[立法者]非常克制地利用专家或者专家委员会(可以将其理解为法律的编辑人员)。[17] 不过,在瑞士的法律编纂过程中,委托法学教授编辑法律[草案]的情形却颇为常见。《瑞士债法典》之父瓦尔特·蒙钦格(Walter Munzinger,伯尔尼大学法学教授兼国民院议员)[18] 和《瑞士民法典》之父欧根·胡贝尔(Eugen Huber,伯尔尼大学法学教授兼国民院议员)即为著名例子。欧根·胡贝尔对《瑞士民法典》所撰之"预草案理由说明"[19] 至今仍被用作法律解释的辅助材料。

前文已对立法过程中重要的参与人一一作了说明。仍须指出的是,近年来,学

---

[16] 此外,国民院和联邦院的每个成员都有提案权(《联邦宪法》第 160 条)。

[17] 然而,即便已经成为例外,近来也还是有一些"大型"专家委员会的例子。联邦政府(联邦司法警察部)在 1993 年为修订《瑞士民法典》的监护制度(成年人保护)任用了 3 名专家组成专家委员会,让他们提交论文,然后又在 1999 年召集了 20 名专家组成跨学科专家委员会,BBI. 2006,7008ff.。

[18] 参见 Urs Fasel, Handels-und obligationenrechtliche Materialien (2000) insbes. 507 ff.; Urs Fasel, Walther Munzinger-Vorreiter der Schweizer Rechtseinheit, ZEuP 11 (2003) 345; Eugen Bucher, Die Entwicklung des deutschen Schuldrechts im 19. Jahrhundert und die Schweiz-Zugleich Besprechung der Materialien-Edition zum schweizerischen Handels-und Obligationenrecht von Urs Fasel, ZEuP 11 (2003) 353。

[19] 1901/1902 年,第 1 版;1914 年,第 2 版(在法律生效后)。值得注意的是,在"理由说明"(Erläuterungen)的标题页上没有出现欧根·胡贝尔的名字。在前言(S. Vff.)中才可以看出该预草案(在封面上被标注为"联邦司法警察部的预草案")出自胡贝尔之手。

界常常评议和批评立法计划(尤其是预草案)。如果立法者接受了这些论点或批评,那么学界的这些立场对于法律解释也有意义。另外,学界亦有可能通过批评现行法而促成法律的修订。

"法律委员会"——可将其理解为以批判者的姿态关注现行法及其适用并提交相应修订建议的常设独立委员会——在瑞士并不存在。因此,让大家注意到法律规范有修订之必要,仍是学界和司法实务的任务。

四、立法材料在法律解释和续造中的意义

(一)瑞士的法律解释概述

《民法典》第1条第1款规定,法院受法律约束(并且有义务将法律适用于全部法律问题,但以法律依其文义或解释对法律问题已做规定为限)。但是这一规定并没有回答该如何进行法律解释的问题。依照瑞士学界的通常见解,法律解释的目的在于探求某一法律条文的客观意义,即"立法目的",[20]有时也被称为"客观的解释方法"。[21] 据此,起决定性作用的不是立法者的主观意志,而是"理智而正直的法律受众在其可识别的情境中从立法者的表述中应当得出的内容"。[22] 可以以信赖为论据支持(正直的)从法律受众的视角[解释法律];它以诚实信用原则为基础,而该原则也适用于国家(立法者)与公民(法律受众)之间的关系。[23]

在法律受众的视角中,至于是应以法律颁布之时的理解为准("客观且以立法之时为准的解释方法"),还是应以适用相关规范之时的理解为准("客观且以适用之时为准的解释方法"),存有争议。[24] 大家普遍采用的是各种折衷立场,它们虽

---

〔20〕 例如,David Durr,in:Baumann/Durr/Marti/Lieber/Schnyder,Kommentar zum Schweizerischen Zivilgesetzbuch,Bd. I:Einleitung-Personenrecht,Einleitung,1. Teilbd.:Art. 1-7 ZGB(1998)Art. 1 ZGB Rn. 105 ff.。

〔21〕 Bettina Hurlimann-Kaup/Jörg Schmid,Einleitungsartikel des ZGB und Personenrecht2(2010)Nr. 123.

〔22〕 Berner Kommentar/Meier-Hayoz(Fn. 4)Art. 1 ZGB Rn. 144.

〔23〕 Berner Kommentar/Meier-Hayoz(Fn. 4)Art. 1 ZGB Rn. 146;Henri Deschenaux,in:Schweizerisches Privatrecht,hrsg. von Max Gutzwiller,Bd. II:Einleitung und Personenrecht(1967)82 f. und 84;relativierend Ernst A. Kramer,Juristische Methodenlehre3(2010)130.

〔24〕 Übersichten etwa in Berner Kommentar/Meier-Hayoz(Fn. 4)Art. 1 ZGB Rn. 141;Kramer,Methodenlehre(vorige Fn.)118 ff.;Paul-Henri Steinauer,Le Titrepréliminaire du Code civil,in:Traité de droitprivésuisse,hrsg. von Pierre Tercier,Bd. II/1(2009)Nr. 318 ff.;Berner Kommentar/Emmenegger/Tschentscher(Fn. 1)Art. 1 ZGB Rn. 169 ff.

然各有其倾向性(以立法时或者法律适用时的理解为准),在结果上却相差不大。[25]

联邦法院虽亦未在这两种倾向间选边站,但在结果上采纳的却是折衷说。[26]近几十年来,联邦法院坚定地认为,在探求某一法律规范的“真正射程”时应以法律文本为出发点,并且“应兼顾所有的解释方法”[27](方法论多元主义),具体而言,即文义解释、目的解释、历史解释和体系解释。对此,联邦法院在2013年2月6日的判决中对其惯常实践作了总结,内容如下:

“法律解释应以立法者的规制意图以及其可辨认的价值判断为准。对法律规范的解释以其文义出发点。若有正当理由认为立法者并无此意,则可偏离[法律规范的文义][……]。这些理由尤其可能来自该规范的制定过程、规范的立法目的或者基于该规范与其他法律规定的关系[……]。此即历史解释、目的解释及体系解释。因此,在对规范进行解释时,除了文义解释亦应重视这些传统的解释方法[……]。”[28]

立法过程的参与人亦认为,在解释法律之时应一并考虑立法材料。所以,联邦委员会在其向联邦议会作出的联邦报告中也常会采纳那些虽未被纳入法律文本却但是有助于条文理解(或者条文的完整性)的见解。[29]　在议会的谘议中,联邦委

---

〔25〕 例如,Berner Kommentar/Meier-Hayoz (Fn. 4) Art. 1 ZGB Rn. 141 und 151 ff.(明确追随其观点者有:BGer. 9. 10. 1990, BGE 116 II 525, 527 E. 2b)及 Steinauer, Titrepréliminaire (vorige Fn.) Nr. 324 ff.(认为应采纳“客观且以立法之时为准的解释方法”);与之相反的有 Kramer, Methodenlehre (Fn. 22) 133 ff., Baumann/Durr/Marti/Lieber/Schnyder/Durr (Fn. 19) Art. 1 ZGB Rn. 135 und 140, 和 Berner Kommentar/Emmenegger/Tschentscher (Fn. 1) Art. 1 ZGB Rn. 173 und 177 ff.(认为应采纳“客观且以适用之时为准的解释方法”);亦参见 Franz Werro, in: CommentaireRomand, Code civil, Bd. I: Art. 1-359 CC, hrsg. von Pascal Pichonnaz/Bénédict Foëx (2010) Art. 1 CC Rn. 68(引用不分先后)。

〔26〕 亦参见 Tuor/Schnyder/Schmid/Rumo-Jungo (Fn. 4) § 5 Rn. 11 und 18; Kramer, Methodenlehre (Fn. 22) 121 ff.。

〔27〕 跟许多人观点不一致, BGer. 6. 11. 2012, BGE 138 IV 232, 234 E. 3(这个判决涉及刑法的解释,但是为论证其观点参引了大量的私法上的判例);一般情况下,跟许多人观点不一致, Kramer, Methodenlehre (Fn. 22) 122 f., 他亦将方法论多元主义称为“方法论投机主义”; Berner Kommentar/Emmenegger/Tschentscher (Fn. 1) Art. 1 ZGB Rn. 194 ff.。

〔28〕 BGer. 6. 2. 2013, BGE 139 V 82, 84 E. 3. 2. 2. 类似的情况,参见最近的 BGer. 28. 3. 2013, BGE 139 V 108, 111 f. E. 5. 1; 4. 3. 2013, BGE 139 V 148, 153 E. 5. 1; 17. 12. 2012, BGE 139 III 98, 100 E. 3. 1。

〔29〕 例如:在2007年6月27日《瑞士民法典》修订的联邦报告中(登记式抵押证书和物权法的其他修订),联邦委员会认为,《瑞士民法典》第842条第2款所要求的抵押证书债权(Schuldbriefforderung)与基础关系债权(Forderung aus dem Grundverhältnis)并存,“无异于以法律规定的形式确立抵押证书的让与担保(译者注:即让与证券式抵押证书本身的所有权作为担保手段,详情参见 Schmid/Hürlimann-Kaup, Sachenrecht (2012), Rn. 1844ff.), BBI. 2007, 5321。这对于法律解释具有重要意义,并因此有必要加以注意,因为法律的文本中没有提及让与担保,因此亦未对此设定相关规定。

员会或者国民和联邦两院通常会明确地作说明,从而“使之成为立法材料”——基于以下见解:法律生效之后,法律适用者会主动接受这些(被记录下来的)的见解的影响。在这种情境下,联邦报告或者议会的讨论中的见解——颁布的法律或者某一法律规定跟欧盟的指令相一致——亦具有重大意义,因为它追求的是特定的(“与欧盟兼容的”)法律解释。[30]

(二)*以历史解释方法为重点*

在法律解释方法的准则中,依联邦法院一贯的表述,法律规定的制定过程“在探求法律规范的意义时,虽然不能直接起决定作用,但是可用作辅助手段”。[31]对此,司法实务强调指出,即便以历史为导向的法律解释亦以探求规范的目的为目标,故此而“必然包括目的解释”。[32] 然而,总的来说,联邦法院的实务在运用和评价历史解释方法方面并不一致。对此通过下面的几个例子加以说明:

1957 年 6 月 26 日的一个判决[33]涉及了《沃州宪法》的某一规定的解释。《沃州宪法》规定,年满 20 周岁的瑞士男性公民(den Schweizer Bürgern)有投票权和选举权。[34] 州的主管机关驳回了诉愿人(沃州女性 Antoinette Quinche)的诉求——把她登记到选民登记簿并且发放选民证,理由是,宪法的立法者通过“所有瑞士男性”(德文:alle Schweizer;法文:tous les Suisses)这一表述明确地只将投票权赋予了该州的男性居民。联邦法院也认可了下级法院的判决:如果根据法律规范或者宪法规范的制定过程可以明确得出立法者的意志,那么立法者的意志对于法律解释至关重要,至少在相关机构数十年来一直在该意义上使用相关条文时,可以这么做

---

[30] 例如:针对不正当的一般交易条款的规定,2011 年重新起草的《反不正当竞争法》第 8 条接受了《欧洲一般交易条款指令》(Richtlinie 93/13/EWG des Rates vom 5. April 1993 über mißbräuchliche Klauseln in Verbraucherverträgen, ABl. 1993 L 95/29)的表述方式,对此在联邦委员会的联邦报告中(BBI. 2009, 6171, 6173und6179)和在联邦议会的谘议(如 Amtl. Bull. 2011, Ständerat, S. 304 f.; Amtl. Bull. 2011, Nationalrat, S. 800)中均有指出。关于对瑞士法作与欧盟指令相一致的解释,亦参见 Kramer, Methodenlehre (Fn. 22) 292 ff.; CommentaireRomand/Werro (Fn. 24) Art. 1 CC Rn. 95 ff.; Berner Kommentar/Emmenegger/Tschentscher (Fn. 1) Art. 1 ZGB Rn. 57, 59 und 300 ff.; 持谨慎批评态度的,参见 Heinrich Honsell/Pascal Pichonnaz, Schweizerischer Juristentag 2011: 100 Jahre Obligationenrecht, ZSR 130 (2011) II Heft 1 S. 29 ff.。

[31] BGer. 6. 11. 2012, BGE 138 IV 232, 235 E. 3.

[32] BGer. 9. 10. 1990, BGE 116 II 525, 527 E. 2b.

[33] BGer. 26. 6. 1957, BGE 83 I 173; 对此亦参见 Kramer, Methodenlehre (Fn. 22) 118,其中提到一个与本案相似的案例,解决方案却与本案相反,即 BGer. 27. 11. 1990, BGE 116 Ia 359 (亚本塞州[Appenzell]的妇女投票权)。

[34] 《沃州宪法》第 23 条的法语原文如下:“[...] sontcitoyensactifstous les Suissesâgés de vingt ans révolus, établisou en séjourdans le cantondepuistroismois [...].”

(这样的话,该法律解释则具有习惯法的特性)。该条文起源于1885年并且可追溯到1861年和1845年版本,对于这个有争议的宪法条文法院是这么处理的:该条关于公民权利的规定始终限于男性公民,彼时女性的投票权无足轻重,“即便当时已经有一些先锋学者把它作为理论问题提了出来”。[35] 在这些情况下,将投票权扩张至女性是个应由立法者来决定的问题;法院不得通过法律解释的方法引入这项权利。[36]

2012年11月6日的一个判决[37]涉及了对瑞士新《刑事诉讼法》一条规定的解释问题:是否允许监控第三人的电话通讯(《刑事诉讼法》第270条字母b数字1)。联邦法院首先重点以立法过程作为辅助手段,在解释较新的法律时,尤其如此。[38] 联邦委员会的联邦报告亦曾对监控第三人电话通讯作过(简要)说明,但是——联邦法院指出——国民和联邦两院均未对这个问题展开讨论。易言之,立法者未曾深入地探讨过这个问题,而是“显然认为,关于法律解释的具体特殊问题应由司法实务来作澄清”。[39] 因此,立法过程未能为司法解释提供关键[信息]。

2012年12月6日的判决[40]提出了如下问题:若法院违背《民事诉讼法》第145条第3款的规定,[41]未向当事人释明期限中止的法定例外(在如下情形:在简易程序中期间应继续计算,不中止),会产生什么后果。联邦法院作出裁决,若法院未作释明,则期间中止。[42] 实际上,联邦法院论证这个问题时,只利用了立法材料:专家委员会对预草案所做之报告、联邦委员会的联邦报告以及下述情况——预谘议委员会及国会两院均未讨论该条由联邦委员会提议的规定。

总的来说,这几个例子还不足以完整地阐释立法材料在法律解释中的意义。为支持通过其他方法获得的特定的解释结果(解释结果的价值判断基础有时并不清楚),立法材料常常被认为是意义重大或者毫无意义;有时会让读者觉得太过随意。需特别指出的是,基于国民院和联邦院(议会)未仔细讨论联邦委员会的提议

---

[35] BGer. 26. 6. 1957, BGE 83 I 173, 180 E. 5.

[36] BGer. 26. 6. 1957, BGE 83 I 173, 119 f. E. 4.

[37] BGer. 6. 11. 2012, BGE 138 IV 232.

[38] BGer. 6. 11. 2012, BGE 138 IV 232, 235 E. 3.

[39] BGer. 6. 11. 2012, BGE 138 IV 232, 236 f. E. 5. 1 und 5. 2. 亦参见 BGer. 28. 3. 2013, BGE 139 V 108, 110 f. und 112 E. 4. 1 und 5. 3 对一个社会保险法的解释问题所作之论述,立法者明确地将该问题交给了司法实务。

[40] BGer. 6. 12. 2012, BGE 139 III 78.

[41] 2008年12月19日《民事诉讼法》,SR 272。《民事诉讼法》第145条第3款的内容如下:“应当向双方当事人释明第2款规定的例外(不适用期间中止的情形)。”

[42] BGer. 6. 12. 2012, BGE 139 III 78, 83 ff. E. 5, 尤其是 E. 5. 4. 3.

及其立法理由这一情况，可以得出完全相反的结论：这一论据既可用于论证立法者重视立法材料（“立法者以默示的方式接受了联邦报告”）亦可用于论证立法者在这个问题上粗心大意（“立法者未深入研判这一问题，显然欲将这一问题之解释交由司法实务”）。

至少，可对联邦法院的司法实务的发展趋势作如下总结：

1. 在对较新的法律或法律修正作解释时，历史解释方法愈趋重要，原因在于，可以识别出立法者（相对而言）最新的规制意图，并且“业已变更之情势及经改变后的法律理解亦不见得会提供其他解决方案”。〔43〕 因此，可从司法实务得知，立法材料“对于较新的法律而言是重要的理解工具，在解释法律时，总是可以利用之”。〔44〕 与此相反，如果要解释某一较旧的法律规定，立法材料的说服力则会下降，〔45〕原因在于，很快会不可避免地出现法律续造，法律解释亦会更迅速地作出调整，以因应变化后的情况或新发展。〔46〕

2. 同样地，若法律适用机构在几十年里都一直以这一方式适用法律（以至于规则有了习惯法的属性），则历史解释同样也特别重要。针对这一情况也有一些判决，这些判决都坚持认为，不能借助法律解释来完成法律实践的变革，而是说，法律实践的变革需要立法者的干预。〔47〕

除上述不确定性之外，还有如下情况：从立法程序参与人——主要是指参与联邦议会的谘议的政治家们——的意见中，常常不能前后一致地展现立法者的规制意图。〔48〕 立法的终极奥义乃是：政治研判；“唯一的”立法者——可将其理解为连续且一致地发表意见的主体——并不存在。即便多数议会成员赞同某法律文本（文义），亦不能由此得出，议会成员对其理由持统一意见。因此，若以立法过程作为解释工具，必须特别仔细地检视某些说法是不是获得了普遍认可，也就是说要仔

〔43〕 BGer. 17. 12. 2012, BGE 139 III 98, 100 E. 3. 1; 6. 11. 2012, BGE 138 IV 232, 235 E. 3; 结论与此相同：BGer. 1. 3. 2007, BGE 133 III 273, 278 E. 3. 2. 2; Kramer, Methodenlehre (Fn. 22) 137; Baumann/Durr/Marti/Lieber/Schnyder/Durr (Fn. 19) Art. 1 ZGB Rn. 158; BernerKommentar/Emmenegger/Tschentscher (Fn. 1) Art. 1 ZGB Rn. 177 und 313. 对于较近的法律，立法材料的意义越发重大，参见 Max Staehelin, Die Bedeutung der Materialien fur die Auslegung des neuen Obligationenrechtes, ZSR n. F. 58 (1939) 19, 20。

〔44〕 BGer. 6. 12. 2012, BGE 139 III 78, 85 E. 5. 4. 3; 相似的有 BGer. 27. 9. 2011, BGE 137 III 470, 472 E. 6. 5. 2; 29. 10. 2012, BGE 138 III 694, 698 E. 2. 4。

〔45〕 Tuor/Schnyder/Schmid/Rumo-Jungo (Fn. 4) § 5 Rn. 18.

〔46〕 BGer. 9. 10. 1990, BGE 116 II 525, 528 f. E. 2b.

〔47〕 BGer. 26. 6. 1957, BGE 83 I 173, 179 ff. E. 4 und 5 (“沃州的妇女投票权”1957 年)。

〔48〕 类似观点，参见 Kramer, Methodenlehre (Fn. 22) 137; Berner Kommentar/Emmenegger/Tschentscher (Fn. 1) Art. 1 ZGB Rn. 310 f. 。

细检视那些在政治进程中获得多数(明示或默示)同意的说法。[49] 有决定性意义的是,立法者对特定问题的探讨是否足够彻底。[50] 此外,"只有可以认为它们能够还原规范的真正意涵时",联邦法院才会考虑相关人员或机构在准备阶段的某些观点。[51] 对此还有更多的判决采纳更为严格[的标准],只有相关人员的意见被写入了法律时,这些判决才愿意在解释法律时将其纳入考虑范围。[52]

如果立法机关已经明确拒绝某规则建议案,则在对法律的立法过程做评估时,可将这一"适格的沉默"考虑在内,[53]——立法者不想做这样的规定。

与之相反,若联邦议会仅仅"为了文字上的简化"而删除了联邦委员会所建议的法律规定,易言之,若法律规定在"语言和逻辑上冗余",则须另作处理;这样的话,这些(被立法者认为"理所当然"的)规定虽遭删除,但应视其为继续存在。[54]

(三)方法论上的争议点

应当对法律规范进行客观的解释——按照理智而具体的法律受众在最大限度地忠于(文本)的基础上对法律规范所做之理解——,我们在上文(四、)中已经以信赖为论据对此做过说明。在法律受众的"认知范围"内,在立法过程中的诸多要素中,只有那些可被法律受众识别的要素才能发挥作用。基于这一考量可得出如下结论:在解释法律时,只应考虑那些已经出版或已向外界公开的文件。未向外界公开的考量(比如委员会的会议记录)——尽管它们也算是立法材料——则无须加以考虑。本文在这个问题上所持之立场,此前尚未有人展开论述过;相反,司法实务和学界参考(并未公开的)专家委员会和议会的委员会的会议记录的情形并

---

〔49〕 Kramer, Methodenlehre (Fn. 22) 138; Steinauer, Titrepréliminaire (Fn. 23) Nr. 300; Berner Kommentar/Emmenegger/Tschentscher (Fn. 1) Art. 1 ZGB Rn. 312.

〔50〕 Tuor/Schnyder/Schmid/Rumo-Jungo (Fn. 4) § 5 Rn. 19; 类似观点,参见 BGer. 6. 11. 2012, BGE138 IV 232, 237 E. 5. 2。

〔51〕 BGer. 19. 3. 1998, BGE 124 II 193, 200 E. 5c.

〔52〕 BGer. 9. 3. 1986, BGE 112 II 1, 4 E. 4; 27. 11. 1990, BGE 116 Ia 359, 368 E. 5c; 28. 4. 1998, BGE 124 III 350, 352 E. 2b; 其他的提示,参见 Hurlimann-Kaup/Schmid, Einleitungsartikel (Fn. 20) Nr. 150 以及 Hausheer/Jaun, Einleitungsartikel (Fn. 13) Art. 1 ZGB Rn. 149。

〔53〕 BGer. 28. 5. 2003, BGE 129 III 656, 660 f. E. 4. 2. 3 ff. (禁止非婚同居伴侣收养子女); 2. 4. 2001, BGE 127 III 342, 343 E. 2a ("假结婚"; 为了规避外国法而缔结的婚姻在民法上的效力)。在此,联邦法院指出,改革婚姻法时,联邦院(Ständerat)未能成功引入额外的无效事由; Steinauer, Titrepréliminaire (Fn. 23) Nr. 368.

〔54〕 有关争议宣告之诉(Streitverkundungsklage)的例子(《民事诉讼法》第91条、第92条):BGer. 4. 2. 2013, BGE 139 III 67, 74 E. 2. 4. 2.

非少见。〔55〕

此外,还有一个问题,即在立法材料内部,对法律解释具有重要意义的文本是否存在优先顺序(等级)。形式意义上的立法者仅指议会(国民院和联邦院)。按照国家机构的职能分工规则,立法者的价值判断源于——原则上仅源于——议会。按照这个思路,那么具有重要意义的立法材料主要是:

1. 一方面是国民院和联邦院的意见,以及在联邦议会的(全体)讨论上联邦委员会对此所发表之意见,并记录于所谓的"官方公报"。〔56〕

2. 另一方面是联邦委员会的联邦报告(在"联邦公报"中公开),因为它是联邦议会辩论的基础,并且能够深入影响联邦议会的辩论。

3. 尽管国民院和联邦院下设的各个委员会之会议为全体讨论做了准备工作(并且对"准备工作"具有重大的实践意义),但是它们的会议记录却不公开,故只有这些会议记录被国会两院采纳(并以国会会议记录的形式形成书面文件)的情况下,委员会的会议记录才会成为对后续的法律解释具有重要意义的意见。

例外情形中,私法规则并非源于议会,而是——作为被采纳的宪法提案——直接源于人民(主权者)和联邦州。〔57〕 对此在国民院和联邦院的谘议虽然可能具有意义,但这并不适用于下述情形:议会建议拒绝提案(附或未附相反提案),但是人民和联邦州最后却接受提案。〔58〕 在这些情况中,立法材料指的主要是提案委员会的书面说明,即在表决过程中,向每个有投票权的选民派发的书面说明。

五、结语

立法材料属于立法过程的重要组成部分,立法材料指的是法律或者法律规定制定过程中(官方或者非官方的)文件。这些文件中的大部分会向外界公开,尤其是联邦委员会的联邦报告和联邦议会(国民院和联邦院;每次全体大会的)会议记录。但是仍然存在官方或者非官方的文件,这些文件不(或者至少不是直接)向外界公开。

在瑞士,联邦委员会和联邦议会是重要的立法参与人。具体而言,(原则上)

---

〔55〕 例如,BGer. 27. 9. 2011,BGE 137 III 470,473 E. 6. 5. 2:提及了国民院预谘议委员会(未向公众公开)的讨论。

〔56〕 结果上类似,参见 Hausheer/Jaun,Einleitungsartikel (Fn. 13) Art. 1 ZGB Rn. 146infine。

〔57〕 旨在创设私法内容的公民提案虽然很少获得采纳,但确实存在。最近的例子为《联邦宪法》第 95 条第 3 款,该规定作为联邦层面的公民提案——"反对攫取过高收入"(gegen die Abzockerei)——于 2013 年 3 月 3 日被公民和各联邦州采纳[联邦法律的官方汇总(AS)2013 年,1303f.],其中还有对于瑞士上市的股份公司理事会、企业管理人和咨询委员会的薪酬的规定。与之相反,不允许在联邦层面针对普通法律(而非宪法条文)提公民提案。

〔58〕 前一脚注中提到的"反对攫取过高收入"的公民提案,即属此类。

由联邦委员会对新法或法律修订作联邦报告。联邦议会(包括国民院和联邦院)是形式上的联邦立法机关。行政机关之外的专家们在私法编纂的初期曾发挥过重要作用:欧根·胡贝尔曾是《瑞士民法典》的起草人。但是近来,[立法者]非常克制地利用专家或者专家委员会(可以将其理解为法律的编辑人员)。在瑞士并不存在“法律委员会”。因此,让大家注意到法律规范有修订之必要,仍是学界和司法实务的任务。

法律解释旨在探求法律规定的客观含义(“客观的法律解释方法”)。具体而言,可以以信赖为论据支持从法律受众的视角[解释法律](立法者与公民之间的诚实信用原则)。究竟应采“客观且以立法之时为准的解释方法”还是应采“客观且以适用之时为准的解释方法”,在瑞士学界和司法实务界存在争议;折中说被广泛接受,联邦法院的司法实务亦持此立场。所以,在法律解释和法律续造之时,立法过程[中的材料]算是辅助工具。具体而言,为探求规范的意义,立法者“适格的沉默”亦具有意义。

在对新法和法律修订作解释时,历史解释的方法具有特殊意义。但是,随着法律规范“年岁”渐长,立法材料的说服力会随之下降。重要的问题是,立法者对问题的研判是否足够细致。

鉴于在立法程序中的政治观点的多元性和多样性,若以立法过程作为法律解释的辅助,则须特别仔细地检视某些说法是不是获得了普遍认可。有时司法实践会要求,立法过程中的观点必须是明确的,并且在法律文本中有所体现。总的来说,对于历史解释方法的意义,联邦法院的司法实务前后不一:探求法律规范的“真意”的“空白公式”(假定不对法律解释方法的划分等级),在法律适用方面,有着巨大的灵活优势(这使法院可轻而易举地将自己的价值判断渗入到法律解释中);但是有时“空白公式”会产生不可预知的影响,并且个别判决会让人觉得法律解释的方法有些随意。

在解释法律时,若以法律受众的理解能力(“认知水平”)为准,比如在瑞士,那么在解释法律时,只有可被识别出的立法过程中的因素才能发挥作用。由此可得出如下的结论:在解释法律时,只应考虑已经出版的或向外界公开的文件。

例外情形下,私法领域的法律规定并非源于议会,而是——作为被接受的宪法提案——直接源于人民(主权者)和联邦州。如果议会建议拒绝该提案(附或未附相反提案),而人民和联邦州又接受了该提案,那么提案委员会最初的公开说明可作为历史解释的工具。

(责任编辑:夏昊晗)

图书在版编目(CIP)数据

私法研究. 第25卷 / 麻昌华主编. -- 北京 : 法律出版社, 2020
ISBN 978-7-5197-4923-1

Ⅰ. ①私… Ⅱ. ①麻… Ⅲ. ①私法－研究 Ⅳ. ①D90

中国版本图书馆CIP数据核字(2020)第171996号

私法研究(第25卷)
SIFA YANJIU (DI-25 JUAN)

麻昌华 主编

责任编辑 吴 昉
装帧设计 乔智炜

出版 法律出版社
总发行 中国法律图书有限公司
经销 新华书店
印刷 北京玺诚印务有限公司
责任校对 王晓萍
责任印制 胡晓雅

编辑统筹 教育出版分社
开本 710毫米×1000毫米 1/16
印张 20.5
字数 360千
版本 2020年5月第1版
印次 2020年5月第1次印刷

法律出版社 / 北京市丰台区莲花池西里7号(100073)
网址 / www.lawpress.com.cn
投稿邮箱 / info@lawpress.com.cn
举报维权邮箱 / jbwq@lawpress.com.cn
销售热线 / 400-660-8393
咨询电话 / 010-63939796

中国法律图书有限公司 / 北京市丰台区莲花池西里7号(100073)
全国各地中法图分、子公司销售电话:
统一销售客服 / 400-660-8393/6393
第一法律书店 / 010-83938432/8433 西安分公司 / 029-85330678 重庆分公司 / 023-67453036
上海分公司 / 021-62071639/1636 深圳分公司 / 0755-83072995

书号:ISBN 978-7-5197-4923-1 **定价**:45.00元